KB265049

OPIc 표현 사전

저자 | LTS 영어연구소
초판 1쇄 발행 | 2014년 2월 17일
초판 3쇄 발행 | 2017년 12월 12일

발행인 | 박효상
총괄 이사 | 이종선
편집장 | 김현
기획·편집 | 김설아, 김효정
디자인 책임 | 김보연
마케팅 | 이태호, 이전희
디지털콘텐츠 | 이지호
관리 | 김태옥

종이 | 월드페이퍼
인쇄·제본 | 현문자현

출판등록 | 제10-1835호
발행처 | 사람in
주소 | 121-839 서울시 마포구 양화로11길 14-10(서교동 378-16) 4F
전화 | 02) 338-3555(代)   팩스 | 02) 338-3545
E-mail | saramin@netsgo.com
Homepage | www.saramin.com

:: 책값은 뒤표지에 있습니다.
:: 파본은 바꾸어 드립니다.

ISBN 978-89-6049-383-4 18740

사람이 중심이 되는 세상, 세상과 소통하는 책 **사람in**

국내 최다
예상 문제 &
답변 문장 수록

내 상황과 경험에
맞는 문장을 골라
나만의 맞춤
스토리를 만들 수 있는

최신 출제 경향을 분석하여 추출한
108개 주제 5000여 개 답변 문장

LTS 영어연구소 지음

OPIc
표현 사전

사람in
saram
in.com

OPIc은 빡세게 준비할 필요가 없다?

OPIc 점수가 필요하다. 한 달이나 준비 기간이 있다.
그냥 놀다가 일주일 정도 남았다.
사람들이 많이 본다는 책을 한 권 사서 답변을 쭉 훑어본다.
답변 내용이 기억은 난다.
내일 시험장에 가면 답변이 줄줄은 아니어도 그냥저냥 답할 수 있을 것 같다.

그렇게 하다가 낭패를 보았다…

망했다. 다음에 또 보아야 한다.
이제 조금 고민이 된다. 어떻게 준비하지?
말이 안 나오는데, 영어 공부를 다시 해야 하나?
OPIc에 대한 정보를 좀 얻어보니 OPIc에는 답변을 준비해야 하는 주제가
최소한 16개가 된단다. 게다가 그 주제에 대한 문제 유형도 몇 가지가 된단다.
헐, 한 가지 주제에 5가지 유형의 문제만 생각해도 80개 답변을 준비해야 한다.
책을 또 산다.
그런데 답변도 길고 내용도 나한테 맞지도 않아서 답변끼리 일관성도 없다.

에이, 내가 만들어보자, 영어 답변!

어차피 내가 쓸 수도 없는 답변은 치워버리고, 내가 내 이야기를 만들어보기로 한다.
짧아도 그냥 이야기가 통하게 만들어보자.
아, 그런데 **준비할 답변이 너무 많다.** 내 영어 실력이 그 정도는 아니잖아.
몇 마디 하는 정도인데⋯ 게다가 **말이 되는 건지 어떻게 검증 받지?**
영어 사전에서 일일이 표현을 검색해서 쓰나? 참, 난 시간도 없잖아?

스토리를 고르고 조합하면 답변이 완성되는,
OPIc 표현사전

왜 OPIc엔 표현사전이 답인지 아셨나요?
표현사전에서 한글 해석을 먼저 읽어보면서 스토리를 골라 문장을 나열하면
나만의 답변이 완성됩니다.
OPIc 표현사전은 이런 분들에게 추천합니다.

- 대충 시험 봤다가 실패했다
- 답변을 준비할 시간이 없다
- 나만의 답변을 준비하고 싶다
- 긴 답변은 외우기 힘들다
- 짧아도 임팩트 있는 답변을 원한다

LTS 영어연구소

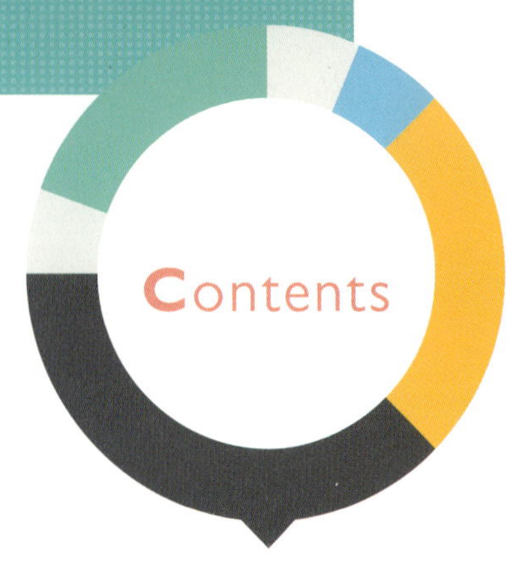

Contents

이론편

1 기본 주제 – 자기소개/학교 생활 및 직장 생활/가정과 이웃 2 여가 활동 3 취미/관심사
4 스포츠 5 휴가/출장 6 롤플레이 – 질문하기/문제 상황 해결하기 7 돌발 주제

1 단순/세부 묘사 2 과거 경험 3 롤플레이 4 콤보 구성

12가지 말하기 요령

1 꼭 익숙해져야 하는 문장 구조, 문장 5형식   2 다재 다능한 동명사와 to부정사의 활용
3 관계대명사 that, which, who로 고급 문장 만들기   4 and로 문장 늘리기
5 and, but, so 등 등위접속사로 매끄럽게   6 반대 의미를 주는 접속사
7 현재의 습관이나 사실 묘사에 유용한 구문   8 과거 경험에서 유용한 구문
9 예를 들거나 나열할 때 사용하기 좋은 구문   10 조건에 따라 설명 이어가기
11 유용한 부사(구)
12 first, second, finally 등으로 순서를 명확하게

표현편

01 기본 주제

02 여가 활동

03 취미/관심사

07 돌발 주제

실전 모의고사

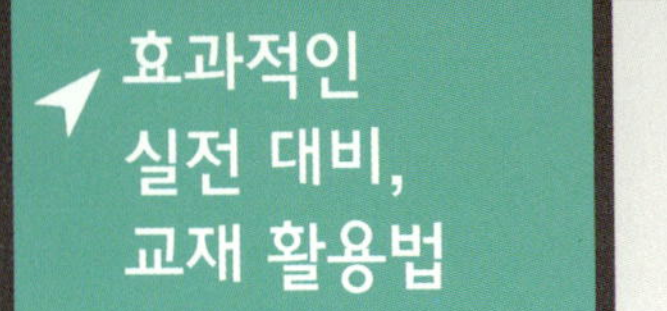

실전 시험을 앞두고 이 책을 활용해 공부하는 방법을 알아본다. 다음 Step을 따라 학습해보자.

Step 1 설문 항목 작성하기

이 책의 모든 내용을 공부할 필요는 없다. 내가 선택한 주제에 해당하는 내용만 집중적으로 공부하면 된다. 해당 주제 페이지를 찾아가 질문을 파악하고, 질문에 대한 답변 노트를 작성해놓으면 OPIc 시험을 위한 액션 플랜은 일단 완성되는 것이다. 목차를 보면서 02 여가 활동부터 05 휴가/출장까지 16가지 주제를 선택해서 적는다. 학생편 필수 주제는 문제 번호 001~007, 013~016 중 선택하고, 직장인편 필수 주제는 001, 002, 008~016 중 선택한다.

● **여가 활동**

영화 보기 | 클럽/나이트클럽 가기 | 공연 보기 | 콘서트 보기 | 박물관 가기 | 공원 가기 | 캠핑하기 | 스포츠 관람 | 집안일 거들기 | 카페/커피전문점 가기 | SNS(페이스북, 트위터, 싸이월드 등)에 글 올리기 | 차로 드라이브하기 | 자원봉사하기

> 내가 선택한 주제
>
> 영화 보기, 콘서트 보기, ...

● **취미/관심사**

음악 감상하기 | 악기 연주하기 | 혼자 노래 부르거나 합창하기 | 요리하기 | 애완동물 기르기

> 내가 선택한 주제

● **스포츠**

농구 | 야구 | 축구 | 골프 | 수영 | 자전거 | 조깅 | 걷기 | 하이킹 | 낚시 | 헬스

> 내가 선택한 주제

● **휴가/출장**

집에서 보내는 휴가 | 국내 여행 | 해외 여행 | 국내 출장 | 해외 출장

> 내가 선택한 주제

Step 2 Study Planner 작성하기

아래 빈칸에 선택한 주제 16가지를 적고 목차를 참고해서 작성하고자 하는 답변 목록을 만든다. 아래 첫 번째 표는 임의로 작성한 학습 플랜 예시이므로 나의 학습 플랜에 참고한다. 선택한 주제와 해당 주제의 답변을 준비할 문제를 적은 다음, 학습 정도를 확인하는 데 활용한다.

Study Flow

질문 선택하여 번호 적기 ➡ 답변 문장 선택해 나만의 앨범을 완성했으면 ◯ 표시하기 ➡ 암기해서 말해보고, 안 보고도 답할 수 있으면 ◯ 표시하기 ➡ 다음 문제로 넘어가기

학습 플랜 예시

Topic 1 영화 보기				Topic 2 콘서트 보기				Topic 3 공원				Topic 4 나이트 클럽		
질문	답변	암기		질문	답변	암기		질문	답변	암기		질문	답변	암기
017	◯	◯		020				021				023		
018				021				026				024		
019				022				027						
021				024				028						

Topic 5 드라이브하기				Topic 6 커피숍 가기				Topic 7 스포츠 관람				Topic 8 음악 감상		
질문	답변	암기		질문	답변	암기		질문	답변	암기		질문	답변	암기
034				036				029				037		
								030				038		
								031				039		

Topic 9 노래 부르기				Topic 10 요리하기				Topic 11 축구				Topic 12 조깅		
질문	답변	암기		질문	답변	암기		질문	답변	암기		질문	답변	암기
037				042				048				057		
040				043				049				058		
				044				050						
				045				051						

Topic 13 걷기				Topic 14 헬스				Topic 15 국내 여행				Topic 16 해외 여행		
질문	답변	암기		질문	답변	암기		질문	답변	암기		질문	답변	암기
057				054				064				067		
058				055				065				068		
				056				066						

나의 학습 플랜

Topic 1 __________	Topic 2 __________	Topic 3 __________	Topic 4 __________
질문 답변 암기	질문 답변 암기	질문 답변 암기	질문 답변 암기

Topic 5 __________	Topic 6 __________	Topic 7 __________	Topic 8 __________
질문 답변 암기	질문 답변 암기	질문 답변 암기	질문 답변 암기

Topic 9 __________	Topic 10 __________	Topic 11 __________	Topic 12 __________
질문 답변 암기	질문 답변 암기	질문 답변 암기	질문 답변 암기

Topic 13 __________	Topic 14 __________	Topic 15 __________	Topic 16 __________
질문 답변 암기	질문 답변 암기	질문 답변 암기	질문 답변 암기

학생편 필수 주제: 001~007, 013~016 중 선택

직장인편 필수 주제: 001, 002, 008~016 중 선택

질문 답변 암기	질문 답변 암기	질문 답변 암기	질문 답변 암기

Step 3 예상 문제와 답변 준비

배경 설문조사에서 체크할 주제 항목을 정했다면, 이제 본격적으로 해당 주제에 대한 예상 문제와 답변을 준비하는 시간이다. 먼저 '여가 활동' 주제의 음악 감상 항목의 예를 살펴보면, 해당 페이지에 제시된 빈출 질문의 내용을 파악하고 이 질문에 대한 답변을 만들 문장을 표현사전에서 골라 재구성한다.

1 037번 문제 선택

You indicated in the survey that you like to listen to music. What kind of music do you like and when do you usually listen to it? Where do you get your music? Give as many details as you can.

음악 감상하는 것을 좋아한다고 하셨습니다. 어떤 음악을 좋아하고 언제 음악을 듣나요? 그 음악들을 어디서 얻나요? 가능한 자세히 얘기해주세요.

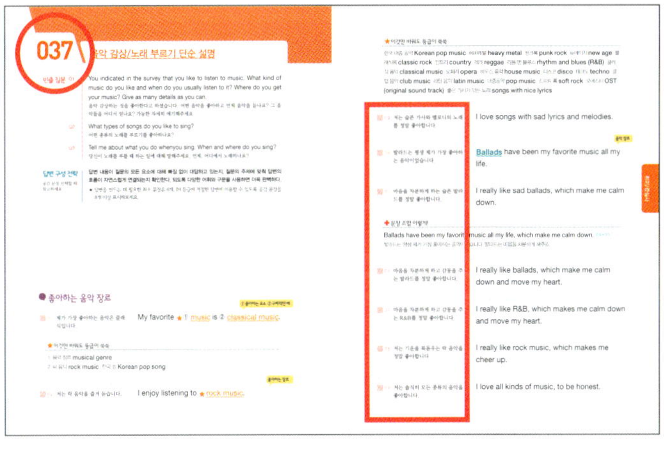

문제를 파악하고 답변을 완성하기 위해 전체 문장을 한글만 읽어본다. 한글 해석을 통해 스토리라인을 대략 만들어보고 문장을 선택한다.

037_11 **Listening classical music is my favorite spare time activity.**
클래식 음악 감상은 제가 가장 좋아하는 여가 활동입니다.

037_14 **I now listen to them at least in the morning when I drive to work.**
요즘은 최소한 아침에 출근할 때 운전하면서 듣습니다.

037_16 **I am a member of an amateur choir in my neighborhood.**
저는 동네 아마추어 합창단의 회원입니다.

037_43 **We get together every weekend to practice singing.**
우리는 노래 연습을 위해 매주 모입니다.

037_44 **It's for fun but we sometimes participate in annual contests.**
우리는 재미로 하지만 때로는 연례 콘테스트에 참가하기도 합니다.

나의 상황에 맞는 공감 표현을 골라 재구성하여, 나만의 답변 노트를 작성한다. 이때, 질문에서 요구하는 내용에 대해 빠짐 없이 대답하고 있는지, 논리적으로 일관성 있게 답변하고 있는지 확인한다.

3 답변 완성하기 + 연습하기

Listening classical music is my favorite spare time activity. <u>Which means,</u> I now listen to them at least in the morning when I drive to work. <u>And</u> I am a member of an amateur choir in my neighborhood. We get together every weekend to practice singing. It's for fun but we sometimes participate in annual contests.

문장을 연결해서 읽어보고 주어나 고유명사 등이 어색하지 않은지, 알맞은 동사의 시제를 사용하고 있는지 확인한다. 더 자연스럽게 수정하려면 접속사를 이용해 문장을 연결하면 좋다. 문장을 자연스럽게 연결하는 요령은 p.31 〈자연스러운 화법 연출, 문장 연결 요령〉을 참고한다.

Step 4 나만의 맞춤 답변 앨범 만들기

답변 문장을 골라 답변을 완성했으니 이제 열심히 연습하는 일만 남았다. 각 문제의 문장들은 각각 하나의 음성 파일이 있다. 그 파일을 모아 나만의 답변 파일에 담는다.

나만의 답변 앨범 구성

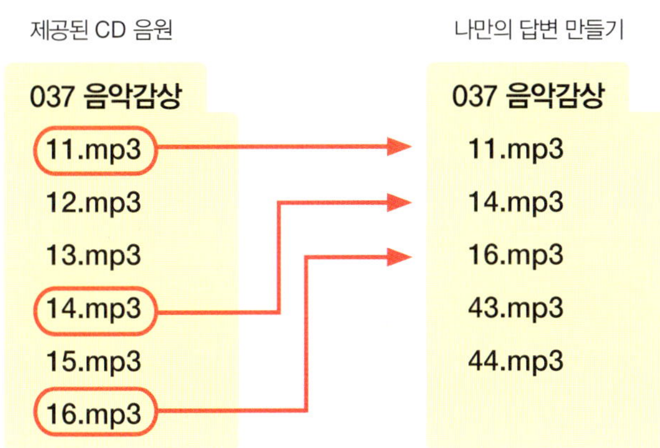

나만의 답변 노트 준비와 함께, 제공된 CD의 음원을 활용해 나만의 답변 앨범을 만들 수 있다. 먼저 나만의 답변 폴더를 만든다. 문제 번호를 붙이되, 제공된 음원 폴더와 구분되도록 표시를 한다. 그런 다음 내가 고른 문장의 음원을 모아 하나의 폴더에 담으면 하나의 답변이 된다. 반복해서 듣고 연습한다.

나만의 MP3 답변 앨범으로 학습하는 순서

1 답변 문장 번호대로 앨범을 완성한다.

2 문제를 먼저 듣고 우리말 스토리를 기억하면서 말해본다.

3 나의 취약점을 파악하고 MP3를 들으면서 따라 말한다.

4 잘 외워지지 않거나 적절하지 않은 내용이 있다면 그 문장 파일을 제거하고 새로운 문장 파일을 추가할 수 있다.

5 입에서 저절로 나올 때까지 반복해서 따라 말하기 연습한다.

6 자신감이 붙으면 뒤에 있는 Actual Test에 도전해보고 같은 방식으로 답변 앨범을 만들어 연습해본다.

Step 5 Actual Test 5회분으로 실전 감각 익히기

아무리 나만의 답변을 많이 만들어서 철저히 준비했다 해도 실전 감각이 없다면 아무 소용이 없다. 시험장에서 당황하여 멍하게 있다 나오기 싫으면 실전 모의고사에 대비해야 한다. **Actual Test에서의 포인트는 모범 답변이 아니라 실전 문제의 구성과 흐름을 익히는 것이다.** 자기소개를 제외하고 모든 문제는 콤보로 출제된다. 그러나 내가 표시한 설문 사항이 반드시 출제되는 것은 아니며, 기본 주제와 관련된 문제가 먼저 출제되지도 않는다. 또한 쉬운 문제가 먼저 나오고 고난이도 롤플레이가 콤보의 마지막 문제로 배치되지도 않는다. 어찌 보면 원칙 없이 출제되는 것 같지만 **내가 선택하지 않은 설문 사항은 출제되지 않으므로 일정한 답변 수준과 일관성을 유지하면서 답변하는 것이 중요하다.** 한 문제만 들어도 뒤에 나올 문제들을 대략 예상할 수 있으므로 이에 대응하는 훈련을 해야 한다.

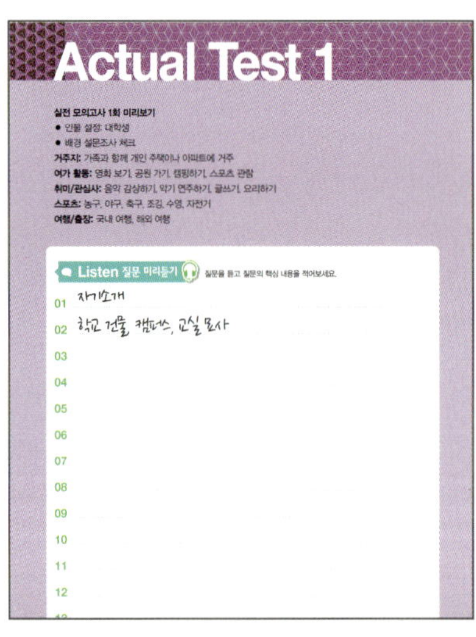

질문을 미리 듣고 질문의 핵심 내용을 파악하는 연습을 해본다. 질문의 내용을 듣지 못하면 답변을 할 수 없는 수준이므로, 이럴 경우 모든 주제별 문제를 모아 별도의 폴더를 만들어 반복해서 듣는 연습을 해야 한다.

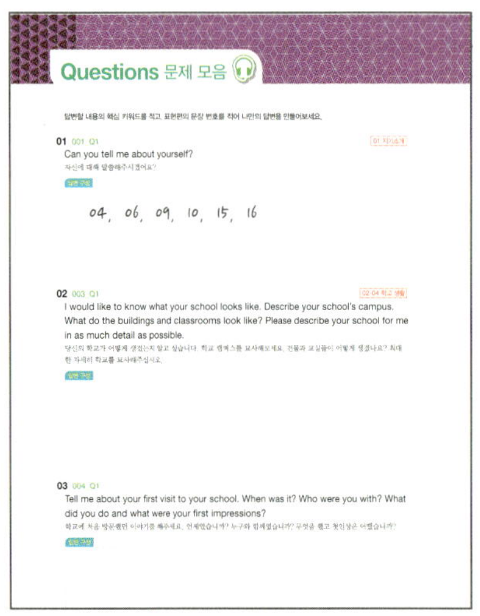

전체 문제를 확인한 다음, 각 질문에 대한 답변을 표현편에서 찾아 적어본다. **1회에는 예시 답변을 마련해두었다.** 나만의 답변을 만드는 데 참고용으로 활용해보자.

이론편

- **OPIc Background Survey 항목별 전략**
- **OPIc 주제별 출제 경향**
- **OPIc 유형별 출제 경향**
- **자연스러운 화법 연출, 문장 연결 요령**

OPIc Background Survey 항목별 전략

기본 주제

- OPIc을 보면 먼저 배경 설문조사를 작성한다. 먼저 수험자의 기본 정보에 대해 물어보는데, 학생인지 직장인지를 구분하게 된다. 학생이면 학생 관련 사항만 질문하고 직장인이면 그에 대한 문제가 출제된다. 1~3번 항목은 '소속'에 대한 질문이다. 구체적으로 살펴보자.

1. 현재 귀하는 어느 분야에 종사하고 계십니까?

  ◯ 사업/회사   ◯ 가사
  ◯ 교사/교육자   ◯ 일 경험 없음

  (사업/회사, 가사를 선택할 경우)

1.1 현재 귀하는 직업이 있으십니까?

  ◯ 네   ◯ 아니오

  1.1.1 귀하의 근무 기간은 얼마나 되십니까? (위 질문에 '네'를 선택할 경우)

  ◯ 첫직장 – 2개월 미만
  ◯ 첫직장 – 2개월 이상
  ◯ 첫직장 아님 – 경험 많음

1.1.1.1 귀하는 부하직원을 관리하는 관리직을 맡고 있습니까?

  (위 질문에 2번과 3번을 선택할 경우) ◯ 네   ◯ 아니오

(교사/교육자를 선택할 경우)

1.1 현재 귀하는 어디에서 학생을 가르치십니까?

  ◯ 고등학교/대학교   ◯ 초등학교/중학교
  ◯ 평생교육

  1.1.1 현재 귀하는 직업이 있으십니까?

  ◯ 네   ◯ 아니오

  1.1.1.1 귀하의 근무 기간은 얼마나 되십니까? (위 질문에 '네'를 선택할 경우)

  ◯ 2개월 미만 – 첫직장
  ◯ 2개월 이상 – 첫직장이지만 다른 직업을 가진 적 있음
  ◯ 2개월 이상

2. 현재 귀하는 학생이십니까?

  ◯ 네   ◯ 아니오

2.1 현재 귀하가 강의를 듣는 목적은 무엇입니까? (위 질문에 '네'를 선택할 경우)

  ◯ 학위 취득   ◯ 전문 기술을 향상시키기 위한 평생 학습
  ◯ 어학 수업

3. 현재 귀하는 어디에 살고 계십니까?

  ○ 독신자로서 개인 주택이나 아파트에 거주
  ○ 친구나 룸메이트와 함께 주택이나 아파트에 거주
  ○ 가족(배우자/자녀/기타 가족 일원)과 함께 주택이나 아파트에 거주)
  ○ 학교 기숙사
  ○ 군대 막사

선택 주제 1 – 여가 활동

4번은 여가 활동에 대한 설문조사 항목이다. 4~7번 항목에서는 총 16개를 선택해야 하므로 균형을 잘 맞춰 미리 선택할 항목을 정해서 시험에 임하는 것이 좋다. 그리고 선택할 항목에 대해서는 답변도 미리 준비해서 가야 한다.

4. 귀하는 여가 활동으로 주로 무엇을 하십니까? (두 개 이상 선택)

  ○ 영화 보기   ○ 클럽/나이트클럽 가기
  ○ 공연 보기   ○ 콘서트 보기
  ○ 박물관 가기   ○ 공원 가기
  ○ 캠핑하기   ○ 해변 가기
  ○ 스포츠 관람   ○ 집안일 거들기
  ○ 술집/바에 가기   ○ 카페/커피전문점 가기
  ○ 게임하기(비디오, 카드, 보드, 휴대폰 등) ○ 당구치기
  ○ 체스하기   ○ SNS(페이스북, 트위터, 싸이월드 등)에 글 올리기
  ○ 친구들에게 문자 보내기   ○ 시험대비 과정 수강하기
  ○ 뉴스를 보거나 듣기   ○ 요리 관련 프로그램 시청하기
  ○ 차로 드라이브하기   ○ 스파 가기
  ○ 구직활동하기   ○ 자원봉사하기

선택 주제 2 – 취미/관심사

5번은 취미/관심사에 대한 설문조사 항목이다. 역시 미리 선택할 항목을 정해서 시험에 임하는 것이 좋다. 그리고 선택할 항목에 대해서는 답변도 미리 준비해서 가야 한다.

5. 귀하의 취미나 관심사는 무엇입니까? (한 개 이상 선택)

  ○ 아이에게 책 읽어 주기   ○ 음악 감상하기
  ○ 악기 연주하기   ○ 혼자 노래 부르거나 합창하기
  ○ 춤추기   ○ 글쓰기(편지, 단편, 시 등)
  ○ 그림 그리기   ○ 요리하기
  ○ 애완동물 기르기   ○ 주식투자하기
  ○ 신문 읽기   ○ 여행 관련 잡지나 블로그 읽기
  ○ 사진 촬영하기

선택 주제 3 - 스포츠

6번은 스포츠에 대한 설문조사 항목이다. 역시 미리 선택할 항목을 정해서 시험에 임하는 것이 좋다. 그리고 선택할 항목에 대해서는 답변도 미리 준비해서 가야 한다.

6. 귀하는 주로 어떤 운동을 즐기십니까? (한 개 이상 선택)

◯ 농구	◯ 야구/소프트 볼
◯ 축구	◯ 미식축구
◯ 하키	◯ 크리켓
◯ 골프	◯ 배구
◯ 테니스	◯ 배드민턴
◯ 탁구	◯ 수영
◯ 자전거	◯ 스키/스노보드
◯ 아이스 스케이트	◯ 조깅
◯ 걷기	◯ 요가
◯ 하이킹/트레킹	◯ 낚시
◯ 헬스	◯ 태권도
◯ 운동수업 수강하기	◯ 운동을 전혀 하지 않음

2013년부터 한국 실정에 맞는 항목이 추가되었다. 그러나 구사하기 어려운 표현이나 전문적인 내용보다는 축구/야구/농구/헬스 등 평이하고 일반적인 내용을 선택하는 것이 좋고, 걷기/조깅 등 공원 가기와 같은 활동과 섞어서 답변을 준비할 수 있는 항목을 선택하는 것도 요령이다.

선택 주제 4 - 휴가/출장

5번은 휴가/출장에 대한 설문조사 항목이다. 역시 미리 선택할 항목을 정해서 시험에 임하는 것이 좋다. 그리고 선택할 항목에 대해서는 답변도 미리 준비해서 가야 한다.

7. 귀하는 어떤 휴가나 출장을 다녀온 경험이 있습니까? (한 개 이상 선택)

◯ 집에서 보내는 휴가	◯ 국내 여행
◯ 해외 여행	◯ 국내 출장
◯ 해외 출장	

해외에 가본 적 없어도 여행지에 대해서 일반적인 묘사 답변만 추가로 준비하면 되므로, 직장인의 경우 되도록 5가지 항목을 모두 선택하는 것이 좋다. 그러면 여행에서 유사한 내용에 대해 한번에 준비하면서 다른 분야에서 선택을 줄이고 그만큼 답변 준비를 덜해도 된다.

OPIc 주제별 출제 경향

- OPIc에서 다루는 주제를 설문 조사(Background Survey)의 항목을 기준으로 나눠보면 7가지이다. 자기소개, 가정과 이웃, 여가 활동, 취미나 관심사, 스포츠, 휴가와 여행의 6가지 주제가 설문 조사 항목에 해당하고 나머지 하나인 이른바 돌발 주제라고 하는 것은 설문 조사와 관계 없이 무작위로 나오는 주제를 말한다. 다시 말하면 수험자가 입력한 자신에 대한 정보와는 상관 없는 문제가 출제된다는 것이다. 이렇게 7가지 주제 범위에서 무작위로 문제가 나오는데, 각각의 주제에서도 대략 4가지 정도의 문제 유형으로 출제된다. 4가지 유형이란, 단순/세부 묘사 유형, 과거 경험 유형, 롤플레이 1 질문하기 유형, 롤플레이 2 문제 해결 유형이다. 각각의 주제별로 출제 가능한 문제를 이렇게 유형별로 정리해두면 어떤 문제가 출제될 수 있고 어떤 내용을 대비해두면 되는지 알기 쉽다. 7가지 주제의 출제 내용과 경향에 대해 자세하게 살펴보자. 이 책에서는 '자기소개, 학교/직장 생활, 가정과 이웃' 주제를 기본 주제로 묶어서 다루었고, 롤플레이 문제 유형들을 묶어 별도 항목으로 다루었다.

1 기본 주제

자기소개

아무도 피해갈 수 없는 주제, '자기소개'. 문제도 간단해서 '자신을 소개해보세요' 정도의 한 문장이고 첫 번째 문제로 출제되므로 문제를 못 들어서 답변을 못할 위험도 없고 누구한테나 출제가 확실하기 때문에 준비도 비교적 확실히 할 수 있다. 설문 조사에서 학생과 직장인으로 나누어 선택하게 되는데 자기소개 문제 이후에 출제되는 문제에도 영향을 미치므로 자기소개에서 신분을 확실히 밝히는 것이 좋다. 재학생이거나 취업 준비생, 신입사원이더라도 학생 신분으로 자기를 소개하는 것이 편한 경우에는 배경 설문조사의 2번 항목에서 학생이라고 답하고, 학교생활에 대한 질문에 대비하는 것이 좋다. 다음 문제로 학교생활 전반에 대한 질문이 출제될 수도 있으므로 연계해서 학습해두자. 학교생활, 친구 소개, 전공 등에 관련된 내용을 자기소개에 포함시켜서 준비했다가 각각에 대한 질문이 출제되면 필요한 문장에 살을 붙일 수 있다. 주의할 점은 문제가 요구하는 정보를 빠뜨리지 않는 것과 시제 처리를 제대로 하는 것이다. 난이도가 높은 '과거 경험에 대한 설명'을 요구하는 질문은 당연히 과거시제를 사용하여 설명해야 하며, 경험에 대한 개인적인 느낌, 감상을 덧붙이면서 마무리할 수 있다. 자기소개 내용을 풍부하게 준비하여 다른 주제 문제에 연계해서 답변하는 것도 좋은 방법이다.

학교 생활 및 직장 생활

배경 설문조사(Background Survey)의 1번 항목 '현재 귀하는 어느 분야에 종사하고 계십니까?'에서 첫 번째 항목 '사업/회사'를 선택하면 이하에서도 관련 항목을 선택하게 된다. 학생이 아니라 직장 관련 항목에 표시했다면 자기소개에 이어서 직장 생활에 관련된 문제가 출제될 수 있다. 관련 문제를 모아 함께 학습하면 답변 준비 시간과 노력은 최소화하고 효과는 극대화할 수 있다. 좋은 문장을 많이 기억해뒀다가 다른 주제에 사용하는 것이다. 어떤 주제에 대한 문제가 출제되어도 묘사 문제는 요구하는 내용만 반영해서 현재시제로 답하면 된다. '과거 경험에 대한 설명'을 요구하는 문제에는 사건을 시간순으로 논리적으로 전개하고 과거시제를 적절히 사용하여 답변해야 한다. 배경 설문조사의 학생 관련 항목에 표시하면 직장 생활에 대한 문제는 출제되지 않는다.

가정과 이웃

배경 설문조사(Background Survey)의 1~3번 항목에서 '현재 귀하는 어디에 살고 계십니까?'에 대한 사항들을 선택하게 되며, 이에 따라 '가정과 이웃'에 대한 질문들이 출제될 수 있다. OPIc의 특성상 설문 조사에서 선택한 사항들이 반드시 출제되란 법이 없다. 그렇지만 '가정과 이웃' 주제에 해당하는 문제들은 '자기소개'와 더불어 기본적으로 대비해두어야 하는 주제이므로 표시할 내용을 미리 생각해두고 답변을 준비하는 것이 좋다. 거주지에 대해서는 주택이나 아파트, 학교 기숙사 등 다양한 내용에 대한 질문이 나올 수 있는데, '가정과 이웃'에 해당하는 질문으로는 현재 살고 있는 집과 방에 대한 묘사, 이웃에 대한 묘사, 집에서 주로 하는 일이나 책임, 이웃과의 교류에 대한 질문이 있다. 과거 경험에 대한 질문으로는 어린 시절 집에 대한 묘사, 어린 시절 집안에서 맡은 책임, 이웃에서 벌어졌던 인상적인 사건에 대한 질문이 있다. 학교 기숙사를 선택할 경우 따로 답변을 준비해야 하는데, 만약 자신 있게 답변할 수 없다면 일반적인 내용으로 바꿔서 설문조사에서 항목을 선택하는 것이 좋다.

💬 2 여가 활동

배경 설문조사(Background Survey)의 4번은 '여가 활동'에 대해 선택하는 항목이 나온다. 설문조사 4~7번 문항에는 16개 이상 선택하라고 나온다. 기존에 12개에서 16개로 선택해야 하는 항목이 대폭 늘면서 준비해야 하는 주제도 늘어난 것. 우선 '여가 활동'에서는 좋아하는 활동들을 고르되, 역시 영어로 설명할 수 있는 내용을 중심으로 항목을 결정해야 한다. OPIc 응시자들의 선호도를 보면, 영화나 공연, 스포츠 관람, 공원 가기에 대한 선호도가 뚜렷한 편이다. 많은 사람들이 부담 없이 즐길 수 있는 활동이며 전문적인 내용이 아니어서 영어로 설명하는 데 도전해볼 만한 항목들이다. 영어로 다양한 답변을 준비하는 것이 힘이 드는 수험자라면 '취미나 관심사' 주제와 연계해서 준비하면 부담이 줄어든다. 영화, 스포츠 관람, 공연 등 각각의 항목에서도 단순/세부 묘사, 과거 경험 설명, 롤플레이 질문 등을 3단 콤보로 준비해야 한다는 것 잊지 말자.

3 취미/관심사

배경 설문조사(Background Survey)의 5번은 '취미나 관심사'로 주의할 것은 선택한 사항들은 질문으로 출제될 가능성이 있다는 것이므로 높은 등급을 목표로 할수록 가능한 답변을 모두 준비해두어야 한다. 따라서 답변을 염두에 두고 항목을 선택하는 것이 중요하다. 평상시에 즐겨 하거나 관심 있는 '취미나 관심사'에 관련된 항목 중에서도 영어로 충분히 설명할 수 있는 것을 골라야 한다. 다소 자신이 없는 분야라고 하더라도 미리 답변 준비를 철저히 해두면 안심할 수 있다. OPIc을 준비할 때는 반드시 먼저 설문조사 항목을 숙지하고 전략적으로 선택해 예상 질문에 따라 답변을 미리 만들어두어야 한다. 예상 외의 질문이 나온다 하더라도 준비해둔 답변을 응용해서 답변할 수 있어야 한다.

4 스포츠

배경 설문조사(Background Survey)의 6번 문제는 자신이 좋아하는 '스포츠'에 대해 항목이 제시된다. 답변을 준비하기 편하게 3~4가지를 선택하면 되는데, 미리 답변을 준비할 여력이 된다면 그 이상을 선택해도 상관없다. 배경 설문조사에서 항목이 가장 많기 때문에 이것저것 많이 선택하면 안 된다! 영어로 답변할 수 있는지, 답변을 준비하고 학습할 수 있는지를 따져서 선택해야 한다. 미식축구, 아이스 스케이트, 스노보드 등의 항목을 즐겨 한다고 하더라도 영어로 준비하기 힘들다면 일반적인 축구나 야구 등을 고르는 것이 좋다. 축구나 야구, 농구를 제외하고 특이한 스포츠의 경우에는 시중에 나온 교재에서는 참고할 만한 답변이나 유용한 표현을 제시하는 경우가 거의 없으므로 답변을 준비하기 힘들다. 이 교재에서는 가장 일반적인 스포츠인 축구, 야구, 농구에 대한 답변을 준비했고, '여가 활동'이나 '취미/관심사' 항목과도 연계할 수 있는 걷기, 조깅, 하이킹, 헬스 등을 준비했다. 예를 들어, '여가 활동'의 공원 가기 항목과 연계해서, 공원에 가서 주로 하는 활동으로 걷기/조깅을 선택해서 답변을 준비할 수 있다. 이렇게 하면 공원에 가기에 대한 문제와 걷기/조깅하기에 대한 문제를 한꺼번에 대비할 수 있다.

💬 5 휴가/출장

배경 설문조사(Background Survey)의 마지막 7번에서는 '휴가/출장'에 대해 총 5개의 항목 가운데 최소한 한 가지 이상을 선택하도록 제시되어 있다. 일반적으로는 2~3가지를 선택하는 것이 좋고, 답변에 대한 부담이 없다면 그 이상을 선택해도 상관없다. 5가지 항목 국내 출장, 해외 출장, 집에서 보내는 휴가, 국내 여행, 해외 여행이 있다. 이 중에서 집에서 보내는 휴가를 제외하고는 휴가와 출장으로 크게 두 가지로 분류할 수 있고, 답변을 준비할 때는 국내외 여행지에 대해서만 잘 구분하며, 이후 휴가와 출장의 차이만 구분해두면 가장 손쉽게 답변을 준비할 수 있는 주제이기도 하다. 다른 영역에 비해 항목 간 차이가 크지 않기 때문이다. 집에서 보내는 휴가의 경우는 답변 내용이 다른 항목과 차이가 많기 때문에 선택할 경우 답변을 따로 준비해야 한다. 그러나 집에서 휴가를 보내면서 하는 일이나 기억에 남는 일로 영화 보기, 공연 가기, 공원 가기, 스포츠 관람 등의 다른 주제에서 사용한 내용을 응용하여 답변할 수 있기도 하므로 그렇게 부담스러워할 필요는 없다. 여행이냐 출장이냐에 따라 표현을 바꿔서 말할 수 있도록 연습해두자.

💬 6 롤플레이

롤플레이는 OPIc 문제의 주제가 아니라 문제 유형에 해당한다. 그러나 롤플레이 문제 형식이 독특하여 주제별로 구분하여 학습하는 것보다 롤플레이는 같은 유형끼리 모아서 학습하는 것이 유리하므로 목차에서도 롤플레이끼리 모아 두었다. 롤플레이 문제는 모든 주제, 모든 선택 항목에서 출제될 수 있다는 것을 알아둬야 한다.

롤플레이 – 질문하기

롤플레이 문제 중 첫 번째 유형이 '질문하기'이다. 롤플레이란 문제에서 상황을 주면서 그에 맞춰 연기를 하라고 요구하는 것. 예를 들어 '친구와 영화를 보러 가기로 했다고 가정하고 표를 예매하기 위해 매표소에 전화해 필요한 질문을 하시오.'와 같은 것이다. 문제에서 제시한 조건에 맞춰서 상대방이 있다고 가정하고 질문을 해야 한다. 질문하기 문제는 좀 더 자세히 들여다보면 다시 두 가지로 나눌 수 있다. 앞에서와 같이 상황에 맞춰 질문을 하는 경우와 상대방에게 단순히 질문만 하면 되는 경우이다. 단순 질문하기란 '저도 영화를 자주 봅니다. 저에게 영화 보기에 대해 질문하세요.'와 같이 특별한 조건이 주어지지 않는 문제로, 롤플레이 유형이지만 OPIc 문제 유형 중에서도 가장 쉬운 유형에 속한다.

롤플레이 – 문제 상황 해결하기

롤플레이 유형이자 OPIc 유형 가운데 가장 어려운 문제가 바로 '문제 상황 해결하기' 유형이다. 롤플레이이므로 역시 구체적인 상황이 주어지는데 대부분 문제가 발생한 상황이다. 예를 들어, '친구와 영화를 보러 가기로 했는데 급한 일이 생겨서 약속을 지키지 못하게 되었다. 친구에게 전화해서 상황을 설명하고 대안을 제시하시오.'와 같은 문제가 출제된다. 각 주제마다 이렇게 유사한 상황과 해결에 대한 문제가 등장하므로 답변에서 '문제 상황 설명 → 대안 제시'의 큰 틀을 잘 익혀두면 어렵지 않다. 단, 롤플레이 문제에 답변을 할 때는 마치 그 상황에 있는 것처럼 연기를 해야 좋은 점수를 받을 수 있다는 점을 기억해야 한다. 롤플레이 유형에 대해서는 다음에 나오는 유형 설명에서도 한 번 더 다루므로 문제 형식을 잘 봐두자.

7 돌발 주제

OPIc 시험에는 응시자가 배경 설문조사에서 선택하는 항목에 따라 출제되는 질문 이외의 문제가 출제된다. 이를 '돌발 주제'라고 한다. '돌발 주제'들은 개인적인 선호와는 특별히 상관이 없는 내용들이다. 예를 들면, 명절, 은행, 식당, 호텔, 가구 구입, 날씨, 교통 수단, 가전제품 등에 대한 질문이다. 보통 사람들은 경찰이나 은행에 대해 특별한 관심이 없으니 그것을 주제로 말해볼 기회도 드물 것이다. 당연히 이런 '돌발 주제'가 나오면 당황하게 된다. 이렇게 OPIc에서는 돌발 상황에 대한 대응력을 평가한다. 경우에 따라서는 돌발 문제가 상당 부분 출제되기도 하므로 결코 무시할 수 없는 영역이다. 일반적으로 많이 다루는 내용을 중심으로 준비해두자. IM 등급을 넘어, IH 등급을 노리고 있다면, 배경 설문조사에서 선택한 사항들 이외에 '돌발 주제'도 철저히 대비를 해두어야 한다. 물론, 앞에서 준비한 주제 영역과 연계해서 준비할 수 있는 주제가 있는지 먼저 살펴보거나 '돌발 주제'끼리 묶을 수 있는 것이 있는지 정리해보자.

- OPIc의 문제 유형은 다음과 같이 4–5가지로 나눌 수 있다. 각 주제별로 4–5가지 유형으로 문제가 출제될 수 있다는 의미이다.

  ① 단순/세부 묘사 유형　　　② 과거 경험 유형

  ③ 롤플레이–질문하기 유형　　④ 롤플레이–문제 상황 해결하기 유형

유형이라고 해서 어렵게 생각할 필요는 없다. 예를 들어, 내가 '여가 활동'에서 영화 보기를 선택해서 그 주제에서 문제가 출제된다면 4–5가지 유형의 문제 중에서 출제되는데 예상 문제를 보면, 단순/세부 묘사 유형으로 '좋아하는 영화에 대한 묘사' 또는 '영화 보기 전후에 하는 일 설명' 등을 요구하는 문제가 출제될 수 있고, 과거 경험 유형으로는 '최근에 영화를 본 경험 설명' 또는 '인상적인 영화를 보았던 경험 설명'을 요구하는 문제가 출제될 수 있다는 것이다. 또한 롤플레이 문제로 '상대방이 좋아하는 영화에 대해 질문'하는 문제나 '영화 티켓 예매 문의 상황'에 대한 연기를 요구하는 문제 등을 예상하고 대비할 수 있다. 따라서 각각의 주제에 대해 유형별로 대비하면 출제 예상 문제를 좀 더 완벽하게 대비할 수 있다. OPIc 문제 유형에 대해 숙지하고 주제별로 전략적으로 대비해두면 더욱 효과적인 시험대비가 가능하다.

💬 1 단순/세부 묘사

OPIc의 첫 번째 유형이자 가장 쉬운 유형이기도 한 것이 바로 단순/세부 묘사 유형이다. 말 그대로 어떠한 대상, 주제 등에 대해 묘사하는 것이다. 단순 묘사와 세부 묘사의 차이는 별 것 없다. 예를 들어, 첫 번째 문제로 '좋아하는 어떤 것에 대해 묘사하시오.'라고 요구해서 열심히 설명했는데, 두 번째 문제로 '앞에서 설명한 것에 대해 좀 더 자세히 설명하시오. ～는 어떻고 ～는 어떻습니까? 가능한 자세히 설명하시오.'와 같은 문제가 연속해서 나오는 것이다. 이렇게 같은 주제에 대해 두세 문제가 연속해서 출제되는 경우를 대비해 전략적으로 대비를 해두어야 한다. 답변을 준비할 때는 하나의 답변으로 준비해서 연습해두고 문제 유형에 따라 필요한 설명만 사용하면 된다. 예시 문제를 확인해보자.

Tell me about your daily routine at school. What do you do, and what do the professors do?

학교에서의 일과에 대해 얘기해주세요. 당신은 무엇을 하고, 교수님들은 무엇을 합니까?

I'm curious about where you live. Please tell me as much information about it as you can. How long have you lived there? Where is it located and what does it look like?

Give me all the details.

당신이 지금 사는 곳에 대해 궁금합니다. 가능한 많은 정보를 얘기해주세요. 얼마나 오래 살았나요? 어디에 있고 어떻게 생겼나요? 모든 세부사항에 대해 얘기해주세요.

💬 2 과거 경험

과거 경험을 묻는 문제 유형으로 각 주제별로 처음 어떤 것을 시작한 계기를 묻는 문제, 단순히 과거 경험을 묻는 문제, 최근 경험을 묻는 문제, 인상적인 경험을 묻는 문제가 출제된다. 이 모든 문제를 주제별로 준비해두기란 쉽지 않다. 여가 활동만 해도 설문 조사에서 적어도 세 항목 이상 선택한다고 하면 세 항목 (ex. 영화 보기, 공연 보기, 스포츠 관람)에 대한 처음 경험, 최근 경험, 인상적인 경험을 묻는 문제를 각각 준비해야 하므로 총 9개의 답변을 준비해야 한다는 얘기가 되기 때문이다. 따라서 하나의 과거 경험 답변을 준비해서 응용할 수 있도록 하는 것이 좋다.

Tell me about a difficult situation that you experienced in your school. Begin by telling me when and where it occurred and how old you were at the time. Detail the situation from beginning to end.

학교에서 겪었던 어려움에 대해 말해주세요. 언제, 어디에서 일어났고 당시에 몇 살이었습니까? 처음부터 끝까지 자세히 말해주세요.

Sometimes an extraordinary event happens while one is working at the office. I am interested to see if you have ever experienced anything surprising or embarrassing. Please tell me the details of that experience. Begin by describing to me when and where it happened. Then, explain to me all the particular details of that memory, especially exactly what happened that made the event so memorable.

가끔 사람들이 회사에서 일하는 중에 특별한 일이 생깁니다. 저는 당신이 놀랄 만했거나 황당했던 일을 경험했는지 알고 싶습니다. 그 경험을 제게 자세하게 이야기해주세요. 언제, 그리고 어디서 일어난 일인지 설명하는 것으로 시작하세요. 그 다음에, 특히 정확하게 어떤 일이 그 일을 그렇게 기억에 남도록 만들었는지 그 기억의 특별한 사항을 구체적으로 제게 설명하세요.

Describe how your house looked when you first moved in. How has it changed from then? Give me all the details.

처음 이사했을 때 여러분의 집이 어땠는지 설명해주세요. 어떻게 변했나요? 자세히 설명해주세요.

롤플레이 문제는 크게 질문하기와 문제 상황 해결하기 유형으로 나눌 수 있다. 첫 번째 질문하기 유형은 주제에 맞춰 단순히 질문만 하면 되는 유형이고, 두 번째 질문하기 유형은 주어진 상황에 맞춰 연기를 하라고 요구하는 것이다. 문제에서 제시한 조건에 맞춰서 상대방이 있다고 가정하고 질문을 해야 한다. 롤플레이 유형이자 OPIc 유형 가운데 가장 어려운 문제가 바로 문제 상황 해결하기 유형이다. 구체적인 상황이 주어지는데 대부분 문제가 발생한 상황이다. 각 주제마다 이러한 유사한 상황과 해결에 대한 문제가 등장하므로 답변에서 '문제 상황 설명 → 대안 제시'의 큰 틀을 잘 익혀두면 어렵지 않다.

I go to school, too. Now please ask me several questions about my school.

저도 학교에 다닙니다. 제가 다니는 학교에 대해 몇 가지 질문을 해보세요.

Pretend that you want to order some movie tickets online, but you don't know how to order them. Make some inquiries about ordering online tickets.

온라인으로 영화 티켓 몇 장을 주문하기를 원하는데 어떻게 주문을 하는지 모른다고 가정해보세요. 온라인 티켓 주문에 대한 몇 가지 문의를 하세요.

It seems that you will be late for a meeting you had arranged with your business partner. Make a telephone call so that you can explain what has happened. Suggest a few alternative ways of fixing the problem.

당신의 업무 파트너와의 약속에 늦을 것 같습니다. 전화를 해서 상황을 설명하세요. 그리고 이 문제를 해결하기 위해 몇 가지 대안을 제시하세요.

You've just arrived at the airport and found out that your flight was delayed. Call your travel agency and explain the situation and give three or more alternatives to the situation.

당신이 공항에 막 도착했는데 당신의 항공편이 연착되었다는 것을 알았습니다. 여행사에 전화해서 상황을 설명하고 3~4개의 다른 방안을 제시하세요.

4 콤보 구성

OPIc에서 문제는 설문 조사(Background Survey)를 통해 수집한 개인 정보를 바탕으로 문제가 선별될 뿐 아니라 문제 간에도 유기적으로 연관되어 두세 문제가 하나의 주제로 연속해서 출제된다. 이렇게 연속해서 같은 주제의 문제가 출제되는 것을 콤보 문제라고 한다. 예를 들어, 첫 번째 문제인 자기소개 이후에 출제되는 문제 중에서, 만약 영화 보기에 대한 질문이 이어서 나온다면 영화 관련 질문이 딱 하나 나오고 다른 주제 질문이 나오는 것이 아니라는 얘기다. 좋아하는 영화에 대해 물었으면, 그 다음 문제는 최근 영화를 본 경험에 대해 물어보거나 영화 티켓을 예약해보라고 요구하는 문제가 연속해서 나온다. 이런 식으로 같은 주제의 문제가 2–3문제 연속해서 나오므로 첫 번째 문제를 듣고 다음 콤보 문제를 어느 정도 예상할 수 있다.

학교 생활 콤보의 예

콤보 문제 1

단순/세부 묘사 – 학교에서의 일과

Tell me about your daily routine at school. What do you do, and what do the professors do? 학교에서의 일과에 대해 얘기해주세요. 당신은 무엇을 하고, 교수님들은 무엇을 합니까?

콤보 문제 2

단순/세부 묘사 – 주중/주말에 하는 일

Discuss what you usually do at school on a day-to-day basis. What do you do during the week and on the weekend? Provide as many details as you can.
학교에서 매일 하는 일에 대해 이야기해보세요. 주중과 주말에 무엇을 하나요? 가능한 한 자세히 설명해보세요.

콤보 문제 3

과거 경험 – 학교 생활 관련 문제를 겪은 경험

Discuss what you usually do at school on a day-to-day basis. What do you do during the week and on the weekend? Provide as many details as you can.
학교에서 겪었던 어려움에 대해 말해주세요. 언제, 어디에서 일어났고 당시에 몇 살이었습니까? 처음부터 끝까지 자세히 말해주세요.

12가지 말하기 요령

자연스러운 화법 연출, 문장 연결 요령

💬 1 꼭 익숙해져야 하는 문장 구조, 문장 5형식

영어를 지금까지 공부해왔다면 문장의 5형식을 귀가 닳도록 들었을 것이다. 영문법의 가장 기본적인 용어이기도 하고 문장의 구조를 구분하고 실제로 문장을 구성할 수 있기 위해서는 반드시 알아야 한다. 가장 기본이 되는 문장의 5가지 형식을 알아두고 익혀보자. 단순히 주어/동사/목적어를 구분하기 위한 것이 아니라 문장의 5가지 형식대로 문장을 만들기 위한 것임을 알아야 한다.

1형식 : 주어 + 동사

I grew up there and I moved to Seoul a year ago.

저는 거기에서 자랐고 1년 전에 서울로 이사왔습니다.

2형식 : 주어 + 동사 + 주격 보어

My responsibilities were to write press releases.

제 직무는 언론보도 자료를 쓰는 것이었습니다.

3형식 : 주어 + 동사 + 목적어

Besides my major, I like to study English.

제 전공을 제외하고 저는 영어를 공부하는 것을 좋아합니다.

4형식 : 주어 + 동사 + 목적어 + 목적어

The teacher gave me a good mark.

그 선생님은 제게 좋은 점수를 주셨습니다.

5형식 : 주어 + 동사 + 목적어 + 목적격 보어

Sad ballads make me calm down.

슬픈 발라드는 마음을 차분하게 해줍니다.

💬 2 다재 다능한 동명사와 to부정사의 활용

동명사는 동사에 -ing가 붙은 형태이다. 동명사는 이런 형태로 명사 자리에 오며 명사처럼 쓰여 주어, 목적어, 보어의 역할을 한다. 의미는 '〜하는 것'이라고 해석한다. to부정사는 명사처럼 쓰여 주어, 목적어, 보어, 동격의 역할을 한다. 그 외에도 형용사, 부사의 기능을 갖고 있다. '〜하기, 〜하기 위해서' 등의 의미로 해석한다. 몇 가지 문장의 예를 살펴본다.

동명사 예문

주어

Working out outside is usually nicer, but sometimes the weather is not appropriate. In that case, I work out indoors.

실외 운동은 보통 더 좋지만, 날씨가 좋지 않을 때가 있습니다. 그런 경우, 저는 실내에서 운동을 합니다.

전치사의 목적어

I'm excited about **learning** golf these days.

요즘 골프를 배우느라 신바람 났어요.

to부정사 예문

동사의 목적어

When I was about five years old, I started **to play** golf.

제가 다섯 살 무렵에 골프를 시작했습니다.

부사 기능(목적)

I try to play golf every weekend **to keep** myself physically fit.

저는 건강을 유지하기 위해 주말마다 골프를 치려고 노력합니다.

3 관계대명사 that, which, who로 고급 문장 만들기

관계대명사라는 말은 문법 시간에 수도 없이 들었을 것이다. 관계대명사는 그저 문법 시간에만 필요한 용어가 아니다. 실제로 말을 할 때 잘 사용하면 '오, 영어 좀 하는데' 하는 반응을 일으킬 수 있다. 관계대명사는 앞뒤 문장의 반복되는 말 대신 사용해 문장을 연결해주는 역할을 한다.

that, who, which로 문장 늘리기

인물 소개

I have a friend **who** likes to go hiking. 저는 등산을 좋아하는 친구가 하나 있습니다.

보충 설명 문장

It is a problem **that** is very huge, but neglected.

이것은 아주 심각한 문제인 반면, 외면되고 있는 문제이기도 합니다.

자기 소개

I studied hard in my high school days**, which** contributed to my success in life.

저는 고등학교 시절에 열심히 공부했는데, 그것이 삶에서 성공하는 데 도움이 되었습니다.

,(콤마) which means ~

한번에 말하기 길면 잘라 말하자.

회사 소개

It's located in a commercial area**, which means** there are many office buildings nearby. 그것은 상업 지구에 있습니다. 다시 말해, 주변에 사무실 건물이 많습니다.

인물 소개

His nickname at that time was "Turtle"**, which meant** slow.

그 당시 그의 별명은 '거북이'였는데 그가 느리다는 의미입니다.

동네 소개

The population was on the rise**, which meant** more homes, roads, and businesses.

인구가 증가하고 있었는데 그것은 주택, 도로, 사업도 늘어나고 있다는 의미입니다.

OPIc은 주어진 시간에 답변을 해야 하는데, 대부분의 수험자들은 시간이 모자라서 곤란하기보다는 말이 짧아서 걱정이 될 것이다. 할 말도 없고 생각나는 것이 있어도 어떻게 표현해야 할지 모르겠고… 그럴 때는 접속사를 적절히 사용해서 말을 손쉽게 늘리는 요령이 유용하다. 어렵지 않다! 이미 한 말과 유사한 말을 계속 붙여주는 식이다. 예를 들어, '우리집 강아지는 귀엽다'라고 짧게 끝맺지 말고 '귀엽다'라는 말과 비슷한 말을 이어주는 것이다. '우리집 강아지는 귀엽고 이쁘고 사랑스럽고…' 이렇게 하면 시간이 남아서 침묵하고 있거나 너무 짧게 답변하고 넘어가는 것보다 좋다! 게다가 말을 하고 있다는 자신감에서 덧붙일 말도 생각나게 되는 긍정 효과도 볼 수 있을 테니, 잊지 말고 꼭 활용해보시라!

휴가 가서 하는 일

I can go swimming, enjoy sports, **and** simply relax.

저는 수영하고, 스포츠를 즐기고 그냥 쉴 수도 있습니다.

요리하기

Add corn syrup, baking soda, **and** vanilla and then beat until mixed.

옥수수 시럽, 베이킹 소다와 바닐라를 첨가한 다음 잘 저어질 때까지 휘저어주세요.

직장 상사

It was hard work, but my boss handled it professionally **and** competently.

고된 일이었지만 제 상사는 전문가답게 훌륭히 일을 처리했습니다.

좋아하는 가수

His dance is active **and** dynamic.

그의 춤은 활동적이고 역동적입니다.

5 and, but, so 등 등위접속사로 매끄럽게

모범 답변에서 주어가 두 개 이상 나오는 경우, 즉 절이 2개 이상이면 어렵게 느껴지기 시작한다. 이때는 무조건 이 문장을 외우려고 하기보다 문장을 그냥 나눠서 나에게 맞게 만들어 연습하는 것이 좋다. 방법은 간단하다. 새로운 주어 앞에서 끊어주면 된다. 접속사는 이유를 나타내거나 앞뒤 문장을 연결해주는 역할을 하지만 없어도 다 이해한다. 문맥이 있기 때문이다. 접속사로 연결되어 있어서 어렵고 외우기도 힘들다면 그냥 단문장을 암기하고 기억 나는 대로 나열하는 것도 좋은 방법이다. 문맥을 통해 의미가 전달된다면, 당황하지 않고 각각의 답변을 만들 수만 있어도 거뜬히 IM을 획득할 수 있다.

다음은 자기소개 주제의 문장들이다. 우선 낱문장으로 읽어보자. 그리고 생각나는 대로 접속사를 사용해 연결해보자.

1   **My name is Kim Hyunsu from Busan.**
제 이름은 김현수이고 부산 출신입니다.

2   **I'm 24 years old.**
저는 24살입니다.

3   **I'm a student at Hanguk University.**
저는 한국대학교 학생입니다.

4   **I'm short-tempered.**
저는 성격이 급합니다.

5   **My brother is an easygoing person by nature.**
동생은 성격이 천하태평입니다.

6   **My mother often tells me I'd better control my short temper.**
어머니는 종종 저한테 급한 성질 좀 조절하라고 말씀하십니다.

접속사 사용 예시

My name is Kim Hyunsu from Busan **and** I'm 24 years old. I'm a student at Hanguk University. I'm short-tempered **while** my brother is an easygoing person by nature. **So** my mother often tells me I'd better control my short temper.

💬 6 반대 의미를 주는 접속사

두 문장이 연결되어 쓰인 것을 복문이라고 한다. 문장이 길어지면 일단 '아, 말 잘한다'라고 생각하기 마련! 그런데 앞뒤 연결된 문장의 의미에 기교(?)가 들어가 있다면 유창하다고 생각될 만하다. 다시 말해, '이러이러하다'라고 단선적이 사고가 아니라 '이러하지만 저러하다'라고 복선적인 사고를 넣어 말할 수 있다면 훨씬 유창하게 들린다. 이런 문맥을 만들어주는 접속사를 우리말로 표현하면 '역접'의 접속사라고 한다. 아마 중고등학교 수업 시간에 배웠을 것이다. 영어로는 but이나 although, even though, though, while 등이다.

인물 소개

He may be old **but** he is still quite spry.

그는 나이는 많으나 아직 팔팔합니다.

Her writing is discursive **but** thorough.

그 여자의 글은 산만하지만 빈틈없어요.

인터넷

Although the website was not too appealing, it was fast and easy to view.

웹사이트가 매우 흥미롭지는 않지만, 그것은 빠르고 보기가 쉽습니다.

휴가/출장

Although I have visited Jejudo many times, I have never been to Busan.

저는 제주도에 많이 가봤지만, 부산에는 한 번도 간 적이 없습니다.

자동차/쇼핑

Although I had been excited about buying the new car, I now regret it.

저는 새 차를 샀을 때 굉장히 좋아했지만, 곧 그것을 후회했습니다.

💬 7 현재의 습관이나 사실 묘사에 유용한 구문

설문조사 항목의 각 주제별로 현재의 습관이나 사실, 일상적인 일을 설명하는 문제는 반드시 준비해두어야 한다. 공원 가기 주제라면 공원에 가서 하는 일, 영화 보기라면 영화관에 가서 하는 일, 일반적인 과정 등을 설명하는 답변을 준비하라는 것이다. 답변을 모두 준비해두기보다는 일반적으로 사용하는 문장을 연습해두면 여기저기 다양한 주제에 응용해서 말할 수 있다. 이때 유용한 표현들을 살펴보자.

usually/normally 보통/대개

주말에 하는 일

During the weekends, I **usually** enjoy seeing my family members.

주말에 저는 보통 가족들을 만나는 것을 좋아합니다.

친구 소개

She **usually** says she'll be there and then cries off at the last minute.

그녀는 늘 오겠다고 말하지만, 마지막 순간 약속을 취소합니다.

It is nice to … ~은 좋습니다

학교 생활

It is nice to be with my best friends.

친한 친구들과 함께 하는 것은 즐겁습니다.

Once ~하면

직장 생활

Once she approves the designs, we can begin production.

그녀가 디자인 승인을 하면 곧 제작에 들어갈 수 있습니다.

학교 생활

Once one of my friends starts giggling, it starts all of us off.

한 친구가 킥킥거리기 시작하면 저희 모두가 킥킥거리게 됩니다.

인물 소개

Once she starts talking, she doesn't shut up.

그녀는 한 번 말을 시작하면 멈추질 않습니다.

과거의 경험을 설명하는 답변에 사용하면 좋은 표현을 알아보자. 과거 경험에도 다양한 경우가 있는데, 과거의 사건을 묘사하는 경우가 있을 것이고, 과거의 일상적인 일들을 설명하는 경우도 있을 것이다. 예를 들어, 과거 가정에서의 기억에 남는 일을 설명하려면 한 가지 사건을 들어서 답변하게 되고, 과거 집에서 책임지고 했던 일에 대해 설명한다면 일상적으로 늘 했던 일을 과거 시점으로 설명하게 된다.

used to ~하곤 했다

음악 감상

He **used to** listen to heavy metal CDs all the time in his room.

그의 방에서 항상 헤비메탈 CD를 듣곤 했었지요.

always + 과거 동사 ~ whenever + 과거 동사

인물 소개

The two were **always** quarreled **whenever** they met.

그 둘은 만나면 언제나 싸웠습니다.

It was wonderful to + 동사원형

이웃과 관계

It was wonderful to talk with him last night.

어젯밤 그와 한 얘기는 정말 좋았습니다.

기억에 남는 경험

The most memorable part was my friend.

가장 기억에 남는 부분은 제 친구였습니다.

It was one of the best times I've ever had at a park.

공원에서 있었던 제가 보낸 가장 좋은 시간 중 하나였습니다.

When I talk about that, **the first thing that comes to my mind** is ~.

그것에 대해 이야기할 때 마음 속에 가장 먼저 떠오르는 것은 ~입니다.

💬 9 예를 들거나 나열할 때 사용하기 좋은 구문

말을 늘리기 좋은 기술이 한 가지 더 있다! 예를 들어서 설명하는 것이다. '나는 여행가는 것을 좋아한다.' 라고 했다면 어디 어디를 다녀봤는지를 예로 들어 덧붙여주는 것이다. 관련 명사만 꿰고 있어도 답변의 상당 부분을 채울 수 있다. 게다가 예를 들어 설명하면 답변 내용도 풍부해진다는 일석이조의 효과가 있다. 이렇게 말하기를 쉽게 해주는 비법이 있다니, 이런 건 실전에서 꼭 써먹어야 한다!

For instance/For example 예를 들어

좋아하는 가수

Michael Jackson loved peace. **For instance,** it has become known that he had been nominated for the Peace Prize. 마이클 잭슨은 평화를 사랑했습니다. 예를 들면, 그가 평화상 후보에 지명된 적이 있다는 것은 잘 알려져 있는 사실이죠.

직장 동료 소개

One of my colleagues used to embarrass me all the time. **For example,** he used to act before asking for approval. 제 동료 중 한 명은 언제나 저를 곤란하게 만들곤 했습니다. 예를 들면, 그는 사전 승인을 받지 않고 일을 처리하곤 했습니다.

such as (두 개 이상의 예) / like (한 가지 예)

영화

I like romantic comedies **like** "Love Actually."
저는 〈러브 액츄얼리〉와 같은 로맨틱 코미디물을 좋아합니다.

I like romantic comedies **such as** "Love Actually," "Bridget Jones's Diary," "When Harry met Sally," etc.
저는 〈러브 액츄얼리〉나 〈브릿짓존스 다이어리〉, 〈해리가 샐리를 만났을 때〉 등과 같은 로맨틱 코미디물을 좋아합니다.

including ~을 포함해

사는 곳

I need to buy some items **including** house wares.
저는 가정용품을 포함해서 몇몇 물건을 살 필요가 있습니다.

설명을 하다 보면 '어떨 때는 이렇게 하고 이럴 때는 이렇게 한다'고 조건에 따라 달라지는 행동이나 결과를 설명하는 경우가 있다. 주로 일상적인 일을 설명하는 경우인데, 예를 들어 체육관에 갈 때 하는 일이나 체육관에 얼마나 자주 가는지를 설명하는 답변이라면, '시간이 얼마나 있느냐에 따라 다르다. 바쁠 때는 하루에 한 시간 정도 운동하고, 시간 여유가 있으면 하고 싶은 만큼 합니다.'라고 표현하는 것이다.

It depends on 조건. If ~, I ~ (현재시제) ~에 따라 다르다, ~라면(할 때는) ~이다

걷기

It depends on the weather. **If** it's sunny, I walk every day. **If** it's rainy, I stay indoors.

날씨에 따라 달라요. 날이 맑으면 저는 매일 걷습니다. 비가 오면 실내에 있습니다.

직장 생활

It depends on whether it applies directly to your current job.

그것이 현재 업무에 직접적으로 적용이 되느냐 아니냐에 따라 다릅니다.

When I ~, I ~ 상황에 따른 행동의 변화를 설명

여가 생활

I always sing a song **when I** am drunk.

저는 술에 취하면 항상 노래를 부릅니다.

취미 생활

When I was alone, I liked to paint.

혼자 있을 때에는 그림 그리기를 좋아했어요.

영화 보기

When you get into the theater, **you**'ll notice that most of the screens are huge.

영화관에 들어가면 대부분의 스크린들이 크다는 것을 알 것입니다.

걷기

When I feel like exercising more, I walk further in my neighborhood.

운동을 더 하고 싶을 때면 동네를 더 걷습니다.

💬 11 유용한 부사(구)

부사는 문장의 의미를 풍부하게 부연해주는 역할을 한다. 문법을 배우면 항상 부사는 형용사를 수식하고, 동사를 수식하고, 또 다른 부사를 수식하고, 문장 전체를 수식한다고 배운다. 다시 말해 부사는 의미를 더 풍부하게 해주는 것이지 핵심 요소는 아니다. 안 써도 그만이지만 잘 쓰면 문장력을 돋보이게 해줄 수 있다. '나 영어 잘해요~'라고 자랑할 수 있는 것이 바로 적절한 부사의 사용인 것이다. 그렇다면 어떤 때 어떤 부사를 쓰면 좋을까? 문장의 의미를 강조해줄 때 사용하면 딱 좋은 부사를 중심으로 살펴보자.

hopefully 바라건대 소감을 말하면서 마무리할 때 유용한 부사

Hopefully, they have time to see me. 바라건대 그들이 절 만날 시간이 있었으면 합니다.

obviously 당연히 당연한 사실을 강조할 때 쓰면 좋은 부사

Obviously, I call them first to see if they can go with me.

당연히 저는 그들이 저와 같이 갈 수 있는지 알아보기 위해 전화를 먼저 해봅니다.

normally/usually 보통, 일반적으로 일상적인 습관이나 매일 하는 일을 설명할 때 유용

I **normally** go there in the evening. 저는 보통 저녁에 그곳에 갑니다.

of course 물론

Of course, it's kind of boring.

물론 그것은 지루합니다.

actually 사실

Actually, I think she's pretty cool. 실은 그녀가 정말 멋지다고 생각해요.

Actually, we were quite pleased that we were able to do that.
사실 우리는 그것을 할 수 있었다는 것이 꽤 만족스러웠습니다.

most of all 무엇보다

But **most of all**, I like the energy. 그러나 무엇보다 저는 그 에너지가 좋습니다.

순서대로 설명해야 하는 답변이 있다. 예를 들어, 과정을 설명한다든지, 하루 일과를 설명한다든지, 어떤 일(영화를 볼 때 하는 일, 조깅 갈 때 하는 일 등)을 하는 과정을 설명할 때 순서대로 설명할 필요가 있다. 이때 순서를 명확하게 밝혀주는 부사나 표현이 있는데 함께 살펴보자.

First, I + 현재형 동사

주로 순서대로 설명하는 문제는 일반적인 습관을 설명하는 내용이므로 현재형 동사를 쓴다. '영화를 볼 때 저는 먼저 ~를 합니다.'와 같은 표현이 된다.

여행 과정

First, I make hotel reservations. 먼저 저는 호텔을 예약합니다.

Then, I pack a suitcase. 그런 다음 짐가방을 쌉니다.

And then I check my schedule there. 그리고 나서 그곳에서의 스케줄을 확인합니다.

When ~, the first thing I do is + 동사원형

'~할 때 제일 먼저 하는 일은 ~입니다.'라는 의미이다. First, I ~라는 표현과 번갈아 쓸 수 있는 표현이다.

헬스클럽

When I go to the gym, **the first thing I do is** go to the locker room.
헬스클럽에 가면 저는 제일 먼저 라커룸에 갑니다.

Next/Then/After -ing/Finally

헬스클럽

Next, I change into sweatpants and a t-shirt.
다음으로 저는 운동복 바지와 티셔츠로 갈아입습니다.

Then, I warm up with slow running. 그리고 나서 천천히 달리면서 몸을 풉니다.

After warming up sufficiently, I begin stretching the major muscle groups.
충분히 워밍업을 한 이후, 주요한 근육의 스트레칭을 시작합니다.

Finally, I stretch the smaller muscles. 마지막으로 작은 근육을 스트레칭합니다.

표현편

01 기본 주제

001 자기소개

Can you tell me about yourself?
자신에 대해 소개해주시겠어요?

답변 구성 전략

공감 문장 선택할 때
참고하세요.

답변 내용이 질문의 모든 요소에 대해 빠짐 없이 대답하고 있는지, 질문의 주제에 맞춰 답변의 흐름이 자연스럽게 연결되는지 확인한다. 되도록 다양한 어휘와 구문을 사용하면 더욱 완벽하다.

★ 답변을 만드는 데 필요한 최소 문장은 6개, IM 등급에 적절한 답변에 이용할 수 있도록 공감 문장을 8개 이상 표시해보세요.

💬 이름/나이/신분

01 제 이름은 김현수이고 부산 출신입니다.
①이름 ②출신지
My name is ① **Kim Hyunsu** and I'm from ② **Busan**.

02 저는 24살입니다.
나이
I'm **24** years old.

03 저는 한국대학교 학생입니다.
대학 이름
I'm a student at **Hanguk** University.

04 저의 이름은 김영길입니다. 저는 23살이며, 대학생입니다.
이름과 나이
My name is **Kim Younggil** and I'm a **23**-year-old university student.

05 저는 33살의 회사원입니다.
①나이 ②직업
I am a ① **33**-year-old ★ ② **office worker**.

★ 이것만 바꿔도 등급이 쑥쑥

중학교 교사 **middle school teacher** 이태리 식당 요리사 **chef in an Italian restaurant**
엔지니어 **engineer** 치과의사 **dentist** 수의사 **veterinarian** 미용사 **hairdresser** 회계사 **accountant**
건축가 **architect** 농부 **farmer** 공무원 **civil servant** 주방장 **chef** 도서관 사서 **librarian**
기계공 **mechanic** 기술자 **engineer**

"

🟣 가족

06	저는 부모님과 두 남동생과 함께 살고 있습니다.	I live with my parents and two brothers.
07	저는 대가족과 함께 살고 있습니다.	I live with my extended family.
08	저희 어머니/아내는 평범한 주부입니다.	**My mother/wife** is an ordinary housewife.

'내'가 주부라면 I am…으로 시작

09	어머니/아내는 언제나 집안일로 바쁘(시)죠.	She is always busy with house chores.

지역

10	현재 아버지는 퇴직하여 경기도의 어느 시골에 살고 계십니다.	My father is retired now and living in rural **Kyounggi-do**.
11	아버지는 저희에게 엄격하지만 자애로운 분이셨습니다.	Stern as he was, our father was full of affection for us.
12	저는 세 아이의 아버지입니다.	I'm the father of three children.

➕ 문장 조합 이렇게!

I am a 33-year-old office worker **and** the father of three children. 05+12

저는 33살의 회사원이고 세 아이의 아버지입니다. *반복되는 '주어+동사'를 생략

13	아내는 애들 뒷바라지하느라 바쁩니다.	My wife is busy with the care of our children.
14	제가 아버지가 되고 나니 부모님의 마음을 조금 더 이해할 수 있을 것 같습니다.	Now that I'm a father myself, I think I can understand my parents a little better.
15	큰 오빠/형은 교사이고 작은 오빠/형은 회사원입니다.	My older brother is a teacher, and my younger brother works at a company.

● 전공 및 학사 과정

영어영문학 **English language & literature** 국어국문학 **Korean language & literature** 수학 **mathematics** 화학 **chemistry** 물리학 **physics** 전자공학 **electrical engineering** 사회학 **social science** 철학 **philosophy** 경제학 **econ. (economics)** 생물학 (*대부분 의과 대학원에 지원할 학생들은 생물학을 전공한다.) **bio. (biology)** 통계학 **statistics** 미술 **fine arts** 기계공학 **mechanical engineering** 토목공학 **civil engineering** 건축학 **architecture** 컴퓨터과학 **computer science** 그래픽 디자인 **graphic design** 법학 **law** 경영학 **business administration** 의학 **medical science** 약학 **pharmacy** 간호학 **nursing science** 한의학 **oriental medicine** 치의학 **dental medicine** 수의학 **veterinary science** 사회복지학 **social welfare studies** 식품영양학 **food science** 아동교육학 **early childhood education** 행정학 **administration** 문헌정보학 **library and information science** 심리학 **psychology** 패션디자인 **fashion design** 시각디자인 **visual design** 생명과학 **life science** 정치외교학 **political science and diplomacy** 역사학 **history** 인류학 **anthropology**

전공

16	저는 경영을 전공하고 있는 대학생입니다.	I'm a university student majoring in **business**.
17	제 전공은 물리학이고 부전공은 화학입니다.	I have a major in physics with a minor in chemistry.
18	제 전공은 화학이고 부전공은 물리학입니다.	I majored in chemistry and minored in physics.
19	제 전공은 경제학이고, 부전공은 경영학입니다.	My major is economics, and my minor is business administration.
20	저는 영어영문학과 경영학을 복수 전공했습니다.	I did a double major in English language and literature and business administration.
21	저는 지금 경제학 석사 과정을 공부하고 있습니다.	I'm currently working on my master's in economics.

22 저는 부모님에게 떠밀려 대학에서 의학을 전공하게 되었습니다.

My parents pushed me to major in **medical science**.

23 마지막 학기를 다니고 있습니다.

I'm in my last semester.

24 저는 졸업 예정입니다.

I am a graduating senior.

25 저는 박사 과정에 있습니다.

I'm in the doctoral program.

26 저는 지금 대학원에 다니고 있습니다.

I am currently taking graduate school classes.

27 2012년도에 영문학 학위를 가지고 한국 대학교를 졸업했습니다.

I graduated from **Hankook** University in **2012** with a degree in **English language and literature**.

28 졸업하고 취업을 하려고 합니다.

I'm going to get a job after graduating.

29 저는 아르바이트를 하느라 한 학기 휴학 중입니다.

I'm taking one semester off to work part-time.

30 저는 이번 학기 마치고 1년 휴학할 겁니다 .

I'm planning to take a year off after this semester.

31 저는 SKY 대학교에서 잠시 휴학 중이나 복학할 계획입니다.

I'm currently on a short break from SKY University, but I'm planning to return to my studies.

스피킹TIP 시제만 바꿔서 이용

학생은 현재 전공하고 있으므로 현재시제로, 직장인은 과거의 일이므로 과거시제로 동사의 시제만 바꿔서 활용하자.

● 인턴쉽 경험

32 대학교 3학년 때, 탑전자에서
2개월간 인턴쉽을 했었습니다.

★ <u>During my junior year</u>, I did a two month internship at Top Electronics.

★ 이것만 바꿔도 등급이 쑥쑥

내가 ~학년 때 **during my 학년 명사 year** 　내가 1학년 때 **during my freshman year** 　내가 2학년 때 **during my sophomore year** 　내가 4학년 때 **during my senior year** 　내가 (대학) 학창 시절에는 **during my college days** 　내가 학창 시절엔 (대학 이전) **during my school days**

33 저는 전자 회사에서 2개월간 인턴
쉽을 한 경험이 있습니다.

I did a two month internship at ★ <u>an electronics company</u>.

★ 이것만 바꿔도 등급이 쑥쑥

국제 무역회사 **international trading company** 　로펌 **law firm** 　전자회사 **electronics company** 　식품회사 **food company** 　제약회사 **pharmaceutical company** 　건설회사 **construction company** 　보험회사 **insurance company** 　광고회사 **advertising company** 　출판사 **publishing company** 　제조회사 **manufacturing company** 　교육기관 **educational institution** 　공공기관/관공서 **government office** 　정부 및 공공기관 **government and public organization** 　통신회사 **telecommunications company** 　음반회사 **record company, (record) label** 　정유회사 **oil company** 　무역회사 **trading company[firm]**

34 그것은 매우 보람 있는 경험이었
습니다.

It was a very rewarding experience.

35 이를 통해, 이 분야에 관한 매우
실무적인 경험을 얻을 수 있었습
니다.

This gave me very practical experience in this field.

36 게다가 동료들과 의사소통하는 방
법과 스트레스 요인이 많은 환경에
서 일하는 방법 등을 배울 수가 있
었어요. 일이 꽤 힘들었었거든요.

In addition, I could learn how to communicate with coworkers and how to work under pressure because it was kind of tough.

37 대학 시절에 제 전공에 관한 많은 과목을 수강했고, 몇몇 관련 자격증 및 수료증을 땄습니다.

I took many courses about this field during my college days and got several licenses and some certificates related to this field.

38 인턴쉽 경험을 통해서, 시간 관리 능력을 향상시킬 수 있었습니다.

Through the internship experience, I could improve my time management skills.

39 이 기회를 통해 당신은 매우 값진 경험을 하게 될 것입니다.

This opportunity will give you very valuable experience.

40 이를 통해, 저는 제 통계 분석 능력에 대해 많은 자신감을 갖게 되었습니다.

This gave me a lot of confidence in my statistical analysis skills.

🟣 성격

성격

41 저는 외향적이고 밝은 성격입니다.

I am ★ outgoing and bright.

016 「학교 친구/직장 동료/이웃 - 성격묘사」와 연계 활용

42 저는 겸손한 성격을 지니고 있습니다.

I have a ★ humble character.

★ 이것만 바꿔도 등급이 쑥쑥

좋은 good 신중한 cautious 엄격한 strict 성실한 diligent 친절한 friendly 냉소적인 cynical 이기적인 selfish 열정적인 passionate 냉철한 cool-headed (~에 대해) 철저한 thorough (about)

43 저는 성격이 원만합니다.

I have a great attitude.

44 저는 긍정적인 태도를 가진 사람입니다.

I have a positive attitude.

45	저는 모든 것에 긍정적인 태도를 가지고 있습니다.	I have a positive attitude toward everything.
46	저는 성격이 천하태평입니다.	I am an easygoing person by nature.
47	저는 아주 느긋한 성격입니다.	I have an incredibly laid-back personality.
48	저는 긍정적인 태도와 유머 감각을 가지고 있어 일반적으로 학교 친구들과 잘 지냅니다.	I have a positive attitude and a good sense of humor, so I generally get on well with my classmates.
49	냉소적인 성격을 바꾸고 싶습니다.	I'd like to change my tendency to be cynical.
50	나이가 들어감에 따라 저는 더 냉소적인 사람이 되고 있습니다. 사실 어릴 적에도 아주 냉소적이었습니다.	I am getting very cynical as I get older; in fact I was very cynical when I was younger as well.
51	저는 보다 창의적이고 융통성 있는 사람이 되었습니다.	I've become a more creative and flexible person.
52	저는 보다 단호한 사람이 되었습니다.	I've become a more decisive person.
53	저는 보다 유머감각 있는 사람이 되었습니다.	I've become a more humorous person.

💬 취미생활/일상생활

취미 종류

54 저는 음악 듣는 것을 즐깁니다.

I enjoy ⭐ <u>listening to music</u>.

55 또한 시간이 날 때마다 일과 관련된 책을 많이 읽습니다.

I also ⭐ <u>read a lot regarding my job</u> whenever time allows.

⭐ **이것만 바꿔도 등급이 쑥쑥**

스포츠를 하다 **play sports**　게임을 하다 **play games**　인터넷 서핑을 하다 **surf the Internet**　독서하다 **read books**　운동하려고 걷다 **walk for exercise**　영화를 보다 **watch movies**　어린이 센터에서 봉사활동을 하다 **volunteer at children's centers**　하이킹을 가다 **go hiking**　동네 공원에서 농구를 하다 **play basketball at the local park**　스웨터를 뜨다 **knit sweaters**

*본동사 자리에는 일반 동사 형태로 쓰고 enjoy 다음 동명사 자리에는 -ing를 붙여서 쓴다.

56 저는 대개 하루종일 바쁩니다.

I'm usually on the go all day long.

57 시간이 나면 체육관에서 운동을 하며 땀을 뺍니다.

When I have free time, I work up a sweat in the gym.

58 저는 틈틈이 시간 나는 대로 소설을 씁니다.

I write fiction in my spare time.

59 시간이 나면 낮잠을 자거나 TV를 봅니다.

When I have free time, I either take a nap or watch TV.

60 저는 내년에 학교를 졸업하면 유럽 여행을 떠나고 싶습니다.

I hope to travel to Europe when I finish school next year.

61 우리나라를 많이 여행 다녔습니다.

I have traveled quite a lot around the country.

62 가족들과 소중한 시간을 가지려고 노력하는데 요즘은 공부와 아르바이트로 바쁩니다.

I try to spend my valuable time with my family, but these days I'm so busy with my studies and my part-time job.

63 제 전공을 제외하고 저는 영어를 공부하는 것을 좋아해서, 시간이 생기면 영어 TV 쇼와 영화를 보려고 합니다.

Besides my major, I like to study English, so I try to watch English TV shows and movies in my free time.

● 사는 곳

64 저희는 시내에서 2시간 거리에 살고 있습니다.

We live two hours from downtown.

65 저희는 서울 교외에 살고 있습니다.

We live ★ <u>in the suburbs of Seoul</u>.

사는지역

66 저는 인천에서 자랐고 1년 전에 직장 때문에 서울로 이사 왔습니다.

I grew up ★ <u>in Incheon</u> and I moved to Seoul for my work a year ago.

★ 이것만 바꿔도 등급이 쑥쑥

한국의 대도시에서 **in the metropolis of Korea** 시골에서 **in the country** 교외에서 **in the suburbs** 소도시에서 **in a town** 대목장에서 **on a ranch** 소농장에서 **on a farm** 섬에서 **on a island** 한국의 수도에서 **in the capital of Korea** 내륙(오지, 농촌)에서 **in the back-country**

● 하는 일

67   저는 투자 상담사로 은행에 근무하고 있습니다.

I work in ★ ① <u>a bank</u> as ② <u>an investment counselor</u>.

★ 이것만 바꿔도 등급이 쑥쑥

① 직장/업종

병원 **a hospital** 동물병원 **an animal hospital** 미용실 **a beauty shop** 회사 **a company** 동사무소 **a registry office** 레스토랑 **a restaurant** 도서관 **a library** 건축회사 **an architectural firm**

② 직업

치과의사 **a dentist** 수의사 **a veterinarian** 미용사 **a hairdresser** 회계사 **an accountant** 건축가 **an architect** 농부 **a farmer** 공무원 **a civil servant** 주방장 **a chef** 도서관 사서 **a librarian** 기계공 **a mechanic** 기술자 **an engineer**

68   저는 서울에 있는 TOP 국제무역 회사에서 근무합니다.

I work for ★ <u>the TOP Co., international trading company</u>, in Seoul.

★ 이것만 바꿔도 등급이 쑥쑥

I work for + (a/an) 회사 이름/업체 종류

*업체 종류는 p.50 '이것만 바꿔도 등급이 쑥쑥'에서 참고하여 바꿔 말할 수 있다.

69   저는 중소기업에 다니고 있습니다.

I work for one of the smaller firms.

70   제가 하는 일은 비서와 개인 조수의 중간쯤입니다.

My job is somewhere between secretary and personal assistant.

71   제 일은 너무 일상적이고 지루해요. 저는 제 일이 싫습니다.

My job is so routine and boring, I hate it.

72   제 일은 영어를 한국어로 번역하는 것입니다.

My job is to translate English into Korean.

73   그게 제 일에서 제일 좋은 부분입니다.

That is what I like best about my job.

74 저는 한 달 교체로 근무합니다.

I serve in turn a month at a time.

75 조립 라인을 감독하는 것이 제 일입니다.

★ <u>Supervising assembly lines</u> is my job.

★ 이것만 바꿔도 등급이 쑥쑥

복잡한 업무를 조직화하는 것 **organizing complicated tasks** 팀원들을/상사를 지원하는 것 **supporting team members/my supervisor**

76 저는 평범한 주부입니다.

I am an ordinary housewife.

77 저는 집에서 살림만 합니다.

My job is to manage a household.

78 저는 집안일과 아이들을 돌보느라 바쁩니다.

I am busy with house chores and the care of my children.

🗨 경력

79 저는 IT 분야에 실무 경험이 많습니다.

I have a lot of hands-on experience in ★ <u>the IT sector</u>.

★ 이것만 바꿔도 등급이 쑥쑥

회계부 **financial/accounting department**	인사부 **personnel department**
인력관리부 **human resources department**	총무부 **general administration/affairs**
영업부 **sales/marketing department**	홍보부 **public relations department**
생산관리부 **production control department**	기획실 **office of planning**
법률부서 **legal department**	경영부 **administration department**
고객지원부 **customer support department**	고객센터 **customer service**
해외사업부 **overseas operation department**	
연구개발부 **R&D(research and development) department**	

근무 년수

80 저는 그 회사에서 10년간 근무해 오고 있습니다.

I have worked for **10 years** at the company.

근무 기간

81 그 전에, 2005년에서 2010년까지 보험회사에서 근무했었습니다.

Before that, I worked for an insurance company, **from 2005 to 2010**.

82 저는 경영 훈련 전문 회사의 상담 역으로 근무한 경험이 있습니다.

I formerly did consulting for a management-principles company.

83 저는 회사에 근무한 지 2년 만에 부장으로 승진했습니다.

I was promoted to manager after only two years with the company.

84 현재의 직장에서 열심히 근무하고 있으며 인정도 받고 있습니다.

I'm doing well in my current job and people there like me.

85 4개 도시에서 3개의 각각 다른 회사에서 근무한 적이 있습니다.

I have worked for three different companies in four cities.

86 현재 제 수입은 제가 처음 취직했을 때의 두 배가 되었습니다.

My income is currently double what it was when I first got a job.

✚ 문장 조합 이렇게!

I was promoted to manager after only two years with the company. My income is currently double what it was when I first got a job. 83+86

저는 회사에 근무한 지 2년 만에 부장으로 승진했습니다. 현재 제 수입은 제가 처음 취직했을 때의 두 배가 되었습니다.

87 제 아내 회사의 월급이 제 회사보다 많습니다.

My wife's company pays better than mine.

002 가정 생활 단순 설명

빈출 질문 Q1

What kind of things do you do with your family members? Tell me about activities you do with your family.
가족들과 주로 어떤 일을 하십니까? 당신의 가족과 함께 하는 활동에 대해 말해주세요.

답변 구성 전략
공감 문장 선택할 때 참고하세요.

답변 내용이 질문의 모든 요소에 대해 빠짐 없이 대답하고 있는지, 질문의 주제에 맞춰 답변의 흐름이 자연스럽게 연결되는지 확인한다. 되도록 다양한 어휘와 구문을 사용하면 더욱 완벽하다.

★ 답변을 만드는 데 필요한 최소 문장은 6개, IM 등급에 적절한 답변에 이용할 수 있도록 공감 문장을 8개 이상 표시해보세요.

---

01 가급적 아이들 곁에 있으려고 합답니다.

I make sure that I'm there with my children.

---

02 사실 아이들의 유년 시절도 한때 뿐이고, 금방 지나가거든요. 그래서 매일 학교에서 아이들을 데려오는 일도 제가 직접 하고 싶어요. 중요한 건 균형이죠.

I mean, they're only little once and it goes so quickly, and I want to be the person who picks them up from school every day and the thing is a balance.

---

03 어머니가 병원에 입원하신 후 집안 분위기가 어두워졌습니다.

After my mother's hospitalization, the household atmosphere dimmed.

---

04 저는 집안일을 도대체 하지 않습니다.

I never do anything around the house.

---

05 저희 아내가 지금 대학원에 다니고 있어서 아내가 학교에 가면 제가 아이들을 돌봐주어야 합니다.

My wife is currently taking graduate school classes, so I have to take care of our children while she goes to school.

---

06 저희 아내가 지금 일을 시작해서 제가 거의 모든 집안일을 합니다.

My wife is currently working, so I have to do all the chores.

07 제가 요리를 좋아하기 때문에 아내가 요리를 하지 않습니다.

My wife doesn't make food because I like cooking.

08 아내는 퇴근해 집에 오면 설거지를 합니다.

She has to do the dishes when she arrives home after work.

09 저는 혼자 생활하는 데 익숙합니다. 보통 혼자 식사 준비를 하죠.

I am used to single life. I usually cook my meal by myself.

10 저는 요리를 잘하고 새로운 요리법을 해보는 걸 정말 좋아합니다.

I am a good cook and really enjoy trying new recipes.

11 저는 매일 혼자서 집 청소를 합니다.

I clean my house by myself every day.

✚ 문장 조합 이렇게!

I am used to single life. I usually cook my meal by myself. I am a good cook and really enjoy trying new recipes. And I clear my house by myself every day. 09+10+11

저는 혼자 생활하는 데 익숙합니다. 보통 혼자 식사 준비를 하죠. 저는 요리를 잘하고 새로운 요리법을 해보는 걸 정말 좋아합니다. 그리고 저는 매일 혼자서 집 청소를 합니다.

12 저는 토요일에 집 안을 구석구석 청소합니다.

I clean the house from top to bottom on Saturdays.

13 저는 주말에 하루 종일 집 안에 죽치고 앉아 TV만 봅니다.

On weekends, I stay cooped up in the house all day, just watching TV.

003 \ 학교 단순 묘사

빈출 질문 Q1

I would like to know what your school looks like. Describe your school's campus. What do the buildings and classrooms look like? Please describe your school for me in as much detail as possible.

당신의 학교가 어떻게 생겼는지 알고 싶습니다. 학교 캠퍼스를 묘사해보세요. 건물과 교실들이 어떻게 생겼나요? 최대한 자세히 학교를 묘사해주십시오.

답변 구성 전략

공감 문장 선택할 때 참고하세요.

답변 내용이 질문의 모든 요소에 대해 빠짐 없이 대답하고 있는지, 질문의 주제에 맞춰 답변의 흐름이 자연스럽게 연결되는지 확인한다. 되도록 다양한 어휘와 구문을 사용하면 더욱 완벽하다.

★ 답변을 만드는 데 필요한 최소 문장은 6개, IM 등급에 적절한 답변에 이용할 수 있도록 공감 문장을 8개 이상 표시해보세요.

💬 학교 시설 및 건물

01 저희 학교는 캠퍼스가 꽤 넓습니다.

My university ★ <u>has a fairly large campus</u>.

`학교의 특징`

★ 이것만 바꿔도 등급이 쑥쑥

캠퍼스가 작다 **has a small campus** 아름다운 풍경으로 잘 알려져 있다 **is very well known for its beautiful views** 오래 전에 창립되다 **is an ancient foundation** 들어가기가 어렵다 **is rather hard to enter** 경영학 프로그램이 우수한 것으로 알려져 있다 **is known for its strong business administration program**

02 나무와 건물들이 어우러진 아름다운 경치로 유명합니다.

It is very well known for its beautiful views, with the trees and buildings.

03 중앙 도로가 캠퍼스 내 대부분의 건물들로 이어져 있습니다.

There's a main road that leads to most of the buildings on campus.

04 캠퍼스 중앙에는 학생회관이 있습니다.

At the center of the campus, there is ⭐ **the student center building**.

⭐ 이것만 바꿔도 등급이 쑥쑥

도서관 **a library** 행정관 **an administration building** 강당 **an auditorium** 기숙사 **a dormitory** 학교 식당 **a cafeteria** 스포츠 센터 **a sports center** 많은 건물들 **many buildings** (*there is 대신 there are와 함께 쓴다.) 강당 **an auditorium** 학교 식당 **a cafeteria** 체육관 **a gym**

05 도서관은 학교에서 가장 오래된 건물입니다.

The library is the oldest building on campus.

06 캠퍼스 여기저기 나무가 많고 잔디가 깔린 곳이 많습니다.

There are many big trees and many grassy areas.

07 그래서 풀밭에 앉아서 책을 읽고 있는 학생들을 많이 볼 수 있습니다.

So, it is easy to find students sitting and reading on the grass.

08 건물의 역사를 느낄 수 있습니다.

You can feel the history of these buildings.

09 그것은 최근에 개조한 반면, 반대편에 있는 건물들은 꽤 오래되었습니다.

It has recently been remodeled, while the other buildings on the opposite side are quite old.

10 학교는 새로운 컴퓨터를 받는 대신 교내에서 광고를 허락했습니다.

Our school allowed advertising on campus in exchange for new computers.

11 그 낡은 건물은 수년간 방치되어 있다가 최근에 수리 중입니다.

The old building has been neglected for years and it is currently being renovated.

| | 12 | 그것이 오래된 건물이긴 하지만 그렇다고 그것이 기념비적인 건축물이 되는 건 아닙니다. | It's an old building, but that doesn't qualify it as a monumental piece of architecture. |

🗨 위치

| | 13 | 그것은 위치가 좋지 않습니다. | **It** is in a bad location. |

| | 14 | 그것은 캠퍼스의 서쪽 끝에 있습니다. | It is located **in the west end** of the campus. |

| | 15 | 산자락에 위치하고 있습니다. | It is ★ <u>at the foot of a mountain</u>. |

★ 이것만 바꿔도 등급이 쑥쑥

남쪽에 **on the south side** 중앙에 **at the center** 대강당 옆에 **next to the main auditorium** 내가 공부하는 곳에서 20분 거리에 **20 minutes away from where I usually study** 센터하우스의 1층에 **on the first floor of Center House** 엘레베이터 옆에 **next to the elevator**

| | 16 | 저희 학교는 시의 중심부에 위치하고 있습니다. | Our school is located **in the center of the city**. |

| | 17 | 행정관은 캠퍼스 북쪽에 위치해 있습니다. | The administration building is located on the north side of the campus. |

➕ 문장 조합 이렇게!

The administration building, located on the north side of the campus, has been neglected for years and it is currently being renovated. 11+17

행정관은 캠퍼스 북쪽에 위치해 있는데, 수년간 방치되어 있다가 최근에 수리 중입니다.

*17번 문장을 수식절로 11번 문장에 삽입했다. The administration building, (which is) located on ~에서 주격 관계대명사와 be동사가 생략되고 분사 형태로 the administration building을 수식

18 학교는 도시에서 북쪽으로 10킬로미터 지점에 위치해 있습니다.

My school is located ten kilometers north of the city.

● 강의실 시설 및 규모

19 강의실의 크기가 좀 더 작습니다.

The size of the classes is smaller.

20 책상은 줄이 맞춰져 있습니다.

The desks are arranged in rows.

21 강의실의 책상은 모양이 모두 정사각형입니다.

The desks in the classes are all square in shape.

22 모든 강의실은 정사각형 모양입니다.

All classrooms are square in shape.

23 모든 강의실의 환경은 공부하기에 편합니다.

All classrooms are a comfortable medium in which to work.

24 강의실 벽에는 게시물이 있습니다.

There are posters on the walls of the classrooms.

25 강의실은 10명에서 200명까지도 수업하기에 적합합니다.

The lecture halls fit classes from 10 to 200 students.

26 강의실은 120명 정도의 학생들을 수용할 수 있습니다.

The classroom has seats for about 120 students.

27 강의실은 120명 정도의 학생들을 수용할 수 있습니다.

The classroom is configured for about 120 seats for students.

28 대부분의 수업이 100명 정도가 들어가는 강의실에서 진행됩니다.

Most of the classes are in classrooms that hold about 100 students.

29 그 복도는 강의실로 이어집니다.

That corridor leads to the classrooms.

30 열람실은 밤새 열려 있고 사실 그 곳에서 대출하는 것이 가능합니다.

The reading room is open all night long, and you can actually check books out from there.

31 최근에 학부가 개조 공사를 했습니다.

Recently, the school has been remodeled.

32 이제는 강의실에 컴퓨터가 아주 흔합니다.

Computers are now commonplace in classrooms.

장비/시설

33 강의실은 최신 기술 장비를 갖추고 있습니다.

The lecture halls have ★ the most up-to-date technology.

★ 이것만 바꿔도 등급이 쑥쑥

소형 이동식 프로젝터 **small mobile projectors** 환기 시설 **ventilation system**

34 그 강의실은 앰프 시설이 잘 되어 있습니다.

The amp system in that lecture hall is good.

35 넓고 완벽한 방송 시설을 갖춘 세미나실이 특징입니다.

It features a large and fully-wired seminar room.

36 넓고 멋진 대강당이 특징입니다.

It features a spacious and attractive main auditorium.

➕ 문장 조합 이렇게!

It features a spacious and attractive main auditorium, (it features) a large and fully-wired seminar room, **and** lecture halls **to** fit classes from 10 to 200 students. 36+35+25

그것은 넓고 멋진 대강당, 넓고 완벽한 방송 시설을 갖춘 세미나실, 10명에서 200명까지도 수업하기에 적합한 강의실 공간들을 갖추고 있습니다.

37 강의실에서의 음향 효과는 빈약합니다.

The acoustics in the lecture hall are poor.

38 학생들의 노트북 스크린에 선생님이 화이트보드에 쓰시는 내용을 보여줄 수도 있습니다.

The students' laptops can display everything the teacher is writing on the white board on their own screens.

39 실습실과 사운드 스튜디오 안에서 노래를 부를 수 있고, 기타, 드럼, 키보드도 배울 수 있습니다.

Inside the lab and the sound studio, you can sing and learn to play guitar, drums, or keyboards.

시설의 용도

40 대학생들은 도서관이나 컴퓨터 실습실, 또는 기숙사에서도 인터넷을 이용할 수 있습니다.

In college, they're going to ⭐ <u>have access</u> in libraries or computer labs or even dorms.

⭐ 이것만 바꿔도 등급이 쑥쑥

데이터를 컴퓨터에 다운로드하다 **download the data to their computers** 첨단 네트워킹 기술을 이용하다 **use with advanced networking technology** 파워포인트 프레젠테이션을 하다 **give a PowerPoint presentation**

스피킹TIP 공간 묘사 문제

학교 묘사 문제와 강의실 묘사 문제가 별도로 출제될 수도 있다. 일반적으로 좁은 공간인 강의실 묘사가 더 어렵게 느껴지는데, 학교 전경을 묘사하다가 강의실 묘사를 하면 부담을 줄일 수 있다.

004 학교 처음 방문 경험 

빈출 질문 Q1
Tell me about your first visit to your school. When was it? Who were you with? What did you do and what were your first impressions?
학교에 처음 방문했던 이야기를 해주세요. 언제였습니까? 누구와 함께였습니까? 무엇을 했고 첫인상은 어땠습니까?

답변 구성 전략
공감 문장 선택할 때 참고하세요.

답변 내용이 질문의 모든 요소에 대해 빠짐 없이 대답하고 있는지, 질문의 주제에 맞춰 답변의 흐름이 자연스럽게 연결되는지 확인한다. 되도록 다양한 어휘와 구문을 사용하면 더욱 완벽하다.

★ 답변을 만드는 데 필요한 최소 문장은 6개, IM 등급에 적절한 답변에 이용할 수 있도록 공감 문장을 8개 이상 표시해보세요.

💬 학교를 방문한 때

01 그것은 3년 전이었습니다.
It was three years ago.

02 고등학교 3학년일 때 이 대학을 처음으로 방문했습니다.
When I was a senior in high school, I visited this university for the first time.

03 제가 한국대 입학 시험에 합격했다는 사실을 알고 나서 학교를 방문했습니다.
Since I knew that I had passed the entrance exam for **Hankuk** University, I visited my school.
학교 이름

04 제가 공부할 곳을 본다니 너무 흥분됐습니다.
I was so excited to see where I was going to study.

05 저희 부모님은 저와 함께 캠퍼스를 돌아보기로 하셨습니다.
My parents decided to tour the campus with me.

06 한국 대학교는 이 지역 주민들에 겐 잘 알려져 있었지만 골목길 아 래쪽에 자리잡고 있어서 방문객들 은 종종 그냥 지나치곤 했습니다.

Although **Hankuk** University was well known by locals, it was down a side street and, therefore, often overlooked by visitors.

🟣 학교에서 한 일/본 것

07 저는 캠퍼스의 많은 곳을 돌아다 녔습니다.

I visited many places on the campus.

08 학교 중심에는 멋진 광장이 있었 는데 그곳에는 많은 학생들이 모 여 있었습니다.

At the center of the school, there was a great square and many students gathered there.

09 몇몇은 서로 이야기하고 웃고 있 었고 다른 사람들은 신입생들에게 그들의 동아리에 가입하라고 유혹 하고 있었습니다.

Some were talking and laughing with each other and others were attracting freshmen to join their club.

10 강의실은 학생들로 꽉 들어 차 있 었습니다.

The class was full of students.

11 첫날에는 캠퍼스를 둘러보고 캠퍼 스의 모든 건물들이 어디에 있는 지 살펴봤습니다.

My first day, I took a tour of the campus and I checked out where all the buildings are.

12 학교에 가려면 가파른 산을 걸어 올라가야 했습니다.

In order to get to my school, I had to walk up a steep mountain.

13 일단 산 정상에 오르면 대학 전체 가 보였습니다.

Once I was at the top of the mountain, I could see the whole university.

● 학교의 특징

14 우리 학교에서 가장 인기 있는 전공/것은 경제학/큰 캠퍼스입니다.

The most popular **major/thing** at our school is ★ economics/a large campus.

★ 이것만 바꿔도 등급이 쑥쑥

농구부 **a basketball team**   기념비적인 건축물 **a monumental architecture**

15 이 대학이 눈에 띄는 점은 모든 교직원과 학생들의 친근함입니다.

The thing that really made the university stand out is the friendliness of all the staff and students.

16 제가 그곳에서 이야기를 나눈 사람들은 모두 매우 친절했습니다.

Everybody I spoke to there was very friendly.

17 그리고 그들은 제가 얘기하는 것이 무엇이든 진심으로 신경 써줬습니다.

And they seemed to genuinely care about anything I had to say.

18 모든 질문에 인내심을 가지고 답변해주었습니다.

All my questions were answered with patience.

19 명성이 자자한 최고의 대학이었습니다.

That was a superb university with a great reputation.

20 학교는 1학년에 기숙사를 제공하고 넓고 아름다운 캠퍼스, 다양한 동아리를 보장했습니다.

The university guaranteed first year accommodation, a beautiful campus with lots of wide open spaces, and a wide selection of clubs to join.

21 학교는 새로운 경험을 하고 사람들을 만나는 훌륭한 기회를 제공하고 있었습니다.

The university was providing a great way to gain new experiences and meet people.

🗨 학교에 대한 인상

| 22 | 저는 캠퍼스에서 본 것들에 깊은 인상을 받았습니다. | I was impressed by what I saw at the campus. |

| 23 | 에너지와 생동감이 넘쳤어요! | It was full of energy and life! |

| 24 | 저는 그 학교를 좋아하게 될 거라고 생각했고 실제 그랬어요! | I thought I was going to love that school and actually I did! |

| 25 | 사실 한국 대학교는 좋은 학교이고, 그곳에서 많은 친구들을 만날 수 있었습니다. | Hankuk University is actually a good school, and I've made lots of friends. |

| 26 | 그날 이후로 저는 학교의 역사에 대해 자랑스럽게 생각했습니다. | Since that day, I have been very proud of the history of our school. |

| 27 | 저는 금방 집에 온 듯이 편안하게 느꼈습니다. | I immediately felt at home. |

005 학교 생활 단순 설명

빈출 질문 Q1
Tell me about your daily routine at school. What do you do? Describe it in detail.
학교에서의 일과에 대해 얘기해주세요. 당신은 무엇을 합니까? 자세히 얘기해보세요.

Q2
Please tell me about a favorite class you are taking at university. What kind of class is it? And why do you like it the best?
대학교에서 당신이 좋아하는 수업에 대해 이야기해보세요. 무슨 수업이고, 왜 가장 좋아하나요?

Q3
You are probably taking several classes. Please tell me about a class that you like or don't like. What kind of class is it? What are the good or bad things about the class?
당신은 아마 여러 개의 수업을 수강하고 있을 것입니다. 좋아하거나 싫어하는 수업에 대해 말해주세요. 어떤 수업인가요? 그 수업의 좋은 점 혹은 싫은 점은 무엇인가요?

답변 구성 전략
공감 문장 선택할 때 참고하세요.

답변 내용이 질문의 모든 요소에 대해 빠짐 없이 대답하고 있는지, 질문의 주제에 맞춰 답변의 흐름이 자연스럽게 연결되는지 확인한다. 되도록 다양한 어휘와 구문을 사용하면 더욱 완벽하다.

★ 답변을 만드는 데 필요한 최소 문장은 6개, IM 등급에 적절한 답변에 이용할 수 있도록 공감 문장을 8개 이상 표시해보세요.

💬 성적

01 저는 늘 점수가 좋습니다. 저는 올 A를 받는 학생입니다.
I always get good marks. I am a straight A student.

02 대체적으로 저는 올해 학교 성적이 좋았습니다.
On the whole, I did very well in school this year.

03 저는 마지막 학년에 가까스로 통과한 성적이 나쁜 학생입니다.
I am a poor student, barely scraping through my final year.

04 제 성적은 중등 이상/이하입니다.
My school record is **above/below** average.

05 제 경우에 학교 성적이 나쁜 것은 별 문제가 안 됐습니다.

In my case, having bad grades didn't matter.

● 수업/학교에서의 일과

06 전공 분야가 요즘 굉장히 힘듭니다.

Things are so tough in my field right now.

07 이 수업의 주제는 국제 금융입니다.

The subject matter of this class is international banking.

08 영어 수업은 주 5시간입니다.

We have five English lessons a week.

09 전공을 바꿀까 생각 중이에요.

I have been thinking about changing my major.

10 수업을 시작하기 전에 교실에서 학생들이 시끄럽게 떠듭니다.

Before a class begins, the students are noisy in the classroom.

11 점심 시간에 종이 울리자마자 학생들은 라커로 모여듭니다. 그리고 나서 구내식당으로 향합니다.

As soon as the lunch bell starts ringing, the students swarm toward their lockers. And then, they head to the cafeteria.

12 어떤 학생들은 학교 중심에 있는 광장에서 점심을 먹습니다.

Some students eat their lunch in the campus square.

13 때로는 몇 학생이 수업 중에 교실에서 빠져나가기도 합니다.

Sometimes several students slip out of the classroom during the lesson.

| 14 | 아르바이트와 학교 수업을 병행하려니 힘들어서 저는 몇 번 수업을 빼먹었습니다. | I've ditched class a few times because I found it difficult, managing both part-time work and classes. |

| 15 | 제 전공이 경영학이다 보니 제게는 영어 실력이 매우 중요합니다. | For me, ★ ① **English skills** are very important because I major in ② **business**. |

★ **이것만 바꿔도 등급이 쑥쑥**

① 수리 통계학 **mathematical statistics** (*단수 취급) 의사소통능력 **communication skills** 분석력 **analytical skills**

② 회계학 **accounting** 사회복지학 **social welfare studies** 물리학 **physics**

🟣 동아리 활동

| 16 | 학교에서 동아리 선배들과 친구들을 만납니다. | I meet my club seniors and friends at school. |

| 17 | 저는 패러글라이딩 동아리 회원입니다. | I am a member of a paragliding club. |

| 18 | 저는 패러글라이딩 동아리에 가입했습니다. | I joined a paragliding club. |

| 19 | 많은 사람들이 그 테니스 동아리에 들어가고 싶어합니다. | Many people want into the tennis club. |

| 20 | 우리는 거의 매일 테니스/농구/야구/축구를 합니다. | We play **tennis/basketball/baseball/soccer** almost every day. |

| 21 | 우리는 또한 학교 동아리에서 즐거운 활동들을 많이 합니다. | We also do many fun activities at school clubs. |

22	다른 동아리들과는 달리, 매우 맘편하고 서로에게 자유롭죠.	Unlike other circles, we are very laid-back and casual with each other.
23	우리는 여러 가지 사회적인 문제에 대해 토론을 합니다.	We have a debate about several social issues.
24	우리는 일주일에 한 번 어린이 센터에서 자원 봉사 활동을 합니다.	We volunteer at children's centers once a week.
25	저는 사진, 특히 풍경 사진에 관심이 있어서, 자주 사진을 찍으러 나갑니다.	I am interested in photography, especially in landscape, so I often go out to take a few photographs.
26	우리는 잘 나온 사진을 www.photofunclub.com 사이트에 올립니다.	We submit the pictures that come out well at *www.photofunclub.com*.
27	저는 야구 동아리 회원인데, 교외 동호회 활동입니다.	I am a member of a baseball club but it is one outside of university.
28	이는 교내 동호회보다 훨씬 좋은 것 같습니다. 왜냐하면, 많은 다른 분야의 보다 다양한 사람들을 만날 수 있기 때문입니다.	I think it is much better than one in university because I can meet a lot more varied people from many different fields.
29	저는 여전히 이 동호회 활동을 즐겁게 하고 있습니다.	I'm still enjoying the activity.
30	저는 골프 클럽 회원이고, 훈련을 담당하고 있습니다.	I am a member of a golf club and I am in charge of training the members.

31	2학년 때 저는 스노어클링 동아리 회원이었습니다.	I joined a snorkeling club during my sophomore year.
32	그때 저는 홍보활동을 담당했습니다.	I was in charge of PR then.
33	3학년 때 저는 학교신문 동아리 회원이었고, 그때 전 편집업무를 담당했습니다.	During my junior year, I was a member of the school newspaper and was in charge of editing then.
34	그 활동을 통해 저는 골프 기술을 많이 향상시킬 수 있었습니다.	Through the activity, I could improve my golf skills a lot.
35	동아리 활동을 통해서, 작문 실력을 향상시킬 수 있었습니다.	Through the club activity, I could improve my writing skills.

💬 좋아하는 수업과 그 이유

과목명

36	이번 학기 중 제가 가장 좋아하는 수업은 영어 회화 수업입니다.	My favorite class this semester is **English conversation** class.
37	저는 전공을 위해서 수학이 반드시 필요합니다.	I definitely need **math** for my major.
38	이번 학기에 영어 수업에서 3학점을 이수했습니다.	I earned three credits in my English course this semester.
39	졸업하려면 전공 외에 12학점을 더 이수해야 합니다.	I have to earn 12 more credit hours outside my major to graduate.

40	그것은 대학교에서 제일 좋아하는 과목입니다.	It is my best subject in college.
41	저는 이 수업을 몇 가지 이유로 좋아합니다.	I like this class for several reasons.
42	그 수업에서 저는 컴퓨터 프로그래밍에 관한 실무 지식을 배웠습니다.	The course taught me the nuts and bolts of computer programming.
43	이러한 활동들은 영어 실력을 효과적으로 향상시켜줍니다.	Those activities help improve my English skills effectively.
44	첫 번째로, 수업 시간에 다양한 주제에 대해 영어로 얘기를 많이 할 수 있습니다.	First, I have the chance to **speak in English on various topics** in this class.
45	제가 듣는 수업이 고급이라서 우리는 때로는 사회적인 이슈를 토론하기도 합니다.	The class I am taking is for advanced students, so we sometimes discuss social issues.
46	두 번째로, 저는 제 생각을 제한된 시간 안에 발전시켜 말하는 법을 배울 수 있습니다.	Secondly, I can learn how to develop my opinion logically in a limited time.

수업에서 배운 것

✚ 문장 조합 이렇게!

My favorite class this semester is English conversation class. I like this class for several reasons. First, I have the chance to speak in English on various topics in this class. Secondly, I can learn how to develop my opinion logically in a limited time. 36+41+44+46

이번 학기 중 제가 가장 좋아하는 수업은 영어 회화 수업입니다. 저는 이 수업을 몇 가지 이유로 좋아합니다. 첫 번째로, 수업 시간에 다양한 주제에 대해 영어로 얘기를 많이 할 수 있습니다. 두 번째로, 저는 제 생각을 제한된 시간 안에 발전시켜 말하는 법을 배울 수 있습니다.

47	마지막으로, 언어를 배우면서 저는 그것을 사용하는 사람들과 그것의 문화적인 배경에 대해 더 잘 이해할 수 있습니다.	Finally, by learning a language, I can better understand people who use it and their cultural background.

| 48 | 그 교수님은 학점이 짜지 않습니다. | The professor is not strict in grading. |

| 49 | 그 교수님께서는 늘 후한 점수를 주십니다. | The professor always gives us good marks. |

🔵 싫어하는 수업과 그 이유

| 50 | 제가 그 수업을 싫어하는 몇 가지 이유가 있습니다. | There are several reasons that I hate the class. |

| 51 | 영문학 개론 과목은 신청하고 싶지가 않아요. | I don't want to enroll in **an introduction to English literature** class. |

| 52 | 모든 학생들은 영어 말하기 훈련에 등록하도록 되어 있는데, 그것은 학생들의 영어 실력을 향상시켜주는 프로그램입니다. | All the students at school have been invited to sign up for English speaking training, a program designed to help students improve their English skills. |

| 53 | 이 과목은 졸업 필수 과목입니다. 따라서 그룹 활동을 피할 수 없게 되었죠. | This subject is mandatory for graduation, which means I will face inevitable group activities. |

| 54 | 저는 사람들 앞에서 말하는 게 싫습니다. | I hate speaking in public. |

| 55 | 그 교수님 수업은 신청하고 싶지가 않아요. | I don't want to enroll in the professor's class. |

| 56 | 그 교수님은 학점이 짠 편입니다. | The professor is rather strict in grading. |

57	이 수업은 저에게 벅차요.	This class is too far ahead of me.
58	이 과목의 학점은 네 건의 과제물과 기말고사를 기준으로 매겨집니다.	The course's grade will be based on four papers and a final exam.
59	그 교수님은 우리에게 많은 팀 프로젝트를 내주십니다.	The professor gives us many team projects.
60	교수님의 목소리가 계속해서 단조롭기 때문에 수업이 지루합니다.	His lecture is boring as his voice is all in the same key.
61	교수님이 뻔한 것을 다시 설명하기 때문에 수업이 꽤 지루합니다.	The professor labors the point all the time, so his lecture is quite boring.
62	이 수업은 정시에 시작되는 경우가 없습니다.	This class doesn't ever start on time.
63	교수님은 수업시간에 딴청 부리는 것을 허용하지 않습니다.	The professor doesn't allow looking elsewhere in class.
64	저는 종종 그 수업시간에 집중하는 데 어려움을 겪습니다.	I often have trouble focusing in that class.
65	시간에 쫓겨서 수업이 너무 바쁘게 진행돼요.	We are extremely busy due to a lack of time in the class.
66	지난 학기에 3학점을 펑크 내서 재수강을 해야 해요.	I need to retake a 3-credit course because I failed the class last semester.
67	이런 이유로 저는 어떤 전공을 선택할지 갈등하고 있습니다.	For these reasons, I am debating which major to choose.

006 | 학교 프로젝트 과거 경험

빈출 질문 Q1 | Students are asked to complete a project or assignment. What is a project or assignment that you have recently done? What was it about? How did you do it? Tell me everything about it.

학생들은 프로젝트나 과제를 완성해야 합니다. 최근에 한 과제나 프로젝트는 무엇인가요? 무엇에 관한 것이었나요? 어떻게 하였습니까? 자세히 얘기해보세요.

Q2 | I would imagine that you have a school project that was especially memorable. When did you work on the project and what was it about? Who did you do the project with? Describe it in detail.

특히 기억에 남는 과제를 학교에서 수행하신 게 있을 거라 상상이 됩니다. 언제 진행한 프로젝트였고 무엇에 대한 것이었나요? 그 과제를 누구와 함께 했습니까? 자세하게 묘사해보세요.

답변 구성 전략

공감 문장 선택할 때 참고하세요.

답변 내용이 질문의 모든 요소에 대해 빠짐 없이 대답하고 있는지, 질문의 주제에 맞춰 답변의 흐름이 자연스럽게 연결되는지 확인한다. 되도록 다양한 어휘와 구문을 사용하면 더욱 완벽하다.

★ 답변을 만드는 데 필요한 최소 문장은 6개, IM 등급에 적절한 답변에 이용할 수 있도록 공감 문장을 8개 이상 표시해보세요.

수업 이름

01 최근 프로젝트는 경영 수업에서 한 과제였습니다.

The recent project was an assignment that I did in my ★ <u>business class</u>.

★ 이것만 바꿔도 등급이 쑥쑥

리더십 수업 **leadership class** 회화 수업 **conversation class** 작문 수업 **writing class** 컴퓨터공학 수업 **computer science class** 생명과학 수업 **life science class**

---

①한일 ②목적

02 저희는 관련 데이터를 모으기 위해 다양한 사업장을 방문해 그것들을 검토했습니다.

We ★ ① <u>visited different places of work</u> to ② <u>collect a lot of relevant data</u> and went over them.

★ 이것만 바꿔도 등급이 쑥쑥

① 유명한 작가를 만났다 **met a famous author** 성공한 기업가들을 만났다 **met a successful companies** 인터넷으로 조사를 했다 **did research online**

② 보고서를 쓰다 **write a paper** 프레젠테이션을 준비하다 **prepare a presentation** 프레젠테이션을 하다 **give a presentation** 설문조사를 하다 **conduct a survey**

---

03 6명의 학생들이 한 팀을 이루었습니다.

Six students were put on a team.

04 저희는 근로자의 만족도와 동기부여가 노동 생산성에 직접적인 영향을 미치는가를 증명해야 했습니다.

We had to prove that workers' satisfaction and motivation have a direct impact on productivity.

05 처음에는 할 말이 별로 없었습니다. 그러나 인센티브 시스템의 장단점에 대해 리스트를 만들면서 어색함이 사라졌습니다.

At the start, we didn't have much to say. But the ice melted when we started building a list of positive and negative things about incentive systems.

06 또한 저희 팀원의 아버지가 운영하는 회사에 찾아가 직원들로부터 피드백을 받았습니다.

We also went to a company that one of our members' father ran and got feedback from the workers.

07 조사와 저희가 얻은 데이터를 통해, 상관들이 부하 직원들로 하여금 새로운 아이디어를 자유롭게 제안하도록 하면 직원들은 동기부여가 되고 그 결과 생산성이 향상된다는 결론을 얻었습니다.

Through the research and data we got, we concluded that when supervisors let their subordinates feel free to suggest new ideas, the workers are motivated, and this results in increased productivity.

① 결과 ② 성적/점수

08 저희 프로젝트는 성공적이었고 저희 모두 A를 받았습니다.

Our project was ⭐ ① <u>successful</u> and we all got ② <u>an A</u> on it.

⭐ 이것만 바꿔도 등급이 쑥쑥

① 매우 좋은 **fantastic/amazing/great/outstanding** 괜찮은 **interesting/intriguing** 기대에 못 미치는 **bad/disappointing** 형편없는 **terrible/horrible/awful**

② A/B/D/F(점수) **a(n) A/B/D/F** 좋은 성적 **a good grade** 나쁜 성적 **a bad grade** 만점 **a perfect score**

09 한번은 제가 발표를 맡은 프레젠테이션[수업]을 놓친 적이 있었습니다.

I once missed a presentation[class] where I was supposed to ⭐ <u>make a speech</u>.

⭐ 이것만 바꿔도 등급이 쑥쑥

보고서를 쓰다 **write a paper** 우리 과 학생들을 인터뷰하다 **interview our classmates** 발표를 하다 **give a speech** 설문조사를 하다 **conduct a survey** 설문지를 만들다 **create a survey**

10 저는 주어진 책임을 다하지 못한 것이 마음에 걸렸습니다.

I was afraid ⭐ <u>that I didn't carry out all the responsibilities given to me</u>.

⭐ 이것만 바꿔도 등급이 쑥쑥

시험에서 만점을 받지 못했던 것 **that I didn't get a perfect score on my exam**
발표를 성공적으로 마치지 못했던 것 **that I didn't give a successful presentation**
제가 늦어서 선생님이 화나셨던 것 **that my teacher got angry at me for being late**
마감일을 지키지 못했던 것 **that I couldn't meet the deadlines**

11 그날은 폭우가 내려 차가 많이 막혔습니다.

On that day, I got stuck in a terrible traffic jam because of heavy rain.

12 저는 한 시간이나 늦게 도착했고 발표는 이미 끝난 상황이었습니다.

I arrived an hour late and the presentation was already over.

13 저희 팀원 중에 한 명이 제 대신 발표를 했다고 들었습니다.

I heard that one of our team members did it instead of me.

14 F를 면하게 된 것에 안도하면서 저는 팀에게 사과를 했습니다.

I apologized to the whole team, relieved that we avoided getting an F.

15 저는 정말로 미안했습니다.

I was really sorry.

| 16 | 그때 이후로 저는 항상 집을 일찍 나섭니다 | Ever since then, I have always ⭐ <u>left home early</u>. |

⭐ **이것만 바꿔도 등급이 쑥쑥**

일기예보를 확인하다 **check the weather forecast** 모든 것이 괜찮은지 확인하다 **check everything is OK** (*시제에 유의! since 구문으로 현재완료시제가 쓰였음에 유의한다.)

| 17 | 그런데 운이 좋게도, 알고 보니 제가 놓친 프레젠테이션의 결과가 훌륭해서 저를 포함해 저희 팀 모두 A를 받게 된 것이었습니다. | Fortunately, however, it turned out that the result of the presentation was excellent and our team, including me, got an A. |

| 18 | 이것 하나만은 분명히 하고 싶습니다. 저는 프로젝트에 최선을 다했으며 게으름을 부리며 아무것도 안 하고 있었던 게 아닙니다. | I'd like to make clear one thing; I did my best on the project and it wasn't like I slacked off and didn't do anything. |

| 19 | 그 사건 이후로 저는 항상 일기예보를 확인하고 비 오는 날이면 일찍 집을 나섭니다. | Ever since then, I have always checked the weather forecast and left home early on a rainy day. |

007 학교 생활 과거 경험

빈출 질문 Q1

What was a memorable event that you did in your school? When did it happened? Tell me about any things that happened in the process that made the event so memorable for you.

학교에서 작업한 기억에 남는 일은 무엇이었나요? 언제 일어난 일입니까? 기억에 남는 사건이 일어난 게 있다면 말씀해주세요.

Q2

Do you have any memorable experiences with your friends? Tell me about any challenging, unexpected, or interesting things that happened. What made this so memorable for you?

친구와 기억에 남는 경험이 있나요? 어려운 일, 예상하지 못한 일, 흥미로운 일이 일어난 것이 있다면 말해주세요. 왜 그렇게 기억에 남나요?

답변 구성 전략

공감 문장 선택할 때 참고하세요.

답변 내용이 질문의 모든 요소에 대해 빠짐 없이 대답하고 있는지, 질문의 주제에 맞춰 답변의 흐름이 자연스럽게 연결되는지 확인한다. 되도록 다양한 어휘와 구문을 사용하면 더욱 완벽하다.

★ 답변을 만드는 데 필요한 최소 문장은 6개, IM 등급에 적절한 답변에 이용할 수 있도록 공감 문장을 8개 이상 표시해보세요.

💬 시험 관련

01	시험 볼 날이 며칠 남지 않았었어요.	I only had a few days left before the examination.
02	한번은 경제학 중간고사를 놓친 적이 있었습니다.	I once missed my mid-term exam in **economics**. 〔과목 이름〕
03	그날 저는 몸이 안 좋아서 학교에 가고 싶지 않았습니다.	On that day, I got sick and didn't want to go to school.

| 04 | 설상가상으로 시험날 감기에 걸렸습니다. | To make matters worse, I got a cold on the day of the exam. |

| 05 | 시험 당일, 저는 폭우 때문에 극심한 교통체증에 걸렸습니다. | On the day of the test, I got stuck in a terrible traffic jam because of heavy rain. |

| 06 | 저는 한 시간 늦게 도착했고 시험은 이미 끝나버렸습니다. | I arrived an hour late and the test was already over. |

| 07 | 지난달 저는 시험을 망쳤습니다. | Last month, I messed up the exam. |

| 08 | 사실, 수업에 안 들어갈 정도로 아픈 것은 아니었는데 그때 저는 시험을 보지 않을 변명을 찾고 있었습니다. | Actually, I wasn't so sick that I had to miss the class, but at that time, I was looking for an excuse not to take the exam. |

➕ 문장 조합 이렇게!

I got a cold on the day of the exam. Actually, I wasn't so sick that I had to miss the class, but at that time, I was looking for an excuse not to take the exam. 04+08

시험날 감기에 걸렸습니다. 사실, 수업에 안 들어갈 정도로 아픈 것은 아니었는데 그때 저는 시험을 보지 않을 변명을 찾고 있었습니다. *내용에 맞춰 To make matters worse를 삭제하고 연결

| 09 | 교수님이 시험지 한 뭉치를 들고 교실로 들어왔습니다. | The professor came into the classroom holding a sheaf of test papers. |

| 10 | 교실에서 학생들이 시끄럽게 떠들고 있었는데 그를 발견하고는 갑자기 교실이 조용해졌습니다. | The students were making a lot of racket and after seeing him, silence suddenly came over the classroom. |

| 11 | 종이에 부산하게 써 내려가는 펜 소리를 제외하면 교실은 조용했습니다. | The classroom was silent, except for the busy scratching of pens on paper. |

12	저는 다음 주에 숙제를 더 하겠다는 계획을 세움으로써 수업을 빼먹은 것을 합리화시켰습니다.	I rationalized missing class by planning to do extra homework next week.

12 저는 다음 주에 숙제를 더 하겠다는 계획을 세움으로써 수업을 빼먹은 것을 합리화시켰습니다.
I rationalized missing class by planning to do extra homework next week.

13 리포트나 에세이로 대체할 수 있을 거라고 생각했습니다.
I thought I could replace it with a report or an essay.

14 저는 공부를 충분히 하지 않았고 이러한 것들이 시험을 보는 것보다 쉬울 거라고 생각했습니다.
I didn't study enough, and I found those things easier than taking an exam.

15 그래서 저는 교수님께 전화해서 상황을 설명했습니다.
So I called the professor and explained my situation.

16 불행히도 교수님은 제가 수업에 빠지는 것을 허락하지 않으셨습니다.
Unfortunately, he didn't allow me to miss the class.

17 불행히도 교수님은 제가 시험을 리포트로 대체하는 것을 허락하지 않으셨습니다.
Unfortunately, he didn't allow me to replace the exam with a report.

18 시험을 보지 않으면 F를 받을 거라고 하셨습니다.
He said that I would get an F if I didn't take the exam.

19 교수님은 융통성이 없는 분이셨어요!
The professor was someone who had a red-tape mind!

20 경제학에서 F를 받았고 또한 교훈도 얻었습니다. '잔머리 굴리지 마라'는 것이죠.
I got an F in economics, and I also learned a lesson: Don't try any of your petty tricks.

21	운좋게도 저는 경제학에서 A 학점을 받았습니다.	Forturnately, I got an A in economics.
22	저는 가까스로 생물학에서 낙제를 면할 수 있었습니다.	I was scarcely able to make the grade in biology.
23	한 친구가 내 옆에 살짝 앉더니 컨닝을 했습니다.	One of my classmates cozied up next to me and cheated on the test.
24	그 애는 수학 시험을 컨닝한 것이 적발되지 않았습니다.	He got away with cheating on the math test.
25	그는 컨닝을 하는 최신 도구 iPods를 사용했습니다.	I used the latest tools for cheating, iPods.
26	교실에 도착해보니 김선생님이 병으로 휴강한다는 게시물이 붙어 있었습니다.	After I arrived at the classroom, a notification appeared reporting Mr. Kim's absence owing to illness.
27	축제 기간이라 모든 수업이 휴강을 했지만, 우리는 경제학 중간고사를 보아야 했습니다.	Although all classes were canceled for the festival, we had to take a mid-term exam in economics.

🟣 공연 관련

| 28 | 우리 대학 연극 동아리는 〈멕베드〉를 공연했습니다. | Our college theater group did *Macbeth*. |
| 29 | 우리 대학의 연극 동아리는 〈오셀로〉라는 연극을 공연했습니다. | Our college theater group performed in a play called *Othello*. |

| 30 | 야외 동아리에서 지난 주말에 급류 타기를 하러 갔습니다. | The outdoor club went white water rafting last month. |

| 31 | 저는 동아리 공연을 알리는 홍보 전단지와 광고 벽보 몇 장을 만들었습니다. | I made several PR brochures and advertisement placards for the club performances. |

| 32 | 제게 흔히 있는 일이지만 공연 전에 긴장을 했습니다. | I was nervous before the performance as is the way with me. |

| 33 | 연극이 끝나자 모든 사람들은 박수갈채를 보냈습니다. | At the conclusion of the play, everyone clapped their hands. |

| 34 | 그것은 저희 동아리를 홍보하기도 하면서 시원함이 느껴지는 일이었어요 | It was to promote our club and we did some cool performances, too. |

💬 수업 관련

| 35 | 저는 종종 수업시간에 집중하는 데 어려움을 겪었습니다. | Sometimes I had trouble focusing in class. |

| 36 | 수요일에 미술사 수업이 있었습니다. | I had a lesson in art history on Wednesday. |

| 37 | 다음 날까지 영어수업 리포트를 끝내야 했습니다. | I had to finish my English class report by the following day. |

| 38 | 저는 수업을 빼먹은 적이 없습니다. | I never skip classes. |

| 39 | 영어 수업은 주 5시간입니다. | I have five English lessons a week. |

| 40 | 이 수업의 주제는 국제 금융이었습니다. | The subject matter of the class was international banking. |

| 41 | 지난 월요일에 우리는 교외에서 수업을 했습니다. | We had a class off campus last Monday. |

| 42 | 지난주에, 난로가 가열되어 수업 중에 불이 났어요. | Just last week, a fire started in class because the stove overheated. |

| 43 | 아프다고 핑계 대며 저는 수업에 빠졌습니다. | I skipped the class on the excuse of illness. |

| 44 | 저는 수업 중에 그의 배에서 꼬르륵 소리가 나는 것을 들었어요. | I heard his stomach rumbling during the class. |

🗨 친구와의 일화

| 45 | 제가 대학교 신입생이었던 해에, 저는 친구가 많이 없었습니다. | In my freshman year of university, I didn't have many friends. |

| 46 | 고등학교 졸업 10주년 동창회 초청장을 받았어요. | I got an invitation to my ten-year high school reunion. |

| 47 | 저는 옛 동창들과 그날 저녁 시간을 보냈습니다. | I spent the evening with my old school friends. |

48 우리는 교가를 부르면서 동창회를
    마쳤어요.

We ended our class reunion by singing the
alma mater.

49 신입생 환영 파티가 학생 회관에
    서 열렸습니다.

A welcome party was held for freshmen at
the student hall.

50 신입생들은 2학년 생들과 교내 풋
    볼 경기를 했습니다.

The freshmen played intramural football
against the sophomores.

51 저는 클럽에 속해 있었고 멤버들은
    일주일에 한 번 모임을 했습니다.

I belonged to a club and the members met
once a week.

52 우리는 저녁에 술을 마시기 시작
    했고 다음 날 이른 아침까지도 술
    자리를 끝내지 않았습니다.

We began drinking in the evening and did not
stop until early next morning.

53 자정 무렵이 되자 다들 술에 취해
    뻗어버렸습니다.

All of them were under the table by midnight.

54 제 친구 중 한 명인 톰은 술에 취
    하여 계속해서 같은 말을 했기 때
    문에 저는 짜증이 났습니다.

One of my friends, Tom, kept on saying the
same thing ass backwards and that made me
crazy.

55 저는 파티에서 술에 취해 매우 공
    격적으로 행동했고 친구 한 명과
    말다툼을 했습니다.

I was intoxicated and acted very aggressive,
so I had an argument with one of my friends.

56 그때 이후로 줄곧 그 끔찍한 기억
    이 내 머릿속에 맴돌았습니다.

The awful memory has stuck in my mind ever
since.

비법 1 스토리라인 만들기

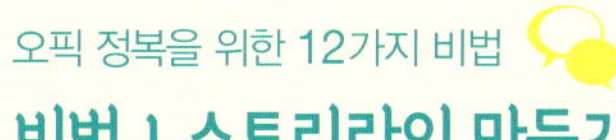

영화 〈방자전〉을 보면 과거에 붙은 이몽룡이 이런 이야기를 듣는다. "스토리가 필요하다!"라는… 시험공부만 열심히 해서 합격한 여러 관리 중에서도 사람들, 특히 왕의 눈에 띄려면 뭔가 특별한 것이 필요한데 그것이 바로 '스토리'라는 것. 채점관도 사람이다. 한 사람당 15개의 답변, 시험장에 있는 수많은 사람들의 답변을 모두 한 사람이 듣는 것은 아니겠지만 좀 특이한 이야기, 재미있는 이야기를 해주면 깊은 인상을 받을 수 있고, 득점에 도움이 된다.

자, 앞서 살펴본 바와 같이 오픽의 유형을 4가지로 정리했는데 1 단순/세부 묘사, 2 과거 경험, 3 롤플레이–질문하기, 4 롤플레이–문제 상황 해결하기가 그것이다. 유형이 어떻든 간에 답변은 '이야기'다. 영어로는, Storyline이 있다는 의미이다. 마치 영화가 전개되듯이, 답변도 스토리라인을 따라 진행되어야 한다. 이미 했던 말을 자꾸 반복하며 횡설수설하면 높은 등급은 고사하고 원하는 등급도 얻을 수 없다. 스토리라인은 좋은 인상을 주는 목적 이외에도 횡설수설하지 않기 위해 기준을 잡아주기도 한다.

먼저, 가장 기본이 되는 주제별 단순 설명/묘사 문제를 중심으로 답변을 만든다. 이때 문장들의 한글 해석을 읽어보면서 만들 수 있는 스토리가 어떤 것이 있는지 파악한다. 그리고 내가 기억하기 좋은 스토리를 선택하거나 마음에 드는 문장을 골라 새로운 스토리를 만들어본다. 스토리고 뭐고 만들기 귀찮다면 각 문제의 소제목 순서대로 마음에 드는 문장을 선택하는 손쉬운 방법도 있다.

008 회사 소개 단순 설명

빈출 질문 **Q1** You indicated you're currently working. Describe the company you work for. Tell me as many details about the company as possible. What's the company's name? Where is it located? What kind of business is it?

일을 한다고 했습니다. 당신이 일하는 회사에 대해 얘기해보세요. 회사에 관해 최대한 자세히 얘기해보세요. 회사의 이름은 무엇인가요? 어디에 있나요? 어떤 사업을 하나요?

Q2 Tell me about the number of employees in your company. Are there branch offices? How many workers are there?

당신이 다니는 회사의 직원 수는 얼마나 됩니까? 지사가 있습니까? 직원들이 몇 명입니까?

Q3 Are all employees required to do overtime and work at night? Do they work overtime often? Tell me about the policies of your company.

초과 근무나 야근이 모든 직원에게 의무적인가요? 초과 근무를 자주 합니까? 회사 정책에 대해 얘기해보세요.

답변 구성 전략

공감 문장 선택할 때 참고하세요.

답변 내용이 질문의 모든 요소에 대해 빠짐 없이 대답하고 있는지, 질문의 주제에 맞춰 답변의 흐름이 자연스럽게 연결되는지 확인한다. 되도록 다양한 어휘와 구문을 사용하면 더욱 완벽하다.

★ 답변을 만드는 데 필요한 최소 문장은 6개, IM 등급에 적절한 답변에 이용할 수 있도록 공감 문장을 8개 이상 표시해보세요.

💬 회사 종류/사업/규모

직장/직종

01 저는 서울에 있는 SAS 국제 무역 회사에서 근무합니다.

I work for ★ <u>the SAS Co., an international trading company</u>, in Seoul.

★ 이것만 바꿔도 등급이 쑥쑥

국제 무역회사 international trading company   로펌 law firm   전자회사 electronics company 식품회사 food company   제약회사 pharmaceutical company   건설회사 construction company   보험회사 insurance company   광고회사 advertising company   출판사 publishing company   제조회사 manufacturing company   교육기관 educational institution   공공기관/관공서 government office   정부 및 공공기관 government and public organization 통신회사 telecommunications company   음반회사 record company, (record) label 정유회사 oil company   무역회사 trading company[firm]

02 저희 회사는 천연 원료를 수입하고 농업 기계류를 수출합니다.

My company imports ⭐ <u>raw materials</u> and exports <u>farm machinery</u>.

⭐ **이것만 바꿔도 등급이 쑥쑥**

화장품/건강식품 **cosmetics/nutritional supplements** 목재 펄프/문구류 **wood pulp/stationery**
전자 부품/자동차/전자제품/기계 **electronic parts/automobiles/electronic products/machines**

03 저희는 다양한 인스턴트 식품을 판매합니다.

We sell many different kinds of instant food.

04 저희는 매년 10억 달러 이상의 시리얼을 팝니다.

We sell over 1 billion dollars worth of cereal every year.

05 저희는 매년 10만대 이상의 자동차를 팝니다.

We sell over 100,000 cars every year.

06 저희는 많은 물품을 중국에 팝니다.

We sell a lot of stuff to China.

07 저희는 좋은 품질의 식품을 적정한 가격에 판매합니다.

We sell good quality food at reasonable prices.

08 저희는 네이게이션 시스템을 아시아 시장에 판매합니다.

We sell navigation systems to the Asian market.

09 수출 추진 정책의 결과 우리가 감당할 수 있는 것 이상으로 일이 늘어났어요.

Our export drive has resulted in more work than we can handle.

10 수출 총액은 약 100억불입니다.

The total export value in round figures is 10 billion dollars.

| 11 | 저희 회사는 섬유류 수출에 있어서 좋은 거래선을 가지고 있습니다. | The company has an excellent tie-up in the textile export trade. |

🗨 회사 직원수

| 12 | 저희 회사는 외근 근무자를 더 고용해야 합니다. | Our company needs to hire more field reps. |

| 13 | 저희 회사는 100명이 넘는 직원이 있습니다. | Our company has ⭐ <u>over a hundred employees</u>. |

⭐ 이것만 바꿔도 등급이 쑥쑥

42명의 비교적 적은 수의 직원 **a relatively small staff of 42** 베이징 지사에 60명의 직원 **60 employees in the Beijing branch** 필리핀 공장에 50명의 직원 **50 workers in the Philippine factory**

🗨 위치

| 14 | 저희 집에서 매우 가까워서 집에서 회사까지 한 시간이 안 걸립니다. | It is so close to my home that it takes less than an hour to get there. |

| 15 | 저희 회사의 본사는 뉴욕 시에 위치하고 있습니다. | The company's corporate head office is situated in New York City. |

| 16 | 저희 회사는 상업지구에 위치해 있습니다. | It is located ⭐ <u>in a commercial district</u>. |

⭐ 이것만 바꿔도 등급이 쑥쑥

도시 중심지 **in the center of the city** 서울에서 가장 번잡한 곳 중 하나에 **in one of the busiest places in Seoul** 서울에 **in Seoul** 한국의 수도 **in the capital city of Korea** 주거 지역 **in a residential area** 환경이 좋은 곳 **in a good environment** 서울의 북쪽 **in the north part of Seoul**

● 현황 및 실적

17 저희 회사는 지난해 수익이 좋았습니다.

My company did well last year.

18 지난해 저희 회사의 총 거래액은 1억 달러였습니다.

My company had an aggregate turnover of $1 billion last year.

19 회사에서 지난주에 월급을 인상해 주었습니다.

It gave us a raise last month.

20 저희 회사는 새 상품을 개발했습니다.

The company has developed a new line of merchandise.

21 저희 회사는 지금 자금난을 겪고 있습니다.

My company is having financial problems.

22 저희는 인력을 더 이상 고용할 형편이 안됐습니다.

We couldn't afford to hire any more workers.

23 우리는 지난해에 이 회사에 합병되었습니다.

We became affiliated with this company last year.

24 그 회사는 지난해 코스닥에 상장되었습니다.

The company listed on KOSDAQ last year.

25 회사는 1사분기 수익에서 경쟁사들을 앞섰습니다.

The company moved ahead of its rivals in first quarter earnings.

26 회사는 경영 다각화 노력이 성과를 거두기 시작하여 수익이 급속히 증가하고 있습니다.

The company is increasing its earnings rapidly with diversification efforts beginning to pay off.

27 저희 회사는 작년에 최신형 노트북 컴퓨터를 시장에 내놓았습니다.

Our company came out with an up-to-the-minute ⭐ <u>notebook computer</u> last year.

⭐ **이것만 바꿔도 등급이 쑥쑥**

자신의 상황에 맞춰 다양한 상품으로 제품명을 바꿔서 말해보자.

디지털 카메라 **digital camera** 휴대 전화 **cellular phone** 냉장고 **refrigerator** 의료 보험 상품 **health insurance plan** 저자극성 화장품 **cosmetics that is hypoallergenic**

● 본사/지사/해외 공장 등

28 저희 회사 지점들은 전국에 걸쳐 위치해 있습니다.

Our company's branches are located all over the country.

29 저희 회사의 본사는 말씀 드렸듯이 서울에 있습니다.

Our company's headquarters is in Seoul as I said.

30 전 세계에 지사가 있습니다.

It has many branches all over the world.

31 회사는 유럽에서 사업을 시작했고 벨기에 공장이 있습니다.

The company started business in Europe and has a factory in Belgium.

32 그러나 아시아가 우리에게 있어 가장 중요한 시장이어서 중국에 가장 큰 공장이 있습니다.

But the largest factory is in China because the Asian market is very important to us.

33 서울에 있는 사무실에는 대략 30명의 직원이 있고 수출과 수입을 다루고 있습니다.

The office in Seoul has about 30 people and they handle exports and imports.

34 중국에 있는 공장과 많은 나라에 있는 다른 공장들은 우리가 그들에게서 받은 주문에 따라 물건을 만듭니다.

The factory in China and the other factories in many countries produce products according to orders we send them.

35 중국에 있는 부서에는 100명의 직원들이 생산 라인에서 일하고 있습니다.

The branch office in China has 100 people working on production lines.

36 우리가 유럽 시장에 발판을 마련할 수 있다면 우리는 빠르게 성장할 것입니다.

If we can get a foothold in the European market, we will grow quickly.

● 회사의 전망

37 회사는 해외 진출을 위한 활로를 개척하고 있습니다.

The company is working on ways to advance into foreign markets.

✚ 문장 조합 이렇게!

The company is working on ways to advance into foreign markets. **As a result,** the company started business in Europe and has a factory in Belgium. 37+31

회사는 해외 진출을 위한 활로를 개척하고 있습니다. 그 결과 회사는 유럽에서 사업을 시작했고 벨기에 공장이 있습니다.

38 우리는 유럽 시장 점유율을 더 넓혀야 하며, 생산라인을 더 효율화하고, 국내 생산비를 더 인하해야 합니다.

We need a bigger share of the European market, a more efficient production line, and lower domestic production costs.

39 유럽 시장은 매출 성장의 뛰어난 가능성을 제공해줍니다.

The European market place offers excellent potential for increasing sales.

40 미국 시장에 진출한 지 2년 만에, 미국에서의 판매는 이제 유럽에서의 판매를 따라잡았습니다.

After only two years in the American market, our US sales have now overtaken our sales in Europe.

41 생산 과정의 많은 단계가 자동화되어 있지만 다른 많은 과정이 수작업 상태로 남아 있습니다.

Although many stages of the manufacturing process have been automated, many other procedures remain manual.

42 올해 우리는 생산성을 높이기 위해 100명의 직원을 더 고용할 것입니다.

This year, we are increasing our workforce to 100 employees to increase productivity.

43 그 분석가들은 저희 회사의 전망에 대해 긍정적인 가치평가를 했습니다.

The analysts made a positive valuation for the company's outlook.

44 저희는 제네럴 일렉트릭 회사와 제휴할 전망에 대단히 기뻤습니다.

We were tremendously thrilled by the prospect of going with General Electric.

45 회사의 전망에 대한 환상이 우리에겐 거의 남아 있지 않습니다.

We're left with few illusions about the company's prospects.

46 저희 회사는 또한 내년에 유럽에도 새로운 지사를 열 계획입니다.

Our company is also planning to ★ **open a new branch in Europe** next year.

★ 이것만 바꿔도 등급이 쑥쑥

문장의 의미와 동사 형태에 맞춰 미래시제, 과거시제 등을 활용할 수 있다.

인스트럼 사와 합병하다 **merge with Instrum Corp.** 다른 회사를 인수하다 **take over another company** 동남아시아 시장으로 진출하다 **advance into Southeast Asian markets** 생산성을 높이다 **increase its productivity** 신제품을 시장에 내놓다 **come out with new product** 중국과의 거래에 초점을 맞추다 **focus on dealing with China** 더 큰 시설을 짓다 **build a larger facility** 사업을 확장하다 **expand the business** 신규 채용을 늘리다 **increase the numbers of new recruits** 제조 과정을 자동화하다 **automate the manufacturing process**

47 저희 회사에서는 근무 기간이 3년이 넘어야 2주일간 휴가를 얻을 수 있어요.

At my company, we have to work three years before we get two weeks off.

48 저희 회사는 근무 연차에 따라 승진이 이루어집니다.

At my company, promotions are given on the basis of how many years one has worked there.

49 저희 회사에서는 특정 상황을 제외하고는 대부분의 직원들이 초과 근무 수당을 받습니다.

In my company, except for certain circumstances, most employees are entitled to overtime pay.

50 기본적인 초과 근무는 하루 8시간 또는 일주일에 44시간을 초과해서 일하는 모든 시간을 의미합니다.

The basic overtime is all hours worked in excess of eight hours a day or 44 hours a week.

51 저희 회사는 직원들을 근로 환경에 만족하도록 유지하려고 노력해 왔습니다.

Our company has tried to keep good employees satisfied with their working conditions.

52 우리는 초과 근무를 그다지 자주 하지 않지만 주급, 월급, 연봉을 받는 직원을 포함해서 모든 직원들은 그들이 일한 초과 근무에 대해 지급됩니다.

Although we don't work overtime very often, all employees, including those who are paid a weekly, monthly, or annual salary, must be paid overtime pay for overtime hours they work.

53 작년 한 해 동안 저희 회사 사원들에 대한 복지 비용이 5퍼센트나 증가했습니다.

The cost to provide benefits to our employees has increased five percent over last year.

| 54 | 저희 회사는 복지 제도가 잘 되어 있습니다. | Our company provides good benefits. |

| 55 | 많은 복지혜택은 이 회사를 더욱 빛나게 합니다. | A generous benefits package is frosting on the cake at this firm. |

🟣 맺음말/전반적인 평가

| 56 | 전반적으로 일하기에 매우 좋은 회사라고 생각합니다. | Overall, it is a very good company to work for, I think. |

| 57 | 우리 회사가 채용을 할 때 보면 사람들은 저희 회사의 문화에 놀라곤 합니다. | When the company hires people, they are amazed at its culture. |

| 58 | 그리고 그 노력 덕분에 아무도 불평을 하지 않습니다. 저는 이런 회사에서 일한다니 운이 매우 좋다고 생각합니다. | And thanks to its efforts, nobody has complaints. I think I'm very lucky to work at a company like this. |

| 59 | 저는 이 회사의 직원으로서 자부심을 느낍니다. | I am proud to be a staff member of this company. |

비법 2 키워드 전환: 다른 주제, 같은 유형

다른 주제, 같은 유형이란 이런 것이다. 자신에 대한 이야기를 하는 기본 주제편에서 학교라는 장소를 설명하는 문제와, 스포츠 주제 영역의 헬스클럽이라는 장소를 설명하는 문제가 이에 해당한다. 둘 다 주제는 달라도 '장소'를 설명하는 유형이다. 또한 스포츠 주제에서 축구/야구/농구를 설명하면서 간단히 종목만 바꿔서 다른 답변으로 전환할 수 있다. 이 경우에 답변 전환이 어렵지 않다. 명사나 동사, 수식어 등의 키워드만 주제에 맞춰서 바꿔주면 된다. 먼저 문장으로 연습해보자.

인물 소개 유형

The name of one of my best friends/colleagues/neighbors is Kim Junsu, and he's a cheerful and outgoing man with a round face.

제 가장 친한 친구/동료/이웃의 이름은 김준수이고, 그는 둥근 얼굴의 활달하고 외향적인 남자입니다.

He lives in Seoul and he hopes to be an English teacher. 영어선생님이 되고 싶어합니다.

start his own business. 자신의 사업을 시작하고 싶어합니다.

get a promotion next year. 내년에 승진하고 싶어합니다.

스포츠 관련 기본 설명 유형

I really like to play basketball and I play on the weekends with my friends.

soccer   on Saturday   classmates.

golf   almost every day   coworkers.

이런 식으로 하나의 답변을 여러 개의 다른 답변으로 전환할 수 있는데 크게 다음과 같이 나눌 수 있다.

- 공간 묘사: 학교/회사 주변/동네 등 넓은 공간, 강의실/사무실/집안/헬스클럽 등 좁은 공간
- 인물 묘사: 자기소개/가족/친구/상사나 직장 동료/선생님/헬스클럽 강사/이웃
- 유사 주제: 여가활동/취미나 관심사
- 유사 주제: 스포츠(축구/야구/농구, 걷기/조깅/하이킹 등 활동이 유사한 종목)

009 건물 및 사무실 단순 묘사

빈출 질문 Q1

Please explain your company building or your office to me. What does it look like? Where is it located? Give me all the details.

회사 건물이나 사무실에 대해 저에게 설명해주세요. 어떻게 생겼습니까? 어디에 위치해 있나요? 모두 자세히 설명해주세요.

답변 구성 전략

공감 문장 선택할 때 참고하세요.

답변 내용이 질문의 모든 요소에 대해 빠짐 없이 대답하고 있는지, 질문의 주제에 맞춰 답변의 흐름이 자연스럽게 연결되는지 확인한다. 되도록 다양한 어휘와 구문을 사용하면 더욱 완벽하다.

★ 답변을 만드는 데 필요한 최소 문장은 6개, IM 등급에 적절한 답변에 이용할 수 있도록 공감 문장을 8개 이상 표시해보세요.

💬 건물의 특징

01 저희 회사는 지난 달에 새 고층 건물에 입주했습니다.

Our company took occupancy of a new highrise building last month.

02 저희 회사 건물은 조각물로 장식이 되어 있습니다.

Our company building ★ is beautified with small carvings.

`특징`

★ **이것만 바꿔도 등급이 쑥쑥**

큰 직사각형 모양이다 **is a large rectangle-shaped complex** 원형으로 지어지다 **is built in the round** 창문이 많다 **has many windows**

03 저희 건물은 최근에 리모델링되어서 새 건물처럼 보입니다.

Our building has recently been remodeled, so it looks like a new building.

`건설 시기`

04 회사 건물은 지어진 지 약 20년이 되었습니다.

The building was built ★ about 20 years ago.

★ **이것만 바꿔도 등급이 쑥쑥**

1980년에 **in 1980** 1970년대 말에 **in the late 1970s**

💬 건물/사무실 위치

05 저희 회사는 사무용 건물의 4개
층을 쓰고 있습니다.

Our company occupies four floors in an office building.

06 회사는 상업지구에 위치해 있어
서 창문에서는 이 빌딩들과 거리
를 볼 수 있습니다.

Since it is located in a commercial district, we can see many buildings and the streets from our windows.

07 저희 빌딩은 다른 사무 빌딩들에
둘러싸여 있습니다.

Our building is also surrounded by other office buildings.

➕ 문장 조합 이렇게!

Since it is located in a commercial district, **our building is also surrounded by other office buildings. So** we can see many buildings and the streets from our windows. 06+07

회사는 상업지구에 위치해 있어서 저희 빌딩은 다른 사무 빌딩들에 둘러싸여 있습니다. 그래서 창문에서는 이 빌딩들과 거리를 볼 수 있죠. *내용의 흐름에 따라 문장 연결을 적절하게 바꿔서 활용해도 좋다.

08 이 건물은 15층이며 저희 사무실
은 6층에 있습니다.

It is 15 stories high and our office is on the 6th floor.

09 저희 사무실은 5층 엘리베이터 옆
에 있습니다.

Our office is next to the elevator on the 5th floor.

➕ 문장 조합 이렇게!

It is 15 stories high and our office **is next to the elevator on the 5th floor.** 08+09

이 건물은 15층이며 저희 사무실은 5층 엘리베이터 옆에 있습니다. *08번 문장에 09번의 표현을 삽입하여 새로운 문장을 만들 수 있다.

10 저희 사무실은 복도 끝에 있습니다.

Our office is at the end of the corridor.

11 제가 근무하는 사무실은 복도 끝
에 있습니다.

The office where I work is at the end of the corridor.

12	바닥은 회색이지만 벽은 옅은 파란색입니다.	The floors are gray and the walls are light blue.
13	사무실의 가구들은 벽지 색깔과 잘 어울립니다.	The furniture in our office goes well with the color of the wallpaper.
14	제가 근무하는 사무실은 여기저기 창이 많아서 매우 밝고 모든 것이 잘 정돈되어 있습니다.	The office I work in is very bright as there are windows everywhere and everything is well-organized.
15	창문에 달린 커튼은 밝으며 유쾌합니다.	The curtains hanging in the windows are bright and cheerful.
16	저는 20여명의 동료들과 함께 트인 사무실 공간을 사용합니다.	I share an open-air office space with 20 other coworkers.
17	저희 회사는 건물 내 금연 규정을 시행했습니다.	The company enforced no-smoking rules inside the building.

● 사무기기

18	사무실 뒤에는 사무용품들이 많이 있습니다.	At the back of the office, there are many office supplies.
19	사무실 뒤에는 많은 제품이 선반에 정리되어 있습니다.	At the back of the office, there are many products arranged on shelves.

20 제 책상 왼쪽에는 많은 화분이 일렬로 세워져 있습니다.

On the left side of my desk, there are many potted plants standing in a row.

21 복사기, 프린터, 팩스와 같은 사무기기가 사무실 한쪽 구석에 있습니다.

In the corner of the office are several office machines, such as a photocopier, a printer, and a fax machine.

22 사무실에 직원 휴게실이 있어서 그곳에서 쉬면서 커피를 마실 수 있습니다.

In our office, there is an employee lounge where we can relax and take a coffee break.

23 직원용 휴게실이 있는데, 소파 몇 개와 텔레비전, 비디오 플레이어가 있습니다.

There is the employee lounge, which has several couches, a TV, and a VCR.

24 사기를 높이기 위해 회사에서는 직원 휴게실에 커피와 차, 패스트리를 공급합니다.

To boost morale, the company furnishes coffee, tea, and pastries in the employee break room.

25 부대 시설로는 체육관과 풀장, 사우나가 있습니다.

Our facilities include a gymnasium, a pool, and a sauna.

26 회사 체육관은 직원들이 긴장과 스트레스를 건전하게 풀 수 있는 장을 제공해줍니다.

The company's gymnasium provides employees with a healthy outlet for tension and stress.

27 전체적으로 저희 사무실은 심플한 디자인입니다.

Overall, our office has a simple design.

28 우리가 사무실에 근무할 때는, 자주 함께 커피를 마십니다. 그래서 사무실이 커피 냄새로 가득합니다.

When we work in the office, we often have coffee together. So the office is filled with the aroma of coffee.

29 사무실과 시스템을 모두 재정비해야 합니다. 모든 장비가 구식이거든요.

We need to rework our entire office and its system. All the equipment is outdated.

30 언젠가 서울에 오시게 되면 제 사무실을 찾아주십시오.

If you ever visit Seoul, please pay a call to my office.

비법 3 키워드 전환: 공간 묘사

장소를 묘사할 때 몇 가지 전개 방식이 있는데, 전체적인 분위기나 느낌, 형태로 시작해 세부적인 내용을 묘사할 수도 있고 위치를 언급하고 외형적인 특징 묘사로 들어가는 방법이 있다. 세부적인 내용을 묘사할 때도 방향을 정해서 진행할 수 있는데, 예를 들어 건물을 묘사한다면 내가 그 건물에 들어간다고 생각하고 진행 방향을 따라 볼 수 있는 것들을 나열해줄 수 있다. 어쨌거나 귀찮아서 그냥 문장 중에서 건물이나 시설을 설명한 문장을 선택하여 나열할 수 있다. 그러나 단순히 문장을 나열할 때도 건물들 사이의 위치 관계를 나타내는 전치사구를 넣어주면, '학생 회관이 있고 건너편에 뭐가 있고, 그 옆에는 뭐가 있고⋯'와 같이 입체적으로 설명할 수 있다. 그리고 한 번 만든 답변은 복제를 해서 활용해야 시간과 노력을 절약할 수 있다. 그럼 공간을 묘사하라는 문제로 자주 나오는 학교, 동네, 공원 묘사를 하나의 답변으로 복제해보자.

넓은 공간 묘사 – 학교 묘사 ➜ 동네 묘사

My university is located in the center of Seoul. It has a fairly large campus and beautiful views. There is a student center building at the center of the campus. On the opposite side of the student center, there are also a library and administration building. The library was old, but it recently has been remodeled, so it is a new building now. The green area around the campus is well known, and many people who live nearby often visit our school.

저희 학교는 서울 중심지에 위치해 있으며 꽤 큰 캠퍼스와 아름다운 풍경을 가지고 있습니다. 캠퍼스 중심에는 학생 센터 건물이 있습니다. 학생 센터 반대쪽에는 도서관과 행정관도 있습니다. 도서관은 오래된 건물이었지만 최근 리모델링되어 이제 새 건물입니다. 캠퍼스 주변 녹지가 유명해서 근처에 사는 많은 사람들이 학교를 종종 찾아옵니다.

The apartment complex where I live is located in a residential district. My apartment is on the 5th floor and has beautiful views. This area has many shops, grocery stores, and restaurants. There is also a park nearby and there is a lake at the center of the park. On the opposite side of the park, there is also a public library. The library was an old building, but it recently has been remodeled, so it is a new building now. The lake around the neighborhood is well known, and even many people who live far away often visit our town.

제가 사는 아파트 단지는 주거 지역에 위치해 있습니다. 저희 집은 5층이고 아름다운 풍경을 가지고 있습니다. 이 지역에는 많은 상점, 식료품점, 식당들이 있습니다. 근처에는 공원도 있는데 공원 중심에는 호수가 있습니다. 공원 반대쪽에는 공공 도서관도 있습니다. 도서관은 오래된 건물이었지만 최근 리모델링되어 이제 새 건물입니다. 동네 주변의 호수는 유명해서 멀리 사는 사람들도 많이들 우리 동네를 종종 찾아옵니다.

010   직장에서의 업무/일과 단순 설명

빈출 질문 Q1 | Tell me about your daily routine at work. What do you do at the office? What are some of your responsibilities?

회사에서의 일과에 대해 얘기해주세요. 사무실에서 당신은 무엇을 합니까? 당신의 책임은 무엇입니까?

Q2 | Tell me about your daily routine. What do you do before leaving your home, and when arriving at work?

하루 일과에 대해 말해주세요. 집을 떠나기 전과 회사에 도착해서 무엇을 합니까?

답변 구성 전략

공감 문장 선택할 때 참고하세요.

답변 내용이 질문의 모든 요소에 대해 빠짐 없이 대답하고 있는지, 질문의 주제에 맞춰 답변의 흐름이 자연스럽게 연결되는지 확인한다. 되도록 다양한 어휘와 구문을 사용하면 더욱 완벽하다.

★ 답변을 만드는 데 필요한 최소 문장은 6개, IM 등급에 적절한 답변에 이용할 수 있도록 공감 문장을 8개 이상 표시해보세요.

💬 출근 전

01 | 아침에 보통 6시 정도에 일어납니다. 그리고는 아침을 준비합니다.

I usually get up at around 6 a.m. Then I make breakfast.

02 | 그런 다음 샤워를 합니다. / 그런 다음 샤워를 하고 딸들을 깨웁니다.

Then I shower. / Then I shower, and after that I wake my daughters up.

03 | 샤워를 한 다음 인터넷에 접속해 뉴스를 읽고 나가기 전까지 텔레비전을 봅니다.

After I shower, I go online and read the news, and then I watch TV until I go out.

04 | 아침에 딸들이 졸린 얼굴로 시리얼 그릇에 얼굴을 수그리고 있는 모습은 너무도 사랑스럽습니다.

The girls are so lovely in the morning, with their sleepy faces bent over their cereal bowls.

05 아침을 먹고 딸들이 학교 갈 준비 하는 것을 돕습니다.

I eat my breakfast and help get the girls ready for school.

06 모든 사람들이 잠들어 있는 동안 저는 집을 나섭니다.

I leave the house while everyone else is asleep.

07 매일 아침 출근 전에 동네 수영장 에서 100미터 수영을 합니다.

Every morning I ★ <u>do one hundred lengths in the local pool</u> before work.

★ **이것만 바꿔도 등급이 쑥쑥**

체육관에서 스트레칭으로 몸을 풀다 **warm up with some stretches at the gym** 동네 주변을 조깅하다 **jog around the neighborhood** 독서를 하다 **read a book** 신문을 읽다 **read a newspaper** 영어 학원에 다니다 **go to an English academy** 인터넷 강의를 듣는다 **take an Internet lecture courses**

💬 출근길

교통 수단

08 주로 버스를[지하철을] 타고 출근 합니다.

I generally take **the bus[subway]** to work.

09 매일 자전거로 출근을 합니다.

I take **my bike** to work every day.

10 저는 회사에 오는 길에 지하철에 서 버스로 갈아탑니다.

I transfer from the subway to a bus on my way to work.

11 출퇴근 시간에 버스는 매 30분마 다 다니기 때문에 버스를 잡기 위 해 달려야만 합니다.

Since the bus runs every 30 minutes during rush hour, if I'm late I have to run to catch the bus.

12 저는 운전해서 출근합니다.

I generally drive to work.

13 주차 요금을 낼 필요가 없으면, 저는 당연히 자동차로 출근을 합니다.

When I don't have to pay for parking, of course I'll drive to work.

14 저는 매일 회사까지 출근하는 데 한 시간 15분 걸립니다.

I travel an hour and fifteen minutes to work each day.

15 저는 지각한 적이 없어요! 교통혼잡을 피하기 위해 집에서 일찍 나오기 때문입니다.

I have never been late! That is because I leave home early in order to avoid traffic jams.

16 아침에 저는 8시 반에 사무실에 도착합니다.

In the morning, I arrive at the office at eight thirty.

● 사무실 도착 후/구체적인 업무

17 사무실에 도착하자마자 우리는 먼저 회의를 합니다.

As soon as I arrive at the office, all the employees first have a meeting.

18 사무실에 도착하자마자 상사가 각자에게 업무를 배정하고 성과를 확인합니다.

As soon as I arrive at the office, our boss assigns tasks to each person and checks our performance.

업무 내용

19 업무를 보는 동안 우리는 판매량을 평가합니다.

During business hours, we ★ evaluate the marketing.

20 월말이 되면 우리는 결산 보고서 때문에 회사에서 바빠요.

We are tied up at work, ★ doing the budget report at the end of the month.

21 사무실에서는 처리해야 할 일이 많습니다.

There's a lot that has to be taken care of in my office.

22 우리는 항상 통화하느라 바쁩니다.

We are always busy ★ talking on the phone with the clients.

23 저희 핵심 사업 분야 중 하나는 고객을 위한 포괄적인 마케팅 전략을 세워주는 것입니다.

One of our core business areas is ★ producing comprehensive marketing plans for our clients.

★ 이것만 바꿔도 등급이 쑥쑥

빠른 배송 서비스를 제공하는 것 **offering speedy delivery service** 좋은 품질의 전자제품을 개발하는 것 **developing high quality electronic goods** 훌륭한 웹사이트를 디자인하는 것 **designing excellent websites** 고객에게 다양한 법률서비스를 제공하는 것 **providing various legal services with clients** 고객의 제품에 대한 광고를 제작하는 것 **producing commercials to advertise products of our clients**

*동사 자리에 바꿔 쓸 때는 동사원형으로, 동명사 자리에는 -ing형으로 사용하면 된다.

24 영업사원들이 최근 판매량을 보여주는 자료를 우리에게 줘서 그것에 대해 이야기를 나눕니다.

The sales people give us materials that show current numbers and we talk about them.

25 그 다음에 우리는 상품을 홍보할 방법에 대해 이야기합니다.

And then, we talk about ways to promote our products.

26 우리는 또한 그것의 효과에 대해서도 이야기합니다.

We also discuss their effectiveness.

27 회의가 끝나고 저는 정시에 퇴근할 수 있도록 사무실에서는 제 일에만 집중하려고 합니다.

After the meeting, I try to concentrate only on my task in the office so that I can leave the office at the regular time.

28 저는 회사일로 출장을 자주 다녀요.

I have to travel a lot for my company.

29 저는 모든 종류의 무거운 제품을 나르기 위해 기계를 운전합니다.

I drive the machine to move all kinds of heavy products.

| 30 | 저는 재고 목록을 계속 확인해야
합니다. | I have to keep track of our inventory. |

| 31 | 저는 B부서에서 A 직책을 맡고
있습니다. | I'm a(n) ★ ① **A** in the ② **B** department. |

★ 이것만 바꿔도 등급이 쑥쑥

① 직책

이사 director 간부 executive 감독관, 팀장 supervisor 부장/실장 general manager 지점장 branch manager 차장 deputy general manager 과장 manager 과장대리 deputy manager 대리 assistant manager 계장 chief 주임 assistant manager 기사 engineer

② 부서

회장실 office of the chairman 사장실 office of the president 비서실 secretary's office 회계부 financial/accounting dept. 인사부 personnel dept. 인력관리부 human resources dept. 관리부(총무부) administrative dept. 경리부(회계부) accounting dept. 영업부 sales/marketing dept. 홍보부 public relations dept. 광고부 advertising dept. 자재부 materials dept. 생산관리부 production control dept. 기획부 (corporate) planning dept. 법률부 legal dept. 경영부 administration dept. 연구개발부 R&D(research and development) dept. 고객센터 customer service 고객지원부 customer support dept. 시설관리부 maintenance dept. 제조[생산]부 manufacturing[production] dept. 해외사업부 overseas operation dept. 내부[외부] 감사부 internal[external] auditing dept.

③ 회사의 종류

본사[본점] corporate headquarter, head[main] office 지사[지점] branch office 영업소 sales office[branch] 지방 지사[지점] local branch 모회사 parent corporation[company] 자회사 subsidiary corporation[company]

| 32 | 저는 영업부서에서 근무하고 있습니다. | I work in the **sales department**. |

| 33 | 제 전공 분야에서는 일자리를 구하기가 무척 어려웠습니다. | Finding a job in my field of study was very difficult. |

| 34 | 제 직업은 전공과 일치합니다. | My occupation coincides with my specialty. |

35 저는 대학을 졸업하자마자 무역회사에서 일을 시작해서 매우 힘들었어요.

I started working for a trading company right out of college, and it was very challenging.

36 저는 회사에 근무한 지 불과 2년 만에 부사장으로 승진했습니다.

I was promoted to vice president after only two years with the company.

37 대형 출판사에서 편집자로 일합니다.

I work as an editor at a big publishing company.

38 제 임무는 부서 직원들에게 책무 및 업무 등을 할당하는 것입니다.

I perform such functions as allocating responsibilities and jobs to members of the division.

①직책 ②구체적인 업무 내용

39 음식 서비스 매니저로서 저는 재고 목록을 살피고, 음식, 장비 및 용품을 주문하고, 식당 시설을 관리 유지하는 일상적인 일과 같은 업무를 수행합니다.

As ① a food service manager, I perform such functions as ★② overseeing inventory, ordering food, equipment or supplies, and arranging for the routine maintenance and upkeep of the eating facility.

40 영어를 한국어로 번역하는 일과 같은 업무를 수행합니다.

I perform such functions as ★translating English into Korean.

★ 이것만 바꿔도 등급이 쑥쑥

구체적인 업무 내용

주방, 식당과 연회와 출장 연회간의 활동을 조정하는 것 **coordinating activities between kitchen, dining room, and possibly banquet and catering operations** 제품의 저장 및 배송 감독 **supervising the storage and shipment of products** 현재 고객 및 새로운 고객들과의 적절한 비용 협상 **negotiating suitable costs with current and new customers** 유통부 직원들의 안전 절차 시행 **implementing safety procedures among distribution staff members** 업계 제품의 수요 및 공급 모니터링 **monitoring the supply and demand of goods in the industry**

41	저는 조립 라인을 감독하는 일을 담당합니다.	I am responsible for supervising assembly lines.
42	저는 회사에서 청구서 작성과 회계 업무를 담당합니다.	I handle the company's billing and accounting.
43	저는 법률사무소의 수수료 업무 전반을 담당합니다.	I handle all of the billing for the law firm.
44	제 업무는 인터넷 웹페이지를 프로그래밍하는 것입니다.	My job is programming the Internet web page.
45	저는 매일 마감을 소화해내고 있으며, 많은 업무를 조정하고 있습니다.	I handle daily deadlines and balance a multitude of tasks.
46	저는 재무 기록에 대한 연말 회계를 감사하는 것과 회계 절차를 결정하는 일을 합니다.	I am responsible for many things: doing a year-end audit of our financial records and deciding on accounting procedures.
47	저는 인재를 양성하고 거래처를 확보합니다.	I develop both people and accounts.
48	그것은 너무나 손이 많이 가는 문서업무입니다.	It is too much paperwork for me.
49	저는 주로 고객을 응대합니다.	I usually attend to customers.
50	제 직업은 사람들에게 운동을 가르치는 것입니다.	My job is to show people how to train.

| 51 | 제 담당 업무는 회의 기획, 박람회 준비, 이벤트 행사 예약 등입니다. | My responsibilities include planning meetings, organizing trade shows, and entertainment bookings. |

| 52 | 저는 밀린 업무를 해결해야 하는 중압감을 견뎌내려고 노력합니다. | I try to stand the strain of solving the work delays. |

| 53 | 월말이 되면 업무시간 끝날 때까지 회사 급료 지불 명부를 작성해야 합니다. | I have to finish the company payroll by the close of business at the end of the month. |

| 54 | 저희 상사가 업무차 출장 중일 때에는 제가 그의 업무를 대신 맡아서 합니다. | When my boss is away on business, I need to take over for him. |

🗨 근무 외 시간

| 55 | 점심시간은 보통 1시입니다. 점심을 먹은 후 공원에서 산책을 하기도 합니다. | Lunch time is usually at 1 p.m. After lunch, I might take a walk in the park. |

| 56 | 퇴근 후에 저는 자주 직장동료들과 함께 즐거운 술자리를 갖습니다. | After work, I usually have a pleasant drink in the company of my co-workers. |

퇴근후하는일

| 57 | 퇴근 후 직장 동료들과 모임을 가집니다. | After work, I ⭐ get together with my coworkers. |

⭐ 이것만 바꿔도 등급이 쑥쑥

팀원들과 만나다 **meet with my team members** 하루 평균 두세 강의를 듣다 **attend an average of two or three classes a day** 나머지 시간은 ~하면서 보내다 **spend the rest of their time -ing** 실험실에서 연구를 진행하다 **conduct research in laboratories** 직장 동료들과 어울리다 **socialize with my coworkers**

011 업무에 사용하는 기술 단순 설명

빈출 질문 Q1

Discuss the software, computer equipment, and technologies that you work with.

당신이 사용하는 프로그램과 컴퓨터 장비, 그리고 기술에 대해 이야기해보세요.

답변 구성 전략

공감 문장 선택할 때 참고하세요.

답변 내용이 질문의 모든 요소에 대해 빠짐 없이 대답하고 있는지, 질문의 주제에 맞춰 답변의 흐름이 자연스럽게 연결되는지 확인한다. 되도록 다양한 어휘와 구문을 사용하면 더욱 완벽하다.

★ 답변을 만드는 데 필요한 최소 문장은 6개, IM 등급에 적절한 답변에 이용할 수 있도록 공감 문장을 8개 이상 표시해보세요.

🗨 장비/기술의 종류

01 요즘 기술은 실생활에 필수적인 부분입니다.

Technology is an essential part of our real life these days.

02 컴퓨터와 중요한 소프트웨어 사용하는 법을 아는 것은 아주 중요합니다.

It is very important to know how to use the computer and its important software.

03 직장에서 요즘 사용하는 기술은 테블릿 PC입니다.

The technology used now at my work is a tablet PC.

04 저는 보통 직장에서 컴퓨터와 인터넷을 사용합니다.

I usually use my computer and the Internet at my work.

05 저는 컴퓨터로 회의에서 쓸 파워포인트를 준비합니다.

I prepare PowerPoint presentation for meetings with my computer.

➕ 문장 조합 이렇게!

It is very important to know how to use the computer and its important software.
I prepare PowerPoint presentation for meetings with my computer. 02+05

컴퓨터와 중요한 소프트웨어 사용하는 법을 아는 것은 아주 중요합니다. 저는 컴퓨터로 회의에서 쓸 파워포인트를 준비합니다.
*도입 문장에서 사용하는 기술(컴퓨터와 소프트웨어)을 언급하고 이어서 그에 대한 실례(파워포인트)를 나열할 수 있다.

---

06 컴퓨터와 인터넷 없이 조사를 한다는 것은 상상할 수 없습니다.

I can't imagine doing research without my computer and the Internet.

07 저는 컴퓨터와 인터넷에 많이 의존합니다.

I rely so much on my computer and the Internet.

➕ 문장 조합 이렇게!

I can't imagine doing research without my computer and the Internet because I rely so much on my computer and the Internet. 06+07

저는 컴퓨터와 인터넷에 많이 의존하기 때문에 컴퓨터와 인터넷 없이 조사를 한다는 것은 상상할 수 없습니다.
*내용의 자연스러운 흐름을 위해 적절한 접속사를 넣어 문장을 연결해도 좋다.

---

08 회사에서 컴퓨터를 사용하는데, 물론 노트북 컴퓨터도 사용합니다.

We use computers in the company, and of course we use our laptops.

09 회사에서는 발표를 많이 해서 프로젝터와 프로젝터에 연결된 컴퓨터도 많이 사용합니다.

We give a lot of presentations in the company, so we use the overhead projector and the computer it is connected to.

10 컴퓨터와 중요한 소프트웨어 사용하는 법을 잘 모르면 프로젝트를 완수하기 어렵습니다.

If I don't know how to use the computer and its important software, it is impossible to get my project completed.

11 파워 포인트 파일을 만들고 워드 프로그램을 사용할 수 있도록 MS 오피스를 사용하는 것은 필수입니다.

It is essential to use Microsoft Office so that we can make PowerPoint presentations and use Microsoft Word.

| 12 | HWP(아래한글)도 중요합니다. | HWP(Hangul Word Processor) is important as well. |

🗨 기술을 활용하는 예/장점

13	휴대폰과 스마트폰이 있는데, 사무실 안팎에서 이것들을 사용합니다.	We have cell phones and smartphones, and we use these in and out of the office.
14	인터넷에 접속해서 필요한 정보를 찾아볼 때 휴대폰을 사용합니다.	We use our phones to access the Internet, and to research some information that we need.
15	회사에서 중요한 발표가 있을 때 저는 메모리 스틱에 제 파일을 담아 지참합니다.	When I have a big presentation to give at my office, I bring my files on a memory stick.
16	시간과 장소에 구애 받지 않고, 구글 문서함에서 파일을 꺼내 발표를 할 수 있습니다.	I can get the file from Google Docs and give my presentation with no bounds on time and place.
17	저는 제 gmail 계정의 한 부분인 구글 문서함에 파일을 저장합니다.	I save the file on Google Docs, which is part of my gmail account.
18	클라우드 기술은 사람들이 웹상에 문서를 저장하게 하는 것입니다.	The "cloud" technology lets people save their documents on the web.
19	그 파일들이 웹상에 지속적으로 있어 언제나 접근할 수 있습니다.	Their documents are permanently on the web and can be accessed at any time.

20 그것은 수치와 그래프를 효과적으로 보여줍니다.

It shows many figures and graphs effectively.

21 그것은 사람들이 이해를 잘 할 수 있도록 돕습니다.

It helps people understand well.

22 저는 인터넷을 이용해서 사진과 비디오를 다운 받을 수 있습니다.

I can also download pictures and videos using the Internet.

23 파워포인트 프레젠테이션은 회사에서 회의할 때 매우 중요합니다.

PowerPoint presentations are very important for meetings in my company.

24 인터넷을 사용하는 것은 일의 생산성을 높여준다고 생각합니다.

I think using the Internet at work increases my productivity.

25 직장에서 인터넷을 사용하면 스트레스를 덜 받습니다.

When I use the Internet at work, it makes me less stressed.

26 저는 점심시간에 제가 다운 받은 것을 보는 것을 좋아합니다.

I love to watch what I downloaded at work during my lunch hour.

27 해외로 출장 가면 종종 스마트폰으로 사진을 찍어 페이스북에 올립니다.

When I go on a business trip, I often take a picture with my smartphone and post it to my Facebook page.

012 프로젝트/업무/직장에서의 경험

빈출 질문 Q1 What was the most memorable project at work that you were involved in? Tell me what the project was and why that particular project was memorable.

회사에서 당신이 참여한 일 중 가장 기억에 남는 프로젝트는 무엇입니까? 그 프로젝트가 무엇이었는지, 왜 인상 깊었는지 얘기해주세요.

Q2 What was the most memorable thing that happened at your work? What happened? Tell me what happened and what you did. And why was that particular experience memorable to you?

직장에서 가장 기억에 남는 일은 무엇이었습니까? 무슨 일이 일어났고 당신은 무엇을 했는지 얘기해주세요. 그 일이 당신에게 왜 기억에 남는 특별한 경험이었나요?

답변 구성 전략
공감 문장 선택할 때 참고하세요.

답변 내용이 질문의 모든 요소에 대해 빠짐 없이 대답하고 있는지, 질문의 주제에 맞춰 답변의 흐름이 자연스럽게 연결되는지 확인한다. 되도록 다양한 어휘와 구문을 사용하면 더욱 완벽하다.

★ 답변을 만드는 데 필요한 최소 문장은 6개, IM 등급에 적절한 답변에 이용할 수 있도록 공감 문장을 8개 이상 표시해보세요.

💬 배경 설명

01 지난 여름, 저는 프로젝트를 진행하고 있었습니다.

Last summer, I was working on a project.

02 회사에서 중요한 발표가 있었던 기억이 납니다.

I remember I had a big presentation to give at my office.

03 지난 여름, 저희 회사는 서울의 본사에서 3일간 큰 회의를 했습니다.

Last summer, my company had a big meeting for three days at the headquarters in Seoul.

04 지난 달, 직원 보안 프로그램의 업그레이드가 있었습니다.

Last month, we upgraded our employee security program.

05 이번 일이 끝나면 유급 휴가를 받을 수 있기 때문에 저는 열심히 그 프로젝트를 진행하기 시작했습니다.

I got to work on the project because I would get a paid holiday after that.

06 그 달 말까지 이 프로젝트를 끝내야 했습니다. 그렇지 않으면 회사는 귀중한 고객을 잃게 될 것이었습니다.

I had to complete the project by the end of the month; otherwise the company would lose a valuable customer.

07 우리 회사는 고객을 위한 최신 뉴스레터를 발행할 예정이었습니다.

Our company was going to release a new newsletter for our clients.

● 업무 및 프로젝트 과정 설명

08 그 프로젝트는 동작들을 문자로 변환하여 출력하고 또 말소리로도 전환시키는 것이었습니다.

The project was a program that translates movement into text, print, and also speech.

09 지금 컴퓨터를 전부 업그레이드하면 최신 버전의 마이크로 소프트 윈도우 체제 프로그램을 싸게 해 주겠다는 제의를 받았어요.

We had been offered a good deal on the latest versions of Microsoft Windows programs, if we upgraded all of our computers now.

10 경영진은 컴퓨터 시스템을 업그레이드해서 경쟁력을 높일 수 있다고 생각했습니다.

Management thought we could gain ground by upgrading our computer system.

11 기자로서 직원들을 인터뷰하고 기사를 써야 했습니다.

As a reporter, I had to interview the employees and write some articles.

12 그것은 제품 개발과 고객 만족을 위해 계획되었습니다.

It is designed to improve product development and customer satisfaction.

| 13 | 저는 우리의 고객에게 연락해서 몇 명이나 참석할 것인지 알아내야 했습니다. | I had to contact our clients and find out how many people were going to attend. |

➕ 문장 조합 이렇게!

Last summer, my company had a big meeting for three days at the headquarters in Seoul. I had to contact our clients and find out how many people were going to attend. 03+13

지난 여름, 저희 회사는 서울의 본사에서 3일간 큰 회의를 했습니다. 저는 우리의 고객에게 연락해서 몇 명이나 참석할 것인지 알아내야 했습니다.

| 14 | 고객들을 위해 비행기와 호텔 객실을 예약해야 했기 때문에 그것은 중요한 일이었습니다. | It was very important because I had to book flights and hotel rooms for them. |

| 15 | 제 직무는 언론보도 자료를 쓰고 회의를 준비하는 것이었습니다. | My responsibilities were to write press releases and organize meetings. |

| 16 | 이 일에는 좋은 태도와 적응력이 필요했습니다. | While doing this, it was important to have a good attitude and to be adaptable. |

| 17 | 또한 계속해서 불만족한 고객을 대했기 때문에 사람을 대하는 기술이 필요했습니다. | It was also important to have people skills, as I was constantly dealing with unsatisfied clients. |

| 18 | 저는 회의 규정을 담은 책자를 신입 회원 모두에게 나눠줬습니다. | I handed out pamphlets to all new members outlining the rules of the meeting. |

| 19 | 데이터 프로 워크숍 세션이 오전 10시부터 오후 3시까지 진행되었습니다. | The workshop sessions for Data Pro took place from 10 a.m. to 3 p.m. |

💬 힘들었던 점 ① 개인적인 문제

20	출근하는 길에 제 차가 고장 났습니다.	My car died on the way to work.
21	출근길에 교통사고를 봤습니다.	I saw a traffic accident on the way to work.
22	저는 전날 밤 늦게까지 일했기 때문에 제시간에 출근하지 못했습니다.	I did not arrive at the office on time because I had worked late the night before.
23	전날 술을 많이 마셔서 사무실에 제시간에 도착하지 못했습니다.	I had been drinking so late the night before that I did not arrive at the office on time.
24	아침에 급한 일이 생겨서 사무실에 제시간에 도착하지 못했습니다.	Something urgent had come up in the morning. I did not arrive at the office on time.
25	아침에 딸이 아파서 병원에 데려가야 했습니다. 그래서 사무실에 제시간에 도착하지 못했습니다.	My daughter was very sick in the morning, so I had to take her to the hospital. As a result, I did not arrive at the office on time.
26	가족 중에 한 명이 아파서 사무실에 제시간에 도착하지 못했습니다.	I did not arrive at the office on time because one of my family members was very sick.
27	복잡한 문제들 때문에 새 프로젝트가 불투명해졌습니다.	The new project was clouded with difficult problems.
28	저는 다른 프로젝트를 하느라고 바빴습니다.	I was really busy working on the other project.

💬 힘들었던 점 ② 인력 문제

29 그 프로젝트는 예상치 못한 난관에 부딪쳤습니다. 할 일이 많았던 것이죠.

The project ran into unforeseen difficulties; There was a lot of work to do.

30 납기일을 맞추기 위해 저는 누군가를 더 채용해야 했습니다.

I needed to hire someone if I was to meet the deadline on the project.

31 최소한 3주 동안 이 프로젝트를 감독할 사람이 없었습니다.

There was nobody to direct the project for at least 3 weeks.

32 그렇지만 팀장이 아직 허락하지 않았습니다. 그래서 우리가 직접 그 모든 일을 다 해야 했죠.

But the manager didn't give us the green light. That meant we had to do every thing on our own.

💬 힘들었던 점 ③ 기술적인 문제

33 저는 첨부 파일을 받을 수 없었습니다. 회사 백신 프로그램과 스팸 방지 프로그램이 첨부 파일을 지워버렸거든요.

I couldn't get any attachments because our virus checker and spam blocker deleted them.

34 저는 새로 나온 이 컴퓨터 재고 관리 프로그램 때문에 지쳤습니다. 도대체 알 수가 없었습니다.

I was very frustrated with this new computer inventory program. I just couldn't figure it out.

35 저는 모든 파일이 있는 메모리 카드를 가지고 회의실로 갔습니다.

I went to the conference room with all my files on a memory stick.

36 메모리 카드를 꽂았으나 작동하지 않았습니다.

When I tried to plug in the memory stick, it wouldn't work.

37 컴퓨터의 USB포트에 문제가 있었습니다.
There was something wrong with the computer's USB ports.

💬 힘들었던 점 ④ 일정 및 회의 장소

38 저는 또한 회의실 일정을 잡아야 했죠.
I also had to schedule the conference room.

39 마지막 날에 일찍 끝내려고 했는데 예상하지 못했던 일이 생겼습니다.
We were supposed to finish early on the last day, but something unexpected happened.

40 일정이 겹쳐서 마지막 회의가 3시에서 4시로 변경됐습니다.
Because of a scheduling conflict, the last session has been moved from 3:00 to 4:00.

41 우리 일정이 막 뒤섞여서 서로 겹쳐지기도 했습니다.
Our schedule got all mixed up.

42 일정이 서로 맞지 않아 우리는 그들과의 회의를 24일 오전 9시 30분, 회의실로 변경했습니다.
Due to a scheduling conflict, we have changed the meeting with them to the 24th, at 9:30 a.m., in the conference room.

43 그 결과 회의 장소를 더 넓은 곳으로 옮겨야 했습니다.
As a result, we had to move our meetings to a larger venue.

44 작업 관리자로부터 승인 서명을 받는 것을 잊었다는 것을 알게 되었습니다.
I noticed that I forgot to get the approval signature from my project supervisor.

45 저는 제시간 안에 그 프로젝트를 끝내려고 밤낮으로 일했습니다.
I worked night and day to finish the project on time.

46	프로젝트는 생각했던 것보다 시간이 더 걸렸습니다.	There was more to this project than I thought.
47	저희는 프로젝트를 제시간에 끝낼 수 있을지 걱정하고 있었습니다.	We were worried about completing a project on time.
48	프로젝트가 중요했기 때문에 모든 팀원은 밤늦게까지 일했습니다.	The project was very important, all members of my team worked night and day.

● 힘들었던 점 ⑤ 행사 준비 절차

49	회사 파티 준비를 거의 모두 마쳤는데 문제가 생겼어요.	I have almost finished all of the preparations for our company party, but some problem has come up.
50	음식 공급업체에서 만찬 메뉴를 승인했고 DM 컴퍼니도 그날 가능하다는 확답을 주었습니다.	The caterers approved the menu for the dinner, and I received confirmation from the DM company that they were available.
51	국내에서 최고로 큰 음식공급업체인 그 회사는 100명 이상의 학생들이 회사에서 제공된 음식을 먹고 난 뒤 식중독에 걸린 뒤, 그 회사의 음식 프로그램 중지 명령을 받았습니다.	The food company, the nation's largest food supplier, was ordered to shut down its food programs after over 100 students became ill after eating meals provided by the company.
52	그 일은 복잡한 행정 절차로 인해 수렁에 빠졌습니다.	The project gets bogged down by complicated bureaucratic procedures.

53	저는 또한 시상식을 위한 상패도 구입했는데, 회사명과 로고, 그리고 수상자 이름 및 부서를 새겨달라고 주문했습니다.	I also purchased the plaques for the awards ceremony, and ordered them to each be engraved with the company name and logo, as well as the recipient's name and department.
54	그런데 수상자 이름이 잘못 새겨진 것을 알게 되었습니다.	But I noticed that the recipient's name was engraved incorrectly.
55	상사가 우리에게 새 프로젝트를 극비에 부치라고 말했습니다.	Our boss told us to keep the new project hush-hush.
56	그 작업은 그 프로젝트에서 가장 어렵고 가장 위험한 일이었습니다.	The work was some of the hardest and most dangerous work on the project.

힘들었던 점 ⑥ 상대 업체/고객의 문제점

57	그들은 저희 업체를 신뢰하지 않았습니다.	They didn't treat us with respect.
58	그들은 언제나 모든 것을 서둘러서 처리할 것을 요구했습니다.	They always required us to do everything in a rush.
59	그들은 비용 절감과 기준을 낮춰줄 것을 강요했습니다.	They forced us to cut prices and lower our standards.
60	그들은 경영진에게 과도한 요구를 했습니다.	They required too much time from upper management.

| 61 | 주문 변경에 따른 비용을 그들에게 떠넘겨야 했습니다. | We had to pass the cost of changing the orders on to them. |

| 62 | 저는 그런 문제에 대해 조언할 처지가 아니었습니다. | I was not one to give advice on these things. |

| 63 | 우리는 프로젝트의 리포트 사본을 제출하였지만 무시당했습니다. | We submitted a copy of the project report, but it gathered dust. |

| 64 | 그들은 나에게 이 프로젝트에서 손을 떼라고 말했습니다. | They told me to keep my hands off this project. |

| 65 | 프로젝트가 원점으로 돌아가버렸습니다. | The whole project ended up right back where it started. |

🟣 결과 및 느낀 점

| 66 | 기획팀에서 그 계획을 매듭지었습니다. | The project team put the final touches on the plans. |

| 67 | 우리는 10명이 새로운 고객을 유치하는 데 성공했습니다. | We have been successful in attracting ten new clients. |

| 68 | 저는 매우 지쳐서 피로로 아팠습니다. | I was so exhausted that I became sick from fatigue. |

| 69 | 거의 쓰러질 정도였지만 겨우 모든 일을 처리했습니다. | Nearly falling, I managed to take care of all the work. |

| 70 | 회의가 끝난 다음 아파서 결근해야 했습니다. | After the meeting, I had to report in sick. |

➕ 문장 조합 이렇게!

The project ran into unforeseen difficulties; There was a lot of work to do. Nearly falling, I managed to take care of all the works. After the meeting, I had to report in sick. *29+69+70*

그 프로젝트는 예상치 못한 난관에 부딪쳤습니다. 할 일이 많았던 것이죠. 거의 쓰러질 정도였지만 겨우 모든 일을 처리했습니다. 회의가 끝난 다음 아파서 결근해야 했습니다.

| 71 | 운 좋게도 회의 결과가 성공적이어서 저는 보너스를 받았습니다. | Fortunately, it turned out that the conference was successful and I received a bonus. |

| 72 | 기분이야 좋았지만 일주일 동안 머리가 아파 잠을 제대로 못 자서 그렇게 큰 위안이 못 됐어요. | I was flattered, but it was cold comfort because I hadn't slept for a week because of a headache. |

| 73 | 제가 그 발표를 망쳤으면 저희 상사는 정말 화가 났었을 것입니다. | If I had messed up my presentation, my boss would have been really angry. |

| 74 | 그 결과 저는 회사에 근무한 지 불과 2년 만에 부사장으로 승진했습니다. | As a result, I was promoted to vice president after only two years with the company. |

| 75 | 저는 사업 실패 때문에 징계를 받았습니다. | I was disciplined as a result of the business failure. |

| 76 | 저는 프로젝트가 실패로 끝나서 슬펐습니다. | I was sad because the project turned out to be a failure. |

➕ 문장 조합 이렇게!

I was sad because the project turned out to be a failure. To make matters worse, I was disciplined as a result of the business failure. *76+75*

프로젝트가 실패로 끝나서 슬펐습니다. 설상가상으로 저는 사업 실패 때문에 징계를 받았습니다. *적절한 부사구 삽입

77 출근하는 게 두려울 지경이었습니다.

I almost dreaded going to the office in the morning.

78 장기에 걸친 교섭이 실패로 끝난 것은 유감이었습니다.

I regretted that the long continued negotiations have finally proved a failure.

79 제가 계속해서 경력을 쌓으면서 상사가 해왔던 만큼만 해낼 수 있기를 바랄 뿐입니다.

As I continue to build my career, I only hope to have a career that spans as long as my boss did.

80 회사의 성공에 제가 일부가 되면 더 바랄 게 없겠다는 생각이 들었어요.

I felt like it would be ideal for me to be a part of this company.

81 새로운 고객과 계약을 맺어 매우 보람 있었습니다.

It was very rewarding because we won a contract with the new client.

비법 4 키워드 전환: 인물 묘사

인물을 묘사할 때도 공간을 묘사할 때와 마찬가지로 그 사람의 전체적인 느낌이나 분위기로 시작해 세부적인 내용(성격, 외부)을 묘사할 수도 있고, 나와의 관계를 중심으로 설명하면서 에피소드를 곁들일 수도 있다. 시간도 없고 귀찮다? 그럼 인물의 외모나 성격을 설명한 문장을 선택하여 그냥 나열해도 OK. 그러나 단순히 문장을 나열하기보다 문장간의 의미관계를 생각해서 적절한 접속사를 사용해 연결해준다면 이해도 상승, 등급도 업(UP) 할 수 있다. 그럼 인물을 묘사하라는 문제로 자주 나오는 가족, 친구, 동료, 상사, 이웃 등의 답변으로 복제해보자.

친구 묘사

The name of one of my <u>best friends</u> is Kim Junsu, and he's a cheerful, outgoing man with a round face. He is <u>a university student</u> majoring in English literature. He lives in Seoul and hopes to be an English teacher in a girls' high school. We belong to an amateur baseball team. He is active, while I'm passive, so we have become close friends since we first met on the team.

제 가장 <u>친한 친구</u>의 이름은 김준수입니다. 그는 둥근 얼굴의 활달하고 외향적인 남자입니다. 그는 영문학을 전공하는 <u>대학생</u>이죠. 그는 서울에 살고 있고 여자 고등학교의 영어 선생님이 되고 싶어 합니다. 우리는 아마추어 야구팀에 소속되어 있습니다. 저는 수동적인 반면에 그는 능동적이어서, 우리가 야구팀에서 처음 만난 이후로 친한 친구가 되었습니다.

동료 묘사

The name of one of my <u>colleagues</u> is Kim Jinyoung, and he's in his early thirties, a cheerful, outgoing man with dark skin. He is <u>my coworker</u> in the accounting department at the company. He lives in Seoul and he hopes to start his own business next year. We belong to a local community football team. He is outgoing, while I'm a bit shy, so we have become close friends since we first met on the team.

저의 <u>동료</u> 중 한 명의 이름은 김진영이고 그는 30대 초반으로 활달하고 외향적인 성격의 검은 피부를 가진 남자입니다. 그는 회사의 회계 부서에서 일하는 <u>제 동료</u>이죠. 그는 서울에 살며 내년에 자신의 사업을 시작하고 싶어 합니다. 우리는 지역 센터의 축구팀에 속해 있습니다. 저는 수줍은 성격인 반면에 그는 외향적이라 팀에서 만난 이후로 우리는 친한 친구가 되었습니다.

빈출 질문 Q1

I'm curious about your neighborhood. Where do you live? How long have you lived there? Please tell me as much information about it as you can.

당신의 동네에 대해 궁금합니다. 어디에 살고 있나요? 얼마나 오래 살았나요? 가능한 많은 정보를 얘기해주세요.

답변 구성 전략

공감 문장 선택할 때 참고하세요.

답변 내용이 질문의 모든 요소에 대해 빠짐 없이 대답하고 있는지, 질문의 주제에 맞춰 답변의 흐름이 자연스럽게 연결되는지 확인한다. 되도록 다양한 어휘와 구문을 사용하면 더욱 완벽하다.

★ 답변을 만드는 데 필요한 최소 문장은 6개, IM 등급에 적절한 답변에 이용할 수 있도록 공감 문장을 8개 이상 표시해보세요.

🗨 주거 지역 및 위치

거주지

01 제 아파트는 주거 지역에 위치해 있고 저는 5층에 살아요.

My apartment is located ★ in a residential district and I live on the 5th floor.

02 저는 상업 지구에 위치한 원룸에 살고 있습니다.

I live in a studio apartment located ★ in a commercial district.

★ 이것만 바꿔도 등급이 쑥쑥

도심에 **in the middle of a city** 번화가에 **downtown** 학교 근처의 **near the college** 주택 단지에 **in a residential area** 공업 단지 **in a business park** 범죄가 빈번하게 발생하는 지역에 **in a crime-racked district** 강남구에 **in Kangnam-gu** 서울의 남쪽에 위치한 교외 주거 단지에 **in a residential suburb south of Seoul**

지역명

03 수원은 큰 도시인데 많은 문화 유산을 가지고 있습니다.

Suwon is a big city but has a lot of cultural heritage.

04 저는 부모님과 함께 사는 데 질려서 혼자 살 곳을 알아보고 있습니다.

I'm fed up with living with my parents, so I'm looking for a place of my own.

| 05 | 저는 수원 외곽에 살고 있어서 아파트 전경이 아름답습니다. | Since I live on the outskirts of Suwon, my apartment has beautiful views. |
| 06 | 저는 수원의 작은 마을에 삽니다. | I live in a small town, Suwon. |

지역명

07	대전은 상업 지역으로 쇼핑몰과 사무실이 많습니다.	**Deajeon** is a commercial area and there are many shopping malls and business offices.
08	제가 사는 원룸은 큰길로 이어지는 모퉁이에 있습니다.	My studio apartment is on the corner of a road that turns onto the main road.
09	우리 집은 모퉁이에 위치해 있습니다.	Our house is located on the corner.
10	주택 사이에 아파트 건물 몇 채가 드문드문 있습니다.	A few apartment buildings are interspersed among the houses.
11	저는 3층집의 꼭대기 층에 살고 있습니다.	I live on the top floor of a triple-decker.
12	저희 아파트는 10층 엘리베이터 옆입니다.	My apartment is next to the elevator on the 10th floor.

동네이름

| 13 | 저는 강서구에 있는 주택에 삽니다. | I live in a house in **Kangseo-gu**. |
| 14 | 저는 주거 지역에 위치해 있는 연립주택에 삽니다. | I live in a duplex in a residential district. |

● 동네/지역/이웃의 특징

15 거리를 따라 주차되어 있는 많은 차량을 볼 수 있습니다.

You can see ★ <u>many cars are parked along the street</u>.

★ **이것만 바꿔도 등급이 쑥쑥**

많은 자동차와 사람들 **many cars and people** 자동차와 버스로 가득한 도로들 **roads packed with cars and buses** 많은 나무 **many trees** 많은 건물과 집들 **a lot of buildings and houses**

---

16 제 원룸은 너무 작고 동네가 많이 붐빕니다.

My studio is too small and this neighborhood is so crowded.

17 동네가 너무 붐벼서 시내 외곽의 침실 하나짜리 집으로 이사할 거예요.

This neighborhood is very crowded, so I'm moving to a one-bedroom house on the outskirts of town.

18 저는 새로 지어진 동네에 살고 있는데 대부분의 사람들이 몇 년 사이에 새로 이사를 왔습니다.

I live in a neighborhood that is relatively new, so most of the people who live here moved here in the past few years.

19 우리 옆집에는 멋진 이웃들이 살고 있습니다.

We have wonderful neighbors next door.

20 제 방에서는 아름다운 경치를 볼 수 있습니다.

I have a beautiful view from my room.

21 우리 동네에 별다른 소동은 좀처럼 안 일어납니다.

Very rarely do we get any excitement in our neighborhood.

22 큰 도로들은 출퇴근 시간에 특히나 더 차량으로 붐빕니다.

The main roads are especially crowded with cars during rush hours.

| 23 | 출근할 때는 많은 사람들이 대중 교통을 이용합니다. | To get to work, many people take public transportation. |

| 24 | 대중교통이 예전보다 훨씬 더 편리합니다. | Public transportation is much more convenient than before. |

| 25 | 이 근처에는 녹지가 부족합니다. | There are few green areas around here. |

| 26 | 녹지도 부족해서 나무라고는 도로를 따라 양쪽에 가로수들이 보이는 것이 전부입니다. | There are few green areas, so I can only see trees along each side of the street. |

| 27 | 제가 사는 곳은 임대료가 꽤 싸지만 조금만 북쪽으로 가면 사정은 다릅니다. | Where I live, the rents are fairly cheap, but a little further north it's a different story. |

● 동네 시설

동네 시설

| 28 | 많은 상점, 식료품점, 식당들, 그리고 많은 버스 정류장이 있어 매우 편리합니다. | There are ★ <u>many shops, grocery stores, restaurants, and bus stops</u>, so it is very convenient. |

★ 이것만 바꿔도 등급이 쑥쑥

편의점 **convenience stores** 쇼핑몰 **shopping malls** 식료품점, 슈퍼마켓 **grocery stores** 대형 마트 **major supermarkets** 백화점 **department stores** 대형 할인 마트 **major retail outlets** 재래 시장 **traditional markets** 버스 정류장 **a bus stop** 택시 승차장 **a taxi stand** 체육관 **a gym** 학원 **a private institution**

| 29 | 우리 동네는 나날이 커져가고 있습니다. | Our neighborhood is becoming larger day after day. |

30 쓰레기 차는 우리 동네에 일주일에 세 번씩 돌아옵니다.

The garbage truck comes around to our neighborhood three times a week.

31 우리 동네 길 양쪽에는 다 자란 참나무가 서 있습니다.

There are mature oak trees on each side of our street.

32 이 동네는 집세가 비쌉니다.

Rent for houses is high in this part of town.

33 지하철이 개통된 후 우리 동네 집값이 뛰었습니다.

Houses in my neighborhood have appreciated since the new subway was built.

34 우리 동네 공립학교들은 좋은 교육 여건을 제공합니다.

The public schools in our neighborhood offer a good education.

35 우리 동네는 단층집만 있습니다.

All the houses in our neighborhood are low-set houses.

36 우리 동네는 아파트만 있습니다.

All the houses in our neighborhood are apartments.

37 우리 동네에는 아직도 도시가스가 안 들어옵니다.

We still don't have gas lines laid in our town.

38 우리 동네는 서점이 없어서 책 살 일이 있으면 시내로 나가야 합니다.

We don't have a bookstore in our neighborhood, so we have to go downtown to buy books.

39 우리 동네에 지하철이 생기면서 큰 상권이 형성되었습니다.

When the new subway line was built through our neighborhood, a major business district developed.

✚ 문장 조합 이렇게!

Two years ago, we didn't have a bookstore in our neighborhood, so we had to go downtown to buy books. But when the new subway line was built through our neighborhood, a major business district developed. 38+39

2년 전에는 동네에 서점이 없어서 책 살 일이 있으면 시내로 나가야 했습니다. 그런데 우리 동네에 지하철이 생기면서 큰 상권이 형성되었습니다.

*사는 곳의 과거와 현재의 변화를 묘사하기 위한 답변에 유용하다.

● 사는 곳에 대한 느낌

40 결론적으로 말하면, 저는 신선한 공기와 자연을 즐길 수 있는 교외 지역으로 이사 가기를 손꼽아 기다리고 있습니다.

All in all, I'm really looking forward to moving to a rural area where I can enjoy fresh air and nature soon.

41 이사를 해야 한다니 생각만 해도 지긋지긋합니다.

I hate the thought of having to pull up stakes.

42 전반적으로 이곳은 살기 좋은 곳인 것 같습니다.

Overall, it is a very good place to live, I think.

43 사회에서 사람들은 다른 사람들을 판단하고 그들이 입는 것과 사는 곳 때문에 평가 받는다고 느낍니다.

In society people judge others and feel judged because of what they wear and where they live.

44 사람이 사는 곳이 그 사람의 정서에 이와 같은 영향을 줄 수 있습니다.

Where you live can make such a difference to the way you feel.

014 주택 단순 설명 

빈출 질문 Q1	I'm curious about where you live. How long have you lived there? Where is it located and what does it look like? Give me all the details. 당신이 지금 사는 곳에 대해 궁금합니다. 얼마나 오래 살았나요? 어디에 있고 어떻게 생겼나요? 모든 세부사항에 대해 얘기해주세요.
Q2	I'd like to know about your house. Please describe the rooms in your house including your room. 당신의 집에 대해 알고 싶습니다. 당신의 방을 포함해 당신 집의 방들에 대해 설명해주세요.

답변 구성 전략

공감 문장 선택할 때 참고하세요.

답변 내용이 질문의 모든 요소에 대해 빠짐 없이 대답하고 있는지, 질문의 주제에 맞춰 답변의 흐름이 자연스럽게 연결되는지 확인한다. 되도록 다양한 어휘와 구문을 사용하면 더욱 완벽하다.

★ 답변을 만드는 데 필요한 최소 문장은 6개, IM 등급에 적절한 답변에 이용할 수 있도록 공감 문장을 8개 이상 표시해보세요.

🗨 주거 형태

주택 종류

01   저는 아파트에 삽니다.   I live in ★ <u>an apartment</u>.

★ 이것만 바꿔도 등급이 쑥쑥

단독주택, 독채 **detached home**   아파트, 공동주택 **apartment, flat, condo**   고층 아파트, 고층 빌딩 **high-rise building**   연립주택 **row house**   도시주택 **townhouse**   기숙사 **dorm, dormitory**   이동 주택차 **trailer**   이동 주택 **mobile home**   주택용 배 **houseboat**

*연립주택 **duplex** (단층에 집이 두 칸 딸린 주택)

*연립주택 **triplex** (3세대가 살 수 있도록 세 칸으로 나누어진 주택)

02   저는 원룸에 삽니다.   I live in a one-room studio.

03   저는 대학의 기숙사에서 삽니다.   I live in a dormitory at my university.

04	센트럴 파크 근처의 주상복합 아파트 10층에 삽니다.	I live on the 10th floor of a high-rise near Central Park.
05	최근에 주택에서 도심의 아파트로 이사했습니다.	I recently moved from a house to an apartment downtown.
06	대학에 다니는 동안 저는 4년간 기숙사에 살았습니다.	I lived in a dormitory for four years while I was in university.
07	연립주택에 살고 있는데, 이웃이 너무 소란스러워서 이사 가고 싶습니다.	I live in a duplex, but I want to move because the neighbors are too noisy.

🟣 집안 구조/시설 및 가구

가구 및 시설

08	문 옆에는 작고 하얀 신발장이 있습니다.	There is ⭐ <u>a small white shoe shelf</u> by the door.
09	싱크대와 욕실 또한 벽장 옆에 있습니다.	There are also ⭐ <u>a sink and a bathroom</u> next to my closet.

⭐ **이것만 바꿔도 등급이 쑥쑥**

시설/방

내 방 **my room**　거실, 응접실 **a living room**　욕실 **a bathroom**　식당 **a dining room**　부엌 **a kitchen**　저장실 **a storeroom**　가족 오락실 **a family room**　침실 **a bedroom**　다용도실 **a utility room**　아이들 놀이방 **a game room**　객실, 손님용 침실 **a guest room**　다락방 **an attic**　지하실 **a basement**　홀, 로비 **a hall**　현관, 베란다 **a porch**　옥외 테라스, 안뜰 **a patio**　서재 **a study**　입구, 현관 **a corridor, entrance**　베란다 **a veranda**　발코니 **a balcony**　테라스 **a terrace**　차고 **a garage**

가구

옷장 **a wardrobe**　벽장, 찬장, 장롱 **a closet**　화장대 **a dressing table**　큰 거울 **a large mirror**　서랍장 **drawers**　수납장 **a storage closet**　캐비닛 **a cabinet**

10	저희 아파트 건물 지하실에는 보관 창고가 있습니다.	My apartment building has a storage area in the basement.
11	또한 천정에 매달린 큰 전등이 있습니다.	Also, there is a big light hanging from the ceiling.
12	벽에는 달력, 시계, 많은 액자가 걸려 있습니다.	A calendar, a clock, and many picture frames are hanging on the wall.
13	탁 트인 거실이 있습니다.	It has an open living room.
14	거실에는 많은 꽃 장식이 되어 있습니다.	The living room is decorated with many flowers.
15	벽은 밝은 파란색이고 바닥은 회색입니다.	The walls are light blue and the floors are gray.
16	부엌에는 개수대, 스토브, 식탁과 의자들이 있습니다.	The kitchen has a counter, a sink, a stove, a table, and chairs.
17	부엌과 세탁실은 거실 건너편에 있습니다.	There is a kitchen and laundry area across from the living room.
18	거실에는 책장, TV 세트, 소파 등과 같은 여러 가지 가구들이 있습니다.	In the living room, there are several pieces of furniture such as a bookcase, a TV set, a sofa, and so on.
19	저희 집은 좀 낡아 보였는데 최근에 리모델링되어서 지금은 멋집니다.	Our house looked a little bit old but has been remodeled recently and it is nice now.

| 20 | 저는 부엌에서 많은 시간을 보내기 때문에 깨끗하게 잘 유지하려고 항상 노력합니다. | Because I spend a lot of time in the kitchen, I always try to keep it clean and in good condition. |

● 내 방 묘사

21	제 침실은 복도 끝에 있습니다.	My bedroom is at the end of the corridor.
22	제 침실은 아주 작지만 저는 좋습니다.	My bedroom is very tiny, but I like it.
23	제 방에는 침대, 책상, TV가 있습니다.	I have a bed, a desk, and a television in my room.
24	제 방에는 작은 발코니가 있는데, 거기서 책 읽기를 좋아합니다.	My bedroom has a small balcony; I like to read there.
25	저는 동생과 방을 같이 쓰는 것이 싫습니다.	I hate sharing my bedroom with my little brother.
26	제 방이 너무 작아서 서랍장을 팔고 싶어요.	I want to sell my chest of drawers because my room is too small.
27	제 방은 제가 실내 장식을 했어요.	I did the interior decoration of my room myself.
28	커튼, 벽지, 카펫을 골랐지요.	I chose the curtains, the wallpaper, and the carpet.

| 29 | 제 침실은 저희 집 다락에 있어서 재미있는 모양을 하고 있습니다. | My bedroom has a very interesting shape because it is in the attic of our house. |

| 30 | 제 방에 작은 욕실이 딸려 있어요. | I have a private bathroom attached to my room. |

| 31 | 제가 집에서 나왔을 때 부모님께서는 제 방을 손님방으로 사용하기 시작하셨어요. | When I moved away from home, my parents started using my room as a guest room. |

🟣 분위기 묘사

| 32 | 전체적으로 매우 멋지고 아늑합니다. | Overall, ⭐ it is very nice and cozy. |

⭐ 이것만 바꿔도 등급이 쑥쑥

내 방의 디자인 **the design of my room** 내 방의 분위기 **the ambience of my room** 방의 실내 장식 **its interior decoration** 가구 배치 **the furniture arrangement**

| 33 | 집 안 분위기가 참 아늑합니다. | My house has a very snug ambience. |

| 34 | 저는 물방울 무늬 벽지로 방 분위기를 좀 튀게 바꿨습니다. | I jazzed up the room a bit with polka-dot wallpaper. |

| 35 | 방 안은 분위기가 냉랭했습니다. | There was a frigid atmosphere in the room. |

➕ 문장 조합 이렇게!

There was a frigid atmosphere in the room. But since I jazzed up the room a bit with polka-dot wallpaper, now it has a very snug ambience. 35+34+33

방 안은 분위기가 냉랭했습니다. 그런데 물방울 무늬 벽지로 방 분위기를 좀 튀게 바꿨더니 분위기가 참 아늑해졌습니다.
*여러 개의 문장을 논리적으로 연결해 사용할 수 있다.

36 저는 방 안에 조명을 설치하여 화사한 분위기를 연출했습니다.

I created a beautiful bright mood in the room with lighting.

37 이 집은 전체적으로 분위기가 아늑합니다.

There's a general, cozy atmosphere about this house.

38 그 집은 분위기가 친근합니다.

The house has an informal atmosphere.

39 그 집의 실내는 중후한 분위기가 납니다.

The interior of the house creates a stately atmosphere.

40 그 집은 서양식 구조와 동양식 가구가 어우러져 독특한 분위기를 냅니다.

The combination of Western architecture with oriental furnishings gives the house a unique atmosphere.

41 저희 집은 고요하고 정돈된 분위기를 풍깁니다.

My house projects an atmosphere of calm and order.

스피킹TIP 적절한 대명사나 대용어구로 대치하라

하나의 답변으로 구성할 때는 my room, my room … 똑같은 말을 반복하지 말고 it, this room, that 등의 대명사나 대용어구를 활용해 다양하게 표현해주는 것이 좋다.

015 \ 사는 곳 관련 과거 경험

빈출 질문 Q1

Can you recall a memorable event that happened in the area where you live? Tell me as many details about that event from start to finish in particular the elements that made the event so memorable.

당신이 사는 곳에서 생긴 잊지 못할 일을 기억합니까? 처음부터 끝까지 그 일에 대해, 특히 그 기억이 그토록 잊을 수 없게 된 요소에 대해 자세히 이야기해주세요.

답변 구성 전략

공감 문장 선택할 때 참고하세요.

답변 내용이 질문의 모든 요소에 대해 빠짐 없이 대답하고 있는지, 질문의 주제에 맞춰 답변의 흐름이 자연스럽게 연결되는지 확인한다. 되도록 다양한 어휘와 구문을 사용하면 더욱 완벽하다.

★ 답변을 만드는 데 필요한 최소 문장은 6개, IM 등급에 적절한 답변에 이용할 수 있도록 공감 문장을 8개 이상 표시해보세요.

💬 동네에서 생긴 사건 사고

01 저는 남편 명의로 아파트를 분양 받았습니다.

I bought an apartment under the name of my husband.

02 옆집의 소음으로 지붕이 무너질 것 같았습니다.

A noise from next door seemed to bring the roof down.

03 우리는 아파트 위층에서 들려오는 지나친 소음에 대해 항의했습니다.

We complained about the excessive noise coming from the upstairs flat.

04 집주인은 제가 감당할 수 있는 것 이상으로 집세를 인상했습니다.

My landlord increased the rent higher than I could afford.

05 제 이웃 중 한 명이 SUV 차량으로 제 차를 박았습니다.

One of my neighbors bumped into my car with his SUV.

06 저는 집 밖을 나와서 걷다가 개똥을 밟았습니다.

I walked out of my house and stepped in dog poo.

07 어젯밤에 이 아파트에서 도난 사건이 있었습니다.

There was a theft in this apartment last night.

08 누군가가 우리 집에 침입했어요.

Someone has just broken into my house.

09 경찰은 도로변 집에서 범죄자를 체포했습니다.

The police arrested a criminal in a house on my street.

10 실수로 도난 경보기가 작동했습니다.

The burglar alarm was activated by mistake.

● 화재 관련 사고

11 어느 날, 부엌에서 요리를 하고 있는데 전화가 울렸습니다. 즉시 전화를 받으러 갔습니다.

One day, I was cooking in the kitchen when the telephone rang. I went to answer immediately.

12 전화 통화를 하고 있는데, 화재경보기가 울렸습니다.

While we were talking on the phone, the fire alarm sounded.

13 부엌으로 달려갔어요. 방은 연기로 가득 찼고 쇠고기가 심하게 탔습니다.

I ran back to the kitchen. The room was full of smoke and the beef was badly burnt.

14 재빨리 가스를 끄고, 창문을 모두 열고, 집 밖으로 나갔습니다.

I quickly turned off the gas, opened all the windows, and then went out of the house.

15	놀랍게도 집 밖에 2대의 소방차가 있었습니다.	To my surprise, two fire engines were outside my house.
16	저는 요리할 때 조심하지 않아서 심한 연기가 났다고 소방관들에게 말을 했습니다.	I told the firemen it was my careless cooking that caused the heavy smoke.
17	우리 아파트 단지에 불이 났었습니다.	There was a fire in my apartment complex.
18	소방대는 그 불길을 성공적으로 진화했습니다.	The fire brigade successfully extinguished the blaze.
19	모두 바깥으로 대피하고 심지어 소방차도 왔습니다.	We all had to go outside and even the fire trucks came.
20	소방차가 오기도 전에 불은 꺼져 있었습니다.	The fire had already been put out before the fire engine reached the scene.
21	그 건물은 화재로 다 타버렸습니다.	The building was destroyed by fire.
22	우리 옆집에 사는 남자는 화재로 전 재산을 다 잃었습니다.	The man who lives next door lost all his possessions in the fire.
23	그 후에 저는 모든 소방 장비를 점검했습니다.	After that, I tested all my fire-fighting equipment.
24	저도 어릴 때 성냥을 가지고 놀다가 불을 낼 뻔 했거든요.	When I was young, I almost started a fire playing with matches.

25 아이들은 항상 호기심이 있기 마련인데, 부모들은 불이 위험하다는 것을 아이들에게 훨씬 더 강조해야 합니다.

Kids will always be curious, but parents must do more than just tell them that fire is dangerous.

26 불과 물은 잘 쓰면 유익하지만, 잘못 쓰면 해를 입히지요.

Fire and water may be good servants, but bad masters.

27 큰 불이 아니면 호스로 물을 뿌리든가 젖은 담요로 쳐서 끄면 돼요.

If it's not a big fire, we could spray water on it with a hose or beat it out with a wet blanket.

● 아파트 재건축

28 모든 것이 다 바뀌었습니다.

All of that changed.

29 그 이유는 저희 동네에 새로운 아파트 단지가 세워지고 있기 때문입니다.

That's because a new block of apartments is being built in our neighborhood.

30 그들은 이웃의 낡은 아파트 건물을 철거했습니다.

They tore down an old apartment building in my neighborhood.

31 그들은 이제 건물을 짓기 시작했습니다.

They just started construction on the buildings.

32 이건 큰 소음을 뜻하는 거죠!

This means a lot of noise!

| 33 | 아침 8시에 갑자기 기계들이 대단한 소음을 냈기 때문에 저는 잠을 잘 수 없었습니다. | I couldn't sleep because at 8 p.m. suddenly there were a bunch of machines making a lot of racket. |

| 34 | 지금 제 창 밖에는 그들이 기중기를 세우고 있습니다. | Right now they are building a crane outside my window. |

| 35 | 8개월 후에 공사가 끝날 거라고 하네요. | They say the construction will be finished in eight months. |

● 처음 이사 왔을 때의 경험

| 36 | 저는 27년 전에 여기로 이사 왔습니다. | I moved here 27 years ago. |

| 37 | 저는 낡은 집안의 먼지와 거미줄을 털어냈습니다. | I cleaned away the dust and cobwebs from the old house. |

| 38 | 저는 집안 분위기를 새롭게 했습니다. | I updated the image of my house. |

| 39 | 우리가 이사 왔을 때 이웃 사람들이 집들이 파티를 열어주었습니다. | Our neighbors gave us a housewarming gift when we moved in. |

| 40 | 우리가 이사 왔을 때 집이 완벽하게 정리돼 있었습니다. | Our house was in perfect order when we moved in. |

| 41 | 우리는 2002년에 이리로 이사 왔습니다. 그때까지 우리는 항상 경기 지역에서 살았었습니다. | We moved here in 2002. Until then we'd always been in the Kyung-gi area. |

42 우리는 이사온 이래로 죽 거기 살 았습니다.

We've lived there ever since we moved in.

● 집수리 관련 경험

43 우리는 새 집이나 마찬가지인 집 안을 둘러보고 그 집을 매입하기 로 결정했습니다.

We went through a house that was in mint condition, and decided to buy it.

44 수도관이 터져 온 집 안이 난리가 났었습니다.

A water main burst, and the entire house was a mess.

45 우리는 지붕이 새지 않게 급한 대 로 수리했습니다.

We patched up the roof enough to stop it leaking.

46 우리는 도배도 새로 하고 마루도 새로 깔고 부엌싱크대 색깔도 바 꾸려고 했었죠.

We were planning to repaper the walls, redo the floors, and repaint the cabinets in the kitchen.

47 페인트칠을 다시 하고 수리도 해 서 가구를 다시 배치할 수 있었습 니다.

We could paint, fix up, and rearrange the furniture.

48 배관공이 집에 와서 그곳에 배관 을 해주었습니다.

The plumber came to our house to plumb in the area.

49 배관 전체를 다시 바꿔야 했습니다.

We had to replace the whole plumbing system.

50 개수대 아래 배수관이 새서 수리 해야 했습니다.

The drainpipe under the sink was leaking and needed repair.

빈출 질문 Q1-3 | Please tell me about your favorite neighbor/friend/coworker. Why is she or he your favorite?

가장 좋아하는 이웃/친구/동료에 대해 이야기해주세요. 그 사람이 왜 좋습니까?

Q4-6 | Provide some details about one of your neighbors/classmates/coworkers. What is he or she like? Tell me what kind of person he or she is.

이웃/학교 친구/동료 중 한 명에 대해 자세하게 이야기해보세요. 어떤 사람입니까? 어떤 사람인지 말해보세요.

Q7-8 | Do you have any memorable experiences with your neighbors/coworkers? Tell me about any challenging, unexpected, and interesting things that happened. What made this so memorable to you?

이웃/동료와의 기억에 남는 경험이 있습니까? 왜 그렇게 기억에 남나요? 어려운 일, 예상하지 못한 일, 흥미로운 일이 일어난 것이 있다면 말씀해주세요.

답변 구성 전략

공감 문장 선택할 때 참고하세요.

답변 내용이 질문의 모든 요소에 대해 빠짐 없이 대답하고 있는지, 질문의 주제에 맞춰 답변의 흐름이 자연스럽게 연결되는지 확인한다. 되도록 다양한 어휘와 구문을 사용하면 더욱 완벽하다.

★ 답변을 만드는 데 필요한 최소 문장은 6개, IM 등급에 적절한 답변에 이용할 수 있도록 공감 문장을 8개 이상 표시해보세요.

💬 소개할 인물

① 관계 ② 인물의 이름

01 | 제 가장 친한 친구 황영수에 대해서 말씀 드리겠습니다. | Let me tell you about ★ ① **one of my best friends** ② **Hwang Youngsu**.

02 | 제 이웃 김현수를 소개하고 싶습니다. | I want to introduce ★ ① **my neighbor**, ② **Kim Hyunsu**.

03 | 그는 저희 상사입니다. | He is ★ **my boss**.

내 가장 친한 친구 **my best friend** 친구 중 한 명 **one of my friends** 이웃 중 한 명 **one of my neighbors** 제 팀 동료 **my teammate** 동료 중 한 명 **one of my coworkers/colleagues** 우리 팀 원 중 한 명 **one of my team members** 고객 중 한 명 **one of my clients** 사업 파트너 중 한 명 **one of my business partners** 우리 회사의 주문 관리자 **the order manager in our company** 우리 회사의 감독 중 한 명 **one of the supervisors in our company**

💬 학교 친구 묘사

「전공」표현과 연계 활용

04 그녀는 한국 무용을 전공하고 있습니다.
She is majoring in **Korean dance**.

05 그녀는 친구들로부터 사랑을 많이 받았습니다.
She was much loved by her friends.

06 저의 새 친구들은 모두 친절하고 재미있습니다.
My new classmates are all very friendly and funny.

07 제 친구들 중에서, 그 애가 가장 멀리 삽니다.
Of all our friends, he lives the farthest away.

08 저희는 고등학교에서부터 친구였습니다.
We have been friends since we were in high school.

09 그는 작년에 저와 같은 동아리에 있었습니다.
He was in my club last year.

10 그는 저의 둘도 없는 친구입니다.
He's a friend like no other.

11 그는 저의 둘도 없는 친구입니다.
He is my once-in-a-lifetime friend.

| 12 | 우리는 둘도 없는 단짝이에요. | We are buddy-buddy. |

| 13 | 그녀는 고등학교 동창들 중 한 명이었습니다. | She was one of my classmates in high school. |

| 14 | 그는 그녀와도 오랜 친구 관계였습니다. | He also had a long standing friendship with her. |

| 15 | 우리는 좋은 친구 관계를 유지해왔습니다. | We have been having a good relationship as friends. |

| 16 | 저는 새 학급 친구와 서먹한 관계를 깨기 위해 그와 함께 놀이 공원에 갔습니다. | To break the ice with my new classmate, I went to an amusement park with him. |

● 직장 동료/상사 묘사

| 17 | 그는 두 아이의 아버지입니다. | He's the father of two. |

✚ 문장 조합 이렇게!

Let me tell you about one of my best friends Hwang Youngsu. **He was** one of my classmates in high school. **He's** the father of two **now**. 01+13+17

제 가장 친한 친구 황영수에 대해서 말씀 드리겠습니다. 그는 고등학교 동창들 중 한 명이었습니다. 그는 이제 두 아이의 아버지입니다. *대명사의 수일치, 시제 일치에 유의한다.

| 18 | 그는 이 회사에 온 지 2년밖에 안 되었습니다. | He's only been with the company two years. |

| 19 | 그녀와 나는 직장동료입니다. | She and I are colleagues. |

20 우린 그저 직장 동료예요.

We just work together.

21 제 동료는 해외 지점으로 전근되었습니다.

My colleague was transferred to an overseas branch.

22 똑똑하고 근면한 그는 종종 동료들의 칭찬을 받곤 했습니다.

Intelligent and hardworking, he was often praised by his colleagues.

23 나의 직장 동료인 김민은 환경주의자입니다.

My coworker Kim Min is an environmentalist.

24 최근의 모든 환경 운동을 모두 꿰고 있습니다.

He is up to date on every environmental cause.

25 그는 쓰레기를 엄격하게 분리하고, 기름을 아끼고 오염을 줄이려고 소형차를 탑니다.

He strictly separates his trash, and he drives a small car to save oil and reduce pollution.

26 그는 환경에 해를 끼칠 수 있는 동료의 행위를 목격하면 그를 훈계하는 일을 서슴지 않습니다.

He is not afraid to lecture his peers when he sees them doing something that might harm our environment.

27 직장 동료들 모두가 상사가 한 말에 사기가 올랐습니다.

All the coworkers were uplifted by what the boss said.

28 그는 동료 사이에 인기가 있었습니다.

He enjoyed popularity with his fellow workers.

29 그는 사생활을 직장 동료에게 말하는 것을 좋아하지 않습니다.

He doesn't like talking about his personal life with his business associates.

| 30 | 그는 직장 동료에게 빈정대곤 했습니다. | He used to have a dig at his coworkers. |

| 31 | 그의 동료들이 그를 따돌렸습니다. | His peers pushed him to one side. |

🗨 동료들과의 활동

| 32 | 그와 저는 회사 아마추어 야구팀에 소속되어 있습니다. | He and I belong to ⭐ <u>the amateur baseball team</u> of my company. |

⭐ **이것만 바꿔도 등급이 쑥쑥**

컴퓨터 동아리 **the computer club** 음악 동아리 **the music club** 자원봉사 동아리 **the volunteering activities** 농구부 **the basketball club** 골프 클럽 **the golf club** 노동조합 **the labor union**

| 33 | 퇴근 후에 동료들과 한잔하러 갑니다. | I go for a drink after work with my colleagues. |

| 34 | 직장 동료들과 사귀는 것은 우리에게 있어 아주 중요합니다. | It's very important for us to socialize with the coworkers in the office. |

| 35 | 만약 누군가가 한잔하자고 청해오면 거절하기가 힘듭니다. | If someone asks me to have a drink with him, it's hard to refuse. |

| 36 | 일주일에 한두 번 술을 마시러 가지만, 매일 밤은 아닙니다. | We go for a drink one or two times a week, but not every night. |

| 37 | 특히 주말에는 모두 즐겁게 술을 마십니다. | Especially on weekends we have a good drink. |

💬 외모 묘사

명사 표현

38 그는 덩치가 큰 사람입니다.　　He is ⭐ <u>a larger person</u>.

⭐ **이것만 바꿔도 등급이 쑥쑥**

키다리 **a beanpole, a beanstalk** 뚱보 **a blimp** 배불뚝이 **a potbelly** 거구 **a whale**

형용사 표현

39 그는 남자치고는 키가 작습니다.　　He is ⭐ <u>small as men go</u>.

⭐ **이것만 바꿔도 등급이 쑥쑥**

체격이 다부진 **stocky** 체격이 좋은 **well-built** 건장한 **burly** 거대한 **huge** 거구의 **enormous** 헤비급의 **heavyweight** 뚱뚱한 **fat, overweight** 배가 산만한 **big-bellied** 오동통한 **roly-poly** 포동포동한 **plump** 통통한 **chubby** 토실토실한 **buxom** 땅딸막한 **pudgy** 비만인 **obese** 통통한 **stout** 다부진 **stocky** 근육질의 **muscular** 가냘픈 **slim** 늘씬한 **slender, svelte** 마른 **skinny** 홀쭉한 **lanky** 마른 **thin** 허약한 **frail** 깡마른 **bony, nothing but skin and bones** 키가 작은 **short** 자그마한 **petite**

---

40 그의 머리에 흰머리가 듬성듬성 나 있습니다.　　His hair is flecked with gray.

---

41 그는 머리가 비정상적으로 큽니다.　　His head is unusually big.

---

42 그는 곱슬머리입니다.　　He has curly hair.

---

43 그의 신체적인 외모 때문에 그는 항상 사람들 사이에서 농담거리가 되곤 합니다.　　Because of his physical appearance, he is always an easy target for jokes among people.

---

44 그는 키가 185cm로 큰 편이고 몸무게는 90kg 정도 나가며 근육질입니다.　　He is very big, 185 cm tall, weighs about 90 kilos and he is muscular.

---

45 그는 보통은 얼굴이 둥근 통통한 아이였습니다.　　He used to be a chubby boy with a round face.

46 그런데 요즘 시험 공부를 며칠 하더니 얼굴이 홀쭉해졌습니다.

But these days, his cheeks have become hollow after several days of studying for the exam.

47 지금은 근육질 몸매라서 영화 배우처럼 보입니다.

Now, he looks like a movie star with his slim but muscular figure.

48 그는 덩치는 커도 매우 민첩합니다.

He's a big man, but very light on his feet.

● 성격 묘사

49 그녀는 성격이 활발하고, 밝고, 재미있는 소녀입니다.

She is really an ★ <u>outgoing, bright, and funny</u> girl.

50 그는 정말 다루기 힘듭니다.

He is really ★ <u>getting out of control</u>.

★ 이것만 바꿔도 등급이 쑥쑥

외향적인 **outgoing** 태평스러운 **easygoing** 변덕스러운 **whimsical** 성급한, 화 잘 내는 **hot tempered** 어떤 것에 지나치게 빠지는 **too addictive** 개방적인 **open-minded** 독립적인 **independent** 슬기로운 **clever** 도움을 주는 **helpful** 끈기 있는 **patient** 지적인 **intelligent** 열성적인, 열정적인 **passionate** 유머 감각이 뛰어난 **humorous**

51 두 사람은 성격이 상반됩니다.

Their natures are contrary to each other.

52 그들은 성격이 비슷합니다.

They are much alike in character.

53 그 사람은 성격이 마냥 좋기만 합니다.

He is always so easygoing about everything.

54	그는 성격이 소탈하여 동료들이 좋아합니다.	He is easygoing and is well liked by his fellow workers.
55	그는 언제나 아이디어가 넘칩니다.	He is always itching with ideas.
56	그는 매우 활동적이고 사교적이라 모두가 그를 좋아하고 말을 걸고 싶어 하죠.	He is so energetic and sociable that everyone loves him and wants to talk to him.
57	저의 상사는 때때로 집안일로 지각한 저를 너그럽게 봐줍니다.	My boss sometimes excuses my lateness to work because of my family problems.
58	그것은 그녀의 긍정적인 성품 중의 하나로 논쟁을 새로운 기분으로 회복시키지요.	It is one of her positive qualities, recovering from an argument into a completely fresh start.
59	그는 부드럽고 사려 깊습니다.	He is tender and thoughtful.
60	말할 필요도 없이 그는 모든 여자들의 이상형입니다.	Needless to say, he is every girl's dream.
61	그는 저보다 3살 많습니다.	He is three-years older than I.
62	그녀는 정말 다른 사람들을 배려하며 남의 말을 매우 잘 들어줍니다.	She really cares about other people and is a talented listener.

스피킹TIP ▶ 형용사를 바꿔 말할 때는 자리를 잘 봐라

명사를 꾸며주는 자리일 때는 앞의 관사의 쓰임에 유의해야 한다. 부정관사 a/an이 앞에 있을 경우에는 형용사가 모음으로 시작하면 an으로, 자음으로 시작하면 a로 써야 한다는 걸 알지만 곧잘 실수하기 쉬우므로 습관적으로 주의해야 한다. 2/5형식 동사의 보어자리인 경우에는 관사를 쓰지 않는다.

● 관계 묘사/관계 진전 계기 또는 에피소드

⏱ 3초 보카

사이가 좋다 **be on good terms**　서로를 잘 이해해주다 **understand each other well**　서로 잘 통하다 **have a good chemistry**　친한 사이다 **be on a good footing, have a good rapport**　만나면 인사를 주고받는 사이이다 **be on speaking terms**　절친한 사이다 **be on a first-name basis**

63　저희들은 아주 친한 친구들이 되었습니다.

We have become quite a ⭐ <u>close</u> group of friends.

⭐ 이것만 바꿔도 등급이 쑥쑥

친숙한 **familiar**　절친인 **intimate**　뗄 수 없는 관계인 **inseparable**

64　현재 수년간 함께 작업해오고 있으며 돈독한 관계를 만들었습니다.

We've been working together for ages now, and we've built a solid relationship.

65　그 회사에는 가족적인 분위기가 있습니다.

The company has a homelike[familial] atmosphere.

66　저희는 한두 번 만남을 가진 것뿐이라 친숙한 사이는 아닙니다.

We've only met a couple of times; we're not on a first-name basis.

67　저희는 서로 가장 은밀한 비밀을 공유했습니다.

We always shared our most intimate secrets with one another.

68　저희는 서로를 오래 알아온 것은 아니지만 어느 정도 좋은 친밀감이 있습니다.

We haven't known each other long but we have good rapport so far.

69　저는 그녀의 이름을 몰랐지만 그녀가 낯이 익었습니다.

I didn't know her name but she looked familiar.

70	제가 너무 친숙하게 행동해서 제 상사가 화가 났습니다.	My boss became angry because my behavior was too familiar.
71	제 동료와/그와 다툼이 있었지만 지금 저희는 사이가 좋습니다.	I had a fight with **my coworker/him**, but we are on good terms now.
72	저는 그를 처음 본 날을 잊지 못합니다.	I'll never forget the day I first saw him.
73	그의 반짝이는 두 눈 아래 미소가 떠올랐습니다.	His smile sparkled beneath two twinkling eyes.

💬 이웃 소개

74	그는 우리 동네 슈퍼마켓 주인입니다.	He is the owner of the grocery store in our town.
75	그는 30대 초반으로 활달하고 외향적인 성격의 남자인데 저는 그래서 그가 좋습니다.	He's a cheerful, outgoing man, and that's why I like him.
76	그는 아버지 회사에서 영업 사원으로 일하는데 일을 잘합니다.	He is working for his father's company as a sales rep and is good at his work.
77	사람들은 서로에 대해 거의 알지 못하거나 누가 옆집에 사는지도 몰라요.	People barely know each other, or who lives next door.

78 여기 사는 사람들은 보통 젊고 일 하러 나가서 밤늦게 돌아오죠.

The people I live here with are young and usually travel for work and don't return home until late at night.

79 그와 이야기를 나눠보면 그가 재미있고 사람들을 하나로 만들어준다는 것을 알 수 있을 겁니다.

If you talk with him, you will find out that he is fun and brings people together.

80 그는 친절하고 가게에 물건을 사러 오는 손님들은 물론, 가게를 지나가는 이웃들에게도 말을 거는 걸 좋아해요.

He is kind and likes to talk to neighbors passing by his store, as well as the customers shopping at his store.

81 저희 동네의 아이들은 학교에서 시간을 보냅니다.

The children in my neighborhood spend their time at school.

82 아이들은 아파트 단지의 작은 놀이터에서 놉니다.

The children play in small playgrounds in the apartment complex.

🗨 이웃과의 관계

83 우리는 같은 헬스클럽에 다닙니다.

We belong to the same health club.

84 그가 바빠서 요즘 헬스 클럽에 통 안 보입니다.

He's been busy, so I haven't seen him at the gym lately.

➕ 문장 조합 이렇게!

Let me tell you about one of my neighbors, Hwang Youngsu. He is the owner of the grocery store in our town and we belong to the same health club. He's been busy, so I haven't seen him at the gym lately. 01+74+83+84

제 이웃 황영수에 대해서 말씀 드리겠습니다. 그는 우리 동네 슈퍼마켓 주인인데 우리는 같은 헬스클럽에 다닙니다. 그가 바빠서 요즘 헬스 클럽에 통 안 보입니다.

85 그는 저희 옆집에 사는데 우리는 오랫동안 서로 잘 몰랐습니다.

He lives next door but we didn't know each other for a long time.

86 우리가 아마추어 야구팀에 소속된 이후로 처음 만났고 친한 친구가 되었습니다.

Since we belonged to an amateur baseball team, we met and have become close friends.

87 저도 영업과 마케팅 분야에서 일하고 있기 때문에 그와 나는 말이 잘 통하는 것 같습니다.

As I am also working in sales and marketing, he and I seem to communicate well.

88 제 이웃들은 다른 사람들에 거의 관심이 없는 것 같습니다.

My neighbors look like they aren't very interested in others.

89 새로 이사 온 이웃이 저에게 커피 한 잔 하자고 물어왔는데 저는 도통 시간이 나질 않았습니다.

My new neighbor has been asking me over for a cup of coffee for weeks now and I never find the time.

90 저는 그가 제 조언이 필요한지도 모른다는 것을 깨달았습니다. 그가 사업을 시작했다고 했거든요.

I just realized that he may be looking for my support. He told me he started a new business.

91 저도 제 문제로 골치 아프다고 생각하면서 무시했습니다.

I've basically ignored the guy thinking that I had my own troubles.

92 그렇지만 저는 그의 제안을 받아드려서 이번 주 일요일에는 그와 커피 한잔 하러 가려고 합니다.

But I will accept his invitation and go over for coffee this Sunday.

02 여가 활동

017 \ 좋아하는 영화 장르 단순 설명

빈출 질문 Q1

You indicated that you like to watch movies. What kind of movies do you like to watch? Tell me about your favorite movie genre in detail.

영화 보는 것을 좋아한다고 했습니다. 어떤 종류의 영화를 좋아합니까? 좋아하는 영화 장르에 대해 자세히 얘기해주세요.

답변 구성 전략

공감 문장 선택할 때 참고하세요.

답변 내용이 질문의 모든 요소에 대해 빠짐 없이 대답하고 있는지, 질문의 주제에 맞춰 답변의 흐름이 자연스럽게 연결되는지 확인한다. 되도록 다양한 어휘와 구문을 사용하면 더욱 완벽하다.

★ 답변을 만드는 데 필요한 최소 문장은 6개, IM 등급에 적절한 답변에 이용할 수 있도록 공감 문장을 8개 이상 표시해보세요.

● 좋아하는 영화와 감상 형태

⏱ 3초 보카

멜로 영화 **a romantic movie**　로맨틱 코미디 **a romantic comedy**　코믹 영화 **a comical movie, a comedy**　공상과학 영화 **a science fiction movie**　공포 영화 **a horror film**　모험 영화 **an adventurous movie**　스릴러 영화 **a thriller movie**　미스터리 영화 **a mysterious movie**　고전 영화 **a classical movie**　갱스터 영화 **a gangster movie**　실화 영화 **a real-life story movie**　뮤지컬 영화 **a musical movie**　판타지 **a fantasy movie**　블록버스터 **a blockbuster**　독립영화 **an independent film**　눈물 흘리게 하는 영화 **a tearjerker**　전쟁 영화 **a war movie**　애니메이션 **an animated film**

`영화 장르(단수형/복수형 가능)`

01　저는 SF영화 보기를 좋아합니다.

I like to watch **science fiction films**.

02　제가 보기 싫어하는 종류의 영화는 공포영화입니다.

The kind of movie I dislike watching is **horror films**.

`영화 제목`

03　〈본 아이덴터티〉와 〈미션 임파서블〉 시리즈는 제가 가장 좋아하는 영화들이에요.

***The Bourne Identity** and the **Mission Impossible** series are my favorites.*

04 저는 〈제임스 본드 007〉과 〈미션 임파서블〉과 같은 모든 액션 시리즈를 좋아합니다.

I like all kinds of ① **action series** like ② **_James Bond 007 and Mission Impossible_**.

05 코미디 영화 중에서는 윌 스미스가 주연을 맡은 〈맨인블랙〉과 〈미스터 히치〉를 좋아합니다.

Of comedies, I really like ① **_Men in Black_** and **_Hitchi,_** which ② **Will Smith** starred in.

06 저는 〈스타트랙〉 시리즈처럼 우주를 배경으로 한 드라마부터 〈혹성탈출〉과 같은 오래된 흑백영화까지 모든 종류의 SF영화를 좋아합니다.

I like all kinds of science fiction, from space operas like the **_Star Trek_** series to old style black and white movies like **_Planet of the Apes_**.

07 저는 로봇을 다루는 스토리도 좋아합니다.

I like a lot of stories with robots, too.

08 〈아이, 로봇〉을 개인적으로 좋아하고 〈터미네이터〉 시리즈도 좋아합니다.

I, Robot is a personal favorite, as is the **_Terminator_** series.

09 아마 제가 가장 좋아하는 SF영화는 〈스타트랙〉일 것입니다.

Probably my favorite science fiction movie is **_Star Trek_**.

10 그런 영화들은 우리가 현실에서는 할 수 없는 경험을 제공해주지만 특수효과를 사용하여 현실이라고 생각하게 만듭니다.

These movies offer us an experience we can never have in the real world and the special effects are so good they make the action on the screen look like it's really happening.

11 한 달에 한 번쯤 영화를 본다고 생각합니다.

I suppose I see about a film a month.

12 〈화이트 칙스〉와 같은 웃긴 영화를 보면 웃을 수밖에 없습니다.

If you watch a funny movie like **White Chicks**, you can't help but laugh.

| 13 | 한 달에 10,000원을 내고 로그인해 서 원하는 영화를 볼 수 있습니다. | I pay 10,000 won a month and I can watch any movie if I log in. |

| 14 | 한 달에 두 번 영화를 보러 갑니다. | I ★ <u>go to the movies</u> twice a month. |

★ 이것만 바꿔도 등급이 쑥쑥

극장에 가다 **go to a theater** 로맨틱 코미디를 보다 **watch romantic comedies** DVD를 보다 **watch DVDs** 온라인에서 평가를 보고 영화를 고르다 **go over online reviews and choose one** 영화 사이트 에서 다운 받다 **download movies from the movie sites**

🔵 좋아하는 이유

| 15 | 저는 액션 영화를 좋아하는데 빠른 액션 장면과 서스펜스, 그리고 믿을 수 없는 특수효과 때문이에요. | I like ① **action movies** because of ② **their fast action scenes, suspense, and incredible special effects**. |

| 16 | 줄거리도 좋고 제가 좋아하는 또 다른 영화 장르인 뮤지컬 장르입니다. | It's got a great story, and it is one of my other favorite movie genres: the musical. |

| 17 | 아마 저는 현실에서 벗어날 수 있게 해주는 영화를 좋아하는 것 같아요. | I guess I like to watch movies that ★ <u>allow me to escape from real life</u>. |

★ 이것만 바꿔도 등급이 쑥쑥

웃게 만들다 **make me laugh** 해피엔딩으로 끝나다 **have a happy ending** 뜻하지 않게 시작된 사랑을 다 루다 **deal with love that starts unexepectedly** 있음직한 사회적 이슈들을 다루다 **deal with the social issues in a believable manner** 철학적인 질문들을 다루다 **deal with philosophical questions** 다양한 인간의 형상을 다루다 **deal with different human figures**
*좋아하는 영화의 특징을 설명하는 that절 만들기

| 18 | 웃고 놀라운 액션 장면을 보면서 긴장이 풀리거든요. | I can relax by laughing and watching some surprising action scenes. |

| 19 | 제가 영웅이나 그리스 신들에 대한 영화를 보는 또 다른 이유가 있어요. | There's another reason I watch movies about **heroes or Greek gods**. |

| 20 | 우울해 있을 때, 그것들은 확실히 효과가 있어요. | When I am depressed, they definitely work for me. |

| 21 | 저는 코미디 영화와 액션 영화 보기를 좋아하는데 주로 스트레스를 많이 받아 지쳤을 때 영화를 보기 때문이죠. | I like to watch comedies and action movies because I usually watch them when I am stressed out. |

| 22 | 기분이 가라앉아 있을 때마다, 액션 영화를 보러 가는데 보고 나면 기분이 나아집니다. | Whenever I am down, I go see an action movie and then I feel better after that. |

| 23 | 그 영화들은 항상 해피엔딩으로 끝나기 때문에 기분이 좋아지기 때문이에요. | I can feel happy since they always have a happy ending. |

| 24 | 저는 도발적이고 강렬한 액션 영화를 좋아합니다. | I like action movies that are provocative and compelling. |

| 25 | 저는 다큐멘터리 영화를 좋아합니다. 정보도 많고 유익하죠. | I like documentary movies. They are very informative and useful. |

| 26 | 저는 스릴러에 푹 빠져 있습니다. 스릴러에는 사실과 허구가 합쳐져 있기 때문입니다. 훌륭한 스릴러는 언제나 많은 서스펜스를 유발합니다. | I'm pretty into thrillers because fact and fiction merge together in thriller movies. Excellent thrillers always provoke a lot of suspense. |

| 27 | 저는 스릴러를 좋아하는데, 스탠리 큐브릭의 1980년 공포 영화 〈샤이닝〉과 연쇄 살인을 다룬 스릴러 〈조디악〉이 있습니다. | I like thrillers, including the terrifying Stanley Kubrick film *The Shining* in 1980 and the serial killer thriller *Zodiac*. |

다큐 종류

| 28 | 저는 영화관에서 마이클 무어의 〈식코〉과 같은 다큐멘터리 영화를 더 많이 상영했으면 좋겠습니다. | I wish theaters would screen more ★ <u>documentaries like Michael Moore's *Sicko*</u>. |

★ 이것만 바꿔도 등급이 쑥쑥

전쟁에 대한 대큐멘터리 영화 **documentaries film about wars** 미국 정치 캠페인의 요란한 모습에 초점을 맞춘 다큐멘터리 **documentaries that focus on the razzmatazz of an American political campaign** 야생 동물에 대한 다큐멘터리 **documentaries about wild animals** 원폭 피해자들의 삶을 다룬 다큐멘터리 **documentaries about the lives of victims of the atomic bomb** 지역 중공업 회사들과 토양 오염의 연관성에 대한 다큐멘터리 영화 **documentaries film on the relationship between local heavy industries and soil contamination**

● 최근 본 영화 & 감상평

⏱ 3초 보카

감상을 표현하는 어휘

감동적인 **touching/moving** 흥미진진한 **fascinating** 화려한 **spectacular** 흥미를 자극하는 **titillating/tantalizing** 괜찮은 **interesting/intriguing** 생각하게 만드는 **thought-provoking** 기대에 못 미치는 **bad/disappointing** 형편없는 **terrible/horrible/awful** 매우 좋은 **fabulous/fantastic/amazing/great/outstanding**

영화 요소

구성 **plot** 줄거리 **story/storyline** 영화음악 **sound track** 특수효과 **special effect** 배우의 연기 **acting** 서두 **prelude** 의상 **costume** 촬영기법 **cinematography** 촬영세트 **set** 촬영지 **location** 구성의 반전 **plot twists turns**

| 29 | 종종 뮤지컬 영화를 보러 갑니다. | I often go to see musical movies. |

30	스릴러 영화 한 편을 봤어요.	I watched a thriller.
31	지난주에 로맨틱 코미디를 보았어요.	Last week, I watched a romantic comedy.
32	얼마 전에는 액션 영화를 보았어요.	Not so long ago, I watched an action movie.

영화 제목

33	저는 〈아이 로봇〉이 굉장히 감동적인 영화라고 생각합니다.	I found *I, Robot* to be a very touching movie.
34	〈더 월즈〉가 현재 극장에서 상연되고 있습니다.	*The Walls* is now showing at the theater.

영화 내용/소재

35	요즘 저는 그리스 신화를 다룬 새 액션 영화들에 빠져 있어요.	These days I have fallen in love with the new action movies dealing with **Greek mythology**.

특징

36	그 영화의 가장 큰 특징은 아름다운 음악이었습니다.	The best feature of this movie was ⭐ its beautiful sound.

⭐ 이것만 바꿔도 등급이 쑥쑥

줄거리 **its storyline** 영상미 **image beauty** 작품성과 대중성 **its cinematic quality and its popularity** 유명한 배우들이 출연한 할리우드 영화 **a star-studded Hollywood movie**

37	아름다운 음악 때문에 황홀했습니다.	I got carried away by the beauty of the music.
38	너무 재미있어서 저는 웃음이 멈추질 않았습니다.	It was so funny that I couldn't stop laughing.

| 39 | 그 영화는 처음에는 졸렸습니다. | It put me to sleep at the beginning of the movie. |

| 40 | 재미있는 순간도 있지만 하품이 나오는 순간이 많아요. | While there are some funny moments, there are a lot of yawns. |

| 41 | 배우들에게 영화가 득이 되지도 않았고, 악영향을 받지도 않았습니다. (*그저 그런 영화라는 의미) | The actors didn't benefit from it nor were they affected by it in a bad way. |

| 42 | 줄거리는 새로울 것이 없는 상식적인 이야기입니다. | The plot is pretty generic as there's nothing new about it. |

| 43 | 아이들의 시각으로 보여주는 따뜻한 영화입니다. | The movie is sweet and is filmed through the viewpoint of a child. |

인상적인 요소

| 44 | 아바 음악이 가미되어 저는 이 신나는 경험을 끝내고 싶지 않아요. | With **ABBA music**, I'll never want this adventure to end. |

영화 소재

| 45 | 야구에 관심이 있는 분이라면 이 영화를 좋아할 것입니다. | If you have an interest in **baseball**, you would like this movie. |

| 46 | 시나리오가 훌륭하여 많은 액션이 없어도 저를 몰입시킵니다. | The writing is excellent and draws me in even without a lot of action. |

| 47 | 영화를 보면서 정말 즐거웠고, 줄거리에 완전히 빠져버렸습니다. | I had such a great time watching the movie; I became immersed in the storyline. |

| 48 | 이 영화는 95분간 상영되는 것이라 보기에 그리 힘들지는 않습니다. | The film is only 95 minutes long, which means it isn't too much of a pain to watch. |

| 49 | 때때로 영화는 늘어져서 실제보다 더 길게 느껴집니다. | The movie does drag sometimes, so it feels like its longer than it really is. |

| 50 | 그것을 봐서 나쁠 건 없지만 그것 말고 더 좋은 코미디 영화들이 있습니다. | There's no harm in watching it but there are better comedies out there. |

| 51 | 저는 볼 만한 가치가 정말 없는 영화라고 생각하며, 내용도 기억이 안 날 겁니다. | I think that it was really not worth watching and I will forget having seen it. |

| 52 | 그 영화의 놀라운 결말은 정말 현기증 날 정도였습니다. | The movie's surprise ending really made my head spin. |

| 53 | 요즘에는 더욱 더 많은 리메이크 영화들이 나오고 있습니다. | Nowadays, more and more movie remakes are coming out. |

영화 비교

| 54 | 이것은 최소한 〈그로운 업스〉보다 더 낫다고 자신 있게 말씀드릴 수 있어요. | I can say with some confidence that this is <u>at least better than</u> Grown Ups. |

전작과의 비교

| 55 | 이 영화는 감독의 전작인 〈터미네이터 2〉에 있었던 액션 천재와 같은 수준은 드러나지 않습니다. | This film does not exhibit the same level of action genius we found in *Terminator 2*, its director's previous film. |

● 영화 내용

영화 내용

| 56 | 아름다운 한 소녀를 사랑하는 남자의 이야기입니다. | It is about a man who ★ <u>loves a beautiful girl</u>. |

★ 이것만 바꿔도 등급이 쑥쑥

악당으로부터 지구를 지키다 **protects our planet against the bad guys** 불의와 싸우다 **fights against injustice** 대자본의 경쟁자들과 맞서다 **fights against big-budget competitors** 정의를 지키다 **defends justice**

57	이 영화는 가정 생활의 우여곡절에 대한 이야기입니다.	This movie is about the ups and downs of family life.
58	결말에는 영웅이 위험, 고독, 그리고 유혹을 극복해내죠.	The hero overcomes dangers, loneliness, and temptation at the end.
59	이제는 영화를 본 지 너무 오래 되었기 때문에 아주 세세한 부분은 잊어버렸습니다.	It has been a long time since I watched that movie, so I have forgotten the little details of the movie.
60	요즘에는 과학기술 때문에 모든 영화들이 SF영화 같습니다.	These days, because of technology, it seems like every movie is a science fiction film.

| 61 | 영웅이 그 전투에서 승리하지 못하고 승리하기 위해 계속 분투할 것임을 알지만 저는 여전히 그를 응원합니다. | I know that **the hero** will not win that battle, I know that he will continue to strive to win, but I still have a lot to root for him. |

✚ 문장 조합 이렇게!

The plot is pretty generic as there's nothing new about it. I know that Iron Man will not win that battle, I know that he will continue to strive to win, but I still have a lot to root for him. 42+61

줄거리는 새로울 것이 없는 상식적인 이야기입니다. **아이언맨**이 그 전투에서 승리하지 못하고 승리하기 위해 계속 분투할 것임을 알지만 저는 여전히 그를 응원합니다. *대명사나 일반명사 대신 적절한 배우 이름/주인공 이름 등을 넣어서 말한다.

62	이 영화는 안전하고 쉬운 것을 하고자 하는 충동을 억제하는 메시지가 담겨 있습니다.	This movie has a message about resisting the urge to do what is safe and easy.
63	그 영화 속의 이야기들이 모두 다 실제 사실에 입각한 것은 아닙니다.	The stories in the movie are not all grounded in actual fact.

64 처음에는 "그들이 이 난관을 극복할 수 있을까?" 하는 의구심이 듭니다.

In the beginning, I wonder "Will they be able to overcome these obstacles?"

65 등골을 오싹하게 하는 공포 이야기는 어떤 면에서 사람들이 즐기는 깜짝쇼입니다.

The spine chilling horror story is very frightening in a way that people enjoy.

66 영화 마지막에 악당들이 모두 죽었습니다.

At the end of the movie, all the bad guys kicked the bucket.

67 영화에서 여러 번의 죽을 고비를 넘기고 살아남는다면 믿겨지세요?

Can you believe that he survives many serious accidents throughout the movie?

68 그는 몇 번이나 죽을 뻔한 위기를 넘깁니다.

He escapes several life threatening situations.

69 그 장면을 생각만 해도 등골이 오싹하게 한기를 느껴요.

Thinking about the scene sends a cold chill down my spine.

70 박찬욱 감독이 감독하여 평균치는 됩니다.

Park Chanwook directs and does an average job.

71 이와 같은 영화는 때로는 진짜 재미있는 영화가 될 수도 있는 반면 다른 때에는 나쁜 영화가 될 수 있습니다.

Films like this can sometimes be really funny, while other times they can be bad.

72 이 영화는 눈을 만족시키는 것 이상입니다.

This is more than meets the eye.

73 대부분의 영화는 유럽에서 현지 촬영되었습니다.

Most of the movie was shot on location in Europe.

빈출 질문 Q1

Who is your favorite character from any movie or TV show? Why do you like that particular character? Describe him or her in detail.

영화나 TV 프로그램에 나오는 가장 좋아하는 배우는 누구입니까? 그 특정 배우를 좋아하는 이유는 무엇입니까? 그/그녀에 대해 자세히 설명해주세요.

답변 구성 전략

공감 문장 선택할 때 참고하세요.

답변 내용이 질문의 모든 요소에 대해 빠짐 없이 대답하고 있는지, 질문의 주제에 맞춰 답변의 흐름이 자연스럽게 연결되는지 확인한다. 되도록 다양한 어휘와 구문을 사용하면 더욱 완벽하다.

★ 답변을 만드는 데 필요한 최소 문장은 6개, IM 등급에 적절한 답변에 이용할 수 있도록 공감 문장을 8개 이상 표시해보세요.

💬 좋아하는 배우/감독 일반 설명

⏱ 3초 보카 – 역할

주연 main role/lead role/main character 조연 supporting character/supporting role
카메오 cameo

배우 이름

01 저는 애쉬튼 커쳐를 좋아합니다. 그는 놀라운 배우입니다.

I like **Ashton Kutcher**. He is an amazing actor.

02 그는 특별하지는 않지만 괜찮은 배우입니다.

He is an okay actor, nothing special though.

03 사실 얼마 전에 그가 주연을 맡은 〈우리 방금 결혼했어요〉라는 영화를 봤습니다.

Actually, I watched *Just Married* not so long ago, in which he plays a leading role.

① 배우 이름 ② 역할 이름

04 애쉬튼 커쳐는 탐의 역할을 맡아 열연합니다.

① **Ashton Kutcher** stars as ② **Tom** and he does a good job.

05 그는 대개 같은 캐릭터를 연기하지만 잘 소화해냅니다.

He usually plays the same character but does it well.

06 그는 정말 좋은 배우이며 언젠가 대성할 스타가 될 것입니다.

He is a really good actor and one day will be a huge star.

07 윌 스미스는 코믹한 상황에서도 멋져 보이고 연기는 훌륭합니다.

Will Smith looks nice even in the comic situations and his acting is great.

08 송강호를 좋아합니다. 그의 연기는 최고입니다.

I like **Song Kangho**. His acting is superb.

09 〈트와일라잇〉 시리즈는 정말 대단합니다. 저는 그 소설을 다해서 세 번이나 읽었어요.

The Twilight Saga **series** is amazing. I read the novel three times in all.

10 벨라 역에 크리스틴 스튜어트를 출연시키고 있는 그 소설의 영화 버전이 상영되었습니다.

The film version of the novel casting **Kristen Stewart** as Bella will be released this week.

11 그녀는 요사이 잘 나가는 배우입니다.

She is the fashion.

12 그녀가 또 상을 싹쓸이를 할지도 몰라요.

She might carry off most of the prizes again.

13 봉준호 감독은 그의 히트작인 〈괴물〉로 명성을 얻었습니다.

Director ① **Bong Joonho** made his name with the hit movie ② *The Host*.

14 봉준호 감독은 우리를 실망시키지 않습니다.

Bong Joonho doesn't disappoint us.

15	그는 아버지의 뜻을 이어받아 배우가 되었습니다.	He followed in his dad's footsteps and became an actor.
16	그는 그의 영화에서 이상적인 이미지를 보여줍니다.	He shows an ideal image in his movies.
17	그의 영화는 4개 부분의 아카데미상을 수상했습니다.	His film won four Academy Awards.

● 좋아하는 영화 배우 ① Jeon Doyeon 전도연

18	전도연은 한국의 여배우입니다.	Jeon Doyeon is a South Korean actress.
19	그녀는 연기를 하면서 많은 상을 받았습니다.	She has won many awards in her career.
20	2007년 칸 영화제에서 〈밀양〉이라는 영화로 최고배우상도 받았습니다.	It includes best actress at the 2007 Cannes Film Festival for *Secret Sunshine*.
21	이 영화에서는 남편과 아들을 잃고 상처 받은 여자 여한은 맡았습니다.	In this film, she played a role as a broken woman who has lost her husband and son.
22	그 영화는 그녀의 재능을 세계적으로 알리는 데 일조했습니다.	The film helped to broaden international awareness of her talent.
23	그녀는 '카멜레온'이라는 명성을 얻게 되었습니다.	She went on to establish a reputation as a "chameleon."

24 그녀는 〈약속〉이라는 히트작 멜로드라마에서 의사 역할부터, 〈내 기억 속의 풍금〉에서는 학생 역할에 이르기까지 다양한 역할을 맡았습니다.

She took on a wide variety of roles, from her performance as a doctor in the hit melodrama *A Promise*, to that of a schoolgirl in *The Harmonium in My Memory*.

💬 좋아하는 영화 배우 ② Song Kangho 송강호

25 송강호는 한국을 대표하는 배우 중의 한 명입니다.

Song is one of Korea's leading actors.

26 그는 배우로 전문적인 훈련을 받은 적이 없다고 들었습니다.

I heard that he never professionally trained as an actor.

27 그는 블록버스터 스릴러 〈쉬리〉에서 두각을 나타내기 전까지 여러 가지 조연을 맡아왔습니다.

He was cast in several supporting roles before his high-profile appearance in the blockbuster thriller *Shiri*.

28 송강호는 〈반칙왕〉에서 처음으로 주연을 맡았습니다.

Song became a star with his first leading role in *The Foul King*.

29 송강호는 또한 〈복수는 나의 것〉에 출연했습니다.

Song also starred in *Sympathy for Mr. Vengeance*.

30 그것은 박찬욱이 감독했고 납치된 딸을 추적하는 아버지를 그렸습니다.

It was directed by Park Chanwook and described a father's pursuit of his daughter's kidnappers.

31 다음 해에 그는 〈살인의 추억〉에서 무능한 시골 형사로 주연으로 출연했습니다.

The following year he played a leading role as an incompetent rural detective in *Memories of Murder*.

🔵 좋아하는 영화 배우 ③ Lee Byunghun 이병현

32 이병헌은 한국의 배우이며 〈JSA〉, 〈악마를 보았다〉, 〈광해〉, 〈레드 2〉로 잘 알려져 있습니다.

Lee Byunghun is a South Korean actor, best known for starring in *Joint Security Area*, *I Saw the Devil*, *Gwanghae*, and *RED 2*.

33 〈JSA〉는 당시 박스오피스 기록을 깼습니다.

Joint Security Area broke the box office record at the time.

34 그는 〈GI 조: 전쟁의 서막〉에서 스톰 섀도우로 헐리우드에 데뷔했습니다.

He made his Hollywood debut as Storm Shadow in *G.I. Joe: The Rise of Cobra*.

35 그는 〈GI 조: 전쟁의 서막〉에서 스톰 섀도우 역할로 헐리우드에서 떠오르는 스타가 되었고 속편 〈GI 조 2〉에도 출연합니다.

He was recognized as an emerging star in Hollywood for his role of Storm Shadow in *G.I. Joe: The Rise of Cobra*, and its sequel, *G.I. Joe: Retaliation*.

36 이병헌은 첩보 액션 스릴러 〈아이리스〉에서 비밀요원 역할로 텔레비전으로 돌아왔습니다.

Lee returned to television in the espionage action thriller *Iris* as a secret agent.

37 그것은 2009년에 가장 시청률이 높은 드라마 중 하나였습니다.

It became one of the highest rated dramas of 2009.

🔵 좋아하는 영화 배우 ④ Kim Soohyun 김수현

38 김수현은 한국 배우이자 모델입니다.

Kim Soohyun is a South Korean actor and model.

39 그는 〈해를 품은 달〉이라는 사극에서 조선의 왕인 이훤 역할로 가장 잘 알려져 있습니다.

He is best known for his role as King of Joseon, Lee Hwon, in the historical drama *Moon Embracing the Sun*.

40 그가 출연한 드라마 〈해를 품은 달〉이 히트했을 때 그의 인기는 치솟았습니다.

His popularity skyrocketed when he starred in the hit period drama *Moon Embracing the Sun*.

41 김수현은 많은 유명 배우들이 출연한 강도물 〈도둑들〉로 영화계에 화려하게 데뷔했습니다.

Kim made his big-screen debut in the star-studded heist film *The Thieves*.

42 그의 캐릭터 잠파노는 다이아몬드를 훔치려고 모인 한국과 중국 도둑들 중에서 가장 젊은 멤버입니다.

His character Jampano is the youngest member of a gang of Korean and Chinese thieves who team up to steal a diamond.

🗨 좋아하는 영화 배우 ⑤ Ha Jiwon 하지원

43 하지원은 한국 여배우입니다.

Ha Jiwon is a South Korean actress.

44 그녀는 데뷔한 이후로 드라마에서 조연으로 계속 출연했습니다.

She continued to play supporting roles in dramas since her debut.

45 드라마 〈다모〉로 얻은 그녀의 인기는 계속되었습니다.

Her popularity continued to rise with the period drama *Damo*.

46 하지원은 〈다모〉가 가장 아끼는 역할이었다고 말했습니다.

Ha Jiwon has mentioned that *Damo* was her most cherished performance.

47	그녀는 재난 블록버스터 〈해운대〉에 출연했습니다.	She starred in the blockbuster disaster film *Haeundae*.
48	그녀는 육체적으로 힘든 역할도 마다하지 않는 것으로 알려져 있습니다.	She is known for being willing to take on physically demanding roles.
49	그녀는 영화를 위해 에어로빅, 권투, 탁구와 같은 다양한 스포츠에 도전해 배웠습니다.	She has learnt several challenging sports for filming, such as sports aerobics, boxing, and table tennis.
50	그 과정에서 많은 상처를 입었음에도 불구하고 하지원은 촬영을 완수해냈습니다.	Despite suffering several injuries in the process, Ha Jiwon managed to complete her filming.

🗨 외국 배우 ① Brad Pitt 브래드 피트

51	브래드 피트는 미국 배우이자 영화 프로듀서입니다.	Brad Pitt is an American actor and film producer.
52	그는 세계에서 가장 매력적인 남자 중 한 명으로 묘사되어 왔습니다. 아마도 로드 무비 〈델마와 루이스〉에서 그의 역할 이후인 것 같습니다.	He has been described as one of the world's most attractive men. I guess since his role in the road movie *Thelma & Louise*.
53	〈델마와 루이스〉에서 카우보이로 등장한 브래드 피트는 확실히 각인되었습니다.	Brad Pitt first gained recognition as a cowboy hitchhiker in *Thelma & Louise*.

54 대형 프로덕션에서 그의 첫 번째 주연은 〈흐르는 강물처럼〉과 〈가을의 전설〉이었습니다.

His first leading roles in big-budget productions came with *A River Runs Through It* and *Legends of the fall*.

55 그의 연기는 매우 인상적이었죠.

His acting was very impressive in the films.

56 그의 가장 큰 상업적인 성공은 〈트로이〉, 〈미스터 앤 미세스 스미스〉에서였습니다.

His greatest commercial successes have been *Troy*, and *Mr. & Mrs. Smith*.

57 그는 프로덕션 회사를 가지고 있고 여배우 안젤리나 졸리, 그리고 여섯 아이들과 함께 살고 있습니다.

Pitt owns a production company and he lives with actress Angelina Jolie and their six children.

🗨 외국 배우 ② Angelina Jolie 안젤리나 졸리

58 안젤리나 졸리는 미국의 여배우이자 감독입니다.

Angelina Jolie is an American actress, and film director.

59 그녀는 잡지에서 여러 번 헐리우드에서 가장 몸값이 비싼 배우로 뽑혔습니다.

She was named Hollywood's highest-paid actress several times by magazines.

60 그녀는 세계에서 '가장 아름다운 여성'으로 자주 언급되며 저는 그럴 만하다고 생각합니다.

She has often been cited as the world's "most beautiful" woman and I think she deserves that.

61 그녀는 〈툼레이더〉, 〈미스터 앤 미세스 스미스〉 그리고 〈솔트〉와 같은 많은 블록버스터 영화에 출연했습니다.

She starred in many blockbusters, including *Tomb Raider*, *Mr. & Mrs. Smith*, and *Salt*.

62 저는 안젤리나 졸리가 라라 크로
프트나 솔트의 이미지와 맞는다고
생각합니다.

I think Angelina Jolie does fit the image of
Lara Croft or Salt.

63 안젤리나 졸리는 또한 유엔의 친
선대사입니다.

Angelina Jolie is also a goodwill ambassador
for the United Nations.

🔵 외국 배우 ③ Tom Cruise 톰크루즈

64 톰크루즈는 미국 배우이자 감독입
니다.

Tom Cruise is an American film actor and
producer.

65 그는 영화 〈미션 임파서블〉 시리
즈의 비밀 요원인 이단 헌트 역으
로 유명합니다.

He is well known for his role as secret agent
Ethan Hunt in the *Mission: Impossible* series.

66 톰크루즈는 많은 헐리우드 블록버
스터 영화에 출연했는데, 〈칵테일〉,
〈레인맨〉, 〈어퓨굿맨〉, 〈뱀파이
어와의 인터뷰〉, 〈제리 맥과이어〉,
〈월드워〉, 〈잭리쳐〉, 〈오블리비
언〉이 있습니다.

Cruise has starred in many Hollywood
blockbusters, including *Cocktail*, *Rain Man*,
A Few Good Men, *Interview with the Vampire*,
Jerry Maguire, *War of the Worlds*, *Jack
Reacher*, and *Oblivion*.

🔵 외국 배우 ④ Scarlett Johansson 스칼렛 요한슨

67 스칼렛 요한슨은 미국 배우입니다.

Scarlett Johansson is an American actress.

68 그녀는 많은 헐리우드 블록버스터
에 출연했는데, 〈진주 귀거리 소
녀〉, 소피아 코폴라 감독의 〈사랑
도 통역이 되나요〉, 우디 알렌 감
독의 〈매치 포인트〉가 있습니다.

She has starred in many Hollywood
blockbusters, including *Girl with a Pearl
Earring*, Sofia Coppola's *Lost in Translation*,
and Woody Allen's *Match Point*.

| 69 | 그녀는 마블 코믹북의 캐릭터인 블랙 위도우로 〈아이언맨 2〉와 〈어벤져스〉에 출연했습니다. | She has played the Marvel comic book character Black Widow in *Iron Man 2* and *The Avengers*. |

| 70 | 그녀는 헐리우드의 현대 섹스 심벌로 여겨지기도 합니다. 그 말에 반박할 수가 없네요. | She is also considered one of Hollywood's modern female sex symbols; I can't argue with that. |

💬 외국 배우 ⑤ Hugh Jackman 휴잭맨

| 71 | 휴잭맨은 호주 배우이자 프로듀서입니다. | Hugh Jackman is an Australian actor and producer. |

| 72 | 잭맨은 슈퍼 히로우 역할로 세계적인 명성을 가지고 있습니다. | Jackman has won international recognition for his roles as a superhero. |

| 73 | 그는 〈엑스맨〉 시리즈의 울버린으로 유명합니다. | He is known as Wolverine in the *X-Men* film series. |

| 74 | 그는 〈반헬싱〉, 〈리얼스틸〉, 〈레미제라블〉에 출연했습니다. | He starred in *Van Helsing*, *Real Steel*, and *Les Misérables*. |

| 75 | 그는 또한 뮤지컬 스타이기도 합니다. 그는 멋진 목소리를 가졌어요. | He is also a musical star. He has a great voice. |

019 최근에 본 영화/좋아하는 영화 상세 설명

Tell me in detail about the last movie you watched. What was the genre of the movie? Who was in the movie? Did you like the movie?

최근에 본 영화에 대해 자세히 얘기해주세요. 어떤 장르의 영화였습니까? 영화 출연자는 누구입니까? 영화는 좋았습니까?

Q2

Tell me about your favorite movie. What is it and what's the storyline? Who stars in the movie? Why do you like it?

당신이 가장 좋아하는 영화에 대해 말해주세요. 무엇이고 스토리는 어떻습니까? 누가 출연하나요? 왜 좋아하나요?

답변 구성 전략

공감 문장 선택할 때 참고하세요.

답변 내용이 질문의 모든 요소에 대해 빠짐 없이 대답하고 있는지, 질문의 주제에 맞춰 답변의 흐름이 자연스럽게 연결되는지 확인한다. 되도록 다양한 어휘와 구문을 사용하면 더욱 완벽하다.

★ 답변을 만드는 데 필요한 최소 문장은 6개, IM 등급에 적절한 답변에 이용할 수 있도록 공감 문장을 8개 이상 표시해보세요.

017「좋아하는 영화 장르 단순 설명」연계 활용

💬 영화 예시 ① *Just Married* 우리 방금 결혼했어요

01	〈우리 방금 결혼했어요〉는 일반적인 코미디로, 애쉬튼 커쳐에게서 기대하는 그런 것입니다.	*Just Married* is an average comedy and something you would expect from Ashton Kutcher.
02	애쉬튼 커쳐는 톰을, 브리트니 머피는 사라를 연기합니다. 그들은 연기를 잘 해냅니다.	Ashton Kutcher plays Tom and Brittany Murphy plays Sarah. They do a good job.
03	〈우리 방금 결혼했어요〉에서 사라와 톰은 신혼부부입니다.	In *Just Married*, Sarah and Tom are newlyweds.
04	그들은 사라의 친구와 가족들의 반대를 무릅쓰고 결혼합니다.	They marry against the wishes of Sarah's friends and family.

05 불행히도 사라의 부모님이 그들의 결혼을 깨기 위해 사라의 전 남자친구를 보냅니다.

Unfortunately, Sarah's parents send Sarah's ex-boyfriend to break up their marriage.

06 애쉬튼 커쳐는 항상 호감이 가지만 영화는 매우 지루합니다.

Ashton Kutcher is always likable, but the movie is very boring.

● 영화 예시 ② *Legally Blonde* 금발이 너무해

07 이 영화에서 리즈 위더스픈은 패션에 몰두하는 고등학생, 엘 우즈로 나오는데, 그녀는 자연적인 금발입니다.

In this film, Reese Witherspoon stars as a fashion-obsessed high school girl, Elle Woods, and she is a natural blonde.

08 그녀의 남자친구가 하버드 법대로 돌아가서 옛 여자친구와 재결합하자 엘은 하바드에 들어가 그를 뺏어오기로 결심합니다.

When her boyfriend packs up for Harvard Law school and reunites with an ex-girlfriend, Elle gets into Harvard, determined to win him back.

09 엘은 그녀의 남자와 자신을 위해 일생일대의 전쟁을 해야 합니다.

Elle must wage the battle of her life for her guy and for herself.

10 확실히 위더스푼은 이 영화에 있어 큰 장점입니다.

Clearly, Witherspoon is the big selling point of this film.

11 리즈 위더스픈은 심지어 그녀의 명청한 금발 캐릭터를 지성과 자신감으로 발전시켰습니다.

Reese Witherspoon invests even her dumb blonde character with intelligence and confidence.

12	이야기는 풍부한 ABBA 노래를 배경으로 펼쳐집니다.	The plot serves as a background for a wealth of ABBA songs.
13	젊은 여자가 결혼을 앞두고 세 남자 중 한 명이 아버지일지 모른다는 사실을 알게 됩니다.	A young woman is about to be married and discovers that any one of three men could be her father.
14	그녀는 어머니 도나에게 말하지 않은 채 세 명을 모두 결혼식에 초대합니다.	She invites all three to the wedding without telling her mother, Donna.
15	도나는 한때 도나와 다이나모스의 리드 싱어였습니다.	Donna was once the lead singer of Donna and the Dynamos.
16	메릴 스트립은 도나를 연기하고 아만다 사이프리드는 그녀의 딸인 소피를 연기합니다.	Meryl Streep plays Donna and Amanda Seyfried plays her daughter, Sophie.
17	이 영화는 밝고 꽤 흥겨운 고유한 스타일을 보여줍니다.	This was a lighthearted and quite enjoyable movie of its own style.
18	저는 중년이 세 여성 캐릭터 때문에 이 영화가 좋습니다. 그들은 매우 재미있습니다.	I love this movie for the trio of older women characters; they were all so funny.

● **영화 예시** ④ *Transformers* 트랜스포머

19	옛날 옛적에 머나먼 행성 사이버톤에서 착한 <u>오토보트</u>와 악한 디셉티콘 사이에 전쟁이 일어납니다.	A long time ago, far away on the planet of Cybertron, a war is being waged between the noble Autobots and the devious Decepticons.

| 20 | 올스파크를 점령하기 위한 싸움이 었는데 그것을 소유한 자에게는 무한한 힘을 주는 것입니다. | It's for control over the Allspark; it gives unlimited power to whoever possesses it. |

| 21 | 오토보트는 현명한 옵티머스 프라임이 이끌고, 디셉티콘은 악한 메가트론의 명령을 받습니다. | The Autobots are led by the wise Optimus Prime and the Decepticons are commanded by the dreaded Megatron. |

| 22 | 메가트론은 마침내 올스파크를 찾아 지구로 옵니다. | Megatron eventually tracks the Allspark to the planet of Earth. |

| 23 | 메가트론과 스타스크림은 그냥 로봇이 아니라 영화에서 보다 복잡한 캐릭터로 나옵니다. | Megatron and Starscream are not just robots but more complex characters in the movie. |

| 24 | 〈트랜스포머〉는 마이클 베이가 감독했습니다. | *Transformers* was directed by Michael Bay. |

| 25 | 감독은 거대하고 장엄하면서 재미있는 여름용 블록버스터 영화를 만들어냈습니다. | He created a gigantic, spectacular, and funny summer blockbuster movie. |

🔵 영화 예시 ⑤ *The Dark Knight* 다크나이트(베트맨 시리즈)

| 26 | 베트맨은 짐 고든 경위와 변호사 하디 덴트의 도움을 받아 범죄와의 전쟁을 합니다. | With the help of Lieutenant Jim Gordon and District Attorney Harvey Dent, Batman raises the stakes in his war on crime. |

| 27 | 그들의 연합은 효과가 있는 듯이 보였지만 곧 그들은 그들의 도시 고담이 위험에 빠진 것을 알게 됩니다. | The partnership proves to be effective, but they soon find their city, Gotham, in danger. |

28	크리스찬 베일은 좋았지만 조커 역의 히스 레저가 최고의 연기를 보여줍니다.	Christian Bale is good but Heath Ledger, as the Joker, shows us the best performance.
29	히스는 인간미를 가진 그로테스크한 악당을 보여줍니다.	Heath presents us with a grotesque villain with humanity.
30	그건 전에 본 적이 없는 것입니다.	That's something we'll never see.
31	〈다크나이트〉는 시각적으로 놀랍고 힘이 넘치는 감동적인 영화입니다.	*The Dark Knight* is visually stunning, powerful, and moving.
32	제가 본 최고의 슈퍼 영웅 영화입니다.	It is the best superhero movie I have ever seen.

🗨 영화 예시 ⑥ *Bourne Series* 본 시리즈

33	저는 영화 〈본 얼터메이텀〉을 보기 전에 예고편들을 보았는데 영화가 너무 보고 싶어졌습니다.	Before the showing of the movie *The Bourne Ultimatum*, I saw clips from the films, and I became interested in this movie.
34	〈본〉 영화는 제이슨 본이라는 캐릭터에 근거한 액션 스파이 시리즈입니다.	*The Bourne* films are a series of action spy films based on the character Jason Bourne.
35	제이슨 본은 심한 기억 상실을 겪고 있는 CIA 암살자입니다.	Jason Bourne is a CIA assassin suffering from extreme memory loss.

| 36 | 각각의 에피소드는 다른 감독들이 감독했습니다. | Each episode was directed by a different director. |

| 37 | 이들은 정말 훌륭한 90년대 영화이고 또한 제가 가장 좋아하는 액션 영화입니다. | These are really good pictures from the 90s, and also my favorite kind of action film. |

➕ 문장 조합 이렇게!

It is interesting that each episode was directed by a different director. These are really good pictures from the 90s, and also my favorite kind of action film. 36+37

각각의 에피소드는 다른 감독들이 감독했다는 것이 흥미롭습니다. 이들은 정말 훌륭한 90년대 영화이고 또한 제가 가장 좋아하는 액션 영화입니다. *자신의 느낌이나 생각을 나타내는 구절을 붙일 수 있다.

| 38 | 네 번째 영화인 〈본 레거시〉는 맷 데이먼이 안 나와서 서운합니다. | As for the fourth film, *The Bourne Legacy*, I am very sorry that Matt Damon didn't return. |

| 39 | 그러나 이것은 애론 크로스의 이야기입니다. 제레미 러너의 캐릭터와 그의 연기 또한 좋았습니다. | But this is Aaron Cross's story. Jeremy Renner's character, and his performance was also great. |

| 40 | 저는 맷 데이먼이 돌아와서 제레미 러너와 함께 그의 훌륭한 연기를 보여주기를 바랍니다. | I hope Matt Damon comes back and shows us great action with Jeremy Renner. |

020 공연장 가기 단순 설명

You indicated in the survey that you go to concerts. What kind of concerts do you usually go to? How often do you go to concerts and with whom do you usually go? How do you pick which concert you will go to?
콘서트에 간다고 하셨습니다. 주로 어떤 콘서트에 가시나요? 콘서트는 얼마나 자주 가고 보통 누구와 함께 갑니까? 어떤 콘서트를 갈지는 어떻게 고르나요?

답변 구성 전략

공감 문장 선택할 때 참고하세요.

답변 내용이 질문의 모든 요소에 대해 빠짐 없이 대답하고 있는지, 질문의 주제에 맞춰 답변의 흐름이 자연스럽게 연결되는지 확인한다. 되도록 다양한 어휘와 구문을 사용하면 더욱 완벽하다.

★ 답변을 만드는 데 필요한 최소 문장은 6개, IM 등급에 적절한 답변에 이용할 수 있도록 공감 문장을 8개 이상 표시해보세요.

💬 좋아하는 공연 형태 및 일반 설명

공연 종류

01 저는 그냥 MP3로 음악을 듣는 것보다 콘서트에 가는 것을 좋아합니다.

I prefer attending ★ <u>concerts</u> to just listening to music on my MP3 player.

02 우리는 또한 신나는 리듬으로 가득한 뮤지컬을 선호합니다.

We prefer ★ <u>a musical</u> that is filled with exciting rhythms.

★ 이것만 바꿔도 능급이 쑥쑥

팝 콘서트 pop music concerts 힙합 콘서트 hip hop music concerts 모든 종류의 콘서트 all kinds of concerts 펑크 뮤직 콘서트 punk music concerts 락 콘서트 rock music concerts 언더그라운드 음악 콘서트 underground music concerts 클래식 콘서트 classical music concerts 오늘 밤 콘서트 tonight's concerts 금요일 콘서트 Friday's concerts 빅뱅 콘서트(특정 가수의 콘서트) Big Bang's concerts

03 대중 음악을 좋아하고, 라디오에서 주로 들으며 콘서트에도 자주 가요.

I enjoy pop music, and I listen to it on the radio, and I often go to the concerts as well.

04 저는 한 달에 한두 번 친구들과 함께 콘서트에 갑니다.

I go to a concert ★ <u>once or twice a month</u> with my friends.

★ 이것만 바꿔도 등급이 쑥쑥

일주일에 한 번 **once a week, every week** 한 달에 한 번 **once a month** 한 달에 두 번 **twice a month** 시간이 날 때마다 **whenever I can go**

● 공연을 보는 이유

05 제가 콘서트에 가는 것을 좋아하는 데에는 여러 가지 이유가 있습니다.

There are so many reasons why I like to go to concerts.

06 콘서트에서 저는 무대 위의 모든 밴드 멤버들을 동시에 볼 수 있습니다.

At the concerts, I can see all the band members on the stage at the same time.

07 저는 음악가들이 제가 좋아하거나 영감을 준다고 생각하는 음악을 연주하는 것을 보는 것이 좋습니다.

I like watching musicians play songs that I like, or I think are inspiring.

08 아주 자주 음악은 저를 감동시키고 무언가를 느끼게 해줍니다. 그리고 연주하는 것을 보면 더욱 더 그런 것을 느낍니다.

Very often, music moves me, it makes me feel something, and when I see it played, I feel it even more.

09 저는 음악에 어우러지는 춤이 좋습니다.

I like its music to go along with a great dance.

10 록 콘서트의 청중들은 매우 열정적입니다.

The audience at the <u>rock concert</u> is very enthusiastic.

11 열정적인 공연이 끝났을 때, 무용수들과 관객들은 즐거운 분위기에서 함께 춤을 출 수 있는 기회를 가질 수 있습니다.

At the end of the enthusiastic performance, the dancers and the audience can have a chance to dance together in an enjoyable atmosphere.

12 콘서트홀의 음향 시설은 아주 훌륭합니다.

The acoustics of the concert hall are excellent.

13 콘서트 장에서 소리는 마치 하늘을 찌를 듯합니다.

At the concert, the sound rends the skies.

● 선택 기준

14 저는 콘서트에 대해 잘 모르지만 제가 콘서트를 고르는 기준이 있습니다. 신나는 공연인가 아닌가 하는 것입니다.

Although I might not know much about a concert, I have my own standard by which I select a concert: **whether it is exciting or not**.

15 저는 힙합 콘서트인지 아닌지가 중요합니다.

To me, it is important whether it is a hip hop music concert or not.

16 저는 주로 좋아하는 가수가 나오면 꼭 보러 갑니다.

If my favorite singer is at the concert, definitely that would be my choice.

17 저는 항상 음악이 주가 되고 라이브인지를 확인합니다.

I always check that the music is the main attraction and it is live.

18 저는 항상 춤 공연이 주가 되는 콘서트를 선호합니다.

I always prefer a concert in which a dance performance is the main event.

19	입장료를 낼 만한지를 확인합니다.	I make sure that admission to the concert is affordable to me.
20	기분 전환이 필요할 때 친구들에게 연락해서 신나는 콘서트를 고릅니다.	When I need to be refreshed, I contact my friends and choose an exciting concert.
21	뮤지컬의 경우 창의적인 스토리 또한 중요합니다.	In the case of musicals, a creative storyline is important as well.

🟣 공연 관람

22	대부분의 공연은 두 시간짜리에요.	Most shows are two hours long.
23	관람객들은 공연 중에는 음식을 먹을 수 없습니다.	Spectators are asked not to eat during the show.
24	저는 항상 얼이 빠져서 공연을 봅니다.	I always watch the **show/concert** with my mind empty.
25	공연이 끝나고, 노래하고 소리를 너무 많이 지른 탓에 그 여파로 비틀거리며 일어납니다.	At the end of the show, I stumble out of my seat with a hangover from singing and screaming too much.
26	보통 모든 출연자들이 무대에 나와 함께 노래하는 것으로 공연은 클라이맥스에 이릅니다.	The shows usually climax with all the performers singing on stage together.
27	출연자들이 앵콜곡을 부르며 공연을 마무리합니다.	The **performers/singer** wrap(s) up the show by singing an encore.

빈출 질문 Q1 What do you usually do before you go to a movie theater? What do you do after watching a movie? Please tell me about your typical day when you go to the movies.

영화관에 가기 전에 주로 무엇을 하나요? 영화 관람 후에는 무엇을 합니까? 영화를 보러 갈 때 전형적인 하루에 대해 이야기해주세요.

Q2 What do you usually do before you go to a concert? What do you do after the concert finishes? Please tell me about your typical day when you go see the concert.

콘서트에 가기 전에 주로 무엇을 하나요? 콘서트가 끝난 후에는 무엇을 합니까? 콘서트를 보러 갈 때 전형적인 하루에 대해 이야기해주세요.

답변 구성 전략

공감 문장 선택할 때 참고하세요.

답변 내용이 질문의 모든 요소에 대해 빠짐 없이 대답하고 있는지, 질문의 주제에 맞춰 답변의 흐름이 자연스럽게 연결되는지 확인한다. 되도록 다양한 어휘와 구문을 사용하면 더욱 완벽하다.

★ 답변을 만드는 데 필요한 최소 문장은 6개, IM 등급에 적절한 답변에 이용할 수 있도록 공감 문장을 8개 이상 표시해보세요.

💬 영화/공연을 같이 보는 사람들

01 보통 서너 명의 친구들과 영화관/공연장에 갑니다.

I usually go to **a movie theater/a concert hall** with three or four friends.

02 그리고 제 친구들과 어떤 종류의 영화/콘서트에 관심이 있는지 이야기를 합니다.

And my friends and I talk about what kinds of **movies/concerts** we are interested in.

03 어떤 영화를 볼까에 대해 몇 시간을 입씨름하기도 합니다.

We sometimes argue for hours over what kind of film to see.

04 어떤 콘서트를 볼까에 대해 몇 시간을 입씨름하기도 합니다.

We sometimes argue for hours over what kind of concert to go to.

05 한 친구는 로맨틱 코미디만 보고 싶어 하지만 또 다른 친구는 공포 영화를 정말 좋아합니다.

One of my friends will only want to see a comedy movie, but another friend likes horror.

06 한 친구는 뮤지컬 공연만 보고 싶어 하지만 또 다른 친구는 발라드 공연을 정말 좋아합니다.

One of my friends will only want to see a musical performance, but another friend likes ballad concerts.

07 우리는 보통 주말에 뮤지컬이나 음악 콘서트를 봅니다.

We usually see a musical performance or music concert on the weekend.

● 영화/공연을 보는 과정 ① 극장/공연장 이동 전

08 영화관에 가기 전에 우리는 보통 먼저 영화를 고릅니다.

Before I go to the movie theater, we usually choose a movie first.

09 공연장에 가기 전에 우리는 보통 먼저 뮤지컬이나 콘서트를 고릅니다.

Before I go to the theater, we usually choose a musical or concert first.

10 표를 구매하기 전에 우리는 온라인에서 관객 평가를 살펴봅니다.

Before we purchase tickets, we go over online audience reviews.

11 영화/공연을 실제로 본 사람들의 평가보다 정확한 것은 없으니까요.

Nothing can be more accurate than reviews from the people who have actually watched the **movie/show**.

12 저는 영화/공연을 선택하고 그것을 보기 전후 일정을 정할 뿐 아니라, 친구들에게 연락합니다.

Not only do I choose a **movie/performance** and plan what to do before and after it, I also contact my friends.

| 13 | 우선 친구 중 한 명이 다른 친구들에게 연락을 합니다. | First, one of my friends contacts the others. |

| 14 | 그런 다음 우리는 공연장으로 출발하기 전에 온라인으로 미리 티켓을 예매하죠. | Then we ⭐ <u>book tickets online</u> before we leave for the theater. |

⭐ 이것만 바꿔도 등급이 쑥쑥

친구들에게 전화하다 **call his/her friends**　우리의 일정을 확인하고 조율하다 **check and adjust our schedules**　볼 영화를 고르다 **choose the movie to see**　어떤 영화를 볼지 의논하다 **discuss which movie we should watch**　표를 예약하다 **reserve the tickets**　영화에 대해 이야기하다 **talk about the movie**　우리가 볼 것에 대해 상의하다 **discuss what we'll watch**　저녁/점심을 먹으러 가다 **go to dinner/lunch**　커피를 마시며 얘기하다 **talk over coffee**

*다른 문장에서도 밑줄 친 부분에는 내용에 따라 위의 표현들을 바꿔서 사용할 수 있다.

| 15 | 그런 다음 표를 온라인으로 예약합니다. 그렇게 하면 공연 당일 공연장 앞에서 줄 서서 기다리지 않아도 됩니다. | Then we reserve tickets online because we can avoid waiting in line at the theater the day of the show. |

| 16 | 결국에는 보통 액션 영화로 결정합니다. | In the end, we usually decide on an action movie. |

| 17 | 3월에는 화이트데이 때문에 로맨틱 영화를 주로 봅니다. | We usually watch romantic films during the month of March because of White Day. |

🟣 영화/공연을 보는 과정 ② 외출 중 또는 극장/공연장에서

⏱ 3초 보카

멀티플렉스 영화관 **multiplex**　상영관 **screening room**　3D 상영관 **3D screen**　아이맥스 상영관 **IMAX screen**　음향설비 **sound facilities**　스크린 **screen**　감독 **director**　주인공 **main character/leading role**　평론가 **critics**　넓은 관람석 **wide seats**　무대 **stage**　무대 조명 **stage lighting**　무대 뒤(에서) **backstage**　무대 앞자리 **the first row, front seat**　무대 중앙에(서) **at[in] center stage**　매표소 **box office**　스낵바 **snack bar**

| 18 | 극장에 가서 우리는 예약을 확인합니다. | We go to the theater to confirm a reservation. |
| 19 | 극장에 가서 표를 받습니다. | We go to the theater to ★ get our tickets. |

★ 이것만 바꿔도 등급이 쑥쑥

볼 영화를 고르다 **choose which movie to see** 표를 산다 **buy tickets** 영화에 대한 정보를 얻기 위해 팸플릿을 본다 **read pamphlets to getting some information about movies**

20	다음에는 볼 영화/콘서트를 고릅니다.	Next, we choose which **movie/concert** to see.
21	마지막으로, 이번에는 누가 표를 살지를 정합니다.	Finally, we decide who's going to buy tickets this time.
22	영화/콘서트에 대한 정보를 찾아봅니다.	I search for some information about **movies/ concerts**.
23	우리는 항상 시내에 있는 영화관/콘서트장에 갑니다.	We always go to **the movie theater/the concert hall** located downtown.

✚ 문장 조합 이렇게!

Before I go to the theater/concert hall, we usually choose a concert first. Then we reserve tickets online because we can avoid waiting in line at the theater the day of the show. We always go to the concert hall located downtown. 09+15+23

극장/공연장에 가기 전에 우리는 보통 먼저 콘서트를 고릅니다. 그런 다음 표를 온라인으로 예약합니다. 그렇게 하면 공연 당일 공연장 앞에서 줄 서서 기다리지 않아도 됩니다. 우리는 항상 시내에 있는 콘서트장에 갑니다.

| 24 | 극장에서 우리는 박스 매표소에서 표를 삽니다. | At the theater, we buy tickets at the box office. |

25	그곳에 갈 때는 맛있는 군것질거리를 삽니다.	When we go there, we buy delicious snacks.
26	극장에 들어갈 때는 꼭 군것질거리도 삽니다.	When we enter the theater, we also make sure to buy some snacks.
27	때로는 그냥 가서 그날 하는 아무 공연이나 보기도 합니다.	Sometimes we just go there and pick whatever they are showing.
28	영화/공연이 시작되기 전에는 반드시 화장실에 다녀옵니다.	Before the **movie/performance** starts, we make sure to drop by the bathroom.
29	영화/공연이 시작되면 그것에 집중합니다.	When the **movie/performance** starts, we concentrate on it.

🟣 영화/공연을 보는 과정 ③ 본 후에 하는 일

30	영화가 끝나고 저는 자리에 앉아서 크레딧을 끝까지 봅니다.	At the end of the film, I stay in my seat and watch all the credits.
31	영화/공연이 끝나면 저는 핸드폰을 다시 켜는 것을 잊지 않습니다.	After the **movie/show**, I have to remember to turn my cell phone back on.
32	크레딧이 시작되자마자 저는 극장을 나가 다른 영화 관객들보다 먼저 택시를 잡습니다.	As soon as the credits start, I rush out of the theater to catch a taxi before all the other moviegoers are doing the same.
33	영화/공연이 끝나면 카페에 가서 커피를 마시면서 그것에 관해 이야기를 합니다.	After the **movie/show** finishes, we go to a café to drink coffee and talk about it.

34 저는 커피를 마시러 가서 친구들과 방금 본 영화/공연에 대해 이야기하는 것을 좋아합니다.

I like to go for coffee and discuss the **film/show** I just watched with my friend.

35 때로는 영화/공연을 보고 나서 맥주를 한잔 하러 갑니다.

Sometimes we go for a beer after watching a **movie/show**.

36 영화/공연이 밤늦게 끝나면 보통은 그 후에 곧바로 집으로 갑니다.

If the **movie/show** finishes late at night, I usually go straight home afterward.

➕ 문장 조합 이렇게!

Sometimes we go for a beer after watching a movie/show, but usually, I go straight home afterward. 35+36

때로는 영화/공연을 보고 나서 맥주를 한잔 하러 가지만, 보통은 그 후에 곧바로 집으로 갑니다.

37 저는 두세 편을 연달아 봅니다.

I watch two or three **movies/shows** in a row.

38 영화/공연을 보고 나서 저는 항상 온라인에 감상평을 써서 올립니다.

After watching a **movie/show**, I always write a review and post it online.

39 저는 영화광/공연광이어서 제가 본 영화/공연에 대해 글을 쓰는 것을 좋아합니다.

I'm a **film/concert** buff and I like to write about the **movies/shows** I've seen in my journal.

빈출 질문 Q1

Tell me about a concert you went to recently. What kind of concert was it and who did you go with? Give me all the details.

최근에 갔던 콘서트에 대해서 설명해주세요. 어떤 종류의 콘서트였으며 누구와 함께 갔었나요? 자세하게 말씀해주세요.

답변 구성 전략

공감 문장 선택할 때 참고하세요.

답변 내용이 질문의 모든 요소에 대해 빠짐 없이 대답하고 있는지, 질문의 주제에 맞춰 답변의 흐름이 자연스럽게 연결되는지 확인한다. 되도록 다양한 어휘와 구문을 사용하면 더욱 완벽하다.

★ 답변을 만드는 데 필요한 최소 문장은 6개, IM 등급에 적절한 답변에 이용할 수 있도록 공감 문장을 8개 이상 표시해보세요.

💬 공연 정보

01 그 밴드의/가수의 이름은 BYG 또는 이것과 비슷한 것이었습니다.

밴드/가수 이름

The **band's/singer's** name was **BYG** or something like that.

02 제가 좋아하는 가수는 매년 두 번 공연을 하는데 저는 지난 크리스마스에 그 콘서트 티켓을 얻게 되었습니다.

My favorite singer has a concert twice every year, and I got tickets for the concert last Christmas.

03 저희 대학에서 열린 한 밴드의 작은 콘서트에 참석했습니다.

I attended a small concert of a band at my university.

04 콘서트에서 가장 기억에 남는 날 중 하나는 저스틴 비버가 서울에 왔을 때입니다.

038 「좋아하는 음악가/가수」와 연계 활용

One of the most memorable nights I ever had at a concert was when **Justin Bieber** came to Seoul.

05 이번 공연은 이 극장에서 10년 만에 처음 열린 것이었습니다.

It was the first performance in the theater in ten years.

06 우리 시의 소방서는 불우아동을 위한 성금을 마련하려고 자선 공연을 주최했습니다.

★ ① **The fire department in our city** organized a benefit to raise money ② **for poor children**.

★ 이것만 바꿔도 등급이 쑥쑥

① **공연 주체자**

지역 오케스트라단 **A local orchestra** 시립 도서관 **A city library**

② **공연 목적**

모금 목적 대학 도서관 건립을 위해 **for the construction of the university library**

07 그 콘서트는 그의 음악 인생 10년을 총결산하는 자리입니다.

The concert marks the finale of the first decade of his musical career.

🗨 공연 내용 및 관람 과정

08 그것은 가수와 연주자들이 수백 명이나 참가한 거대한 공연이었습니다.

It was a mammoth performance with hundreds of singer's and performers.

09 그는 공연할 때 절대로 립싱크로 노래를 부르지 않습니다.

He doesn't lip-synch at all when he is performing.

10 재즈 밴드가 신나는 곡으로 축제의 첫 순서를 열었습니다.

A jazz band inaugurated the festivities with a lively song.

11 조명이 켜지고 음악이 나오기 시작했습니다.

The lights came up, and the sound turned on.

12 공연의 가장 흥분되는 순간은 그가 홀로 무대에 섰을 때였습니다.

The concert's most exciting moment came when he stood alone onstage.

13 사람들이 많았는데 구내 안내원이 자리를 안내해주었고 공연 진행 순서표를 주었습니다.

There were so many people to see the show and the usher on the inside showed us to our seats and gave us programs.

14 20분간 휴식 시간이 있었습니다. 그때 구내 매점에서 핫도그, 버거, 선물 등을 살 수 있었습니다.

There was a 20-minute intermission. Then I was able to get hot dogs, burgers, and refreshments at the concession stand.

15 초대 가수의 공연은 본격적으로 시작되었습니다.

Things kicked into high gear with a performance by a guest performer.

16 그 밴드는 매우 멋있었습니다. 그들은 큰 소리로 연주했고 멜로디는 매우 기억하기 쉬웠습니다.

The band was great. They played really loud, and their melody was very catchy.

17 공연에는 다양한 볼거리도 많았습니다.

The concert had a lot of different attractions, too.

18 콘서트에서 나오는 어떤 에너지가 있었습니다.

There was a certain energy that came from the concert.

19 많은 가수들이 초청되어 열정적인 공연을 보여줬습니다.

Many guest singers were invited and gave passionate performances.

20 콘서트는 음악과 춤을 곁들인 다양한 이벤트 테마를 보여줬습니다.

The concert showed us various events including music and dancing.

21 모든 가수들과 댄서들이 무대에 나와 함께 노래하는 것으로 공연은 절정에 다다랐습니다.

The show climaxed with all the singers and dancers singing on stage together.

22	세 시간 동안, 제가 가장 좋아하는 가수는 무대 위에서 그들의 파워풀한 댄스 동작과 환상적인 라이브 공연을 보여줌으로써 관객들을 열광시켰습니다.	For three hours, my favorite singer wowed the audience by showing off his powerful dance moves and fantastic live performance on stage.
23	그는 공연장을 가득 메운 사람들을 위해 연주했습니다.	He was playing for a roomful of human beings.
24	그의 멜로디는 매우 편하고 활기찼습니다.	His melodies were very relaxed or very energetic.
25	제가 그를 본 그날 밤엔 그의 조용한 음악은 관중을 편안하게 해주는 반면 그의 전자음의 비트는 반대의 효과를 가지고 있었습니다.	On the night I saw him, his quiet melodies put the crowd at ease while his electronic beats had the opposite effect.
26	윤도현이 무대 위에서 뛰어다니면 그의 팬들은 자리에서 위 아래로 뛰며 그를 따라 했습니다.	When **Yoon Dohyun** jumped around the stage, his fans followed jumping up and down in their seats.
27	윤도현과 그의 밴드는 2시간 동안 연주했습니다.	**Yoon Dohyun** and his band played for two hours.
28	그의 목소리는 매우 힘이 있어서 콘서트장 전체에 울려 퍼졌습니다.	His voice was so powerful that it resonated throughout the concert hall.

● 공연 후

29	밴드가 연주를 마쳤을 때 우리는 일어서서 계속해서 박수를 쳤습니다.	When the band finished playing, we stood up and clapped and clapped.
30	공연이 끝나자 모든 사람들은 박수갈채를 보냈습니다.	At the conclusion of the show, everyone clapped their hands.
31	공연이 끝난 후 우리는 그 공연장 앞에 서 있었는데 그 밴드가 나와 그들의 밴을 찾고 있었습니다.	After the show, we were standing outside the theater and the band came out, looking for their van.
32	우리는 그들과 악수를 하고 공연을 얼마나 좋아했는지 말했습니다.	We shook hands with them and told them how much we liked the show.
33	그들은 매우 친절했고 우리에게 사인을 해주었습니다.	They were very nice and signed autographs for us.
34	그리고 그는 트위터 계정에 멋진 서울의 밤에 대해 고마워했습니다.	Also, he thanked Seoul for the great night on his Twitter account.

p.318의 감상 관련 표현과 연계 활용 가능

● 감상/평가

35	전반적으로, 우리는 그곳에서 즐거운 시간을 보냈습니다.	Overall, we had a great time there.
36	그 공연은 아주 오랫동안 기억에 남아 있습니다.	The performance rings in my heart.
37	그때가 제 인생에 있어서 최고의 순간이었던 것 같습니다.	I think that was the best part of my life.

38	청중들의 얼굴에 아름다운 미소가 번지는 걸 느낄 수 있었습니다.	I realized that the audience had beautiful smiles on their faces.
39	그 공연은 저의 심금을 울렸습니다.	The performance touched a string in my heart.
40	전율을 느끼게 하는 공연과 눈을 뗄 수 없는 춤에 우리는 매료됐습니다.	We were fascinated by his electrifying performance and intoxicating moves.
41	제 생애를 통틀어 그때가 가장 기억에 남아 있습니다.	It's still perhaps the best memory that I have throughout my whole life.
42	이 공연에서는 무용수들이 두드러진 역할을 했습니다.	Dancers had a predominant role in this performance.
43	그 가수는 그의 성공이 연습과 노력으로 인한 것이라고 항상 말합니다.	The singer always says his success is rooted in practice and hard work.
44	저는 매우 실망했습니다. 그녀의 공연은 수준이 낮았습니다.	I was very dissappointed. The quality of her performance was off.
45	공연이 끝난 후 저는 공연이 정말 한심하다고 생각했습니다.	After the concert, I thought it was really awful.
46	그 공연은 좋았지만 관객이 너무 적었어요.	The play was great but drew a poor house.
47	참석률이 좋지 않았던 것으로 기억합니다.	I remember it was not well attended.

빈출 질문 Q1

You indicated in the survey that you go to a nightclub. Where do you usually go? How often do you go to a nightclub and with whom do you usually go?

나이트클럽에 간다고 하셨습니다. 주로 어디에 가시나요? 나이트클럽은 얼마나 자주 가고 보통 누구와 함께 갑니까?

Q2

Tell me about an experience when you went to a nightclub recently. Where do you usually go and who did you go with? Give me all the details.

최근에 나이트클럽에 갔던 경험에 대해서 설명해주세요. 어디에 갔으며 누구와 함께 갔었나요? 자세하게 말씀해주세요.

Q3

Please tell me about your memorable event at a nightclub. What happened? Why was it so memorable to you?

나이트클럽에서 일어난 가장 기억에 남는 일에 대해 이야기해주세요. 어떤 일이었나요? 왜 기억에 남나요?

답변 구성 전략

공감 문장 선택할 때 참고하세요.

답변 내용이 질문의 모든 요소에 대해 빠짐 없이 대답하고 있는지, 질문의 주제에 맞춰 답변의 흐름이 자연스럽게 연결되는지 확인한다. 되도록 다양한 어휘와 구문을 사용하면 더욱 완벽하다.

★ 답변을 만드는 데 필요한 최소 문장은 6개, IM 등급에 적절한 답변에 이용할 수 있도록 공감 문장을 8개 이상 표시해보세요.

💬 클럽 일반 설명

01 주로 나이트클럽에서 흥미로운 사람들을 만납니다.

I usually meet interesting people at nightclubs.

02 그 클럽에는 아주 유명한 DJ들이 옵니다. 음악은 매우 모던하고 소리도 큽니다.

The club has famous DJs every week, and the music is really modern and loud.

03 나이트클럽은 주말 밤을 즐기는 젊은이들로 발 디딜 틈이 없습니다.

The nightclub is jam-packed with young people enjoying the weekend night.

04 그 나이트클럽은 물 좋기로 소문이 나 있습니다.

The nightclub is known to have hot chicks and guys.

05 홍익대학교 주변 지역은 바, 디스코장, 나이트클럽이 모여 있기로 유명한 지역입니다.

The area near Hongik University is popular for the concentration of bars, discos, and nightclubs.

06 우리들은 주말이면 대부분 (나이트)클럽에 갑니다.

We go clubbing most weekends.

07 사람들은 대개 휴식을 취하고 느긋하게 돌아다니기 위해 이 클럽에 옵니다.

People come to this club mostly to relax and lounge around.

🔵 과거 경험

08 저는 영화를 보고 싶었는데, 제 남자친구는 나이트클럽에 가서 춤추고 싶어했습니다.

I would have liked to see a movie, but my boyfriend rather wanted to go dancing at a disco club.

09 얼마 전 밤에 몇몇 친구들과 처음으로 클럽에 갔습니다.

I went clubbing the other night with a few mates for the first time.

10 어느 날 저녁, 우리는 동네 나이트클럽으로 좀처럼 가지 않는 나들이를 갔습니다.

One evening, we made a rare outing to the local nightclub.

11 그것은 홍대에 있는 작은 클럽이었습니다.

It was a small club around the Hongdae area.

12	그 나이트클럽 밖 거리에서도 음악과 웃음소리가 들렸습니다.	The music and laughter were audible from the street outside the nightclub.
13	들어가기 전에 저는 좀 긴장했습니다.	Before we got there I was a bit nervous.
14	나이트클럽 문지기가 술 취한 손님의 입장을 거부했습니다.	The nightclub bouncer gave a drunk customer the heave-ho.
15	하지만 아는 사람들도 만나고 춤도 추고 술도 마시면서 긴장감은 사라졌습니다.	However, this went away when we met up with some people we knew and started dancing, drinking, etc.
16	그 악단이 연주를 시작한 후 그 나이트클럽은 활기를 띠었습니다.	After the band started to play, the nightclub was jumping.
17	이상하게도 그 나이트클럽은 친근하고 환영 받는 기분이 들었습니다.	Weirdly, the nightclub feels intimate and welcoming.
18	마침내 친구 중 하나가 여자 무리를 저희가 앉아 있는 곳으로 데리고 왔습니다.	Eventually, one of my friends pulled a group of girls over to where we were sitting.
19	저는 그 중 한 명에게 제 소개를 하며 대화를 하기 시작했습니다.	I started a conversation with one of them by introducing myself.
20	그녀의 이름을 묻고 저와 춤을 추고 싶은지 물었습니다.	I asked her name and whether she wanted to dance or not.

I started a conversation with one of them by introducing myself, **asking** her name and whether she wanted to dance or not. [19+20]

저는 그 중 한 명에게 제 소개를 하고, 그녀의 이름을 묻고 저와 춤을 추고 싶은지 물으며 대화를 하기 시작했습니다.

21	댄스 플로어에 적어도 천 명 정도의 춤추는 사람들이 있었습니다.	There were at least a thousand dancers on the dance floor.
22	춤을 추기 시작할 때까지는 좋았습니다.	This was all fine up until then, but then we started dancing.
23	저는 그냥 할 말이 생각이 안 났고 무슨 이유에선가 어색하게 느껴졌습니다.	I just couldn't think of anything to say, and it just felt awkward for some reason.
24	저는 댄스 무대에서 그녀에게 얘기를 하려 했는데 그녀는 제가 하는 말이 들리지 않았습니다.	I tried to talk to her on the dance floor, but she couldn't hear me.
25	그녀는 계속 그녀의 귀를 가리키고 머리를 저으며 "네?"라고 소리 질렀습니다.	She kept shouting "What?" and pointing at her ear and shaking her head.
26	친구들과 저는 그곳에서 두 시간 정도 있었습니다.	My friends and I were there for a couple of hours.
27	재미 있었지만 여자를 만나는 데 좋은 장소는 아닌 것 같습니다. 얘기를 나누기가 어렵습니다.	I had a good time, but it doesn't seem like a good place to meet women. It's too hard to talk.

빈출 질문 Q1-3

Please tell me about your favorite movie theater/concert hall/nightclub. What is it like? Where is it located? What makes that place different from other movie theaters/concert halls/nightclubs? Describe that place in as much detail as possible.

가장 좋아하는 극장/콘서트장/나이트클럽에 대해 이야기해주세요. 어떤가요? 어디에 있나요? 어떤 점이 그곳을 다른 곳과 다르게 만드나요? 그 장소에 대해 최대한 자세히 설명해주세요.

답변 구성 전략

공감 문장 선택할 때 참고하세요.

답변 내용이 질문의 모든 요소에 대해 빠짐 없이 대답하고 있는지, 질문의 주제에 맞춰 답변의 흐름이 자연스럽게 연결되는지 확인한다. 되도록 다양한 어휘와 구문을 사용하면 더욱 완벽하다.

★ 답변을 만드는 데 필요한 최소 문장은 6개, IM 등급에 적절한 답변에 이용할 수 있도록 공감 문장을 8개 이상 표시해보세요.

● 나이트클럽 묘사

⏱ 3초 보카 – 나이트클럽 시설 관련

나이트클럽 문지기 **nightclub bouncer** 정문 출입구 **front entrance** 비상구 **emergency exit** 나이트클럽 입장 최소 연령 **the minimum age for entering** 화려한 조명 아래 **under bright, colorful lighting** 바텐더 **bartender** 디제이 **disc jockey** 댄스홀 **dance hall** 복도 **hallway** 커다란 스피커에서 나오는 시끄러운 음악 **loud music from super-size speakers** 무대에서 춤을 추는 **dancing on the stage**

---

01 세가 가기를 좋아하는 나든 두 곳의 나이트클럽이 있습니다.

There are two different night clubs I like to visit.

---

02 그곳은 화려하고 도심에 있습니다.

It is very fancy, and it's in the heart of the city.

---

03 한 클럽은 도심에 있지는 않지만 토요일마다 사람들로 붐빕니다.

Club Han is not in the heart of the city, but it's crowded every Saturday.

---

04 제가 좋아하는 클럽은 강남에 있는 엘루이입니다.

The club that I really like to go to is Ellui in Kangnam.

05 크고 여러 층으로 되어 있습니다.

It's huge and has several floors.

06 그 클럽은 인기가 많아 사람들로 가득 차 있습니다.

It's popular and packed.

07 항상 들어가려고 기다리는 줄이 있고 그 줄은 길 아래쪽까지 길게 연결됩니다.

There is always a line of people waiting to get in, and sometimes the line stretches down the street.

08 클럽에는 두 개의 다른 구역이 있습니다. 화이트 존과 블랙 존입니다.

They have two distinct parts of the club, the White Zone and the Black Zone.

09 화이트 존은 공상과학 영화의 세트처럼 초현대적이고 블랙 존은 어둡고 사적입니다.

The White Zone looks very space-age, like it could be from a science fiction movie set, and the Black Zone is dark and private.

10 블랙 존은 VIP룸이 있는 곳이라서 많은 유명인들이 거기에서 어울립니다.

The Black Zone is where all the VIP rooms are, so a lot of celebrities are there hanging out.

11 입장료가 30,000원이라 좀 비싼 편이지만 그럴 만한 가치가 있습니다.

It's kind of expensive to get in, as the cover charge is 30,000 won, but it's worth it.

12 그곳에 갈 때마다 항상 좋은 시간을 갖습니다.

Whenever I go there, I always have a good time.

● 공연장 묘사

13	제가 제일 좋아하는 공연장은 서울 아트 센터라고 할 수 있습니다. 그리고 저는 이곳이 한국에서 제일 좋은 공연장이라고 생각합니다.	I can say my favorite concert hall is the Seoul Arts Center and I think it is the best concert hall in Korea.
14	저는 그곳의 음향시설들이 매우 좋아서 한국 음악가들이 가장 좋아하는 장소라고 알고 있습니다.	It is my understanding that it is the favorite place to play for Korean musicians because the acoustics are so good.
15	외국의 재능 있는 많은 사람들도 거기서 연주했습니다.	A lot of overseas talents have played there as well.
16	그곳은 남산에 위치해 있고 매우 큽니다.	It's located in Namsan and it is very big.
17	3개의 층이 있는데 좌석이 몇 개인지는 모르겠습니다. 아마 2,000개는 넘을 것입니다.	It has three floors, but I'm not sure how many seats it has, probably over 2,000.

➕ 문장 조합 이렇게!

It's located in Namsan and it is very big **and** it has three floors, but I'm not sure how many seats it has, probably over 2,000. 16+17

그곳은 남산에 위치해 있고 매우 큽니다. 3개의 층이 있는데 좌석이 몇 개인지는 모르겠습니다. 아마 2,000개는 넘을 것입니다.

18	그 장소를 좋아하는 것만큼 같은 건물에 있는 오페라 관도 좋아합니다.	As much as I like that space, I really like the Opera Theater in the same building.
19	오페라 관도 역시 크고 3개의 층으로 되어 있습니다.	It's also very large and has three floors.

20 오페라 관에서는 많은 발레 공연과 한국 전통극, 현대무용 그리고 뮤지컬들을 공연합니다.

The Opera Theater shows a lot of ballet, Korean traditional plays, modern dance, and musicals.

21 오페라 관에서 공연하는 것들 때문에 오페라 관을 더 좋아하는 것 같습니다.

I guess I like the Opera Theater better because I like what they show there.

22 저와 제 여자친구는 그곳에 가서 현대무용 공연을 보는 것을 좋아합니다.

My girlfriend and I really like to go there and watch modern dance performances.

🗨 영화관 묘사 – 공연장도 사용 가능

23 저는 용산에 있는 CGV 영화관을 매우 좋아합니다.

I really like to go to the CGV theater in Yongsan.

24 도시 중심에 위치해 있으며 가기 쉽습니다.

It's centrally located, and it's easy for me to get to.

25 저는 그 극장이 좋은 공연 경험을 제공해서 좋습니다.

I like it because the theater offers a good theatrical experience.

26 그곳에는 10개 정도의 상영관과 2개의 스낵바가 있습니다.

It has about ten multiplexes and two snack bars.

27 영화관에 들어가면 대부분의 스크린들이 크다는 것을 알 것입니다.

When you get into the theater, you'll notice that most of the screens are huge.

28	이 CGV 영화관에서는 인기가 많지 않은 영화들까지 큰 스크린으로 볼 수 있습니다.	Even the not-so-popular films can be viewed on the big screen at the CGV theater.
29	좌석도 넓고 푹신합니다.	The seats are really big and soft, too.
30	그 영화관에 대해 좋아하는 또 다른 점은 같은 건물에 큰 쇼핑몰이 있다는 것입니다.	Another thing I like about that theater is that there is a big shopping mall in the same building.
31	영화도 보고 쇼핑도 하고 싶을 때 매우 편리합니다.	It is convenient when I want to watch a movie and go shopping.
32	그리고 그곳에는 식당도 많습니다.	Also there are lots of restaurants, too.

비법 5 키워드 전환: 유사 주제[여가 활동/취미나 관심사/스포츠]

OPIc 주제 영역 중에서도 여가 활동과 취미/관심사 분야는 특히 유사하다. 각 영역의 세부 주제를 살펴보더라도 이 두 영역의 주제들은 서로 유사한 것들이 많아 영역을 넘나들며 연계해서 표현을 사용할 수 있다. 예를 들어, 공연 보기는 여가 활동 영역이고, 유사점이 많은 음악 감상은 취미나 관심사 영역이다. 이 둘을 엮어서 답변을 준비할 수 있다는 얘기다. 이 두 분야뿐 아니라 공원 가기(여가 활동)는 걷기나 조깅(스포츠)과 연계해서 답변을 준비할 수 있다. 공원에 가서 걷기나 조깅 같은 것을 한다는 식으로 설명을 섞어서 답변을 준비하는 것이 요령!

자주 가는 콘서트 설명 ➜ 공연 보기(여가 활동)와 음악 감상(취미/관심사) 연계

<u>I go to a concert once or twice a month with my friends.</u> Although I might not know about concerts well, I have my own standards from which I select a concert: whether it is exciting or not. When I need to be refreshed, I contact my friends and choose an exciting concert. <u>We also prefer musicals that are filled with exciting rhythms. I like its music to go along with great dances.</u> In the case of musicals, a creative storyline is important as well. Before we purchase tickets, we go over online audience reviews. Nothing can be more accurate than reviews from the people who have actually watched the shows. Then we reserve tickets online because we can avoid waiting in line at the theater on the day of the show.

<u>저는 한 달에 한두 번 친구들과 함께 콘서트에 갑니다.</u> 저는 콘서트에 대해 잘 모르지만 제가 콘서트를 고르는 기준이 있습니다. 신나는 공연인가 아닌가 하는 것입니다. 기분 전환이 필요할 때 친구들에게 연락해서 신나는 콘서트를 고릅니다. <u>저희는 또한 신나는 리듬으로 가득한 뮤지컬을 선호합니다. 저는 멋진 춤에 어우러지는 음악이 좋습니다.</u> 뮤지컬의 경우 창의적인 스토리 또한 중요합니다. 표를 구매하기 전에 저희는 온라인에서 관객평가를 살펴봅니다. 공연을 실제로 본 사람들의 평가보다 정확한 것은 없으니까요. 그런 다음 공연표를 온라인으로 예매합니다. 공연 당일 극장 앞에서 줄 서서 기다리지 않아도 되니까요.

조깅에 대한 기본 정보 ➜ 공원 가기(여가 활동)와 조깅(스포츠) 연계

<u>I go jogging at the park near my house about three or four times a week. I jog early in the morning.</u> When I return home early from work I can jog in the evening. <u>On the weekends, I go to the park to ride a bicycle or walk my dog.</u> The park has two tracks; one is a walking track through the park, and the other is a long track that circles the park. <u>Many people take a walk or enjoy jogging along these tracks.</u> Sometimes I come across my coworkers who live nearby, and we have some small talk, or move on to talk seriously about business. Usually I only exchange nods and we pass by each other. I try to jog regularly because jogging not only keeps me healthy, but also doesn't cost anything.

<u>저는 보통 일주일에 3~4번 정도 집 근처 공원으로 조깅을 하러 갑니다.</u> <u>저는 아침 일찍 조깅을 합니다.</u> 일찍 퇴근하고 집으로 돌아오는 날은 저녁에 조깅을 할 수 있습니다. <u>주말에는 공원에 가서 자전거를 타고 개를 산책시킵니다.</u> 공원에는 두 개의 트랙이 있는데, 하나는 공원을 관통하는 산책로이고 다른 것은 공원 둘레에 나 있는 긴 트랙입니다. <u>많은 사람들이 이 트랙들을 따라서 걷거나 조깅을 합니다.</u> 가끔은 그곳에서 근처에 사는 회사 사람들과 마주치기도 하는데, 가벼운 이야기들을 주고받거나 진지하게 회사 애기로 빠지기도 하죠. 보통은 서로 눈인사만 나누고 지나쳐 갑니다. 조깅은 건강을 유지하게 해줄 뿐만 아니라 비용도 전혀 들지 않아서 규칙적으로 하려고 노력합니다.

025 박물관 가기

Q1 You indicated in the survey that you go to museums. What kind of museums do you usually go to? How often do you go to museums and with whom do you usually go?

박물관에 간다고 하셨습니다. 주로 어떤 박물관에 가시나요? 박물관은 얼마나 자주 가고 보통 누구와 함께 갑니까?

Q2 Tell me about an experience when you went to a museum. Where did you go and whom did you go with? Give me all the details.

최근에 박물관에 갔던 경험에 대해서 설명해주세요. 어디에 갔으며 누구와 함께 갔었나요? 자세하게 말씀해주세요.

Q3 Please tell me about your memorable event in museums. What happened? Why was it so memorable to you?

박물관에서 일어난 가장 기억에 남는 일을 이야기해주세요. 어떤 일이었나요? 왜 기억에 남나요?

답변 구성 전략

공감 문장 선택할 때 참고하세요.

답변 내용이 질문의 모든 요소에 대해 빠짐 없이 대답하고 있는지, 질문의 주제에 맞춰 답변의 흐름이 자연스럽게 연결되는지 확인한다. 되도록 다양한 어휘와 구문을 사용하면 더욱 완벽하다.

★ 답변을 만드는 데 필요한 최소 문장은 6개, IM 등급에 적절한 답변에 이용할 수 있도록 공감 문장을 8개 이상 표시해보세요.

💬 박물관 방문 일반 설명

01 오후 3시 이후에는 박물관 입장료가 반액입니다.

Admission to the museum is half price after 3:00 p.m.

02 그 박물관은 방대한 예술품을 소장하고 있습니다.

That museum has a great collection of art.

03 우리 동네에 박물관이 있습니다.

There is a museum ★ in my neighborhood. （위치）

★ 이것만 바꿔도 등급이 쑥쑥

회사 근처에 **around my company**　시내에 **in downtown**　도시 중심지에 **in the center of the city**　서울에 **in Seoul**　서울의 북쪽에 **in the north of Seoul**　도심에 **in the middle of a city**　도심에 **in downtown**　학교 근처에 **near the college**　주택 단지에 **in a residential area**

04 이 박물관에는 최고의 예술작품들이 있습니다.

There are some sublime objects of art in this museum.

05 그 박물관에는 흥미진진한 컬렉션이 있습니다.

The museum has a fascinating collection.

06 본능적으로 좋아하는 그림들도 있습니다. 저는 색상과 디자인을 그저 보고 그것들을 즐기지요.

There are some paintings that I like instinctively. I enjoy them just for their colors and design.

07 매년 많은 사람들이 이 박물관을 찾습니다.

A large number of people visit this museum every year.

08 주요 빌딩에는 세 개의 전시관이 있습니다: 기본 과학관, 어린이관, 그리고 자연사관입니다.

In the main building, there are three halls: the Basic Science Hall, the Children's Hall, and the Natural History Hall.

09 이 박물관은 영화 박물관으로, 공상과학 박물관도 함께 있습니다.

It is a film museum that also has a science fiction museum.

10 이곳에는 영화 및 TV 프로그램에 관련된 1900년대의 수집품들이 아주 많이 전시되어 있습니다.

It contains an extensive collection of 1900s' movie and television memorabilia.

➕ 문장 조합 이렇게!

It is a film museum that also has a science fiction museum, which contains an extensive collection of 1900s' movie and television memorabilia. 09+10

이 박물관은 영화 박물관으로, 공상과학 박물관도 함께 있으며 이곳에는 영화 및 TV 프로그램에 관련된 1900년대의 수집품들이 아주 많이 전시되어 있습니다.

*두 문장을 관계대명사로 연결하여 설명을 덧붙일 수 있다.

🗨 배경 설명/박물관에 가는 이유

11	저는 자녀들과 가능한 한 많은 시간을 보내고 싶어하는 직장을 가진 엄마입니다.

I am a working mother who wants to spend as much time with my children as possible.

12	주말이면 아이들을 데리고 미술관에 가는 것을 좋아합니다.

On weekends I love to take my children to art galleries.

13	그것은 아이들과 함께 뭔가를 즐기고 인생의 아름다움을 가르쳐줄 수 있는 훌륭하고도 비싸지 않은 방법입니다.

It's a wonderful, inexpensive way to enjoy something together and teach them about the beautiful things in life.

14	현대미술을 좋아하는 여행객은 누구라도 서울 방문 중에 성황을 이루는 서울시립미술관에 들르고 싶어할 것입니다. 저도 예외는 아니었습니다.

Any traveler who is a fan of modern art will want to drop by the very successful Seoul City Gallery while visiting Seoul. I was no exception.

🗨 박물관에서 생긴 일

15	박물관은 다음 주에 폐관한다고 고시되어 있었습니다.

It has been announced that the museum will be closed next week.

16	최고의 설비를 갖춘 그 박물관은 지난주 개관했습니다.

The richly furnished museum opened last December.

전시회 이름

17	한 친구가 제계 가장 인기 있던 전람회 표를 한 장 주었습니다. 그것은 아트 뮤지엄에서 열리는 모네 전시회였습니다.

My friend got me a ticket for the hottest show in town: the **Monet** Exhibition at the Art Museum.

18	예술 감상력을 계발하기 위해 박물관과 화랑을 찾았습니다.	I visited museums and galleries to develop an appreciation of art.
19	2층에서 엉뚱한 복도로 걸어갔더니 직원용 식당이 나왔습니다.	I walked down the wrong corridor on the second floor and I ended up in the staff cafeteria.
20	박물관 건물은 꽤 혼동되었습니다.	The museum building seemed pretty confusing.
21	저는 프런트의 안내원에게 물어보기로 했습니다.	I decided to ask the person at the front desk.
22	그는 매우 친절하게도 저에게 모네홀로 가는 길을 가르쳐주었습니다.	He kindly showed me the way to the Monet Hall.
23	박물관에서는 그 명작을 전시했습니다.	The museum has put the masterpiece on exhibition.
24	그것은 현대 미술전시회입니다. 현대 유화에 중점을 두고 있습니다.	It's an exhibition of modern art. The emphasis is on modern oil paintings.
25	무더운 날씨에도 불구하고, 한국 전역에서 온 수많은 학생들과 그들의 부모님들이 이 의미 있는 행사에 참여했습니다.	Despite the scorching weather, countless students and their parents from across the country participated in the meaningful event.
26	구경을 하고 나서 우리는 그 박물관 밖에서 차를 찾고 있었습니다.	After the tour, we were looking for our car outside the museum.

27 우리는 유명한 예술가 한 명을 발견하고 그와 악수를 하고 그의 그림을 얼마나 좋아했는지 말했습니다.

We found one of the famous artists and shook hands with him and told him how much we liked his pictures.

28 전에 박물관에서 그 예술가를 만난 적이 있습니다.

I met the artist at the museum before.

29 그는 저를 박물관 투어에서 만났습니다.

He met me on a tour through the museum.

30 그는 매우 친절했고 우리에게 사인을 해주었습니다.

He was very nice and signed autographs for us.

＋ 문장 조합 이렇게!

I met **the artist** at the museum before. **He** was very nice and signed autographs for **me**. 28+30

전에 박물관에서 그 예술가를 만난 적이 있습니다. 그는 매우 친절했고 저에게 사인을 해주었습니다.
*이야기의 진행에 따라, 주어나 목적어 등의 수일치, 성별 일치를 일관성 있게 유지해야 한다.

31 이 미술관은 최근 몇 년 동안 그곳에 전시된 작품들이 일으킨 논란으로 인하여 많은 인기를 얻게 되었습니다.

This gallery owed a lot of its popularity to the controversy that its works had generated in recent years.

32 저는 전시 중인 작품들 가운데 대형유리 탱크에 들어 있는 박제 동물들을 볼 수 있었습니다.

Among the works on display there, I could see stuffed animals in large glass tanks.

💬 감상

33 저는 서울시립미술관의 큰 빌딩을 처음 보았을 때 놀랐어요!

I was amazed when I first saw the big building of Seoul City Gallery!

| 34 | 공장을 박물관으로 전환한다는 것은 아주 좋은 발상이었습니다. | Turning the factory into a museum was a stroke of genius. |

| 35 | 그림이나 조각을 보고 그 아름다움을 이해하기란 저는 어려웠어요. | When I looked at a painting or a statue, I had a hard time appreciating its beauty. |

| 36 | 저는 미술에 소질이 없어서 그 예술작품들에 감흥을 느끼지 못했어요. | I'm just not a born artist, so the art works left me cold. |

| 37 | 저는 가고 싶지 않았어요. 현대 미술은 뭐가 뭔지 모르겠거든요. | I didn't want to go there because I couldn't make head or tail out of modern art. |

| 38 | 현대미술이 보기보다 더 깊은 뜻이 있다는 것을 알게 되었습니다. | I found that there's more to modern art than meets the eye. |

| 39 | 이러한 작품들은 과연 예술이란 무엇인가에 대한 많은 논쟁을 일으켰습니다. | These works provoked a lot of debate on what art actually is. |

| 40 | 이러한 작품들은 예술이 아니라고 생각하는 사람들도 있지만, 관람객들로 하여금 생각하고 반응하도록 만드는 것은 확실합니다. | Some people might think these works are not even art, but they certainly make viewers think and react. |

좋아하는 공원 단순 묘사

빈출 질문 Q1

Please tell me about your favorite park. What is it like? Where is it located? What makes that park different from other parks?

가장 좋아하는 공원에 대해 이야기해주세요. 어떤가요? 어디에 있나요? 어떤 점이 그 공원을 다른 공원과 다르게 만드나요?

답변 구성 전략

공감 문장 선택할 때 참고하세요.

답변 내용이 질문의 모든 요소에 대해 빠짐 없이 대답하고 있는지, 질문의 주제에 맞춰 답변의 흐름이 자연스럽게 연결되는지 확인한다. 되도록 다양한 어휘와 구문을 사용하면 더욱 완벽하다.

★ 답변을 만드는 데 필요한 최소 문장은 6개, IM 등급에 적절한 답변에 이용할 수 있도록 공감 문장을 8개 이상 표시해보세요.

💬 좋아하는 공원/자주 가는 공원

01 저는 집 근처에 있는 공원에 갑니다.

공원 이름

I go to ★ <u>the park</u> located near my house.

★ **이것만 바꿔도 등급이 쑥쑥**

서울 올림픽 공원 **Seoul Olympic Park** 용산 공원 **Yongsan Park** 한강시민공원 **Hangang Park(= Han River Park)** 한강시민공원 강서지구 **Hangang Park Gangseo Area**

02 아파트 바로 옆에 커다란 놀이터와 공원도 있습니다.

There's a large playground and park next to the building.

공원의 위치

03 저는 주로 강서구 5번 가에 있는 공원에 갑니다.

I usually go to the park located ★ <u>on 5th street in Gangseo-gu</u>.

04 저는 서울 서초구에 있는 한 공원을 좋아합니다.

I like a park located ★ <u>in Seocho-gu</u> in Seoul.

★ **이것만 바꿔도 등급이 쑥쑥**

도시 중심지에 **in the center of the city** 서울에 **in Seoul** 서울의 북쪽에 **in the north of Seoul** 도심에 **in the middle of a city** 도심에 **in downtown** 학교 근처에 **near the college** 주택 단지에 **in a residential area**

| 05 | 공원은 서초 지하철역에서 서쪽으로 50미터 떨어져 있습니다. | The park is 50 meters to the west of Seocho subway station. |

02 여가 활동

🟣 시설

06	출구는 공원의 북쪽과 서쪽 끝에 위치해 있습니다.	The exits are located in the north and west sides of the park.
07	그 공원에는 조각상들과 나무들이 많아서 풍경이 아름답습니다.	The park has beautiful views with many statues and trees.
08	공원에는 운동 기구, 트랙, 농구 코트 등과 같은 시설이 많아서 운동하고 휴식하거나 재미있게 즐길 수 있습니다.	Because it has many facilities like training machines, tracks, and a basketball court, you can exercise, relax, or have fun.

시설물

09	공원 중심에는 농구 코트가 있습니다.	At the center of the park is ⭐ <u>a basketball court</u>.
10	코트 옆에는 편의점도 있고요.	There is also ⭐ <u>a convenience store</u> next to the court.
11	편의점 반대쪽에는 작은 공공 도서관이 있습니다.	Opposite the convenience store, there is also ⭐ <u>a small public library</u>.

⭐ **이것만 바꿔도 등급이 쑥쑥**

식물원 **a botanical garden** 수목원 **an arboretum** 길, 오솔길 **a pathway/walkway** 향기로운 꽃들 **aromatic blossoms** 희귀식물들 **rare plants** 산책로 **walking trails** 도서관 **a library** 편의점 **a convenient store** 농구 코트 **a basketball court** 호수 **a lake** 운동기구 **training machines**
*복수형일 경우 There is 대신 복수형 There are를 쓴다.

12	공원의 중심에는 빵과 커피를 파는 작은 커피숍이 있습니다.	There is a little coffee shop that sells pastries and coffee at the center of the park.
13	공원에 여러 식당이 있는데 메뉴를 보긴 했지만 들어가본 적은 없습니다.	There are several restaurants at the park, but I have never been in them though I've seen the menus.
14	공원의 호수와 도서관은 유명해서 저는 호수 주변 산책을 정말 좋아합니다.	The lake and library in the park are well known, and I really like to walk around the lake.
15	호수 주변에 제가 앉기 좋아하는 작은 벤치가 있어요.	Around the lake, there's a small bench that I like to sit at.
16	이 공원은 휴식을 취할 수 있는 다양한 공간을 제공합니다.	This park provides various spaces for recreational use.
17	이 공원은 야생생물과 자연 서식지 보호를 위한 자연적인 식물이 심어져 있는 공간을 제공합니다.	This park provides natural and planted areas for the protection of wildlife or natural habitats.
18	그것은 바위, 흙, 물, 식물, 동물, 녹지로 이루어져 있습니다.	It consists of rocks, soil, water, flora and fauna, and grass areas.
19	그것은 자연 관찰, 조류 관찰, 그림 그리기, 사진 촬영, 소풍과 같은 정적인 활동과 관련이 있습니다.	It involves team activities or sedentary activities such as observing nature, bird watching, painting, photography, or picnicking.

20	공원은 전원의 소풍 장소, 벤치, 오솔길을 포함하고 있습니다.	It involves rustic picnic areas, benches, and trails.
21	이 공원은 걷기, 달리기, 승마, 산악 자전거 타기와 같은 육체 활동을 위한 트랙을 제공합니다.	This park provides trails for physical activity in the form of walking, running, horse riding, and mountain biking.
22	그것은 운동장, 잔디 구장, 농구 코트, 체육관 같은 신체 활동과 관련이 있습니다.	It involves team activities, including playgrounds, ball fields, a basketball court, and gymnasiums.

💬 분위기/풍경/특징

23	한강 공원은 매우 현대적이고 산책로가 많고 여러 분수가 있습니다.	Han River Park is very modern, and it has a lot of walking paths and several fountains.
24	공원 안에는 소나무가 많습니다.	The park has many pine trees in it.
25	그곳에서는 다양하고 희귀한 식물들도 볼 수 있습니다.	You can also have a special chance to see many different and rare plants.
26	이 공원은 도시에서 어떻게 공원들이 환경 친화적으로 지어질 수 있는지를 보여줍니다.	This park shows how parks can be designed to be environmentally friendly in cities.
27	공원에 가면 정신 없이 바쁘게 돌아가는 도시에서 벗어나 저에게는 휴식이 됩니다.	Being at the park gives me a break from the hectic pace of the city.

| 28 | 그것은 지방 정부가 소유하고 관리하고 있습니다. | It is owned and maintained by the local government. |

| 29 | 나무가 매우 많고 산책로는 나무들을 따라서 산 위로 나 있습니다. | There are a lot of trees, and the walking path goes through the trees and up the mountain. |

| 30 | 작은 둔덕에 있어서 공원이 내려다보이죠. | It is located on a low hill, and its view overlooks the park. |

| 31 | 한강공원의 가장 좋은 점은 불꽃놀이를 보기에 좋은 곳이라는 것입니다. | The best thing about Han River Park is it's a good place to watch fireworks. |

| 32 | 공원에서 울려 나오는 음악은 과거 시절의 추억을 떠올리게 합니다. | The music echoing from the Park stirs memories of a simpler time. |

| 33 | 그곳에는 앉아서 책을 읽을 수 있는 멋진 공간이 있습니다. | It has fantastic areas to sit and read books. |

| 34 | 공원은 오래 되어서 고풍스러운 분위기가 있습니다. | The park is old and has an antique atmosphere. |

🟣 공원에 있는 사람들의 모습

| 35 | 아이들은 공원에서 그네를 타고 놉니다. | Children amuse themselves on swings in the park. |

활동

| 36 | 사람들은 공원에서 산책하고 있습니다. | The people are ⭐ walking in the park. |

조깅하다/달리다 **jogging/running** 쉬다 **resting** 자전거 타다 **riding a bike** 개를 데리고 산책하다 **taking a walk with my dog**

37 사람들이 공원에서 화창한 날씨를 즐기고 있습니다.
People are enjoying a nice day in the park.

38 사람들은 근처에 있는 공원에서 조깅을 즐길 수 있습니다.
People can enjoy jogging in the park nearby.

39 우리는 점심 식사 후 자주 공원을 산책합니다.
We often walk in the park after lunch.

스피킹 TIP 공원에서의 에피소드 등을 살짝 끼워 넣어도 된다

공원에 대해 준비한 내용이 많아서 여기서 답변을 끝내기 아쉽다면, 다른 답변에 준비한 내용이라도 살짝 끼워 넣어 말해도 된다. 공원에서 하는 일반적인 활동에 대한 내용이나 간단한 에피소드를 추가해서 말해보자.

빈출 질문 Q1

You indicated that you like to go to parks. Please explain to me what kind of activities you do in the park.

당신은 공원에 가는 것을 좋아한다고 하셨습니다. 공원에 가서 하는 활동에 대해 저에게 자세하게 설명해주세요.

Q2

You indicated in the survey that you like going to a park. What do you usually do before going to the park? What kind of activities do you do in the park? Please tell me about your typical day when you go to the park.

설문조사에서 공원에 가는 것을 좋아한다고 했습니다. 공원에 가기 전에 주로 무엇을 하나요? 공원에서는 어떤 활동을 하나요? 공원에 가는 전형적인 하루에 대해 말해주세요.

답변 구성 전략

공감 문장 선택할 때 참고하세요.

답변 내용이 질문의 모든 요소에 대해 빠짐 없이 대답하고 있는지, 질문의 주제에 맞춰 답변의 흐름이 자연스럽게 연결되는지 확인한다. 되도록 다양한 어휘와 구문을 사용하면 더욱 완벽하다.

★ 답변을 만드는 데 필요한 최소 문장은 6개, IM 등급에 적절한 답변에 이용할 수 있도록 공감 문장을 8개 이상 표시해보세요.

💬 공원에 가는 이유/목적

목적

01 이 공원에 자주 가는데 앉아서 책을 읽거나 앉아 명상을 하기에도 아주 환상적인 장소이기 때문이죠.

I often go there, because it has fantastic areas to ★ <u>sit and read books or meditate</u>.

★ 이것만 바꿔도 등급이 쑥쑥

혼자만의 시간을 가지다 **get time to myself**　일상에서 벗어나 휴식을 취하다 **enjoy a break from routine**
명상하다 **meditate**　독서하다 **read a book**

02 여름에는 친구와 소풍을 가서 풀 위에 자리를 깔고 앉아 있는 것을 좋아해서 공원에 자주 갑니다.

I often go to a park because I love to go on a picnic there during the summer with friends and spread a blanket and sit on the grass.

03	주말에 인라인 스케이팅을 타러 공원에 갑니다.	On the weekends, I go in-line skating at a park.
04	좋아하는 누군가와 함께이든, 아니면 혼자이든, 때때로 일상을 벗어나 재미있게 보내는 게 좋습니다.	Whether I am with someone I like or I'm alone, it is good to get away and have some fun from time to time.
05	아이들도 학교에 가지 않으면 저와 함께 갑니다.	If my kids are not in school, they will come with me.

p.226의 '이것만 바꿔도 등급이 쑥쑥'의 동사 활용

06	저는 공원에 가서 여름 날씨를 즐기는 것을 좋아합니다.	I love to go to a park and **enjoy the great weather of the summer**.
07	공원에 가서 일상을 벗어나 재미있게 보내는 것을 좋아합니다.	I love to go to a park and get away and have some fun.
08	아이들을 데리고 가서 놀기 위해 공원에 가는 것을 좋아합니다.	I love to go to a park to bring my children and play with them.
09	그곳에서 쉬면서 즐거운 시간을 보내는 것을 정말 좋아합니다.	I really like to relax and have fun there.

● 공원에서의 활동

10	저는 매일 한 시간씩 공원에서 운동합니다.	I exercise every day in the park for an hour.
11	저는 그곳에서 햇빛과 자연을 즐깁니다.	I enjoy the sun and nature there.

12	저는 그곳에서 아무 것도 안 하고 그저 따뜻한 바람을 느끼는 것을 좋아합니다.	I really like to do nothing there and just feel the warm wind.
13	저는 보통 친구들과 많은 이야기를 나눕니다.	I usually talk about many things with them.
14	저는 또한 아이들과 함께 노는 사람들을 바라보는 것을 좋아합니다.	I also like to watch people enjoying themselves with their children.
15	저는 보통 개를 데리고 산책합니다.	I usually take a walk with my dog there.
16	그곳에 가면 잔디에 돗자리를 깔고 앉습니다.	When I go there, I sit on the grassy lawns with a blanket spread.

p.226의 '이것만 바꿔도 등급이 쑥쑥' 동사구에 -ing를 붙여 활용

17	공원에서는 쉬면서 즐거운 시간을 보내는 사람들을 많이 볼 수 있습니다.	You see a lot of people **relaxing and having fun** at parks.
18	공원에서 자전거를 타는 것 역시 좋아요.	Bicycling around the park is also good.
19	부모들은 아이들과 놀려고 아이들을 그곳에 데리고 나오죠.	You see parents bringing their children there to play.
20	어린 자녀들이 노는 동안 참을성 있게 기다리는 부모들을 자주 봅니다.	I often see parents waiting patiently as their young children play.
21	저는 또한 나무 아래 있는 벤치에 앉아서 간식 먹는 것이 좋습니다.	I also like to eat some snacks sitting on a bench under the trees.

| 22 | 공원에서 트랙을 따라 3~4바퀴를 돕니다. | At the park, I skate along the track three or four times. |

| 23 | 스케이트를 신고 집에서 공원까지 가고 싶지만 도로에서 스케이트를 타는 것은 매우 위험해서 공원에서만 스케이팅을 즐깁니다. | I'd like to skate from home to the park, but it is dangerous to skate on the road, so I just enjoy skating only in the park. |

| 24 | 근처에 있는 공원은 긴 트랙이 있어서 조깅이나 걷기, 인라인 스케이팅을 하기에 좋습니다. | Since the park has a long track, it is very good for not only jogging and walking but also in-line skating. |

| 25 | 저는 제 개와 함께 갈 때는 산책로를 따라 30분 동안 걷고 나서 쉽니다. | When I go there with my dog, I walk for half an hour along the trails, and then take a rest. |

| 26 | 공원에서 트랙을 따라 서너 바퀴를 돕니다. | At the park, I skate along the track three or four times. |

| 27 | 한 시간 가량 걸리죠. 그런 다음 벤치로 갑니다. | It takes about an hour. Then I go to the bench. |

| 28 | 저는 또한 나무 아래 있는 벤치에 앉아서 책 읽는 것이 좋습니다. | I also like to read a book sitting on a bench under the trees. |

| 29 | 땀 흘려 운동하고 나서 한 모금의 물과 간식은 만족을 주기에 충분하죠. 그리고 또 다른 한 주를 살아갈 힘을 줍니다. | After a big sweat, a sip of water and a snack are enough to satisfy me and give me the energy to prepare for another week. |

| 30 | 공원에서 배드민턴을 합니다. | I play badminton in the park. |

31	공원에서 그냥 걷고 친구들과 얘기하는 것이 아주 좋습니다.	It's great just to walk and talk with my friends while in the park.
32	사람들은 공원에서 하루를 즐기고 있습니다.	People are enjoying their day in the park.
33	저는 때때로 공원에서 점심을 먹습니다.	I eat lunch in the park from time to time.
34	공원에서 하이킹 또는 놀이를 즐기거나, 그냥 앉아 사색에 잠기기도 하는데 그 자체가 특별한 경험이 됩니다.	I can hike or play or just sit and think in a park which makes it special.
35	저는 주로 토요일 아침 일찍 공원에 가서 조깅을 합니다.	I usually go to the park and jog early in the morning on Saturday.

🔵 공원 가기 전후에 하는 일

| 36 | 저는 편안하고 가벼운 옷으로 갈아입고 물과 간식을 꼭 챙겨갑니다. | I change into comfortable and light clothes, and then, take water and some snacks. |
| 37 | 그래서 집을 나오기 전에 저는 항상 물 한 병과 간식을 챙깁니다. | Before I leave for the park, I always take ⭐ a water bottle and a small snack. |

준비물

⭐ **이것만 바꿔도 등급이 쑥쑥**

도시락통 **a lunchbox**　시원한 음료수 **cold beverages**　돗자리 **a mat**　읽을 거리 **something to read**
음악을 듣기 위한 스마트폰과 이어폰 **my smartphone and earphones to listen to music**

| 38 | 샌드위치를 사가지고 공원에서 먹습니다. | I pick up a sandwich and eat it in the park. |

39 공원에서 저는 오래 걷거나 때로는 트랙을 따라 돌기 위해 자전거를 가져갑니다.

At the park, I take a long walk or sometimes I take my bicycle to ride along the track.

40 조깅을 끝내고 저는 공원에서 돌아와 꼭 손을 씻습니다.

After I finish jogging and get back from the park, I make sure to wash my hands.

41 그리고 옷을 갈아입고 TV를 보거나 합니다.

And I get changed again and watch TV or whatever.

✚ 문장 조합 이렇게!

At the park, I take a long walk or sometimes I take my bicycle to ride along the track. At the park, I ride my bicycle along the track three or four times. It takes about an hour. Then I go to the bench. After I finish riding my bike and get back from the park, I make sure to wash my hands. And I get changed again and watch TV or whatever.

39+26+27+40+41

공원에서 저는 오래 걷거나 때로는 트랙을 따라 돌기 위해 자전거를 가져갑니다. 공원에서 트랙을 따라 자전거로 서너 바퀴를 돕니다. 한 시간 가량 걸리죠. 그런 다음 벤치로 갑니다. 자전거 타기를 끝내고 저는 공원에서 돌아와 꼭 손을 씻습니다. 그리고 옷을 갈아입고 TV를 보거나 합니다. *적절하게 동사를 수정한다.

빈출 질문 Q1 Is there any recent issue related to the park? How did it come up?
공원과 관련해서 최근 사건이 있나요? 어떻게 일어났나요?

Q2 Please tell me about your most memorable event in a park. What happened? Why was it so memorable to you?
공원에서 일어난 가장 기억에 남는 일을 이야기해주세요. 어떤 일이었나요? 왜 기억에 남나요?

답변 구성 전략
공감 문장 선택할 때 참고하세요.

답변 내용이 질문의 모든 요소에 대해 빠짐 없이 대답하고 있는지, 질문의 주제에 맞춰 답변의 흐름이 자연스럽게 연결되는지 확인한다. 되도록 다양한 어휘와 구문을 사용하면 더욱 완벽하다.

★ 답변을 만드는 데 필요한 최소 문장은 6개, IM 등급에 적절한 답변에 이용할 수 있도록 공감 문장을 8개 이상 표시해보세요.

🗨 배경 설명

01 작년 이맘때 즈음인 것 같습니다.	I think it was around this time last year.
02 할머니를 모시고 바람을 쐬러 공원에 갔습니다.	I went to the park with my grandmother to feel the wind.
03 동료들과 저는 점심을 먹으러 회사 식당에 내려가는 대신 공원으로 갔습니다.	My colleagues and I went to a park to have lunch instead of going down to the company cafeteria.
04 토요일에 아이들과 공원에 갔습니다.	My kids and I went to the park on Saturday.
05 소규모 관현악단이 공원 음악당에서 연주를 해주고 있었는데 어느 날 음악을 들으면서 공원을 걷고 싶었습니다.	A small orchestra was playing on the bandstand in the park. One day I wanted to walk in the park listening to music.

06	사람들이 공원에서 화창한 날씨를 즐기고 있었습니다.	People were enjoying a nice day in the park.
07	거기서 결혼식이 행해지는 것을 봤습니다.	I saw a marriage ceremony performed there.
08	지역 공원에서 대규모 집회가 열렸었어요.	There was a big protest in the community park.
09	어제 공원에 들어갈 수 없었습니다.	We couldn't enter the park yesterday.
10	건설 인부들이 공원에 새로운 조각상을 세우고 있었기 때문이었습니다.	Because construction workers were installing a new statue in the park.
11	그곳에서 영화를 찍고 있었기 때문입니다.	Because a film was being shot there.
12	우기에 공원이 침수되어 피해를 크게 입었습니다.	During the rainy season, the park was flooded and badly damaged.
13	우리는 파크 호텔 건너편에 있는 새 공원에서 점심을 먹었습니다.	We had lunch at the new park across the street from the Park Hotel.
14	공원에 도착하자마자 아이들이 술래잡기놀이를 하고 저는 벤치에 앉아서 아이들을 지켜봤습니다.	As soon as we arrived at the park, the children started playing hide-and-seek and I sat on the bench, watching them.

| 15 | 놀이 공원에서 3시간 동안 아이들을 잃어버렸습니다. | At an amusement park, I lost my children for three hours. |

| 16 | 저는 아이가 없어진 것을 알고 덜컥 겁이 났습니다. | I got into a panic when I found my child missing. |

| 17 | 저는 아이를 찾아 공원을 샅샅이 뒤졌습니다. | I have left no stone unturned in the park to find my child. |

| 18 | 공원에서 지갑/가방을 잃어버렸는데, 집에 올 때까지 모르고 있었습니다. | I lost my **purse/bag** at the park, but I didn't realize it until I got home. |

| 19 | 다음 날 저는 안내 센터에 들렀는데 그들은 저를 분실물 센터로 안내했습니다. | The next day, I dropped by the information center and they directed me to the lost and found department. |

| 20 | 분실물 센터에는 주인이 찾아가지 않은 물건들이 많았습니다. | There were many unclaimed items at the lost and found. |

| 21 | 다행히 그곳에서 지갑/가방을 찾았습니다. | Fortunately, I found my **purse/bag** there. |

| 22 | 공원에서 산책하다가 저희 할머니가 넘어지셔서 엉덩이를 다치셨습니다. | My grandmother fell and broke her hip walking in the park. |

| 23 | 저는 119에 전화를 걸어 도움을 요청했고 그들은 할머니를 병원으로 모셔갔습니다. | I called 119 to ask for help and they took her to the hospital. |

24 다행히도 할머니는 크게 다치시지 않았습니다.

Fortunately, it turned out that she was not badly hurt.

25 저희 남동생이 늦은 밤에 공원에서 걷고 있었는데 강도를 만나 지갑을 털렸습니다.

My brother had his wallet taken by muggers while walking in the park late at night.

26 저는 그녀에게 데이트하자고 계속 조르고 있었습니다.

I was constantly begging her for dates.

27 "다음 주 금요일 나랑 데이트하지 않을래?"라고 물었죠.

I asked her "Will you go out with me next Friday?"

28 그녀와 데이트한 지 2주 정도 됐는데, 하루는 저녁을 거나하게 먹은 후에 공원에 갔습니다.

I've been seeing her for almost two weeks, and one day after a large dinner we went to a park.

29 갑자기 그녀가 제 앞에서 큰 소리로 트림을 했습니다. 저는 "트림은 음식이 맛있다는 뜻이래!"라고 말해주었습니다.

Suddenly she burped loudly in front of me. I said to her, "Burping means the food was delicious!"

30 우리 사이에 무안한 침묵이 흘렀고 저는 그렇게 말한 것을 후회했습니다.

There was an embarrassed silence between us, so I regretted saying so.

31 노부부가 손을 잡고 다정하게 거닐고 있었습니다.

An old couple walked, tenderly holding hands.

32 "저 부부를 봐. 아름답지 않니?"라고 그녀가 말했습니다.

She said, "Look at the old couple. Beautiful, isn't it?"

| 33 | 그 공원에는 손을 잡고 거니는 젊은 연인들이 가득했습니다. | The park was full of young lovers hand in hand as well. |
| 34 | 1~2분 정도 뒤에 나는 손을 뻗어 그녀의 손을 잡았습니다. | After a minute or two, I reached out and took her hand. |

● 감상

35	그날은 확실히 기억에 남을 것입니다.	That would be a day to remember, for sure.
36	그것은 매우 힘든 경험이었습니다.	It was a very stressful experience.
37	호수에서는 좋은 냄새가 나지 않았기 때문에 그 공원의 벤치에서 식사를 하는 것이 좋은 경험은 아니었습니다.	The water from the lake didn't smell very good, so eating on the bench at the park was not such a pleasant experience.
38	그래서, 그 난리를 겪고 나서 절대 아이들을 데리고 공원에 가지 않을 거라고 스스로 다짐했습니다.	So, after all that trouble, I promised myself it was the last time I would take my children to the park.
39	그 후로 다시는 공원에 가지 않습니다.	Since then, we've never gone to the park again.

비법 6 키워드 전환: 유사주제[스포츠 관련 문제]

스포츠 영역의 답변은 활동, 즉 움직임이 주요한 내용이 된다. '뛰고, 걷고, 넘어지고, 다시 일어나고…' 이런 활동의 변화를 중심으로 설명하게 되는데, 이때 중요한 것이 다양한 동작을 나타내는 동사를 잘 알고 활용할 줄 아는가 하는 것이다. 특히 스포츠 중에서도 축구/야구/농구 항목과 걷기/조깅/자전거 타기/하이킹 항목은 유사한 내용이 많아 답변을 만들 때 항상 묶어서 준비하는 것이 좋다. 답변으로 준비한 상황, 스토리라인을 유지하고 키워드와 동사만 바꿔주면 하나의 답변으로 여러 가지 문제에 한꺼번에 대비할 수 있는 효과가 있다. 그럼 구체적인 문장을 통해 키워드와 동사만 바꿔서 문장을 활용하는 방법을 알아보자.

농구

I really like to play basketball and I play on the weekends with my friends. We play a lot of games at the court in the high school. I belong to a league, and usually play with the members. Sometimes, we organize the game, book the field, and play games with different teams around the city. It is very competitive, but it helps me to relieve my stress.

저는 농구를 하는 것을 정말 좋아하며 친구들과 주말에 경기를 합니다. 고등학교에 있는 코트에서 경기를 많이 합니다. 어떤 리그에 속해 있는데 보통 회원들과 경기를 합니다. 때때로 우리는 경기를 주선하고 경기장을 예약해서 도시에 있는 다른 팀들과 경기를 합니다. 경쟁이 매우 치열하지만 그것은 스트레스를 푸는 데 도움이 됩니다.

축구

I really like to play soccer and I play on the weekends with my friends. We play a lot of games in the field close to my house. I belong to a league, and usually play with the members. We play for about two hours. We also play games with different teams around the city. It is very competitive, but it helps me to relieve my stress.

저는 축구를 하는 것을 정말 좋아하며 친구들과 주말에 경기를 합니다. 집에서 가까운 운동장에서 경기를 많이 합니다. 어떤 리그에 속해 있는데 보통 회원들과 경기를 합니다. 우리는 두 시간 정도 합니다. 저희는 이 도시에 있는 다른 팀들과도 경기를 합니다. 경쟁이 매우 치열하지만 그것은 스트레스를 푸는 데 도움이 됩니다.

빈출 질문 Q1

What sport do you like to watch the most on television? Talk about why you like this sport the most.

TV로 어떤 스포츠를 가장 많이 즐겨 보십니까? 그 스포츠를 왜 가장 좋아하는지 이야기해보세요.

Q2

Tell me about the sport you like to watch the most. What kind of sport is it? Where do you watch it and with whom do you usually watch it?

가장 보기 좋아하는 스포츠에 대해 말해주세요. 어떤 스포츠인가요? 어디에서, 누구와 주로 보나요?

답변 구성 전략

공감 문장 선택할 때 참고하세요.

답변 내용이 질문의 모든 요소에 대해 빠짐 없이 대답하고 있는지, 질문의 주제에 맞춰 답변의 흐름이 자연스럽게 연결되는지 확인한다. 되도록 다양한 어휘와 구문을 사용하면 더욱 완벽하다.

★ 답변을 만드는 데 필요한 최소 문장은 6개, IM 등급에 적절한 답변에 이용할 수 있도록 공감 문장을 8개 이상 표시해보세요.

● 즐겨 보는 스포츠와 그 이유

⏱ 3초 보카 – 경기 종목

야구 baseball 축구 soccer 농구 basketball 골프 golf 수영 swimming 피겨 스케이팅 figure skating 권투 boxing 유도 격투기 judo 격투기 martial arts 이종격투기 mixed martial arts 마라톤 marathon 경마 horse racing

01	저는 축구/야구/농구를 TV로 즐겨 봅니다.	I like to watch soccer/baseball/basketball on TV.
02	저는 축구/야구/농구에 미쳐서 경기를 빼놓지 않고 봅니다.	I'm crazy about soccer/baseball/basketball; I never miss a game.
03	권투는 매우 폭력적이라고 생각하지만 저는 그것을 보는 것을 좋아합니다.	I think boxing is very violent, but I love watching it.

04 권투는 폭력적이지만 재미있습니다.

Boxing is very violent, but it can still be exciting.

05 골프는 느리지만 재미있습니다.

Golf moves slowly, but it can still be exciting.

06 요즘은 축구가 상업적 후원 때문에 가치가 떨어지고 있지만 재미있습니다.

Soccer is being debased by commercial sponsorship these days, but it can still be exciting.

07 저는 또한 테니스나 골프 같은 개인 경기를 선호합니다.

Also, I prefer watching individual sports like tennis or golf.

08 저는 유럽 축구의 열혈 팬인데, 젊은 한국 축구 선수들이 세계 최고의 축구 무대에서 활약하고 있기 때문이죠.

I'm a big fan of European soccer because many young Korean players are now in the world of big-time soccer.

09 저는 한국 팀이 월드컵에서 뛰는 것을 본 후로 축구를 TV로 즐겨 봅니다.

After I watched the Korean team playing in the World Cup, I came to love watching soccer on TV.

10 저는 야구 보는 것을 좋아하고 제가 가장 좋아하는 팀은 두산베어스입니다.

I like to watch baseball, and my favorite team is the **Doosan Bears**.

야구팀 이름

11 저는 피겨스케이팅을 정말 즐겨보는데, 스케이터들이 기술이 좋고 우아하기 때문입니다.

I really like watching figure skating because the skaters are so skilled and graceful.

➕ 문장 조합 이렇게!

Also, I prefer watching individual sports like figure skating because the skaters are so skilled and graceful. 07+11

저는 또한 피겨스케이트 같은 개인 경기를 선호하는데, 스케이터들이 기술이 좋고 우아하기 때문입니다.

TIP 문장을 연결할 때, 내용에 따라 어구를 가감한나.

🔵 좋아하는 스포츠 선수/팀

⏱ 3초 보카

축구팀

한국 축구 대표팀 the Korean national soccer team 맨체스터 유나이티드 Manchester United FC 맨체스터 시티 Manchester City FC 아스널 Arsenal FC 첼시 Chelsea FC 리버플 Liverpool FC 레알 마드리드 Real Madrid FC 바르셀로나 Barcelona FC

야구팀

엘지 트윈스 LG Twins 삼성 라이온즈 Samsung Lions 롯데 자이언츠 Lotte Giants 기아 타이거즈 KIA Tigers 두산 베어스 Doosan Bears 뉴욕 양키즈 the New York Yankees LA 다저스 LA Dodgers 보스턴 레드삭스 Boston Red Sox 디트로이트 타이거즈 Detroit Tigers 뉴욕 메츠 New York Mets 세인트루이스 카디널스 St. Louis Cardinals

12 저는 텍사스 레인저스의 열혈 팬입니다. 추신수 선수가 그 팀에서 뛰고 있기 때문이죠.

I'm a big fan of the ① **Texas Rangers** because ② **Choo Shinsoo plays for the team**.

13 저는 LG 트윈스 팬입니다. 서울이 연고지이기 때문이죠.

I'm a big fan of the ① **LG Twins** because ② **they are based in Seoul, where I was born**.

🔵 좋아하는 특징/요소

⏱ 3초 보카

축구

30초를 남겨 놓고 결승골을 넣는 것을 보는 것 seeing the winning goal when there is only thirty seconds left 골키퍼를 제치고 골을 넣는 것 dribbling past the goalkeeper and scoring a goal 골키퍼가 상대방이 찬 공을 쳐내는 것 the goalkeeper deflecting the shot 훌륭한 두 팀이 경기를 하는 것을 보는 것 seeing two great teams playing

야구

선수들이 스윙하는 것 the players swing 타자가 홈런을 치는 것 a batter hitting a homerun 투수가 첫 타자를 삼진으로 잡는 것 a pitcher striking out the first batter 지역 팀을 응원하다 cheering for my home team 우리 팀이 이길 때는 환호하고 질 때는 울다 cheering when our team wins and crying when they lose NBA 최종 결승경기를 보다 watching the NBA finals game 흥분된 마음으로 경기를 보다 watching games with excitement

농구

3점 슛을 성공시키는 것 making a three-pointer

14 30초 남았을 때 결승골을 넣는 것은 정말 재미있습니다.

Seeing the winning goal when there is only thirty seconds left is really exciting.

15 선수들이 펼치는 모든 다채로운 연기를 보는 것은 정말 재미있습니다.

Watching all of the athletes' diverse performances is really exciting.

16 모든 선수들이 열심히 뛰는 것을 보는 것은 정말 신나고 힘이 납니다.

Watching all of the players running hard is really exciting and makes me feel energetic.

17 그 팀은 수비를 공격으로 전환하는 데 탁월합니다.

The team excels at turning defense into attack.

18 친구들과 함께 축구/야구/농구 경기를 보는 것은 정말 흥분되는 일입니다.

It is so exciting to watch a **soccer/baseball/basketball** game with my friends.

19 LG 트윈스에게 작년은 좋은 시즌이 아니었지만 곧 좋아지기를 기대합니다.

The LG Twins didn't have a good season last year, but I hope they are going to get better soon.

20 얼티메이트 파이팅 챔피언십인 UFC는 요즈음 많은 사랑을 받고 있습니다.

UFC, known as Ultimate Fighting Championship is receiving a lot of love these days.

21 종합 이종 격투기는 규칙이 없습니다.

Mixed martial arts fighting has no rules.

22 그들은 스모부터 가라데까지의 모든 다양한 스타일들을 사용할 수 있습니다.

They can also employ a variety of styles, everything from sumo to karate.

⏱ 3초 보카

(특정 장면) 다시 보기 **replay** 경기 실황 중계 **commentary** 다시 보기를 하다 **see replays** 중계를 듣다 **hear the commentary** 생중계로 관람하다(*실제로 경기장을 찾아 경기를 보는 것) **watch it live** TV로 축구를 보다 **watch soccer on TV**

관람 종목

23	저는 TV로 축구/야구/농구 시청을 즐깁니다.	I enjoy watching **soccer/baseball/basketball** on television.
24	언제, 어디서 볼지도 마음대로 할 수 있습니다.	You can control when and where you watch it.
25	저는 경기장에서 축구/야구/농구를 보는 것을 선호합니다.	I prefer watching **soccer/baseball/basketball games** in the stadium.
26	제 친구들과 저는 보통 토요일에 경기장에서 축구/야구/농구 경기를 봅니다.	My friends and I usually watch a **soccer/baseball/basketball** game in a stadium on Saturday.
27	우리는 서로 만날 약속을 합니다.	We make an appointment to see each other.
28	우리는 미리 만나서 어디서 경기를 볼지를 정합니다.	We meet beforehand and determine where we will get together and watch the game.
29	우리는 경기가 시작되기 전에 경기장 앞에 모입니다.	We get together in front of the stadium before the game.
30	우리는 재미로 스포츠 경기에 내기를 겁니다.	We place bets on sporting events just for fun.

31	우리나라에서는 스포츠 경기에 베팅하는 것은 불법입니다. 그렇지만 사람들은 어떤 식으로 그것을 하기도 합니다.	In my country, betting on sports games is against the law, but some people do it anyway.
32	텔레비전으로 축구/야구/농구를 보는 것은 실제로 보는 것하고는 다릅니다.	Watching a **soccer/baseball/basketball** game on TV is not the same as seeing it live.
33	저는 축구/야구/농구 경기를 친구들과 바에서 큰 화면으로 보는 것을 좋아합니다.	I like watching **soccer/baseball/basketball** games on a big-screen in a bar with my coworkers.
34	제 여자친구와 저는 소풍을 가서 골프 코스에서 골프 경기를 보는 것을 좋아합니다.	My girlfriend and I like to pack a picnic and go watch a golf game at the golf course.
35	저는 축구/야구/농구 경기를 보러 경기장에 가는 것을 좋아하지 않습니다. 너무 붐비거든요.	I don't like going to the stadium to see a **soccer/baseball/basketball** game; it's too crowded.
36	저는 간식과 음료를 사서 집에서 축구/야구/농구 경기를 보는 것을 좋아합니다.	I like to buy some snacks and drinks and watch a **soccer/baseball/basketball** game at home.
37	요즘 우리는 인터넷으로 생중계해주는 스포츠 경기를 볼 수 있습니다.	Nowadays we can watch sports games streamed live on the Internet.

✚ 문장 조합 이렇게!

I like to buy some snacks and drinks and watch a soccer/baseball/basketball game at home. Nowadays we can watch sports games streamed live on the Internet. 36+37

저는 간식과 음료를 사서 집에서 축구/야구/농구 경기를 보는 것을 좋아합니다. 요즘에는 인터넷으로 생중계해주는 스포츠 경기를 볼 수 있습니다.

38 가끔 우리는 경기를 보고 나서 맥주를 한잔 하러 갑니다.

Sometimes we go for a beer after watching a game.

39 경기가 늦은 밤에 끝나면 저는 보통 곧장 집으로 갑니다.

If the game finishes late at night, I usually go straight home afterward.

40 경기가 끝나고 어떨 때는 두 세 경기를 연달아 봅니다.

After watching a game, sometimes we watch two or three games in a row.

41 저는 친구들과 커피를 마시러 가서 경기에 대해 얘기하거나 우리 팀의 승리를 축하하는 것을 좋아합니다.

I like to go for coffee and discuss the game or celebrate our team's winning with my friend.

비법 7 키워드 전환: 과거 경험 문제

과거 경험이라고 다 같은 문제는 아니다. 과거 경험을 묻는 문제도 몇 가지로 나눠볼 수 있는데, 처음 시작했을 때의 경험, 기억에 남는 경험, 최근의 경험 등을 묻는다. 또는 문제가 있었던 상황 등의 경험을 묻기도 한다. 이렇게 출제된다고 문제에 따라 일일이 답변을 준비하기란 불가능하다. 그럼 해결책은? 과거형 문제끼리 연계해서 답변을 준비하는 것이다. 처음 경험을 물어도, 기억에 남는 경험을 물어도, 최근의 경험을 물어도 하나의 답변으로 OK.

최근 본 공연

<u>A recent concert I attended</u> was at the Music Festival on New Year's Day. I didn't have anything to do that day. My roommate asked me if I wanted to go and we went together. There were several participants and the name of one of the bands was Earthquake, or something like that. The band was great. <u>I remember the lead singer had a stunning and charismatic stage presence.</u> When the band finished playing, we stood up and clapped and clapped. After the show, I couldn't wait to see them perform again.

제가 가본 최근 콘서트는 설날 음악 축제에서였습니다. 그날 할 일이 없었는데 제 룸메이트가 가고 싶어 하는지 물었고 우리는 같이 갔습니다. 여러 참가자들이 있었고 밴드 중 하나의 이름은 '어스퀘이크' 또는 이와 비슷한 것이었습니다. 그 밴드는 매우 멋있었습니다. <u>리드 싱어가 뛰어난 카리스마가 있는 무대를 선보였던 것으로 기억합니다.</u> 밴드가 연주를 마쳤을 때 우리는 일어서서 계속해서 박수를 쳤습니다. 공연이 끝나고 저는 그들이 다시 연주하는 것을 보고 싶어 참을 수가 없었습니다.

처음 가본 공연/기억에 남는 공연

<u>The first concert I ever attended</u> was at a small venue. I was there with one of my best friends. The band's name was Earthquake, or something like that. The band was great. They played really loud, and their melodies were very catchy. <u>I remember there was a line of people waiting to get in, and the line stretched down the street.</u> When the band finished playing, we stood up and clapped and clapped. After the show, we shook hands with them and told them how much we liked the show. <u>They were very nice, and signed autographs for us.</u>

제가 가본 첫 번째 기억에 남는 콘서트는 소극장에서였습니다. 저는 절친 중 한 명과 그곳에 있었습니다. 밴드의 이름은 '어스퀘이크' 또는 이와 비슷한 것이었습니다. 그 밴드는 매우 멋있었습니다. 그들은 큰 소리로 연주했고 멜로디는 기억하기 쉬웠습니다. <u>들어가려고 기다리는 줄이 길 아래쪽까지 길게 늘어서 있던 것이 기억납니다.</u> 밴드가 연주를 마쳤을 때 우리는 일어서서 계속해서 박수를 쳤습니다. 공연이 끝난 후 우리는 그들과 악수를 하고 우리가 공연을 얼마나 좋아했는지 말했습니다. <u>그들은 매우 친절했고 우리에게 사인을 해주었습니다.</u>

빈출 질문 Q1

Please tell me about your favorite sports player. What sports does he or she play? Why do you like him or her? Describe him or her in as much detail as possible.

당신이 좋아하는 스포츠 선수에 대해 말해주세요. 어떤 스포츠를 합니까? 왜 좋아하나요? 그/그녀에 대해 가능한 자세히 말해주세요.

답변 구성 전략

공감 문장 선택할 때 참고하세요.

답변 내용이 질문의 모든 요소에 대해 빠짐 없이 대답하고 있는지, 질문의 주제에 맞춰 답변의 흐름이 자연스럽게 연결되는지 확인한다. 되도록 다양한 어휘와 구문을 사용하면 더욱 완벽하다.

★ 답변을 만드는 데 필요한 최소 문장은 6개, IM 등급에 적절한 답변에 이용할 수 있도록 공감 문장을 8개 이상 표시해보세요.

💬 좋아하는 선수/이유

⏱ 3초 보카

야구 선수

류현진 **Ryu Hyounjin**　추신수 **Choo Shinsoo**　박철순 **Park Chulsoon**　이병규 **Lee Byungkyu**

골프 선수

최경주 **Choi Kyoungjoo**　박세리 **Park Seri**　타이거 우즈 **Tiger Woods**

UFC 선수

추성훈 **Choo Sunghoon**　최홍만 **Choi Hongman**　존 존스 **Jonathan Jones**　벤 헨더슨 **Benson Henderson**　정찬성 **Jung Chansung**　조제 알도 **Jose Aldo**　앤더슨 실바 **Anderson da Silva**

축구 선수

박지성 **Park Jiseong**　이동국 **Lee Donggook**　이청용 **Lee Chungyong**　손흥민 **Son Heungmin**　기성용 **Ki Sungyueng**　웨인 루니 **Wayne Rooney**　리오넬 메시 **Lionel Messi**　크리스아누 호나우두 **Cristiano Ronaldo**　페르난도 토레스 **Fernando Torres**　스티븐 제라드 **Steven Gerrard**　사비 알론소 **Xabier Alonso**

피켜스케이팅 선수

김연아 **Kim Yuna**　아사다 마오 **Asada Mao**

선수 이름

🔲 이　제가 가장 좋아하는 선수는 박철순입니다.

My favorite player is **Park Chulsoon**.

| 02 | 저는 그 야구선수의 광팬입니다. | I am a huge fan of the baseball player. |

| 03 | 저는 항상 타이거 우즈가 골프 치는 것을 보는 것이 좋습니다. | I always enjoy seeing **Tiger Woods** play **golf**. |

| 04 | 김연아의 팬인데, 그녀는 청중을 그녀의 연기로 끌어들이기 때문입니다. | I'm a big fan of **Kim Yuna** because she always tries to bring the audience into her performance. |

| 05 | 저는 박지성의 팬인데, 그가 유럽에서 강한 인상을 남긴 첫 번째 선수였기 때문입니다. | I'm a big fan of **Park Jiseong** because he was the first player who made a strong impression in Europe. |

| 06 | 저는 박지성의 팬인데, 그는 한국 출신의 젊은 선수들의 귀감이기 때문입니다. | I'm a big fan of **Park Jiseong** because he is a role model for the young players from Korea. |

| 07 | 저는 김연아의 팬인데, 그녀는 한국의 스케이팅 역사를 쓰고 있기 때문입니다. | I'm a big fan of **Kim Yuna** because she is writing Korean skating history. |

💬 선수들의 특징

| 08 | 그는 훌륭한 운동선수일 뿐만 아니라 미남이고 똑똑합니다. | He is handsome and smart, not to mention being a good athlete. |

| 09 | 그는 민첩한 다리를 가진 훌륭한 축구 선수입니다. | He is an excellent **soccer** player with agile legs. |

10	그는 메이저 리그에서 야구 선수로 뛰고 있습니다.	He plays **baseball** in the Major Leagues.
11	그는 풋볼의 역사상 최고 선수였습니다.	He was the greatest player in the annals of football.
12	그는 메이저 리그/코리안 리그에서 새로운 역사를 쓰고 있습니다.	He is also making history in the **Major Leagues/Korean League**.
13	그는 투수이고 매우 잘 합니다.	He's a pitcher, and he's really good.
14	그는 미국 메이저 리그에서 보스턴 레드삭스 팀과 신시네티 레즈 팀에 있었습니다.	He played in Major League Baseball in the US for **the Boston Red Sox** and **the Cincinnati Reds**.
15	그는 한국 월드 시리즈에서 최우수 선수상을 받았습니다.	He won the Most Valuable Player award in the Korean World Series.
16	그 다음 해 부상을 당했지만 그 상을 또 받았습니다.	The next year he was injured but won the award again.
17	그는 베어스의 팬들 뿐만 아니라 한국 야구 팬들부터 매우 존경 받았습니다.	He is still held in high esteem by not only most Bears fans but many Korean baseball fans.
18	저는 그가 항상 열심히 하기 때문에 그의 스타일을 좋아합니다.	I love his style because he always works hard.

과거 소속팀

19 요즘은 마이너 리그 야구도 점점 인기를 얻고 있습니다. 팬들은 모든 활동을 보고 들을 수 있고 선수들은 진짜 열심히 하기 때문입니다.

Minor League baseball has become more popular over the years because fans can see and hear all the action and the players really hustle.

20 그는 매일 연습하는 성실한 운동 선수입니다.

He is a dedicated athlete who practices every day.

21 그는 단신이지만 뛰어난 축구/야구/농구 선수입니다.

He is an outstanding **soccer/baseball/basketball** player despite his short stature.

➕ 문장 조합 이렇게!

He is an outstanding soccer/baseball/basketball player despite his short stature **because** he is a dedicated athlete who practices every day. 21+20

그는 단신이지만 뛰어난 축구/야구/농구 선수입니다. 그는 매일 연습하는 성실한 운동 선수이기 때문입니다.

22 그는 일본에서 이종격투기 선수로 활동하고 있습니다.

He is active in **mixed martial arts** in Japan.

23 그는 지금까지 격투기 대회에서 수많은 매달과 트로피를 받았습니다.

He has earned numerous medals and trophies in **martial arts** so far.

24 추성훈은 이종 격투기 선수입니다.

Choo Sunghoon is a mixed martial arts fighter.

25 최홍만은 종합격투기 K-1 리그에서 뛰고 있습니다.

Choi Hongman fights in the K-1 mixed martial arts league.

빈출 질문 Q1

What was the most memorable sporting event you have watched? Describe the game in as much detail as possible.

가장 기억에 남는 스포츠는 무엇이었습니까? 가능한 자세하게 설명해보세요.

Q2

What was the most recent sporting event you watched? Describe the game in as much detail as possible.

최근에 본 스포츠는 무엇이었습니까? 가능한 자세하게 설명해보세요.

답변 구성 전략

공감 문장 선택할 때 참고하세요.

답변 내용이 질문의 모든 요소에 대해 빠짐 없이 대답하고 있는지, 질문의 주제에 맞춰 답변의 흐름이 자연스럽게 연결되는지 확인한다. 되도록 다양한 어휘와 구문을 사용하면 더욱 완벽하다.

★ 답변을 만드는 데 필요한 최소 문장은 6개, IM 등급에 적절한 답변에 이용할 수 있도록 공감 문장을 8개 이상 표시해보세요.

💬 배경 설명

①관람 종목 ②시기

01 저는 한 달 전 TV에서 친구들 여러 명과 축구/야구/농구 경기를 시청했습니다.

I watched a ① **soccer/baseball/basketball** game on TV ② **a month ago** with a few friends.

02 제 친구들과 저는 지난 토요일에 경기장에서 축구/야구/농구 경기를 보았습니다.

My friends and I watched a ① **soccer/baseball/basketball** game in a stadium ② **last Saturday**.

관람 종목

03 저는 어제 가족들과 경마를 보러 갔습니다.

I went to see ★ **horse racing** with my family yesterday.

★ 이것만 바꿔도 등급이 쑥쑥

축구/야구/농구 경기 a soccer/baseball/basketball game 골프 a golf game 수영 a swimming competition 피겨 스케이팅 figure skating 권투 a boxing match 유도 격투기 judo 격투기 martial arts 이종격투기 mixed martial arts 마라톤 the marathon race

04 올림픽 아시아 예선 결승전이 한 달 전에 목동 경기장에서 열렸고 저는 가족들과 함께 경기를 보러 갔습니다.

The final game of the Asian qualifying rounds for the Olympics was held at **Mokdong Stadium a month ago** and my family and I went there to watch the game.

05 삼성과 KT가 경기를 했습니다.

Samsung played against **KT**.

06 저는 KT/삼성을 응원했습니다.

I rooted for **KT/Samsung**.

07 우리는 경기가 시작되기 전에 경기장 앞에 모였습니다.

We massed in front of the stadium before the game.

🟣 경기장 분위기 묘사

08 이것은 이 도시에서 가장 큰 야구 경기장이었습니다.

It was the biggest baseball stadium in this city.

09 그 큰 시합 때문에 경기장이 만원이 되었습니다.

The stadium was filled for the big game.

10 축구 경기장은 사람들로 꽉 들어차 있었습니다.

The football stadium was chockfull of people.

11 운동 경기장의 분위기는 아주 흥분되어 있었습니다.

The atmosphere at the sports stadium was electric with excitement.

12 우리가 경기장에 도착했을 때, 팀들은 이미 경기가 한창이었습니다.

When we arrived at the stadium, the teams were already in full play.

13	관중들의 응원 소리가 경기장을 쩌렁쩌렁 울렸습니다.	The cheers of the spectators resounded throughout the stadium.
14	경기장에는 함성과 응원 소리가 터져나왔습니다.	The gym erupted in shouts and cheers.
15	사람들은 북 치고 깃발을 휘날리며 축구 선수들을 응원했습니다.	The people cheered the soccer team on with drums beating and colors flying.
16	응원단의 함성으로 경기장이 떠나갈 듯했습니다.	The stadium was shaking with all the cheering.
17	우리는 숨을 죽이고 경기를 봤어요.	We watched the game in breathless suspense.

🗨 경기 진행 및 결과(공통)

18	야구 경기는 우리 팀의 선공으로 시작되었습니다.	**The basketball game** started with our team's batting first.
19	우리는 숨을 죽이고 경기를 관람했습니다.	We watched the game with breathless suspense.
20	그 주전 선수의 부상은 그 시합의 결정적 변수가 될 수 있었습니다	The injury to the key player could be a decisive factor in the game.
21	그 선수의 능력은 매우 인상적이었습니다.	That athlete's ability was very impressive.

22	후보들은 모두 백중지세라 이 경기의 결과를 아무도 예측할 수 없었습니다.	The candidates were neck and neck, and no one could predict the result of this game.
23	경기는 비슷한 결과로 끝이 났습니다.	The race ended with similar results.
24	그들의 압도적인 승리는 5연승이었습니다.	The emphatic victory was their fifth in succession.
25	우리는 그 경기 결과에 몹시 낙담했습니다.	We were bitterly disappointed at the result of the game.
26	그 경기의 결과는 매우 만족스러웠습니다.	The result of the match was highly satisfactory.
27	그/그녀가 우승했습니다.	He/She won the championship.
28	우리 팀이 상대 팀을 10대 1로 대파했습니다.	Our team put the opponents to rout by a score of 10 to 1.
29	한국팀의 4대 1 패배에 실망했습니다.	We were disappointed with the Korean team's 4 to 1 defeat.
30	우리 팀이 결승에서 패배했습니다.	Our team lost in the final.
31	우리가 금메달을 땄습니다.	We took the gold medal.

| 32 | 마지막 부저가 울렸을 때 그는 24점을 득점했고 그의 팀이 승리했습니다. | When the final buzzer sounded, he had scored 24 points, and his team won the game. |

● 육상/권투/레슬링 경기 진행

33	육상 선수들은 목표 지점을 향해 재빠르게 움직였습니다.	The runners stepped lively toward the target spot.
34	그 육상 선수는 자신의 종전 기록을 10초 단축했습니다.	The runner surpassed his old record by ten seconds.
35	그의 기록은 6분 39초였습니다.	He finished with a time of six minutes and 39 seconds.
36	그 권투 선수는 상대를 제압하기 위해 상대방의 눈을 노려보았습니다.	The boxers stared into each other's eyes to show dominance.
37	권투선수는 처음으로 챔피언 타이틀을 거머쥐었습니다.	The boxer won his first championship.
38	그 권투선수는 세 번째 라운드에서 상대선수를 완패시켰습니다.	The boxer had his opponent skinned at the third round.
39	권투선수는 3회전에서 상대 선수를 다운시켰습니다.	The boxer decked his opponent in the third round.
40	그 권투선수가 3대 1로 판정패했습니다.	The boxer lost his title in a 3-1 split decision.

41 시합에서 그 선수는 해트트릭을 기록했습니다.

The player pulled off a hat trick in the match.

42 부상당한 선수는 가까스로 일어섰습니다.

The injured player struggled to his feet.

● 야구 경기 진행

43 그는 이번 시즌 들어 네 번째 삼진을 당했습니다.

He struck out for the fourth time this season.

44 그는 매번 홈런을 쳤습니다.

He hit a homerun time after time.

45 그는 연타로 홈런을 쳤습니다.

He hit a homerun blow after blow.

46 타자는 왼쪽 담장을 훌쩍 넘기는 홈런을 쳤습니다.

The batter hit a homer way over the left fence.

47 경기는 많은 홈런과 안타를 주고받는 난타전이었습니다.

The game was a slugfest with numerous hits and homeruns.

48 그 홈런 한 방으로 두 팀의 명암이 엇갈렸습니다.

That home run determined the fate of those two teams.

49 그는 9경기 연속 홈런 행진을 이어갔습니다.

He continued his parade of home runs in nine consecutive games.

50	그는 9회 말에 끝내기 홈런을 쳤습니다.	He hit a walk-off home run in the bottom of the 9th inning.
51	지미가 만루 홈런을 쳐서 그의 팀이 시합에서 우승했습니다.	**Jimmy**'s baseball team won the tournament after he hit a grand slam.
52	그것은 그의 생애 통산 200번째 홈런입니다.	It was his 200th career home run.
53	자이언츠 팀의/그 팀의 수비는 좋았지만 공격은 약했습니다.	**The Giants'/The team's** defense was great, but their offense was weak.
54	자이언츠 팀이 만루를 만들었습니다. 그러나 2점을 리드당하고 있었습니다.	The bases were loaded for the **Giants**, but they were losing by two runs.
55	LA 다저스 팀/그 팀이 9회말 역전승을 했습니다.	**The LA Dodgers/The team** reversed the score at the bottom of the last inning.
56	야구 경기가 호우로 중지되었습니다.	The baseball game was cancelled because of the downpour.
57	그는 승리의 표시로 손가락을 V자로 치켜 올렸습니다.	He raised two fingers in a V for victory.
58	LA 다저스 팀/그 팀이 7회에 6점을 올렸습니다.	**The LA Dodgers/The team** poured in 6 points in the seventh inning.

팀이름

💬 축구 경기 진행

59 그 팀은 철벽 수비를 펼쳤습니다.

That team played an impenetrable [unconquerable] defense.

60 그 팀은 경기 내내 수비에만 치중했습니다.

The team only focused on defense throughout the entire game.

61 그들은 리버풀의 수비를 뚫는 데 실패했습니다.

They failed to pierce the **Liverpool** defense.

62 그 공은 골대에 맞고 튕겨서 들어 갔습니다.

The ball hit the post and bounced in.

63 두 선수가 어쩌다가 서로 세게 부 딪쳤습니다.

Two players accidentally smacked into each other.

64 수비수가 두 번째 옐로카드를 받 고 퇴장 당했습니다.

The defenseman picked up his second yellow card and was ordered off the field.

65 나는 박지성이 이번 골을 넣어서 기뻤어요. 이번 시즌에 골을 많이 넣지 못했기 때문이죠.

I was pleased **Park Jisung** scored with a kick because he hasn't scored many this season.

스피킹TIP ▶ 경기 종류에 따라 팀/선수 이름을 일관성 있게 유지하라

문장을 선택해서 활용할 때 가장 중요한 것이 내용의 일관성을 유지하여 수정하는 것이다. 내가 응원하는 팀의 이름과 선수 이름, 경기 진행에 따라 이기고 지는 팀의 이름에 유의하고, 결과에 대한 감상평까지 문맥을 일관성 있게 유지하는 것이 중요하다. 예를 들어, A팀을 응원했는데 B팀이 이겨서 기쁘다고 말하면 곤란하다는 것!

빈출 질문 Q1
As a child, what chores did you have to do at home? What responsibilities did you have?
어렸을 때, 집에서 꼭 해야 했던 일들은 무엇이었습니까? 어떤 책임을 맡았었나요?

Q2
What chores do you have to do at home? What responsibilities do you have?
집에서 꼭 해야 하는 일들은 무엇입니까? 어떤 책임을 맡고 있나요?

답변 구성 전략
공감 문장 선택할 때 참고하세요.

답변 내용이 질문의 모든 요소에 대해 빠짐 없이 대답하고 있는지, 질문의 주제에 맞춰 답변의 흐름이 자연스럽게 연결되는지 확인한다. 되도록 다양한 어휘와 구문을 사용하면 더욱 완벽하다.

★ 답변을 만드는 데 필요한 최소 문장은 6개, IM 등급에 적절한 답변에 이용할 수 있도록 공감 문장을 8개 이상 표시해보세요.

💬 집안일 하기 일반 설명

01	퇴직한 남편이 집안일을 거들고 있습니다.	My retired husband pitches in with house chores.
02	저는 집안일 하는 것을 좋아하지 않습니다.	I do not like to do chores.
03	자질구레한 집안일은 정말 귀찮아요!	Doing house chores is a real bummer!
04	우리는 청소하고 요리하고 바닥을 쓰는 것 같은 집안일을 합니다.	We do housework including cleaning, cooking, and sweeping the floors.
05	저는 부모님을/아내를 도와 집안일을 해야 합니다.	I am supposed to help my **parents/wife** with chores.

06	우리는 요일에 따라, 돌아가며 여러 가지의 집안일을 합니다.	We take turns doing various chores, depending on which day of the week it is.
07	저희는 매주 주말에 이런저런 집안일을 합니다.	We do odd jobs around the house every weekend.
08	집안일은 제가 다 하고 남편은 손가락 하나 까딱하지 않아요.	I do all the work around the house; my husband never raises a finger.
09	집안일이 많기도 하지만, 그냥 쉬고 싶어요.	There's a lot I want to do on the house, but mostly I just want to take it easy.
10	우리 가족은 집안일을 돌아가면서 합니다.	My family members take turns doing the housework.

🗨 세탁

11	저는 매주 빨래방에서 옷을 세탁합니다.	I launder my clothes at the laundromat each week.
12	일요일에 빨래방은 자기 옷을 세탁하는 사람들로 붐빕니다.	The laundromat is crowded with people washing their clothes on Sundays.
13	낡은 커튼을 세탁했더니 지금은 새것이나 진배없어 보입니다.	I washed those old curtains and now they look as good as new.
14	스웨터를 세탁하기 전에 뒤집습니다.	I turn the sweater inside out before I wash it.

15	이 셔츠들을 세탁해서 다림질해야 해요.	I need these shirts washed and pressed.
16	흰옷과 색깔 있는 옷은 분리해서 세탁합니다.	I keep the whites separate from the colored clothing when doing the laundry.
17	색깔 있는 옷은 찬물에, 흰 옷은 뜨거운 물에 세탁합니다.	I wash the colored clothes in cold water and the white clothes in hot.
18	어머니는 깔개를 세탁하는 방법에 대해 명확하게 설명해주셨습니다.	My mother gave explicit directions about the way the rug should be cleaned.
19	셔츠를 세탁하기 전에 충분히 담가두세요.	Give the shirt a good soak before you wash it.
20	주말이면 세탁할 셔츠들이 산더미 같습니다.	I have a ton of shirts I really need to get done every weekend.
21	전 그냥 세탁하는 게 싫어요.	I just hate doing laundry.
22	신발과 신발 깔창도 세탁할 필요가 있어요.	Shoes and insoles need cleaning, too.

스피킹TIP 과거 경험에 대해 답변할 때 주의!

어렸을 때 했던 집안일에 대해 답변할 때는 동사의 시제를 과거시제로 만들어주기만 하면 된다.

23	제 남동생이 이번 주에 매일 밤 저를 위해 설거지까지 해주었습니다.	My brother has even done the dishes for me every night this week.
24	제 딸과 아들이 설거지를 하겠다고 했습니다.	My daughter and son offered to do the dishes.
25	저는 부엌에 앉아 싱크대에서 설거지하고 있는 아이들을 지켜보고 있었습니다.	I was sitting and watching them do the dishes at the kitchen sink.
26	저는 설거지를 돕고 매주 제 방을 청소합니다.	I help out with dishes and clean my room every week.
27	여동생은 설거지하는 게 느려요.	My sister is slack in washing the dishes.
28	저의 첫 아르바이트는 음식점에서 설거지하는 거였어요. 그래서 저는 부엌일을 잘해요.	My first part-time job was doing the dishes in a restaurant. So I'm really good in the kitchen.
29	엄마가 바쁘시다는 걸 알아서, 요즘은 제가 설거지를 합니다.	I know my mom is busy, so I do the dishes these days.
30	저는 항상 TV 뉴스를 본 다음, 설거지를 합니다.	I always do the dishes after I watch the news on TV.
31	저는 설거지할 때 부드러운 스펀지를 사용합니다.	I use a soft sponge when I wash the dishes.
32	식기 세척기에 세제를 넣고 문을 닫은 후 스위치를 누릅니다.	I put some detergent into the dishwasher, shut the door, and press the switch.

● 청소

33	매주 일요일에 저는 집의 구석구석을 청소합니다.	Every Sunday, I clean the house from cellar to rafters.
34	항상 그래왔듯 진공청소기로 방을 청소했습니다.	I vacuumed the room, the way I always do.
35	저희는 집을 청소하는 데 많은 시간을 할애합니다.	We spend a lot of time cleaning up our house.
36	저는 화장실을 청소하는 데 강력 세제를 썼습니다.	I used a strong cleanser to clean the bathroom.
37	그리고 벽과 문에 남은 먼지나 지문, 찌꺼기 자국을 청소했습니다.	Then, I cleaned any dirt, fingerprints, or scuff marks off the walls and doors.
38	저는 마루 청소부터 시작하여 모든 것을 기초부터 확실하게 배웠습니다.	I started out sweeping the floors and learned everything from the bottom up.
39	저는 욕실을 청소하라는 말을 들었습니다.	I was told to do the bathroom.
40	바닥 청소만 빼고 뭐든 다 합니다. 그건 너무 힘들어요!	I'll do anything but vacuum cleaning. It is pretty hard!
41	저는 남편이 회사에서 일을 하는 동안 집에서 요리하고 청소를 하며 지냅니다.	I stay home, cook, and clean while my husband works at the company.

42 저는 집에 진공청소를 하거나 바닥을 쓸 수 있는 작은 로봇들을 가지고 있습니다.

I have small robots that vacuum or sweep the house.

🗨 분리수거

43 저는 욕실을 문지르고, 사용한 종이를 분리수거하고 화분에 물을 줍니다.

I'll scrub the bathroom, separate the used paper, and water the plants.

44 저희 아파트에서는 쓰레기를 버리기 전에 분리합니다.

In our apartment complex, we separate the trash before throwing it away.

45 음식물 쓰레기는 분리해서 버려야 합니다.

Food waste is to be thrown out separately.

46 화요일마다 쓰레기 수거 차가 옵니다.

The garbage pickup is on Tuesdays.

47 오늘 아침에 쓰레기를 수거해갔어요.

Our garbage was picked up this morning.

48 쓰레기 수거업자가 쓰레기를 모으고 있었습니다.

The garbage hauler was gathering the garbage.

033 \ SNS

You indicated in the survey that you like to do SNS. What kind of SNS do you usually do? When and where do you do that?

설문조사에서 SNS를 이용하신다고 표시하셨습니다. 어떤 SNS를 주로 이용하나요? 언제, 어디에서 SNS를 하나요?

답변 구성 전략

공감 문장 선택할 때 참고하세요.

답변 내용이 질문의 모든 요소에 대해 빠짐 없이 대답하고 있는지, 질문의 주제에 맞춰 답변의 흐름이 자연스럽게 연결되는지 확인한다. 되도록 다양한 어휘와 구문을 사용하면 더욱 완벽하다.

★ 답변을 만드는 데 필요한 최소 문장은 6개, IM 등급에 적절한 답변에 이용할 수 있도록 공감 문장을 8개 이상 표시해보세요.

💬 기본 정보 및 일반적인 이용

01 SNS는 소셜 네트워킹 서비스 또는 소셜 네트워킹 사이트의 약자입니다.

SNS stands for Social Networking Service or Social Networking Site.

02 사실, 많은 사람들이 온라인 상의 사회화를 선호하면서 SNS는 우리 생활을 변화시키고 있습니다.

In fact, SNS is changing our lives as many people prefer socializing online.

03 오늘날 페이스북과 트위터와 같은 SNS을 이용하는 사람들의 수가 늘어나고 있습니다.

Today, a growing number of people are using SNS (Social Networking Services) such as Facebook and Twitter.

04 이용자들은 이메일 확인, SNS 접속, 인터넷 서핑, 온라인 뱅킹, 메신저 등을 할 수 있습니다.

Users can check their email, access social networking sites, surf the web, do online banking, and instant messaging.

05 스마트폰 이용자들은 화면 터치만으로 최신 뉴스, SNS, 온라인 게임, 엔터테인먼트 등을 접할 수 있습니다.

With a touch of the screen, smartphone users find themselves connected to the latest news, social networks, online games, and entertainment.

06 트위터는 흥미로운 매체입니다. 클릭만 하면 모두 볼 수 있습니다.

Twitter proved interesting; it's all there on the click through.

07 정치인들은 페이스북을 이용하여 메시지를 내보내고 있습니다.

Politicians are sending messages out via Facebook.

08 간단히 말해서, 저에게 있어서 소셜 네트워킹은 인터넷을 통해서 다른 사람을 만나는 방법입니다.

Put simply, for me social networking is a way to meet up with other people on the Internet.

09 저는 콘텐츠를 공개할 수 있고 다른 사람들과 연결해 관심사를 나눌 수 있습니다.

I can publish content myself and connect with others to share our interests.

10 저는 소셜 네트워킹을 이용해서 새로운 친구들을 만나고 옛날 친구들을 찾습니다.

I use social networking sites for meeting new friends and finding old friends.

11 저는 또한 소셜 네트워킹 사이트를 이용해서 저와 같은 문제와 흥미를 가진 사람들을 찾습니다.

I also use social networking sites for locating people who have the same problems or interests as me.

12 저는 제 친구들과 흥미와 활동을 공유합니다.

I can share interests and activities with my friends.

13 소셜 네트워킹 사이트는 제 삶에 있어서도 중요한 역할을 합니다.

Social networking sites play a vital role in my life as well.

| 14 | 대부분의 사이트들은 무료여서 저는 그것들의 다양한 기능을 이용할 수 있습니다. 그것은 중요한데요, 용돈이 빠듯해서 유료 사이트는 사용할 수가 없기 때문입니다. | Most sites are free so I can enjoy the various features of them. It is important because with stricter budgets I cannot afford pay-based sites. |
| 15 | 이런 사이트들은 저와 같이 다른 사람들을 직접 만나고 싶은 사람들 그리고 바쁜 사람들을 위한 것입니다. | These sites are for people, like me, wanting to meet other people in person and with extremely busy schedules. |

💬 프라이버시 문제점

16	소셜 네트워킹 서비스의 프라이버시 문제가 증가되고 있습니다. 너무 많은 개인 정보를 노출하게 된다는 위험에 대한 염려가 이용자들 사이에서 커지고 있습니다.	Privacy concerns with social networking services have been raised. There are growing concerns amongst users on the dangers of giving out too much personal information.
17	이러한 서비스를 이용하는 사람들은 데이터 도용이나 바이러스에 주의해야 합니다.	Users of these services also need to be aware of data theft or viruses.
18	게다가 데이터 관리에 대한 문제가 있습니다.	Furthermore, there is an issue over the control of data.
19	이용자에 의해 수정되거나 지워진 정보가 제3자에게 전달될 수 있습니다.	Information that was altered or removed by the user may be passed on to third parties.
20	이러한 사이트들은 종종 일반적인 방법으로는 얻기 힘든 데이터를 상당량 포함하고 있습니다.	These sites often contain a great deal of data that is hard to obtain via traditional means.

21	소셜 네트워크상의 프라이버시는 많은 원인으로 인해 침해될 수 있습니다.	Privacy on social networking sites can be undermined by many factors.
22	이용자들이 개인 정보를 노출시키면, 사이트는 이용자의 프라이버시를 보호하기 위한 적절한 조치를 취하지 않을지도 모릅니다.	If users disclose personal information, sites may not take adequate steps to protect user privacy.
23	그러면 누군가가 소셜 네트워크상에 게시된 정보를 여러 가지 목적으로 사용할지도 모릅니다.	And then, someone may use information posted on social networks for a variety of purposes.

💬 개인적인 이용

24	친구들이 제 페이스북 페이지에 메지시를 남깁니다.	Friends have left messages on my Facebook page.
25	이것이 단지 내가 페이스북에 로그인하는 유일한 이유입니다.	This is the only reason I log on to Facebook every day.
26	저는 페이스북에서 무슨 일이 일어나고 있는지 놓치고 싶지 않아 자주 확인합니다.	I check my Facebook frequently because I don't want to miss what's happening on Facebook.
27	저는 트위터는 하지만 페이스북은 이용하지 않습니다.	I do Twitter, but I don't do Facebook.
28	하지만, 페이스북은 그래도 트위터보다 52배 많은 접속량을 가지고 있습니다.	However, Facebook still receives 52 times more traffic than Twitter.

29 저는 페이스북에서 상사와 친구를 맺은 것에 대해 후회하고 있습니다.

I am regretting becoming friends with their bosses on Facebook.

30 제 친구 중 하나는 페이스북이 최대한 많은 관객에게 자기 자랑을 늘어놓는 곳일 뿐이라고 말합니다.

One of my friends says "Facebook is about one thing: blowing one's trumpet to as large an audience as possible."

31 저는 수개월 간 페이스북에 들어가지 않았습니다.

I didn't get into Facebook for quite a few months.

32 저는 트위터에 대한 모든 것을 알았습니다.

I knew all about Twitter.

33 요즘 저는 어떤 일이 일어나면 놓치지 않고 바로 사진을 찍거나 영상으로 담아 인터넷 상에 올립니다.

These days, I never miss the opportunity to photograph or video something as soon as it happens and then post it online.

34 제가 게시한 사진들은 제 자신과 가족과 친구들에 대한 것이었습니다.

The photos I put up were for me, my family, and my friends.

35 뿐만 아니라 리포트에 사용하고 싶은 인용문구를 온라인에서 찾을 수 있습니다.

In addition, I can find a quote online I want to use in my report.

36 이게 제가 트위터를 좋아하는 이유입니다.

This is what I like about Twitter.

37 지난주, 제 친구가 웹사이트에 동영상을 게시한 이후로 논란을 불러일으켰습니다.

The video file has stirred controversy after he posted the video on his Facebook last week.

38 그 의식이 진짜였다고 믿고 온라인상으로 격려의 메시지를 게시했던 많은 인터넷 이용자들에게도 진심으로 사과했습니다.

I sincerely apologized to the Internet users who believed the ceremony was real and posted encouraging messages online.

39 게시물은 막아놓을 수 있고 사람들이 공개적으로 게시하는 대신 서로에게 메시지를 보낼 수 있습니다.

Posts can be locked and people can send messages to each other instead of posting them publicly.

40 인터넷 이용자들은 원하는 것을 무엇이든 게시하려 하기 전에 좀 더 성숙한 태도가 요구됩니다.

A more mature attitude is required before Internet users are allowed to post whatever they want.

41 만일 그렇지 않다면, 그들은 그 사람을 차단하거나, 블로그에 그 사람에 대한 나쁜 평을 게시합니다.

If not, they block the person or post bad comments about them on the blog.

42 저는 충격을 받았는데, 심지어 그녀가 죽고 나서도, 사람들은 "그녀가 죽었다는 소식을 들으니 행복하다.", "TV에서 그녀를 더 이상 볼 수 없어서 다행이다."라는 비방 글을 게시했기 때문입니다.

I was shocked because even after her death, people posted comments such as "I am happy to hear that she is dead" and "I am glad I don't have to see her on TV anymore."

43 웹페이지를 게시한 지 몇 시간 안에, 저는 휴대폰, PDA, 디지털 카메라를 잃어버린 씁쓸한 경험이 있는 사람들로부터 수백 통의 이메일을 받았습니다.

Within hours of putting up the webpage, I received hundreds of email messages from people who also had bitter experiences of losing cellphones, PDAs, or digital cameras.

You indicated in the survey that you like to drive a car. When and where do you drive away? Who do you go away with?

드라이브를 좋아한다고 하셨습니다. 당신은 언제, 어디로 운전해서 가는 것을 좋아하나요? 누구와 함께 가나요?

Q2

Please tell me about your most memorable experience when you drove away. What happened? Why was it so memorable to you?

운전할 때 일어난 가장 기억에 남는 일을 이야기해주세요. 어떤 일이었나요? 왜 기억에 남나요?

답변 구성 전략

공감 문장 선택할 때 참고하세요.

답변 내용이 질문의 모든 요소에 대해 빠짐 없이 대답하고 있는지, 질문의 주제에 맞춰 답변의 흐름이 자연스럽게 연결되는지 확인한다. 되도록 다양한 어휘와 구문을 사용하면 더욱 완벽하다.

★ 답변을 만드는 데 필요한 최소 문장은 6개, IM 등급에 적절한 답변에 이용할 수 있도록 공감 문장을 8개 이상 표시해보세요.

🟣 운전 습관 및 드라이브를 좋아하는 이유

01   저는 방어 운전을 하며 처음에 운전을 천천히 하도록 배웠어요.

I'm a defensive driver and learned to take things slow in the beginning.

02   운전을 배우는 것은 보기보다 훨씬 쉽습니다.

Learning how to drive is a lot easier than it looks.

03   일단 운전석에 앉아 발을 페달에 놓으면 운전은 매우 직관적인 과정이 됩니다.

Once I get behind the wheel and put my foot on the pedal, the process becomes very intuitive.

04   저는 운전석에 앉으면 자리를 조절해서 발이 편안하게 페달에 닿을 수 있도록 합니다.

When I sit behind the wheel, I adjust the seat so that my feet comfortably reach both pedals.

05 제가 스트레스를 푸는 가장 좋아하는 활동 중 하나는 차에 올라 운전하는 것입니다.

One of my favorite stress relieving activities is to get in my car and drive.

06 저는 달리고 싶을 때 제 차를 타고 떠납니다.

When I want to run away, I drive off in my car.

07 때때로 저는 차에 올라 달리면서 문제나 세상으로부터 벗어나는 것을 좋아합니다.

Sometimes I would just love to get in my car and drive away from my problems and the world.

08 저는 보통 제 자신을 진정시키고 집중해야 할 때 차를 몰고 떠납니다.

When I end up driving away, it is usually when I need to calm and center myself.

09 저는 이런 드라이브를 리셋 버튼 누르기라고 부릅니다.

I refer to these drives as "hitting the reset button."

10 이런 드라이브 여행은 제게 모든 것을 생각할 시간을 줍니다.

These road trips give me time to think about everything.

11 이런 드라이브 여행을 하면서 저는 아무 것도 생각하지 않는데, 머리를 깨끗이 비웁니다.

During these road trips, I think nothing at all, clearing my head.

12 운전을 하면서는 그냥 저와, 길 그리고 음악만이 있을 뿐입니다.

On my drives, it is just me, the road, and my music.

13 저는 시끄럽고 어지러운 세상으로부터 떠나 재충전하는 그런 작은 휴식이 필요합니다.

I need that little break from the noise and distraction of the world around me to ground and recharge.

14   만약 힘든 한 주를 보냈다면, 저는 차에 올라 창을 내리고 그저 달립니다.

If I have a rough week, then I get in my car, roll down the windows, and just drive.

● 드라이브하기 좋아하는 장소

15   저는 목적지를 염두에 두지 않고 떠나지만 항상 한 곳, 양수리/속초로 가게 됩니다.

I never have a destination in mind when I embark, but I always end up in one place: **Yangsu-ri/Sokcho**.

16   저는 세 곳 중에 한 곳에 가는 것을 좋아합니다. 물가, 옛 묘지 또는 시골 깊은 곳이죠.

I really like to go to one of three places: near water, in an old cemetery, or deep in the country.

17   동해로 간다면 해안가를 달릴지, 수영을 할지, 숲 속을 하이킹할지를 고민할 필요가 없습니다. 모두 주말에 한꺼번에 할 수 있으니까요. 그리고 어렵지도 않습니다.

When I visit **the East Sea**, I don't have to choose between driving along the beach, swimming or hiking in the woods. I can do it all in one weekend. And it's not that hard, either.

18   저는 스트레스 받을 때 차에 올라 제가 가장 좋아하는 곳인 설악산 리조트로 갑니다.

When I'm stressed out, I get in my car and I drivo to my favorite place: **Seorak Mountain Resort**.

19   다음 날 모닝커피를 마시고 속초 근처의 설악산 리조트로 나섭니다.

The next day, I grab my morning coffee and head out to Seorak Mountain Resort near Sokcho.

20	어디로 가게 되든 저는 항상 일상으로 돌아오기 전에 멋진 저녁을 먹는 것으로 여행을 마무리합니다.	No matter where I end up driving to, I always end my trip with treating myself to a nice dinner before heading back to reality.
21	다음 날 아침, 운전을 모두 마치고 그곳 식당에서 맛있는 식사를 합니다.	Next morning, after all the driving, I reward myself with a tasty meal at the restaurant there.
22	기분에 따라 제가 가장 좋아하는 식당인 카페 델 솔에서 채식을 즐길 수 있습니다.	Depending on my mood, I can go for casual vegetarian food at **Café del Soul**, my favorite place.
23	설악산 리조트 주변으로 뻗은 몇 개의 산책로가 있습니다.	Some of the trails extend into the surrounding **Seorak Mountain Resort**.
24	1,708m의 정상에서 아름다운 풍경을 즐길 수 있습니다.	I can enjoy a spectacular view from the 1,708m peak.
25	맛있는 식사와 뜨거운 음료를 마시고 나서 집으로 돌아올 준비가 됩니다.	After a good meal and some hot drinks, I'm ready to return home.

🗨 드라이브에 대한 감상/소감

| 26 | 그것을 생각만 해도 미소가 떠오르고 즐거움에 한숨을 쉬게 됩니다. | Even imagining it now, I smile and sigh in delight. |
| 27 | 그냥 일어나서 갈 수 있다는 것이 얼마나 좋습니까! | How wonderful would it be to just get up and go! |

28 드라이브는 저에게 자유를 줍니다.

Driving allows me freedom.

29 드라이브는 셀프케어 같은 것이죠. 그리고 저한테는 매우 중요합니다.

Driving away is a kind of self-care and it is very important to me.

30 나뭇잎이 천천히 물드는 광경을 보면 기쁨이 넘칩니다.

The sight of the slowly dying leaves fills me with joy.

31 가을 단풍을 보러 떠나는 이러한 드라이브는 일상에서 받은 스트레스를 치유해줍니다.

These drives to view the fall foliage heal from the daily stress of life.

064 「국내 여행 단순 설명」과 연계 활용

● 드라이브 과거 경험

32 제가 어렸을 때 아버지가 운전을 좋아하셨기 때문에 차에 대해 전혀 두려워하거나 겁내지 않았어요.

When I was young, my father really liked driving, so I wasn't scared or intimidated by cars at all.

33 그는 정말 참을성 있게 어떻게 운전을 하는지에 대해 가르쳐주었습니다.

He was really patient and taught me how to drive a car.

34 저는 아버지 그리고 형들이 운전하는 것을 봤기 때문에 저는 뭘 해야 하는지 아는 그런 식이었습니다.

I had watched my father and elder brothers drive a car, so I sort of knew what to do.

35 그 이후로 저는 상당히 운전 전문가가 되었습니다.

Since then, I'd say that I've become quite a car maniac.

36	저는 몇 년 전에 일 때문에 속초/부산/인천에 있었습니다. 별로 특별할 것 없는 방문이었죠.	I was in the **Sokcho/Busan/Incheon** area on business a few years ago, with nothing unusual about the visit.
37	몇 년 전, 제 인생에서 안정과 균형을 찾기 전에 다리를 건너 운전을 할 때면 기쁨에 차 있는 제 자신을 발견하곤 했습니다.	Years ago, before I found peace and balance in my life, I would drive over a bridge and find myself to be delighted with myself.
38	시골 도로를 달리는 것은 제가 가장 좋아하는 것인데 특히 가을에 그렇습니다.	Winding country roads are my favorite, especially in autumn.
39	저는 지난 8월 동해로 떠나는 2일 간의 도로 여행을 계획했습니다.	I was planning a two night road trip to the East Sea last August.
40	제 가족은 속초에 사는 친구를 방문하려고 했고 부산도 들리고 싶어했습니다.	My family was visiting friends in Sokcho and wanted to take in Busan as well.
41	그렇지만 속초에서 부산을 하루만에 가기에는 좀 멀었습니다.	But it was too far to get from Sokcho to Busan in one day.
42	그래서 우리는 부산 가까운 곳 어딘가 중간에서 하룻밤을 묵어야 했습니다.	So we had to spend a night somewhere in between but closer to Busan.
43	고려해볼 만한 아주 좋은 동네로 포항, 경주, 울산이 있었습니다. 우리는 경주를 골랐죠.	Some very nice towns worth considering were Pohang, Kyeongju, and Ulsan. We chose Kyeongju.
44	속초에서 경주로 가기 위해 네 시간 동안 달렸습니다.	It took four solid hours of driving to get from Sokcho down to Kyeongju.

빈출 질문 Q1

You indicated in the survey that you volunteer. When and where do you volunteer? What kind of activities do you do when you volunteer? Why do you do that?

자원봉사를 하신다고 하셨습니다. 당신은 언제, 어디에서 자원봉사를 하나요? 자원봉사할 때 어떤 일을 하나요? 왜 하시나요?

Q2

Please tell me about your most memorable experience when you volunteered. What happened? Why was it so memorable to you?

자원봉사를 했을 때 일어난 가장 기억에 남는 일을 이야기해주세요. 어떤 일이었나요? 왜 기억에 남나요?

답변 구성 전략

공감 문장 선택할 때 참고하세요.

답변 내용이 질문의 모든 요소에 대해 빠짐 없이 대답하고 있는지, 질문의 주제에 맞춰 답변의 흐름이 자연스럽게 연결되는지 확인한다. 되도록 다양한 어휘와 구문을 사용하면 더욱 완벽하다.

★ 답변을 만드는 데 필요한 최소 문장은 6개, IM 등급에 적절한 답변에 이용할 수 있도록 공감 문장을 8개 이상 표시해보세요.

● 자원봉사의 효과/중요성

01 자원봉사는 많은 이유로 중요한데, 지역사회와 자원봉사자에게도 도움이 됩니다.

Volunteering is important for numerous reasons that benefit both the community and the volunteers themselves.

02 우리가 시간을 제공할 때 만들어지는 차이는 매우 크다고 생각합니다.

When we donate our time, the difference made is tremendous, I think.

03 그것은 또한 지역사회를 더 좋게 만들고, 그 경험은 시간을 기부한 우리 자신을 발전시킵니다.

It also shapes a community for the better while the experience improves us who donated the time.

04	자원봉사는 지역사회를 만드는 것입니다. 하나의 목적을 위해 일할 사람들을 한데 모으기 때문이죠.	Volunteering is what makes a community because it brings people together to work on a goal.
05	지역사회의 삶은 다른 사람들을 도우면서 발전합니다.	Community life is improved by aiding others.
06	우리의 시간을 기부하면 우리는 그것이 필요한 누군가에게 희망을 주는 것입니다.	When we donate our time, we give hope to someone who needs it.
07	자원봉사의 자기 희생적인 행동은 정신적인 발전 또한 제공합니다.	The selfless act of volunteering provides a spiritual enhancement as well.
08	다른 사람에게 긍정적인 영향을 미쳤다는 것을 알게 되는 것은 사기가 올라가는 경험입니다.	Knowing that you made a positive impact on someone is an emotionally uplifting experience.
09	그것은 돈이나 명예에 비할 수 없습니다.	That can never be matched by money or fame.
10	이 경험은 개인의 발전에 기여합니다. 특히 자기성취, 자신감, 자존감에서 말이죠.	This experience contributes to personal development especially in self-fulfillment, self-confidence, and self-esteem.
11	현재의 시간을 기부하는 것은 또한 미래에 도움이 됩니다.	Donating time now will also aid in the future.
12	자원봉사의 다른 이점도 있습니다.	There are also other benefits of volunteering.

| 13 | 자원봉사는 현재의 기술을 강화시켜줍니다. 커뮤니케이션 기술, 다른 사람과 함께 일하는 기술, 다른 사람을 이끄는 기술, 헌신과 시간 관리 기술 등이 있죠. | Volunteering strengthens present skills like communication skills, ability to work with others, ability to lead others, dedication, and time management. |
| 14 | 고용주들은 자원봉사를 하지 않는 사람보다는 자원봉사를 하는 사람을 고용하고 싶어하는 것 같습니다. | Employers seem more likely to hire those who volunteer than someone who doesn't volunteer. |

💬 자원봉사 경험(현재)

15	저는 탁아소에서 자원봉사를 해왔습니다.	I have worked as a volunteer in a day-care center.
16	저는 양로원에서 자원봉사를 합니다.	I do volunteer work at a nursing home.
17	봉사활동의 긍정적인 면에 대한 예가 많이 있습니다.	There are many positive examples of volunteering.
18	그들은 모두 자원자들입니다. 그냥 그것이 좋아서 하는 사람들이죠.	They're all volunteers, working for the love of it.
19	제 친구들과 저는 우리 동네 고아원에서 자원봉사를 합니다.	My friends and I volunteer at the orphanage in our town.
20	저는 아이들에게 수영을 가르치고 다른 사람들은 미니 축구 리그를 만드는 것을 돕습니다.	I teach the kids how to swim, while the others help them form a mini soccer league.

21 그 상담 센터는 (직원이) 전적으로 자원 봉사자들로 구성되어 있습니다.

The advice center is staffed entirely by volunteers.

22 왜냐하면 그 아이들 대부분은 또래의 다른 아이들처럼 수영을 배우거나 축구, 태권도 학원에 다닐 사치를 누릴 수 없기 때문이죠.

Because many of these kids do not have the luxury of taking swimming, soccer, or Teakwando lessons like other children their age.

23 매일 방과후에 지역사회의 아이들은 센터로 모여듭니다.

Every day after school, children from the local community arrive at the center.

24 그곳에서 저와 같은 자원봉사자들은 아이들을 위한 활동을 계획합니다.

There volunteers like myself plan activities for them.

25 우리는 아이들의 부모들이 아이들을 데리러 올 준비가 될 때까지 돌봐줍니다.

We take care of them until they are ready to be picked up by their parents.

26 대부분 이 아이들은 저소득층 가정에서 옵니다. 그 의미는 그들의 부모들이 비싼 유아원에 보낼 여유가 안 된다는 의미이죠.

For the most part, these children come from low-income families. That means their parents cannot afford expensive day care facilities.

27 우리는 아이들의 숙제를 봐주고 그들을 공원에 데려가거나 다양한 게임을 준비합니다.

We help the children with their homework, take them to the park, and organize various games for them.

28 그리고 아이들이 과제를 성공적으로 해낼 때마다 저는 성취감을 느낍니다.

And every time the children accomplish a task with success, it gives me a sense of accomplishment.

● 자원봉사 경험(과거)

| 29 | 탁아소에서 자원봉사할 때 잊지 못할 경험을 했습니다. | I had an unforgettable experience when I worked as a volunteer in a day-care center. |

| 30 | 지역 신문에서 장애 아동을 돕는 자원봉사자를 구하는 광고를 보고 망설임 없이 지원했습니다. | In the local paper, I saw an ad looking for volunteers to help special education children and I applied without hesitation. |

| 31 | 학교 프로젝트 팀에 의해 조직된 그 프로젝트는 대규모 식량 기부 운동을 벌일 예정이었습니다. | The project was to be a giant food drive, organized by the School Project Team. |

| 32 | 저는 취업 지원서에 쓸 것을 하나 보태보려고 대학 마지막 해에 자원봉사를 시작했습니다. | I started volunteering in my last year of university so that I would have something to add to my job applications. |

✚ 문장 조합 이렇게!

I started volunteering in my last year of university so that I would have something to add to my job applications. In the local paper, I saw an ad looking for volunteers to help special education children and I applied without hesitation. 32+30

저는 취업 지원서에 쓸 것을 하나 보태보려고 대학 마지막 해에 자원봉사를 시작했습니다. 지역 신문에서 장애 아동을 돕는 자원봉사자를 구하는 광고를 보고 망설임 없이 지원했습니다.

| 33 | 제 친구들과 저는 50명의 학생을 이끌어 식량 모으기를 했습니다. | My friends and I led a group of 50 students in a drive to collect food. |

| 34 | 우리는 300개의 캔을 모았습니다. | We collected 300 cans of food. |

| 35 | 그렇지만 그것은 지역에서 필요한 가정에 배급하기에는 부족한 양이었습니다. | But it was not enough to take care of needy families in the area. |

36 저는 몇 사람이나 이걸 자진해서 도와줄지 몰랐습니다.

I didn't know how many would volunteer to help with this.

37 모든 지원자는 특수교육 아동과 짝을 이루었습니다.

Each volunteer was paired up with a special education child.

38 저는 지역 사회의 자원 봉사자로서 아주 값진 경험을 했습니다.

I had an invaluable experience as a community volunteer.

39 자원봉사자들은 기부금을 모으려고 열심히 노력했습니다.

Volunteers worked hard to raise subscription.

40 저는 방과후 학교 프로그램을 꾸리는 데 참여해보라는 요청을 받았습니다.

I was asked to help organize an after-school program for children.

41 저는 20대에 튀니지에서 자원봉사를 하면서 생각을 많이 바꾸게 되었습니다.

My thinking was changed when I worked as a volunteer in Tunisia in my twenties.

42 저는 회사에서 은퇴한 이후, 한 자선기관에서 자원봉사자로 일하기 시작했습니다.

Since I retired from the company, I have begun to work as a volunteer for a charity.

43 우리 동네에서 한 가족의 집이 불타버렸고 사람들은 그들을 돕기로 했습니다.

In my town, a family's house burnt down and a group of people decided to help them.

44 그 가족들은 집과 재산을 잃었습니다.

That family lost their house and their belongings.

45 그렇지만 그들은 지역 사람들이 그들을 돕고 싶어한다는 사실을 알고는 기쁨을 느꼈고 돈이 다가 아니라는 것을 알게 되었다고 말했습니다.

But they said seeing how their own community wanted to help brought joy and showed them that money isn't everything.

46 아이들은 우리가 준비한 프로그램을 잘 따라줬습니다.

The kids responded well to the program we organized.

47 조금씩 저는 그들과 유대가 높아지기 시작했습니다.

Slowly I started to develop a bond with them.

48 그렇지만 저는 그들도 역시 저에게 가르침을 주고 있다는 것을 몰랐습니다.

But little did I know that they were also teaching me things.

49 아이가 물에 들어가기를 겁낼 때 저는 그들이 시간을 가지고 마침내 물에 들어가도록 기다립니다. 저는 인내심을 배웠죠.

When a child was scared to get into the water, I waited for them to take some time and finally get into the water. They taught me patience.

🗨 자원봉사 소감

50 저는 종종 사람들이 자원봉사의 이점에 대해 이야기하는 것을 들었습니다. 다른 사람의 인생에 긍정적인 영향을 미치는 방식이라고 말이죠.

I have often heard people talk about the benefits of volunteering, of it being a way to touch the lives of others in a positive way.

51 그러나 저는 제가 봉사활동을 시작할 때까지는 그 영향에 대해 완전히 이해하지는 못했습니다.

But I didn't fully understand the impact of volunteering until I started to volunteer myself.

52 처음에는 지역사회 행사에 가서 돕는 정도였습니다.

At first, I would just be a helping hand in local community events.

53 제가 그들의 삶에 중요한 사람이라고 느꼈습니다.

I felt that I was important in their lives.

54 시간을 내어 수영을 가르친 것은 제 인생에서 가장 잘 한 일이었습니다.

Volunteering my time to teach swimming lessons was the best thing I have ever done in my life.

55 그것은 일하는 데 있어 돈이 동기가 될 수 없다는 것을 가르쳐주었습니다.

It taught me that money will never be my motivation for working.

56 그것은 제가 다른 사람의 인생에 변화를 만들 수 있다는 것을 가르쳐주었습니다.

It taught me that I can make a difference in another person's life.

57 자원봉사가 제 인생을 바꿨습니다.

Volunteering has changed my life forever.

58 누구나 도움이 될 가치 있는 무언가를 가지고 있습니다.

Everyone has something worthwhile to contribute.

59 자원봉사자로서 다른 사람들에게 도움이 되는 행동을 위한 시간을 내려면 자신의 스케줄을 우선시해야 한다는 것을 깨달았습니다.

I realized that as a volunteer, I must be able to prioritize my schedule in order to devote time for activities that benefit others.

60 그들과 시간을 더 보낼수록 제가 그들을 얼마나 더욱 사랑하게 되었는지 깨달았습니다.

The more time I spent with them, the more I realized how much I loved them.

You indicated in the survey that you like to go to a café. When do you usually go to a café? Do you have some place that you like to visit? And who do you go with?

커피숍에 가는 것을 좋아한다고 하셨습니다. 당신은 언제 커피숍에 가나요? 가기를 좋아하는 곳이 있나요? 그리고 누구와 함께 가나요?

Q2

Please tell me about your most memorable experience when you went to a café. What happened? Why was it so memorable to you?

커피숍에 갔을 때 일어난 가장 기억에 남는 일을 이야기해주세요. 어떤 일이었나요? 왜 기억에 남나요?

답변 구성 전략

공감 문장 선택할 때 참고하세요.

답변 내용이 질문의 모든 요소에 대해 빠짐 없이 대답하고 있는지, 질문의 주제에 맞춰 답변의 흐름이 자연스럽게 연결되는지 확인한다. 되도록 다양한 어휘와 구문을 사용하면 더욱 완벽하다.

★ 답변을 만드는 데 필요한 최소 문장은 6개, IM 등급에 적절한 답변에 이용할 수 있도록 공감 문장을 8개 이상 표시해보세요.

● 커피 관련 기본 설명

01 저는 늘 아침에 커피를 마십니다.

I always have coffee in the morning.

02 겨울이 다가옵니다. 공기가 차갑게 느껴집니다. 그러면 저는 점점 더 자주 이 카페에 앉아 있습니다.

Winter is approaching; I feel the chill in the air. Then I sit more and more often in this cafeteria.

03 왜 점점 더 자주 카페에 가는지를 설명할 수는 없습니다.

I can't explain why I find myself sitting more and more often in the café.

04 식물과 꽃이 심어진 화분들이 그곳 주변에 놓여져 있습니다.

Potted plants and flowers are positioned around the room.

05	벽에는 다양한 예술 작품이 걸려 있습니다.	Various works of art hang on the wall.
06	테이블 서비스는 없습니다. 방문하면 먼저 바에 줄을 섭니다.	There's no table service; the visit begins standing in the queue at the bar.
07	저는 보통 카푸치노를 주문합니다.	I usually order a cappuccino.
08	저는 주로 창가에 앉아 햇볕을 쬐며 밖을 바라보는 것을 즐깁니다.	I usually sit by the window and enjoy bathing in sunlight and looking out.
09	뒤에서는 음악 소리와 떠드는 소리가 들려옵니다.	From behind, the sound of music and voices reaches my ears.

💬 좋아하는 커피

10	저는 차는 별로 좋아하지 않고, 커피를 더 좋아합니다.	I don't really care for tea; I like coffee better.
11	저희 회사 근처에 좋은 카페를 한 곳 아는데, 그곳은 커피를 진하게 타기로 유명합니다.	I know a great café near my office and it is renowned for brewing strong coffee.
12	카페 모카는 일반적으로 에스프레소 1/3과 스팀 밀크 2/3를 섞은 것으로 초콜릿이 추가됩니다.	A café mocha is typically one third espresso and two thirds steamed milk, and a portion of chocolate is added.
13	카페 모카는 종종 휘핑크림이 올려져 나옵니다.	A café mocha is often served with whipped cream on top.

14	카푸치노는 에스프레소, 뜨거운 우유, 스팀 밀크 거품이 들어가는 커피 음료입니다.	Cappuccino is a coffee-based drink prepared with espresso, hot milk, and steamed milk foam.
15	저는 카페에서 카푸치노를 마실 때 컵 높이 위로 보이는 거품을 좋아합니다.	When I enjoy cappuccino at a café, I love the foam visible above the side of the cup.
16	카프치노의 거품이 있어서 더 뜨겁고 맛도 더 좋아집니다.	The foam on top of the cappuccino makes it hotter and taste better.
17	에스프레소는 종종 다른 방식으로 만든 커피보다 더 농도가 진합니다.	Espresso often has a thicker consistency than coffee brewed by other methods.
18	에스프레소는 라떼, 카푸치노, 마키아또, 모카, 아메리카노 등 다른 커피의 기본이 됩니다.	Espresso is the base for other drinks, such as a latte, cappuccino, macchiato, mocha, or americano.
19	에스프레소는 다른 대부분의 커피보다 카페인 함량이 높기 때문에 저는 늦게까지 일할 때면 종종 마십니다.	I often drink espresso when I work late because espresso has more caffeine than most coffees.
20	저는 아침에 갈아 만든 커피의 향과 맛을 좋아해서 주로 출근하면서 커피숍에 들릅니다.	I love the aroma and flavor of fresh brewed coffee in the morning and I drop by the café on my way to work.

🗨 과거 경험

| 21 | 제가 언제 커피숍에 가기 시작했는지는 사실 기억이 나지 않습니다. | I can't really remember when I started going to cafés. |

22	그때 저는 필시 대학생이었을 겁니다.	I must have been in university at the time.
23	길 건너에 커피숍을 새로 열었는데 정말 가보고 싶었습니다.	There was a new coffee shop across the street and I really wanted to try it.
24	문을 열자 따뜻한 공기가 맞아주었습니다.	When I opened the door and I was welcomed by a warm blanket of air.
25	진하고 신선한 커피향과 구운 빵 냄새에 기분이 좋았습니다.	The rich aromas of fresh coffee and baked goods delighted me.
26	저는 커피숍 안으로 들어갔습니다.	I stepped into the coffee house.
27	세 시 정도 되었고, 카페는 반은 비어 있었습니다.	It was about three. The cafeteria was half empty.
28	저는 카페의 구석에 앉아서 한 손에는 커피잔을, 다른 한 손에는 책을 들고 있었습니다.	I was seated in a corner of the room, my coffee cup in one hand and a book in the other.
29	나이 든 여자들이 즐겁게 이야기를 나누고 있었습니다.	A group of older women were chatting happily.
30	저는 카운터 뒤에 있는 남자에게 주문을 했습니다.	I placed my order with the man behind the counter.
31	그 카운터의 남자가 키 크고 날씬하고 너무 잘 생긴 거였어요.	I found the man behind the counter was really handsome, tall, and slim.

32 분명 그는 제가 본 사람들 중에 가장 멋있는 남자였어요.

He was definitely the coolest guy I've ever seen.

33 아마 제가 너무 떨렸는지 주문하면서 말을 더듬었습니다.

Maybe because I was so nervous, I began to stammer when I ordered my coffee.

34 너무 창피했습니다.

I was so embarrassed.

➕ 문장 조합 이렇게!

I placed my order with the man behind the counter. I found the man behind the counter was really handsome, tall, and slim. He was definitely the coolest guy I've ever seen. Maybe because I was so nervous, I began to stammer when I ordered my coffee. I was so embarrassed. 30+31+32+33+34

저는 카운터 뒤에 있는 남자에게 주문을 했습니다. 그 카운터의 남자가 키 크고 날씬하고 너무 잘 생긴 거였어요. 분명 그는 제가 본 사람들 중에 가장 멋있는 남자였어요. 아마 제가 너무 떨렸는지 주문하면서 말을 더듬었습니다. 너무 창피했습니다.

35 그는 커피와 우유를 완벽한 조화로 섞은 커피를 만들어줬습니다.

He made me the perfect blend of coffee and milk.

36 저는 뜨거운 커피를 한 모금 마셨습니다.

I took a sip of my hot coffee.

37 뜨거운 커피가 제 차가운 손을 녹여주었습니다

Hot coffee warmed my cold hands.

38 눈이 무거워졌습니다.

My eyes got heavy.

39 제 뒤에서 여자들이 이야기를 나누는 소리를 들을 수 있었습니다.

I could hear the women talking behind me.

40 그것은 앉아서 저와 수다를 떨던 어머니를 생각나게 했습니다.

That reminded me of my mother sitting and chatting with me.

41	저는 마치 집에 온 것 같았습니다.	I felt as though I had come home.
42	저는 카페에서 고객을 기다리고 있었습니다.	I was in the café waiting for my client.
43	저는 커피를 단숨에 마시고 새로운 프로젝트 얘기를 시작했습니다.	I downed coffee and started to talk about the new project.
44	그것은 서울 테크 사의 건물에 있었습니다.	It was in the building of the Seoul Tech Co.
45	저는 그곳에서 외국인 커플을 보았습니다.	I saw a foreign couple there.
46	그는 약간은 아이언 맨처럼 보였는데, 금속 수트는 없었지만요.	The man looked a bit like Iron Man, but without his metal suit.
47	여자는 서른이 안 되어 보였는데 꽤 예뻤습니다.	The woman was under 30 and quite pretty.
48	그 젊은 여자는 영국식 엑센트로 말했습니다.	The young woman spoke with a British accent.
49	그들의 화려한 쇼핑몰 스타일은 이 장소에 어울리지 않았습니다.	Their frivolous shopping-mall style didn't fit in this place.
50	저는 그 카페에서 그들처럼 그렇게 화려한 색상의 옷을 입은 사람들을 전에는 본 적이 없었습니다.	I had never seen people like them with colorful clothes in the cafeteria before.

03 취미/관심사

037

음악 감상/노래 부르기 단순 설명

빈출 질문 Q1

You indicated in the survey that you like to listen to music. What kind of music do you like and when do you usually listen to it? Where do you get your music? Give as many details as you can.

음악 감상하는 것을 좋아한다고 하셨습니다. 어떤 음악을 좋아하고 언제 음악을 들나요? 그 음악들을 어디서 얻나요? 가능한 자세히 얘기해주세요.

Q2

What types of songs do you like to sing?

어떤 종류의 노래를 부르기를 좋아하나요?

Q3

Tell me about what you do when you sing. When and where do you sing?

당신이 노래를 부를 때 하는 일에 대해 말해주세요. 언제, 어디에서 노래하나요?

답변 구성 전략

공감 문장 선택할 때 참고하세요.

답변 내용이 질문의 모든 요소에 대해 빠짐 없이 대답하고 있는지, 질문의 주제에 맞춰 답변의 흐름이 자연스럽게 연결되는지 확인한다. 되도록 다양한 어휘와 구문을 사용하면 더욱 완벽하다.

★ 답변을 만드는 데 필요한 최소 문장은 6개, IM 등급에 적절한 답변에 이용할 수 있도록 공감 문장을 8개 이상 표시해보세요.

● 좋아하는 음악 장르

①좋아하는 요소 ②구체적인 예

01 제가 가장 좋아하는 음악은 클래식입니다.

My favorite ★ ① music is ② classical music.

★ 이것만 바꿔도 등급이 쑥쑥

① 음악 장르 musical genre
② 락 음악 rock music 한국 팝 Korean pop song

좋아하는 장르

02 저는 락 음악을 즐겨 듣습니다.

I enjoy listening to ★ rock music.

한국 대중 음악 **Korean pop music** 헤비메탈 **heavy metal** 펑크록 **punk rock** 뉴에이지 **new age**
클래식록 **classic rock** 컨트리송 **country song** 레게 **reggae** 리듬 앤 블루스 **rhythm and blues
(R&B)** 클래식 음악 **classical music** 오페라 **opera** 하우스 음악 **house music** 디스코 **disco** 테크노
techno 클럽 음악 **club music** 라틴 음악 **latin music** 대중음악 **pop music** 소프트 록 **soft rock** 오
에스티 **OST (original sound track)** 좋은 가사가 있는 노래 **songs with nice lyrics**

---

03 저는 슬픈 가사와 멜로디의 노래
를 정말 좋아합니다.

I love songs with sad lyrics and melodies.

음악장르

04 발라드는 평생 제가 가장 좋아하
는 음악이었습니다.

Ballads have been my favorite music all my
life.

05 마음을 차분하게 하는 슬픈 발라
드를 정말 좋아합니다.

I really like sad ballads, which make me calm
down.

➕ 문장 조합 이렇게!

Ballads have been my favorite music all my life, **which** make me calm down. 04+05
발라드는 평생 제가 가장 좋아하는 음악이었습니다. 발라드는 마음을 차분하게 해주죠.

06 마음을 차분하게 하고 감동을 주
는 발라드를 정말 좋아합니다.

I really like ballads, which make me calm
down and move my heart.

07 마음을 차분하게 하고 감동을 주
는 R&B를 정말 좋아합니다.

I really like R&B, which makes me calm down
and move my heart.

08 저는 기운을 북돋우는 락 음악을
정말 좋아합니다.

I really like rock music, which makes me
cheer up.

09 저는 솔직히 모든 종류의 음악을
좋아합니다.

I love all kinds of music, to be honest.

🔵 음악 관련 활동

10 저는 음악에 전혀 재주가 없지만 음악 듣는 것을 정말 좋아합니다.

I'm all thumbs when it comes to music, but I really like to listen to music.

11 클래식 음악 감상은 제가 가장 좋아하는 여가 활동입니다.

Listening to ⭐ <u>classical music</u> is my favorite spare time activity.

12 저는 클래식 음악에 관심이 많습니다.

I am interested in ⭐ <u>classical music</u>.

13 저는 하루 종일 클래식 음악을 틀어주는 라디오 방송을 즐겨 듣습니다.

I enjoy radio programs which play ⭐ <u>classical music</u> all day.

➕ 문장 조합 이렇게!

I am interested in classical music, **and** I enjoy radio programs in which play classical music all day. 12+13

저는 클래식 음악에 관심이 많아서 하루 종일 클래식 음악을 틀어주는 라디오 방송을 즐겨 듣습니다.

14 요즘은 최소한 아침에 출근할 때 운전하면서 듣습니다.

I now listen to them at least in the morning when I drive to work.

15 저는 교회 성가대 지휘자에요. 그래서 음악 듣는 것을 정말 좋아합니다.

I am a conductor of ⭐ <u>a church choir</u>. So I really like listening to music.

16 저는 동네 아마추어 합창단의 회원입니다. 그래서 하루 종일 음악을 듣습니다.

I am a member of ⭐ <u>an amateur choir</u> in my neighborhood. So I listen to music all day.

⭐ 이것만 바꿔도 등급이 쑥쑥

아마추어 락 밴드 **an amateur rock band** 군악대 **a military band** 교회 성가대 **a church choir** 지역 밴드 **a local (또는 지역명) band**

● 음악을 듣는 때/목적/이유

17 저는 스트레스를 풀기 위해 집에서 음악을 크게 틀어 놓고 듣습니다.

To ★ <u>release stress</u>, I play loud music at home.

18 저는 스트레스를 풀어야 할 때 음악을 듣습니다.

I listen to music when I need to ★ <u>relieve stress</u>.

★ 이것만 바꿔도 등급이 쑥쑥

독서에 집중하다 **focus on reading a book**   시험 공부하다 **study for the exam**   리포트/논문을 쓰다 **write a paper**   명상하다 **meditate**   기분 전환하다 **change my mood**   기운을 북돋우다 **lift my spirits**

19 힘든 하루를 보내서 완전히 지쳐버렸을 때 그것은 효과가 있습니다.

When I am totally worn out after a long hard day, it works for me.

20 책을 읽는 동안에도 음악을 듣습니다. 음악이 책을 더 잘 읽는 데 도움이 된다는 것을 알아냈습니다.

I also listen to music while ★ ① <u>reading a book</u>. I found out that music can help me ② <u>understand books better</u>.

★ 이것만 바꿔도 등급이 쑥쑥

① 러닝머신에서 뛰는 **running on a treadmill**   시험 공부를 하는 **studying for an exam**   요가를 하는 **doing yoga**   운전을 하는 **driving**

② 운동에 더 잘 집중하다 **focus on exercising better**   교과서를 더 잘 이해하다 **understand textbook better**   편안하게 느끼다 **feel comfortable**

스피킹TIP 〉 동사 적용하기: to부정사 자리, 동사 자리

동사구 표현을 많이 익혀두면 여러 문장 구조에 맞춰 활용도가 높다. to부정사, 동명사, 원형부정사(동사원형) 형태로도 적용할 수 있고 주어의 행위를 나타내는 일반동사로도 쓰인다. 이때는 동사의 시제 변화와 수일치에 유의한다.

21	저는 매일 아침 출근 전에 음악을 듣습니다.	Every morning I listen to music before work.
22	저는 헤드폰을 씁니다. 헤드폰을 끼면 바깥 소음이 거의 안 들리니까요.	I have my headphones on because the headphones block out almost all outside noise.
23	귀를 보호하기 위해서, 이어폰이나 헤드폰을 사용하여 음악을 크게 듣지 않습니다.	To protect my ears, I don't listen to music loudly using earphones or headphones.
24	혼자 방해 받지 않는 게 중요하죠.	It is vital to be alone without being disturbed.
25	저는 이동 중에 아이폰으로 음악을 듣는 것을 좋아합니다.	I like to listen to music with my iPhone on the move.

✚ 문장 조합 이렇게!

I like to listen to music with my iPhone on the move, and I have my headphones on because the headphones block out almost all outside noise. 25+22

저는 이동 중에 아이폰으로 음악을 듣는 것을 좋아하는데, 헤드폰을 씁니다. 헤드폰을 끼면 바깥 소음이 거의 안 들리니까요.

26	댄스 음악이나 락, 힙합 등을 골라 컴퓨터로 틀어 놓습니다.	I pick some dance music, rock music, or hip-hop and play it on my desktop computer.
27	저는 다른 혼자만의 장소에서 컴퓨터를 이용해 음악을 듣습니다.	I listen to music in a different private place using my computer.
28	스트레스에서 벗어날 필요가 있을 때는 혼자만의 장소에서 컴퓨터를 이용해 음악을 듣습니다.	I listen to music in a different private place using my computer when I need to relieve stress.

● 음악을 듣다 생긴 에피소드

29 헤드폰을 끼고 음악을 크게 들으면 가끔씩 귀가 멍멍합니다.

My ears ring sometimes because I listen to music with headphones on at full volume.

30 저희 부모님은 언제나 제게 스피커 볼륨을 줄이라고 말씀하십니다.

My parents are always telling me to turn the speakers down.

31 거리에서 우연히 제가 좋아하는 밴드의 멤버 중에 한 명과 마주쳤는데 도대체 그 사람 이름을 기억할 수 없지 뭐예요. 그래도 그의 사인은 받았어요.

I bumped into one of my favorite band's members on the street and couldn't remember his name for the life of me.
But I got his autograph.

32 지난 크리스마스에 그 콘서트 티켓을 구했는데 제 인생 최고의 순간이었습니다.

I got tickets for the concert last Christmas and that was the best part of my life.

● 음악 활동/노래 부르기 활동

33 요즘 저는 학교 합창단에서 노래를 합니다.

I sing in the school choir these days.

① 참여 파트 ② 소속 밴드/합창단

34 저는 합창단에서 소프라노입니다.

I am ⭐ ① a soprano in ② the singing group.

⭐ 이것만 바꿔도 등급이 쑥쑥

① 리드 싱어 **the lead singer** 보컬 **a vocalist** 래퍼 **a rapper** 드러머 **a drummer**
기타리스트 **a guitarist**

② 아마추어 락 밴드 **an amateur rock band** 군악대 **a military band** 교회 성가대 **a church choir**
지역 밴드 **a local (또는 지역명) band**

35	그처럼 감정을 실어서 부르는 데는 항상 실패합니다.	I always fail to sing with deep emotion like him.

36	저는 회식에서 불러서 멋져 보이려고 가끔 그의 노래를 연습합니다.	I sometimes practice **his songs** in order to sing and look cool at a company dinner.
37	저는 가끔씩 노래방에서 걸 그룹들의 노래들을 부르려고 해봅니다.	I sometimes try to sing **girl groups' songs** at karaoke.
38	때때로 그의 노래를 여자친구에게 세레나데로 불러줍니다.	Sometimes, I sing his songs as a serenade for my girlfriend.

39	저는 밴드에서 드럼을 칩니다.	I play the **drums** in a band.
40	저는 밴드에서 리드 싱어입니다.	I am the lead singer in a band.

41	우리 밴드는 많은 이름들을 바꾸다가 결국 '핵폭탄'으로 정했습니다.	Our band changed names many times and eventually ended up as the **Nuclear Bomb**.
42	우리는 전문 밴드와 똑같이 열정과 에너지를 보여주려고 노력합니다.	We try hard to show passion and energy just like a professional band.
43	우리는 노래 연습을 위해 매주 모입니다.	We get together every weekend to practice singing.
44	우리는 재미로 하지만 때때로는 연례 콘테스트에 참가하기도 합니다.	It's for fun, but we sometimes participate in annual contests.

45 우리 밴드가 내년도 경연대회에 참가하기 위해 제주도로 여행을 하려면 꽤 많은 돈을 모아야 할 것입니다.

If our band wants to travel to Jeju-do to compete next year, it will have to raise a lot of money.

46 주로 동네 고등학교 교실 한 곳에서 노래를 연습합니다.

We usually practice singing in a classroom of the high school in town.

47 우리는 함께 노래를 하면서 팀워크에 대해 많은 것을 배웁니다.

I learn a lot about teamwork while we are singing together.

✚ 문장 조합 이렇게!

We get together every weekend to practice singing. We usually practice singing in a classroom of the high school in town. I learn a lot about teamwork while we are singing together. 43+46+47

우리는 노래 연습을 위해 매주 모입니다. 주로 동네 고등학교 교실 한 곳에서 노래를 연습합니다. 우리는 함께 노래를 하면서 팀워크에 대해 많은 것을 배웁니다.

48 우리 팀은/밴드는 이번 주 금요일에 있을 큰 대회를 위해 연습 중입니다.

Our **team/band** is practicing for their big competition this Friday.

49 저는 각 음을 또렷이 소리내기 위해 열심히 연습하고 있습니다.

I am working hard on the clear articulation of every note.

038

좋아하는 음악가/가수 단순 설명

빈출 질문 Q1

Please tell me about your favorite singer. What kind of music does he or she sing? Why do you like him or her?

당신이 가장 좋아하는 가수에 대해 이야기해주세요. 어떤 종류의 음악을 부르나요? 왜 그 또는 그녀를 좋아하나요?

답변 구성 전략

공감 문장 선택할 때 참고하세요.

답변 내용이 질문의 모든 요소에 대해 빠짐 없이 대답하고 있는지, 질문의 주제에 맞춰 답변의 흐름이 자연스럽게 연결되는지 확인한다. 되도록 다양한 어휘와 구문을 사용하면 더욱 완벽하다.

★ 답변을 만드는 데 필요한 최소 문장은 6개, IM 등급에 적절한 답변에 이용할 수 있도록 공감 문장을 8개 이상 표시해보세요.

💬 좋아하는 음악가

① 좋아하는 요소 ② 구체적인 예

01 제가 가장 좋아하는 가수는 싸이입니다.

My favorite ★① **singer** is ② **PSY**.

★ **이것만 바꿔도 등급이 쑥쑥**

① 작곡가 composer 음악가 musician
② 헨델/모짜르트/바흐 Handel/Mozart/Bach 조용필 Cho Yongpil

좋아하는 가수 이름

02 몇 명만 꼽아보자면 싸이, 시아, 아이유 등이 있습니다.

PSY, XIA, IU just to name a few of them.

03 저는 슬픈 발라드의 황제인 가수 김범수를 좋아합니다.

I like a singer, **Kim Bumsu,** called the King of Sad Ballads.

037의「좋아하는 음악 장르」표현과 연계 활용   **① 음악 장르 ② 가수 이름**

04 저는 발라드를 정말 좋아합니다. 그래서 발라드 가수 성시경을 좋아합니다.

I love ballads. So I like a ① **ballad** singer, ② **Sung Sikyung**.

05 사랑하는 사람과의 이별을 이야기하는 그의 노래 또한 정말 좋아요.

Also his songs that tell about a breakup with a loved one are really nice.

음악 및 가수의 특징

⏱ 3초 보카 – 목소리의 특징

슬픈 **sad** 부드러운 **soft** 강한 **strong** 감동적인 **rocking** 멋진 **smoking** 최고인 **top notch** 굉장한 **righteous** 멋진 **cool, da bomb** 듣기에 좀 딱딱한 **hard on the ears** 무조의 **atonal** 힘이 없는 **pointless** 깊은 저음의 **deep bass**

06 그의 독특하고 허스키한 목소리는 정말 멋집니다.

His unique, **husky** voice sounds great.

07 그 여자는 음악적인 달콤한 목소리를 가졌습니다.

She has a **sweet musical** voice.

08 그 가수는 대형 스타가 되는 데 필요한 자질을 전부 갖추고 있어요.

The singer has definitely got what it takes to be something incredible.

09 그는 매우 신사다울 뿐 아니라 그의 부드러운 목소리는 정말 멋져서 여성 팬들이 많습니다.

He has many female fans because he's not only gentle and serious, but also his soft voice sounds great.

10 브루노 마스는 미국인이며 싱어송라이터이고 음악가입니다.

Bruno Mars is an American singer-songwriter and musician.

11 그는 요즘 가장 유명한 전자음악 가입니다.

He is the most famous electronic musician playing today.

12 그는 매우 유쾌합니다. 키도 크고 외모도 멋있어요.

He is a very pleasant man. He is also tall and looks nice.

13 그는 공연할 때 절대로 립싱크로 노래 부르지 않습니다.

He doesn't lip-synch at all when he is performing.

| 14 | 그가 슬픈 노래를 부를 때면 저는 그가 진실하게 사랑에 대해 말하고 싶어 한다고 느낄 수 있습니다. | When he sings sad songs, I can feel he wants to express love sincerely. |
| 15 | 아마도 그는 노래 속에 나오는 것 같은 슬픈 사랑을 경험한 적이 있는 것 같습니다. | He seems to have experienced the kind of sad love that his song depicts. |

💬 좋아하는 한국 가수 ① Cho Yongpil 조용필

16	조용필은 한국 대중가수입니다. 그리고 저는 그의 뛰어난 재능과 끊임없는 열정을 존경합니다.	Cho Yongpil is a South Korean pop singer and I admire his great talent and never-ending enthusiasm.
17	많은 한국 대중가요 팬들은 조용필이 한국 대중 음악계에서 가장 영향력 있는 인물 중 한 명이라고 생각합니다.	Many Korean pop fans believe that Cho is one of the most influential figures in Korean pop music.
18	그는 〈돌아와요 부산항에〉, 〈친구여〉, 〈창 밖의 여자〉를 비롯해 한국 대중음악사에 많은 히트곡을 남겼습니다.	He has produced many hits of Korean pop music history, including *Return to Busan Port*, *Dear Friend*, and *The Lady Outside the Window*.
19	그는 한국뿐 아니라 동아시아에서 대중가수로서 성공했습니다.	He became successful as a pop singer not only in Korea but also in East Asia.
20	콘서트에 힘쓰면서 그는 한 해에 30회 이상 공연을 합니다.	Focusing on concerts, he performs over thirty concerts per year.

| 21 | 그는 락을 포함해 다양한 장르의 대중음악을 작곡했습니다. | He has composed diverse kinds of pop music, including rock music. |
| 22 | 2013년에는 19번째 앨범 〈헬로우〉를 발매했는데 한국 대중음악 차트에서 1위를 차지했습니다. | In 2013, Cho released his 19th album titled *Hello*, which debuted at number 1 on the Korean pop charts. |

🔵 좋아하는 한국 가수 ② Girls' Generation 소녀시대

23	소녀시대는 SM 엔터테인먼트에 의해 결성된 한국의 걸그룹입니다.	Girls' Generation is a South Korean girl group formed by SM Entertainment.
24	그룹은 9명의 멤버들인 태연, 제시카, 써니, 티파니, 효연, 유리, 수영, 윤아, 서현으로 구성되어 있습니다.	The group consists of nine members; Taeyeon, Jessica, Sunny, Tiffany, Hyoyeon, Yuri, Sooyoung, Yoona, and Seohyun.
25	그룹은 〈다시 만난 세계〉, 〈키싱유〉와 같은 곡으로 관심을 끌기 시작했습니다.	The group started gaining attention with songs such as *Into the New World* and *Kissing You*.
26	그들은 〈지〉라는 싱글로 엄청난 인기를 모았습니다. 그 곡은 매우 귀엽고 사랑스럽습니다.	They gained significant popularity with their hit single *Gee*. It's very cute and lovely.
27	그들은 〈소원을 말해봐〉와 〈오!〉라는 곡으로 한국 음악 산업에 자리매김했습니다.	They solidified their place in the Korean music industry with *Genie*, and *Oh!*.

💬 좋아하는 한국 가수 ③ Psy 싸이

28 싸이는 한국 가수이자 작곡가, 랩퍼, 프로듀서로 활동합니다.

PSY is a South Korean singer, songwriter, rapper, and record producer.

29 싸이는 유머러스한 비디오와 무대 공연으로 유명합니다.

Psy is known for his humorous videos and stage performances.

30 국제적으로는 그의 싱글 〈강남 스타일〉로 유명합니다.

Internationally he is known for his hit single *Gangnam Style*.

31 그의 〈강남 스타일〉 뮤직 비디오는 유투브에서 1억 뷰를 넘었습니다.

His music video for *Gangnam Style* exceeded 1 billion views on YouTube.

32 싸이는 글로벌 스타로 떠올랐습니다.

Psy emerged as a "global superstar."

33 2012년에 싸이는 전 세계적으로 방송되는 새해 축하 공연을 뉴욕의 타임스퀘어의 무대에서 했습니다.

In 2012, Psy performed in a globally televised New Year's Eve celebration on-stage in Times Square, New York City.

💬 좋아하는 한국 가수 ④ BoA 보아

34 보아는 한국 가수로 한국과 일본, 미국에서 활동하고 있습니다.

BoA is a Korean singer, active in South Korea, Japan, and the United States.

35 저는 그녀가 한국 팝의 여왕이라고 생각합니다.

I would say that she is referred to as the Queen of Korean Pop.

36 잘 알려져 있듯이, 그녀는 SM 엔터테인먼트 사가 발굴해냈습니다.

As is well known, she was discovered by SM Entertainment.

37	여러 해의 연습을 마치고 2000년에 그녀는 〈ID: 피스 B〉로 한국어 앨범을 발매했습니다.	In 2000, after several years of training, she released *ID; Peace B*, her debut Korean album.
38	2년 후에 그녀는 일본어 앨범을 발매했습니다.	Two years later, she released her debut Japanese album.
39	보아는 미국에서 〈잇유업〉이라는 싱글로 데뷔했습니다.	BoA debuted in the United States with the single *Eat You Up*.
40	그녀는 모국어인 한국어를 비롯해 일본어, 영어를 구사할 수 있습니다.	She speaks Japanese and English along with native Korean.
41	그녀는 일본에서 백 만장 이상을 판매한 두 개의 앨범을 가진 유명한 아티스트입니다.	She is a well-known artist, with two albums selling more than one million copies in Japan.

💬 좋아하는 한국 가수 ⑤ Yoon Mirae 윤미래

42	윤미래는 미국계 한국인으로 힙합과 알앤비 가수이며 래퍼입니다.	Yoon Mirae is a Korean-American hip hop and R&B singer and rapper.
43	'소울의 여왕'으로 알려져 있는 윤미래는 16세에 힙합과 알앤비 그룹인 업타운으로 활동을 시작했습니다.	Yoon Mirae, who is known as "the Queen of Soul," debuted at the age of 16 with the hip-hop/R&B group Uptown.
44	그녀는 타이거 JK와 결혼하여 아들이 한 명 있습니다.	She is married to Tiger JK, and has one son with him.

45 | 2007년에 결혼한 타이거 JK와 윤미래는 둘 다 힙합계의 거장으로 함께 무대에서 자주 공연을 합니다.

Tiger JK and Yoon Mirae, who married in 2007, are both veterans in the hip-hop industry and often perform together onstage.

🔵 좋아하는 해외 가수 ① Michael Jackson 마이클 잭슨

46 | 마이클 잭슨은 가장 성공한 엔터테이너였습니다.

Michael Jackson was the most successful entertainer.

47 | 그는 가장 유명한 미국의 싱어송라이터 중에 한 명입니다.

He was one of the most famous American singer-songwriters.

48 | 그의 음악, 댄스, 패션 스타일로 인해 그는 대중 문화계의 세계적인 인물이 되었습니다.

His music, dance, and fashion style made him a global figure in popular culture.

49 | 그는 1964년에 잭슨5의 멤버로 프로 음악계에 대뷔했습니다.

He debuted on the professional music scene as a member of The Jackson 5 in 1964.

50 | 아시겠지만, 잭슨5는 잭슨가의 형제들로 구성되어 있었습니다.

As you know, The Jackson 5 consisted of the Jackson brothers.

51 | 그는 1971년에 솔로 활동을 시작했습니다.

He began his solo career in 1971.

52 | 〈빗잇〉, 〈빌리 진〉, 〈스릴러〉와 같은 그의 음악과 춤은 세계적으로 히트했고 전설이 되었습니다.

His music and dance, including those of *Beat It*, *Billie Jean*, and *Thriller*, became an international hit and became a legend.

💬 좋아하는 해외 가수 ② Beyoncé 비욘세

53 저는 비욘세를 좋아합니다. 그녀의 노래 중에 〈베이비 보이〉, 〈싱글 레이디스〉, 〈할로〉, 〈러브온탑〉은 제가 가장 좋아하는 노래입니다.

I like Beyoncé. Of her songs, *Baby Boy*, *Single Ladies*, *Halo*, and *Love on Top* are my favorites.

54 그녀는 여성 R&B 그룹 데스티니즈 차일드의 리더로 명성을 얻었습니다.

She rose to fame as lead singer of R&B girl-group Destiny's Child.

55 그녀는 〈크레이지 인 러브〉 등으로 그레미 상을 수상했고 빌보드 1위에 올랐습니다.

She earned Grammy Awards and featured the Billboard number one singles *Crazy in Love* and so on.

56 다이나믹하고 수준 높은 안무를 보여주는 공연으로 그녀는 세계 최고의 엔터테이너로 자리매김했습니다.

Her dynamic, highly-choreographed performances have made her one of the best entertainers in the world.

💬 좋아하는 해외 가수 ③ Justin Bieber 저스틴 비버

57 저스틴 비버는 캐나다 팝 가수이자, 배우이고 싱어송라이터입니다.

Justin Bieber is a Canadian pop musician, actor, and singer-songwriter.

58 그는 미국인 연예인 매니저에 의해 발굴되었는데, 비버의 비디오를 유투브에서 보았고 그의 재능을 알아보았던 거죠.

He was discovered by an American talent manager, who saw Bieber's videos on YouTube and recognized his talent.

59 그의 데뷔 앨범의 리드 싱글인 〈베이비〉는 빅 히트를 했습니다.

Baby, the lead single from his debut album became a big hit.

60 최근에 그는 내한 공연을 했습니다.

Recently, he had a performance in Korea.

💬 좋아하는 해외 가수 ④ Justin Timberlake 저스틴 팀버레이크

61 저스틴 팀버레이크는 미국의 배우이자 싱어송라이터이며 엔싱크라는 남성 밴드의 리드 싱어로 두각을 나타냈습니다.

Justin Timberlake is an American actor and singer-songwriter, and rose to prominence as the lead singer of the boy band N Sync.

62 그의 노래 중에 〈섹시백〉, 〈마이 러브〉, 〈왓 고우즈 어라운드 컴즈 어라운드〉는 제가 가장 좋아하는 노래입니다.

Of his songs, *SexyBack*, *My Love*, and *What Goes Around... Comes Around* are my favorites.

63 각각의 앨범이 전 세계적으로 700만 부 이상 판매되면서 그는 가장 상업적으로 성공한 가수가 되었습니다.

With each album exceeding sales of seven million copies worldwide, he was established as one of the most commercially successful singers.

64 팀버레이크는 또한 〈히든 카드〉 같은 영화에도 출연하면서 그의 연기 경력에도 주력하고 있습니다.

Timberlake also focuses on his acting career, starring in many movies including *Runner Runner*.

💬 좋아하는 해외가수 ⑤ Lady GaGa 레이디 가가

65 제가 가장 좋아하는 가수는 레이디 가가입니다, 그녀는 레이디 가가라는 예명으로 알려져 있습니다.

My favorite singer is Lady GaGa. She is known by her stage name Lady GaGa.

66 그녀는 미국의 싱어송라이터, 프로듀서, 활동가입니다.

She is an American singer-songwriter, record producer, and activist.

67 음악적으로 가가는 마돈나 마이클 잭슨으로부터, 데이비드 보우위와 퀸, 앤디 워홀 같은 예술가들에 이르기까지 많은 음악가들에게서 영향을 받았습니다.

Musically, GaGa takes influences from numerous musicians from Madonna and Michael Jackson to David Bowie and Queen, and artists like Andy Warhol.

68 그녀가 노래를 작곡할 때 무대에서 입을 의상도 같이 생각합니다.

When she writes music, she thinks about the clothes she wants to wear on stage.

69 그녀에게 있어서 음악은 행위 예술, 팝 퍼포먼스 예술, 패션 이 모든 것이 합쳐진 것입니다.

To her, music is all about everything altogether — performance art, pop performance art, and fashion.

💬 좋아하는 해외가수 ⑥ Eminem 에미넴

70 에미넴은 세계에서 가장 음반이 많이 팔리는 가수 중에 한 명입니다.

Eminem is one of the world's best-selling music artists.

71 그는 미국인 랩퍼이자 프로듀서, 송라이터, 배우입니다.

He is an American rapper, record producer, songwriter, and actor.

72 그는 힙합의 제왕으로도 여겨집니다.

He is considered The King of Hip Hop.

💬 좋아하는 해외가수 ⑦ Britney Spears 브리트니 스피어스

73 브리트니 스피어스는 1990년대의 팝 아이콘이 되었습니다.

Britney Spears was established as a pop icon during the late 1990s.

74 그녀는 20살이 되기 전에 '음반이 가장 많이 팔리는 십대 가수'가 되었고 '팝의 프린세스'로 여겨졌습니다.

She became "the best-selling teenaged artist of all time" before she turned 20, and was considered "the Princess of Pop".

75 브리트니는 데뷔 이후, 1990년대 말 틴 팝의 유행을 선도했습니다.

Following her debut, Spears was credited with leading the revival of teen pop in the late 1990s.

039

음악을 듣는 기기

What kind of musical devices do you use when you listen to music? When and where do you listen to music using them?

음악을 들을 때 어떤 종류의 기기를 사용하나요? 그것을 사용해 언제, 어디에서 음악을 듣나요?

Q2

Please tell me about when you usually listen to music and how you listen to music. Do you buy CDs or download them?

주로 언제 음악을 듣고 어떻게 음악을 듣는지 말씀해주세요. CD를 사나요, 아니면 다운로드를 받나요?

답변 구성 전략

공감 문장 선택할 때 참고하세요.

답변 내용이 질문의 모든 요소에 대해 빠짐 없이 대답하고 있는지, 질문의 주제에 맞춰 답변의 흐름이 자연스럽게 연결되는지 확인한다. 되도록 다양한 어휘와 구문을 사용하면 더욱 완벽하다.

★ 답변을 만드는 데 필요한 최소 문장은 6개, IM 등급에 적절한 답변에 이용할 수 있도록 공감 문장을 8개 이상 표시해보세요.

🗨 음악을 듣는 기기/방법

⏱ 3초 보카 – 기기 종류

스마트폰 **smartphone**　MP3 플레이어 **MP3 player**　노트북 **notebook**　아이폰 **iPhone**　랩탑 컴퓨터 **laptop computer**　헤드폰 **headphone**　블루투스 헤드셋 **bluetooth headset**

음악을 듣는 기기

01	저는 보통 스마트폰이나 컴퓨터로 음악을 듣습니다.	I usually listen to music either on my **smartphone** or on my **computer**.
02	저는 MP3 플레이어를 듣거나 가끔은 라디오를 청취합니다.	I listen to my **MP3 player**, or sometimes I tune into the **radio**.
03	저는 음악을 들을 때 스마트폰을 이용하는데, 주로 지하철에서 음악을 듣기 때문입니다.	When I listen to music, I use my **smartphone** because I usually listen to music on the subway.

| 04 | 저는 음악을 들을 때 스마트폰을 이용하는데, 매우 편리하기 때문입니다. | When I listen to music, I use my **smartphone** because it is very convenient. |

| 05 | 집에서 음악을 들을 때는 컴퓨터를 이용하는 것을 좋아합니다. | When I am at home, I like to listen to music using my **computer**. |

| 06 | 제가 항상 아이폰을 가지고 다니기 때문에 제 집에는 언제나 음악이 있다고 할 수 있죠. | I can say that music is all around me as I always carry my **iPhone**. |

| 07 | 사무실에서 일할 때는 보통 스마트폰이나 컴퓨터로 음악을 듣습니다. | When I work at the office, I usually listen to music either on my **smartphone** or on **my computer**. |

🗨 음악을 듣는 시간

| 08 | 음악을 듣는 시간은 회사로 가는 전철을 탈 때밖에 없습니다. | The only time I have to listen to music is on the train going to work. |

| 09 | 음악을 들으면 전철에서 주변에 사람이 많다는 것을 잊게 해줍니다. | Listening to music makes me forget that I'm surrounded by so many people on the subway. |

| 10 | 저는 일을 할 때 음악을 듣는 것을 좋아합니다. 집중하는 데에 도움이 됩니다. | I like to listen to music while I am working. It helps me concentrate. |

| 11 | 헬스장이나 공원에 있을 때에도 음악을 듣습니다. 운동하는 것을 더 재미있게 해주기 때문입니다. | Also I listen to music when I am at the gym or a park because it makes the exercise more fun. |

12 저는 아이폰을 이용해 시간과 장소에 구애 받지 않고 음악을 들을 수 있습니다.

I can listen to music using my iPhone regardless of the time or place.

13 이것은 제게는 친구들과 수다를 떨고 게임하며 음악을 들을 수 있는 훌륭한 오락 기기입니다.

To me, it is a great entertainment machine for chatting with friends, playing games, and even listening to music.

14 1천 곡 이상의 노래를 담을 수 있고, 음악뿐만 아니라 영상도 저장, 재생할 수 있는 플레이어입니다.

This player can hold more than 1,000 songs, and can store and play video as well as music.

15 선호하는 음악이 무엇이든지 간에, 어떤 타입의 음악이든지 들을 수 있는 최신 전자 기기는 아이팟입니다.

No matter what your music preference may be, the latest electronic gizmo for listening to any type of music on is the iPod.

16 이것들은 편리합니다.

These are convenient.

17 그것은 훌륭한 스피커와 오디오 시스템을 가지고 있어서 쉽게 음악 자체에 집중할 수 있습니다.

It has great speakers, and an audio system, so I can easily focus on the music itself.

18 제 컴퓨터의 좋은 오디오 시스템으로 이 노래들을 들으면 그렇지 않을 때보다 훨씬 좋습니다.

When I listen to these songs with the good audio system of my computer, it seems much better than without it.

19 저는 일할 때 이런 식으로 음악 듣는 것을 좋아하는데, 집중하는 데 도움이 되기 때문입니다.

I like to listen to music this way while I am working because it helps me concentrate.

음악을 얻는 방법

20 온라인에서 음악을 받을 때는 주로 음악 사이트 중 한 곳에서 다운받습니다.

I get my music online, usually by downloading it from one of the music sites.

21 무제한 서비스를 이용하면 한 달에 5,000원을 내고 원하는 음악을 컴퓨터로 다운로드 받을 수 있습니다.

For unlimited downloads, it will cost 5,000 won a month for people who want to listen to music on their computers.

22 휴대용 기기로 음악을 다운로드하는 사용자는 한 달에 5,000원의 이용료를 내면 됩니다.

It will cost 5,000 won a month for those who want to download songs to portable players.

23 저는 온라인에서 음악을 받는데, 종종 친구들과 공유합니다.

I get my music online, usually by sharing it with my friends.

24 저는 음악을 다운로드 받는 대신 음악 사이트에서 스트리밍 서비스를 받기도 합니다.

Sometimes I get streaming service from the music sites instead of downloading music.

25 CD는 요즘 너무 비싸서, 음악을 온라인으로 다운로드 받을 수 없었다면 새로운 음악을 듣는 것을 감당하지 못했을 것입니다.

CDs cost so much these days, if I didn't download music online I'd never be able to afford to listen to new music.

26 저는 대개 MP3를 다운로드 받고 가끔은 CD를 삽니다.

I usually download MP3 and sometimes buy CDs.

27 5,000원을 내고 로그인만 하면 어느 장치에서나 음악을 들을 수 있어서 매우 편리합니다.

I just pay 5,000 won and I can listen to any music with any device if I login, so it is very convenient.

빈출 질문		
	Q1	How and when did you first become interested in listening to music? How did the music influence you? Tell me about it with a lot of details. 언제, 어떻게 처음으로 음악 감상에 관심을 갖게 되었습니까? 그 음악은 당신에게 어떤 영향을 주었나요? 자세히 얘기해보세요.
	Q2	How has your taste in music changed throughout the years? 당신의 음악 취향이 어떻게 바뀌었나요?
	Q3	How and when did you first become involved in singing? Who taught you how to sing? Describe it in detail. 언제, 어떻게 처음 노래 부르기 시작했나요? 누가 노래를 가르쳐줬나요? 자세히 설명해주세요.

답변 구성 전략

공감 문장 선택할 때 참고하세요.

답변 내용이 질문의 모든 요소에 대해 빠짐 없이 대답하고 있는지, 질문의 주제에 맞춰 답변의 흐름이 자연스럽게 연결되는지 확인한다. 되도록 다양한 어휘와 구문을 사용하면 더욱 완벽하다.

★ 답변을 만드는 데 필요한 최소 문장은 6개, IM 등급에 적절한 답변에 이용할 수 있도록 공감 문장을 8개 이상 표시해보세요.

🟣 과거의 음악 취향 및 경험

01	저는 고등학교 때는 공부하면서 거의 항상 음악을 듣곤 했습니다.	When I was in high school, I used to listen to them almost every time I studied.

악기의 종류

02	어렸을 때 피아노를 연주했습니다.	I grew up playing **piano**.
03	항상 음악을 연습했고 좋아하게 되었습니다.	I practiced all the time and grew to love it.

음악 장르

04	전에는 클래식 음악과 영화 주제 곡을 좋아했습니다.	In the past, I used to love **classical music** and **movie themes**.

| 05 | 더 어렸을 때는 하드락을 많이 들었습니다. | When I was younger, I listened to a lot of **hard rock**. |

| 06 | 8살 때 부모님이 듣던 비틀즈 음악판을 듣기 시작했습니다. | When I was 8 years old, I started listening to my parents' Beatles records. |

| 07 | 그들이 부르던 하모니를 정말 좋아했어요. | I loved the harmonies that they sang. |

| 08 | 어떤 노래는 재미있고 또 어떤 노래는 애잔했습니다. | Some of the songs were funny and some were sad. |

| 09 | 저희 형 때문에 헤비메탈에 관심을 갖게 되었어요. | I got interested in **heavy metal** because of my brother. |

| 10 | 형은 그의 방에서 항상 헤비메탈 CD를 듣곤 했었지요. | He used to listen to **heavy metal** CDs all the time in his room. |

| 11 | 저 역시 그의 CD를 들었고, 헤비메탈 음악의 팬이 되었습니다. | I listened to his CDs too, and I became a fan of **heavy metal** music. |

🔵 노래 부르기 경험

| 12 | 유년시절 저는 부모님과 함께 교회 성가대에서 노래를 불렀습니다. | During my childhood, I sang in church with my parents. |

| 13 | 저는 어린 소녀였을 때, 교회 성가대에 가입했습니다. | I joined my church choir as a young girl. |

14	어머니께서 교회 성가대 지휘자셨어요.	My mother was the conductor of a church choir.
15	저는 그들의 노래를 따라 부르는 걸 좋아했습니다.	I loved singing along with their songs.
16	저는 교회에서 처음 노래를 불렀는데 그때가 일곱 살 무렵이었을 거예요.	I started singing in church and I was probably around seven.
17	할 수 있다면 어디서든 노래를 부르기 시작했습니다.	I started singing anywhere that I could.
18	학교에서 노래를 부르곤 했죠. 연극이나 뮤지컬에도 출연했죠.	I used to sing at my school. I was in theater and was in musicals.
19	그러다 보니 제가 직접 만든 노래를 부르고 싶다는 생각이 들기 시작했어요.	And then, I started wanting to do my own songs.
20	당시 저희 집에는 아버지의 기타가 한 대 있었어요. 그래서 저는 혼자 기타를 익혔죠.	I had a guitar in the house that was my dad's, so I taught myself how to play guitar.

🟣 과거에 좋아했던 가수

21	저는 비틀즈를 좋아했습니다.	I liked the Beatles.
22	제가 좋아하는 가수는 브리트니 스피어스였습니다.	My favorite singer was Britney Spears.

23 그는 말하고 노래하거나 춤출 때 카리스마가 넘쳤습니다.

He was so charismatic when he talked, sang or danced.

24 그는 가수 겸 영화배우인 만능 엔터테이너였습니다.

He was a singer and movie star who was an all-around entertainer.

25 지하철이나 버스를 탈 때마다, 그리고 시간이 있을 때마다 그의 노래를 들었습니다.

Whenever I traveled by subway or bus, and I had free time, I listened to his songs.

26 그의 노래들은 저를 침착하고 평온하게 만들어주었거든요.

His songs made me feel calm and peaceful.

스피킹TIP 공연 관련 과거 경험의 문장을 참고하자

좋아하는 가수 및 음악 관련해서 기억에 남는 경험을 설명하라는 문제는 공연 관련 경험을 설명하라는 문제와 같다고 보면 된다. 공연 보기는 설문조사 2번 항목 '여가 활동' 영역이고 음악 감상은 설문조사 3번 항목 '취미/관심사' 영역이라는 차이가 있지만 표현은 공통으로 활용할 수 있다.

🗨 현재의 음악 취향 변화

음악 장르

27 지금은 댄스 음악과 발라드 음악을 좋아합니다.

Now, I like **dance music** and **ballads**.

28 개인적으로 저는 한국 가요를 좋아해요.

I personally like **Korean pop songs**.

29 저는 팝 음악을 듣곤 했었지만, 요즘은 클래식을 더 자주 듣습니다.

I used to listen to **pop music**, but now I listen to **classical music** more often.

| 30 | 지금은 좀 더 편안한 음악을 선호합니다. | Now, I prefer more relaxing music. |
| 31 | 제 음악 취향은 시간이 가면서 바뀌었지만 여전히 비틀즈 음악을 정말 잘 듣습니다. | My taste in music has changed many times, but I still love to listen to The Beatles. |

022「공연 관련 과거 경험」에 대한 감상과 연계 활동

🔵 감상

음악에 대한 감상

| 32 | 놀라웠어요. | It was ⭐ <u>amazing</u>. |

⭐ 이것만 바꿔도 등급이 쑥쑥

훌륭한 **great**　끔찍한 **awesome**　아주 재미있는 **exciting**　너무 좋은 **fabulous**　환상적인 **fantastic**　믿기지 않을 정도의 **incredible**

33	그것은 잘 연출되었습니다.	They made a good showing.
34	제 마음은 항상 그것에 가 있을 거예요.	My heart will always remain in it.
35	그의 노래는 갑자기 일어나 노래를 부르고 싶은 충동을 느끼게 했습니다.	His song gave me a sudden impulse to stand up and sing.
36	평론가들의 혹평에도 불구하고 저는 그 가수가 노래를 잘 한다고 생각했습니다.	In spite of many critics' disparaging remarks, I thought the singer sang beautifully.
37	저는 그의 노래를 듣고, 감동을 받아 거의 울 뻔했습니다.	When I listened to his song, I was moved and almost cried.

비법 8 화법 전환: 같은 주제, 다른 문제 유형

과거 경험 문제와 롤플레이 문제에 사용하는 답변은 각각 새로 만들지 않아도 서로 변형이 가능하다. 물론 모두 다른 답변을 통째로 외워도 되겠지만, 머리가 기억하는 데에는 한계가 있기 마련이다. 나에게 맞지 않는 내용을 무작정 외우기보다는 말하기 요령을 익혀서 활용하는 것이 훨씬 유익하다. 답변 하나 만들어서 문제에 맞춰 변형하는 것이다. 두 가지 유형이 있다. 먼저 '같은 주제, 다른 문제 유형'일 때를 살펴보자. 예를 들어, 롤플레이 문제로 문제 상황을 설정해서 설명하는 문제가 있다. 마치 상대와 대화를 하듯이 상황을 설명하고 해결책을 제시해야 한다. 그런데 문제 해결 답변에는 하나의 사건이 나온다. 다시 말해 과거 경험으로 활용하기 좋은 소재이다. 따라서 문제 해결 답변을 하나 준비하면 과거 경험에도 이용할 수 있고, 답변 준비하고 암기하는 시간도 절약하면서 두 개의 답변을 준비하는 효과! 이때 주의할 것이 화법 전환이다. 상대에게 얘기하던 것을 제3의 청자에게 설명해야 한다. 주어가 당연히 달라진다. 그리고 지금 상황이 과거의 일이 되므로 시제도 바꿔준다. 자, 어떻게 화법을 전환하는지 답변을 살펴보자.

롤플레이: 약속을 취소해야 하는 문제 상황 해결하기 ➜ 약속을 못 지킨 과거 경험

Hello, this is Junyoung. I've got something to tell you regarding our appointment. I know we were supposed to go to a concert this Friday. But I'm afraid I can't make it because something urgent has come up at home. My sister is in the hospital and I have to take care of her seven years old son. I'm really sorry. I have to stay at home this weekend. But I reserved two tickets. So you had better go with another friend, if possible. Or I can get a refund on these tickets up to one day before the concert. So let me know what you want to do. Sorry again.

안녕, 나 준영이야. 우리 약속에 대해 할 말이 좀 있어. 우리 이번 주 금요일에 콘서트에 가기로 한 거 알고 있어. 그런데 미안하지만 나 집에 급한 일이 생겨서 콘서트에 못 갈 것 같아. 언니가 병원에 있어서 내가 일곱 살 조카를 봐야 해. 정말 미안해. 이번 주말에는 꼼짝 않고 집에 있어야 해. 그런데 내가 표를 두 장 예매했어. 가능하면 네가 다른 친구랑 가면 좋겠어. 극장 앞에 있는 티켓 박스에서 티켓을 받을 수 있어. 아니면 콘서트를 시작하기 하루 전까지는 티켓을 환불 받을 수 있어. 그러니 어떻게 했으면 좋겠는지 알려줘. 다시 한번 미안해.

My friend and I were supposed to go to a concert last Friday. But I couldn't make it because something urgent came up at home. My sister was in the hospital and I had to take care of her seven years old son. I was really sorry for my friend, but I had to stay at home during the weekend. But I reserved two tickets. So I suggested her that she had better go with another friend, if possible, or that I could get a refund. She wanted to go with me another day and I called the box office and cancelled the reservation.

제 친구와 저는 지난 금요일에 콘서트에 가기로 했습니다. 그런데 저희 집에 급한 일이 생겨서 콘서트에 갈 수 없었습니다. 저희 언니가 병원에 있어서 제가 일곱 살 조카를 봐야 했습니다. 친구에게 정말 미안했지만 저는 주말에 꼼짝 않고 집에 있어야 했습니다. 그런데 제가 표를 두 장 예매해서 친구에게 가능하면 다른 친구랑 가거나 아니면 내가 환불을 받을 수 있다고 제안했습니다. 친구는 다른 날 저와 함께 가기를 원했고 저는 티켓 박스에 전화해서 예약을 취소했습니다.

빈출 질문 Q1

You indicated that you play some instrument. What kind of instrument do you play? When and where do you play? Please tell me about it in detail.

악기를 다룬다고 하셨습니다. 어떤 악기를 연주하시나요? 언제 어디서 연주하나요? 자세히 설명해주세요.

답변 구성 전략

공감 문장 선택할 때 참고하세요.

답변 내용이 질문의 모든 요소에 대해 빠짐 없이 대답하고 있는지, 질문의 주제에 맞춰 답변의 흐름이 자연스럽게 연결되는지 확인한다. 되도록 다양한 어휘와 구문을 사용하면 더욱 완벽하다.

★ 답변을 만드는 데 필요한 최소 문장은 6개, IM 등급에 적절한 답변에 이용할 수 있도록 공감 문장을 8개 이상 표시해보세요.

💬 통기타 묘사

01	기타는 전통적으로 나무 뼈대에 줄이 달린 현악기입니다.	The guitar is a type of chordophone, traditionally constructed from wood and strung with strings.
02	통기타의 음조는 기타 몸체와 줄의 울림으로 만들어집니다.	The tone of an acoustic guitar is produced by the vibration of the strings and the body of the guitar.
03	기타가 연주될 때 그 줄들이 진동합니다.	The strings on a guitar vibrate when it is played.

🟣 기타 연주

04	제가 처음으로 음악을 접한 것은 삼촌을 방문하던 시기였습니다.	My first encounter with music was the time when I used to visit my uncle.
05	더군다나, 삼촌으로부터 기타를 받았는데 그 후에 저는 방에 틀어박혀 기타를 배우기 시작했습니다.	Furthermore, I received a guitar from my uncle, after which I shut myself in my room and started learning guitar.
06	저는 공부에 흥미를 잃고 점점 더 로큰롤에 끌리게 되었습니다.	I lost my interest in studies and became more and more attracted to rock-n-roll.
07	저는 수시간 동안 기타 치는 연습을 했고 그것을 아주 잘하게 되었습니다.	I practiced playing guitar for hours and became very good at it.
08	곧 저의 다음 목표는 록 그룹을 결성해서 록 스타가 되고자 하는 갈망을 해소하는 것이었습니다.	Soon, my next aim was to join a rock group to quench my thirst for becoming a rock star.
09	저는 자동차 사고를 당한 후 저의 진정한 재능을 발견했습니다.	I found my true talent only after a car accident.
10	부상으로 병원에 입원해 있으면서 저는 기타 연주와 노래를 배웠습니다.	While lying injured in a hospital, I learned to play the guitar and sing.
11	저는 바이올린보다 기타를 더 좋아합니다.	I like the guitar better than the violin.
12	그 이후 저는 2년간 기타 수업을 받았습니다.	I took lessons on the guitar for two years since then.

13	5년 후에 저는 국제 가요제에서 우승했습니다.	Five years later, I won an international singing contest.
14	저는 제 성공을 제가 위기에 직면 했을 때 터득한 교훈 덕분이라고 생각합니다.	I attribute my success to the lessons that I learned while facing my crisis.

🔵 피아노 연주

15	어렸을 때 피아노를 4년 동안 배 웠습니다.	I took piano lessons for four years when I was young.
16	저는 피아노 치는 데 열중했습니다.	I was steeped in playing the piano.
17	저는 쉬지 않고 두 시간 동안 피아 노를 쳤습니다.	I played the piano continuously for two hours.
18	언니는 2년 전에 피아노 치는 것 을 그만두었습니다.	My sister stopped playing the piano two years ago.
19	지금도 저는 취미 삼아 피아노를 칩니다.	Now, I play the piano for fun.

➕ 문장 조합 이렇게!

I took piano lessons for four years when I was young. My sister stopped playing the piano two years ago, but now, I play the piano for fun. 15+18+19

어렸을 때 피아노를 4년 동안 배웠습니다. 언니는 2년 전에 피아노 치는 것을 그만두었지만 지금도 저는 취미 삼아 피아노를 칩니다. *대비되는 이야기를 하나로 엮으면 흥미를 유발하기 좋다.

20	저는 감정을 넣어서 피아노를 연 주하기를 좋아합니다.	I enjoy playing the piano with feeling.

| 21 | 옛날에는 피아노를 잘 쳤는데, 지금은 연습 부족으로 기량이 무디어졌습니다. | I used to be able to play the piano extremely well, but now I'm out of practice. |

💬 바이올린 연주

22	저는 피아노와 바이올린을 연주하는 것을 좋아합니다.	I like playing the piano and the violin.
23	저는 어렸을 때 바이올린에 재능이 있었습니다.	When I was young, I was gifted at playing the violin.
24	저는 몇 년간 바이올린 교습을 받았습니다.	I took violin lessons for a couple of years.
25	저는 서투른 솜씨로 바이올린을 켜댔습니다.	I sawed away dissonantly at the violin.
26	언니/누나와 저는 둘 다 피아노를 연주했고 여러 번 상을 탔습니다.	Both my sister and I played the piano and won several prizes.
27	저는 아직도 바이올린을 연주하고 매일 연습합니다!	I'm still playing the violin and I practice every day!
28	저는 지난 주말에 그 파티에서 바이올린을 연주했습니다.	I played the violin for the party last weekend.
29	바이올린이야말로 제가 처음으로 애착을 느낀 대상이었고, 또 앞으로도 그럴 겁니다.	The violin is my first love and always will be.

빈출 질문 Q1

You indicated that you cook. Describe the kinds of dishes you like to cook and why you like cooking them.

요리를 한다고 하셨습니다. 만들기 좋아하는 요리의 종류와 함께 왜 그것을 만드는 것을 좋아하는지 그 이유도 말씀해주세요.

답변 구성 전략

공감 문장 선택할 때 참고하세요.

답변 내용이 질문의 모든 요소에 대해 빠짐 없이 대답하고 있는지, 질문의 주제에 맞춰 답변의 흐름이 자연스럽게 연결되는지 확인한다. 되도록 다양한 어휘와 구문을 사용하면 더욱 완벽하다.

★ 답변을 만드는 데 필요한 최소 문장은 6개, IM 등급에 적절한 답변에 이용할 수 있도록 공감 문장을 8개 이상 표시해보세요.

💬 즐겨 하는 요리

⏱ 3초 보카 – 음식의 종류

스테이크 **steak** 포테이토 **potato** 생선요리 **fish** 포크커틀릿 **pork cutlet** 피자 **pizza** 양고기 **lamp chop** 치킨 팟 파이 **chicken pot pie** 피쉬 앤 칩스 **fish and chips** 햄버거 **hamburger** 핫도그 **hotdog** 비프 저키(미국식 육포) **beef jerky** 라자냐 **lasagna** 스파게티 **spaghetti** 안심 스테이크 **tenderloin steak** 생선요리 **fish** 해산물 스파게티 **seafood spaghetti** 해산물 샐러드 **seafood salad**

음식 종류

01	주로 한국 음식과 유럽 음식의 퓨전 요리를 해보는 것을 좋아합니다.	I like to try to make fusion dishes made with **Korean food and European food**.
02	예를 들면 김치 스파게티 같은 것을 만드는 것이죠.	For example, I make **kimchi spaghetti**.
03	제가 가장 잘 만들 수 있는 음식은 김치볶음밥입니다.	The best dish that I can make is **kimchi fried rice**.
04	파스타는 만들기 쉽고 어떤 재료도 이용할 수 있습니다.	**Pasta** is not only easy to make, but can be made with any ingredients.

05 김치 역시 맛있고 어떤 음식에도 어울리죠.

Kimchi is also delicious and goes well with any food.

06 저는 자주 여러 가지 요리책을 찾아보고 독특한 요리법을 연구해봅니다.

I often read many cookbooks and study the unique recipes.

07 저는 독특한 요리법을 원할 때 파스타나 김치를 이용합니다. 그것들은 절대 실망시키지 않죠.

When I want a unique recipe, I use **pasta or kimchi**. They never let me down.

08 저는 유럽 음식을 만들어보는 것도 좋아합니다. 특히 파스타를 좋아합니다.

I also love to try making European food, especially **pasta**.

09 특히 파스타는 만들기 쉽고 또한 맛있기도 합니다.

Especially **pasta**, it is not only easy to make, but delicious.

10 저는 주로 한국 음식을 만들어 매일 식사를 하지만 유럽 음식을 시도해보는 것을 좋아합니다.

Although I mainly cook and eat **Korean dishes** for my daily meals, I also love to try making **European food**.

● 요리의 특징 및 재료

⊙ 3초 보카

음식의 특징

영양이 풍부한. 진한 **rich**   맛있는 **tasty**   영양가 높은 **highly nutritious**   에너지를 높여주는 **it will keep your energy level high**   다양한 방법으로 만들 수 있는 **I can make it in many different ways**   여러 명이 한꺼번에 먹을 수 있는 **at the same time it will feed a large group of people**

재료

고춧가루 **powdered red pepper**   고추장 **red pepper paste**   된장 **fermented soybean paste**   간장 **soy sauce**   식초 **vinegar**   소금 **salt**   후춧가루 **black pepper**   감자 **potato**   양파 **onions**   고구마 **sweet potato**   닭고기 **chicken**   야채 **vegetable**   해산물 **seafood**   당근 **carrot**   양배추 **cabbage**

11	그것은 만들기 쉬울 뿐만 아니라 맛도 있습니다.	It is not only easy to make, but delicious.
12	파스타는 만드는 과정에서 창의성을 발휘할 수 있는 매우 매력적인 음식입니다.	Pasta is a delightful food because you can show your creativity when you cook it.
13	김치 또한 다양한 요리에 첨가함으로써 요리를 독특하게 만들 수 있죠.	And you can make recipes special by adding kimchi to them.
14	야채 파스타를 원하면 감자나 허브를 쓸 수 있습니다.	If you want ① **vegetable pasta**, you can use ② **potatoes or herbs**.
15	해산물 파스타를 원하면 새우를 넣을 수 있습니다.	If you want ① **seafood pasta**, you can put ② **shrimp** in it.
16	육류가 들어간 파스타를 원하면 닭고기나 소고기를 추가할 수 있습니다.	If you want ① **meat pasta**, you can add ② **chicken or beef**.
17	중요한 기본 재료는 소고기 간 것, 파프리카, 양파와 잘게 빻은 마늘입니다.	Some of the basic ingredients you need are **ground beef, bell peppers, onions, and minced garlic**.
18	그리고 어떤 파스타를 만들고 싶으냐에 따라 다른 재료를 넣을 수 있습니다.	You can choose different ingredients, depending on the kind of pasta you want.
19	김치는 김치찌개, 김치부침개, 김칫국, 김치볶음밥 등의 많은 한식 요리의 주요 재료입니다.	**Kimchi** is a main ingredient for many Korean dishes such as kimchi stew, kimchi pancake, kimchi soup, and kimchi fried rice.

①음식의 종류 ②재료

재료

20 닭볶음탕의 주 재료는 닭과 감자
입니다.

Chicken and potatoes are the main ingredients of **braised chicken**.

21 불고기는 소고기를 잘게 썰어 여러 가지 양념과 버무린 요리입니다.

Bulgogi is a dish of finely **sliced beef** mixed with various spices.

22 요리하기 전에 간장 소스, 설탕, 참기름, 마늘, 후추 그리고 생강, 양파, 버섯, 특히 양송이나 송이 버섯 등의 재료를 섞어 향과 부드러움을 더하기 위해 고기를 재어 놓습니다.

Before cooking, the meat is marinated to enhance its flavour and tenderness with a mixture of soy sauce, sugar, sesame oil, garlic, pepper, and other ingredients such as ginger, onions, or mushrooms, especially white button mushrooms or matsutake.

23 간혹 지역 특색이나 특별한 요리법에 따라 다양하게 요리에 당면이 추가되기도 합니다.

Sometimes, **cellophane noodles** are added to the dish, which varies by the region and specific recipe.

24 비빔밥은 따뜻한 흰밥에 양념이 된 야채와 고추장을 얹어 제공됩니다.

Bibimbap is served as a bowl of warm white rice topped with **seasoned vegetables and chili pepper paste**.

25 날계란이나 계란 프라이 그리고 저민 소고기가 보통 추가됩니다.

A raw or fried egg and sliced beef are common additions.

26 먹기 바로 전에 재료들을 섞습니다.

The ingredients are stirred together thoroughly just before eating.

빈출 질문 Q1 Please tell me about the best dish you can cook and explain how you make it.
당신이 가장 잘 만들 수 있는 음식에 대해 말하고, 어떻게 만드는지 설명하세요.

Q2 Describe the steps that you use to cook.
당신이 요리할 때의 단계를 설명해주세요.

답변 구성 전략
공감 문장 선택할 때
참고하세요.

답변 내용이 질문의 모든 요소에 대해 빠짐 없이 대답하고 있는지, 질문의 주제에 맞춰 답변의 흐름이 자연스럽게 연결되는지 확인한다. 되도록 다양한 어휘와 구문을 사용하면 더욱 완벽하다.

★ 답변을 만드는 데 필요한 최소 문장은 6개, IM 등급에 적절한 답변에 이용할 수 있도록 공감 문장을 8개 이상 표시해보세요.

💬 잘 만드는/주로 만드는 요리

01 저는 이따금 특별한 식사를 만듭니다.
I make a special meal on occasion.

음식의 종류

02 김치볶음밥을 어떻게 만드는지에 대해 얘기하겠습니다.
Let me tell you about how to make **kimchi fried rice**.

03 제 요리법을 당신과 공유하겠습니다.
Let me share my own recipe with you.

04 이것이 김치 볶음밥을 만드는 제 특별 요리법입니다.
This is my special recipe for making **kimchi fried rice**.

음식의 특징

05 만약 매운 음식을 좋아한다면, 이 음식들을 아주 좋아할 겁니다.
If you love ★ spicy foods, you'll find these irresistible.

단 음식 **sweet foods** 짭짤한 음식 **savory foods** 기름진 음식 **fatty foods** 한국/중국/이태리 음식
Korean/Chinese/Italian food

| 06 | 제가 요리하기 가장 좋아하는 음식은 한국 전통 음식인 불고기입니다. | My favorite food I really like to cook is **bulgogi**, which is a Korean traditional food. |

| 07 | 제 요리법은 좀 특별한데요, 저는 불고기에 김치와 제가 만든 특별 소스를 넣기 때문입니다. | My recipe is a little bit special because I add kimchi and my special sauce that I made into the **bulgogi**. |

➕ 문장 조합 이렇게!

My favorite food I really like to cook is bulgogi, which is a Korean traditional food. My recipe is a little bit special because I add kimchi and my special sauce that I made into the bulgogi. 06+07

제가 요리하기 가장 좋아하는 음식은 한국 전통 음식인 불고기입니다. 제 요리법은 좀 특별한데요, 저는 불고기에 김치와 제가 만든 특별 소스를 넣기 때문입니다.

| 08 | 저는 자주 이탈리아 요리책을 찾아봅니다. | I often read Italian cookbooks and study the unique recipes. |

| 09 | 참 다양한 요리법이 있어 매일 새로운 것을 시도해볼 수 있습니다. | As there are many different recipes, I can try new one every day. |

| 10 | 많은 요리법이 있지만, 이것은 개인적으로 내가 가장 좋아하는 요리법입니다. | There are lots of recipes, but this is my personal favorite. |

| 11 | 저는 수 년 동안 요리를 하지 않아서 요리의 요령을 잊었습니다. | I lost the hang of cooking as I didn't cook anything for years. |

| 12 | 저는 요리법을 바꾸거나 식재료를 살펴봅니다. | I change recipes and check all the ingredients. |

요리 재료

13	저는 슈퍼마켓에서 토마토소스, 치즈, 새우 등의 재료를 삽니다.	I buy ingredients at a supermarket, including **tomato sauce, cheese, and shrimp**.
14	저는 식재료로 쓸 닭을 몇 마리 고릅니다.	I select **several chickens** for the chopping block.
15	우선 배추, 고춧가루, 마늘 등으로 김치를 만듭니다.	First, I make **kimchi** with Chinese cabbage, red pepper powder, garlic, and so on.
16	닭고기를 요리하기 전에 반드시 완전히 해동을 시키세요.	Make sure you defrost the chicken completely before cooking.
17	닭을 씻어서 2조각으로 나누세요.	Wash the chicken and divide each chicken piece in two.
18	닭고기를 요리할 준비가 되었을 때, 석쇠를 예열하세요.	When you are ready to cook the chicken, preheat the grill.
19	첫 번째로 잘게 썬 김치, 다진 마늘, 그리고 넣고 싶은 다른 야채들을 준비합니다.	First, prepare **sliced kimchi, minced garlic, and other vegetables** that you like to put in it.
20	그리고 나서 돼지고기를 얇게 썰어 간장을 가미합니다.	Then, I cut **beef** into thin strips and season it with **soy sauce**.
21	고기의 두께가 요리 시간을 결정합니다.	The thickness of **the meat** determines the cooking time.

🟣 조리 과정 ① 재료 넣고 볶다

⏱ 3초 보카 – 조리 과정 및 방법

조리하다, 데우다 **heat** 부글부글 끓이다 **stew** 굽다 **bake** 전자레인지에 데우다 **microwave, nuke** 오븐에 굽다, 볶다 **roast** 석쇠나 화덕에 굽다 **grill**

22	기름을 두른 프라이팬에 김치를 넣으세요.	Put kimchi in a frying pan with oil.
23	다음으로 다른 재료를 팬에 넣으세요. 그리고 잘 섞이게 저으세요.	Next, put other ingredients in the pan, and stir well.
24	그 다음 김치를 기름을 두른 프라이팬에 넣고 5분간 볶으세요.	Then put kimchi in a frying pan with oil and saute for five minutes.
25	새우를 뜨거운 프라이팬에 넣고 양쪽 면을 각각 1분씩 굽습니다.	Add shrimp to hot skillet and cook one minute per side.
26	냄비를 아주 뜨겁게 달군 다음 식물성 식용유 2큰술 넣습니다.	Heat wok until very hot and then add two tablespoons of vegetable oil.
27	프라이팬에 마가린을 넣고 중간불로 뜨거워질 때까지 열을 가합니다.	Heat margarine in a skillet over medium heat until hot.
28	그런 다음 5분간 볶습니다.	Then saute for 5 minutes.
29	감자가 갈색으로 변할 때까지 계속 볶아주세요.	Continue to saute until the potatoes are golden brown.

➕ 문장 조합 이렇게!

First, prepare sliced kimchi, minced garlic, and other vegetables that you like to put in it. Next, put kimchi in a frying pan with oil. Then saute for 5 minutes. Continue to saute until kimchi is golden brown. 19+22+28+29

첫 번째로 잘게 썬 김치, 다진 마늘, 그리고 넣고 싶은 다른 야채들을 준비합니다. 다음으로 기름을 두른 프라이팬에 김치를 넣으세요. 그런 다음 5분간 볶습니다. 김치가 갈색으로 변할 때까지 계속 볶아주세요.
*일관성을 유지하기 위해 재료 이름을 통일한다.

● **조리 과정** ② 익히다/조리하다

30 남은 땅콩버터 칩들과 초콜릿 칩들을 뜨거운 물 위에다 녹이세요.

Melt remaining peanut butter chips and chocolate chips over hot water.

31 닭이 천천히 부드러워지도록 요리하세요.

Cook slowly until chicken is tender.

32 소스가 걸쭉해질 때까지 요리하세요.

Cook gently until the sauce is thickened.

33 매우 약한 불로 한 시간 요리합니다.

Cook over low heat for 1 hour.

34 높은 불에서 10분간 요리하고, 냄비 뚜껑을 덮고 낮은 불에서 45분 요리하세요.

Cook at a high heat for 10 minutes; then cover pot and cook at a low heat for 45 minutes.

35 요리하는 동안 요리를 한 번 정도 젓거나 뒤적여주세요.

Stir or shake dish once part way through cooking.

● **조리 과정** ③ 찌다

36 불을 줄이고 고구마가 부드러워질 때까지 찝니다.

Reduce heat and cook potatoes until tender.

37 5분 정도 후에 알맞게 익었는지 상태를 체크하면서 10분 정도 찝니다.

Steam about 10 minutes, checking for doneness after about 5 minutes.

38 채소 끓인 물을 두 컵 넣고 15분 간 찌세요.

Add two cups reserved liquid from greens and steam for 15 minutes.

39 식탁에 갖다 놓기 전에 전복을 더 해서 1분 동안 찌세요.

Just before serving, add abalone and steam one minute.

● 조리 과정 ④ 끓이다/데치다

40 다음으로 중간 불에서 끓여주세요.

Next, bring to a boil over medium heat.

41 거품이 일 때까지 끓이세요.

Boil the lot until it is bubbling well.

42 냄비에다 물을 많이 끓이세요.

Boil a lot of water in a pot.

43 작은 냄비에 닭고기 육수, 마늘, 소금, 후추를 넣고 끓입니다.

Bring broth, garlic, salt and pepper to a boil in a small saucepan.

44 펄펄 끓는 물에 넣고, 불을 약하게 한 뒤, 5분간 약한 불에 지글지글 끓여주세요.

Bring to a rapid boil, reduce heat, and simmer for 5 minutes

45 고구마를 넣고 뚜껑을 닫은 다음 물을 끓입니다.

Add sweet potatoes, cover pan, and bring water to boil.

46 씻어서 끓는 물에 데쳐주세요.

Wash and cover with boiling water.

47 시금치 잎을 데쳐서 찬 얼음물에 헹구세요.

Blanch the spinach leaves and refresh in ice cold water.

48 새우를 뜨거운 물에서 약 8분간 데칩니다.

Boil shrimp in hot water for approximately 8 minutes.

49 비타민 손실을 줄이려면 채소를 1~2분 정도 끓는 물에 데치고 나서 차가운 물에 빠르게 담가서 식힙니다.

To limit the vitamin loss, blanch vegetables by boiling for a couple of minutes, then refresh by plunging into cold water very quickly.

● 조리 과정 ⑤ 굽다

50 5~10분 정도 치즈가 녹을 때까지 구워줍니다.

Bake 5 to 10 minutes until cheese is melted.

51 위쪽이 누런빛이 될 때까지, 약 20분간 구워줍니다.

Bake until top is golden, about 20 minutes.

52 닭이 잘 익을 때까지 구워줍니다. 20~25분이면 될 겁니다.

Bake until chicken is cooked through; 20-25 minutes will be enough.

53 약 10분간 생선이 골고루 익을 때까지 구워줍니다.

Bake until fish is cooked through; about 10 minutes.

54 뚜껑을 열고 토핑이 굳을 때까지 굽습니다.

Bake, uncovered, until the topping is firm.

55 중간 열의 오븐에서 야채들이 연해질 때까지 구워주세요.

Bake until vegetables are tender, in moderate oven.

| 56 | 머핀이 갈색이 될 때까지 약 20분 동안 구우세요. | Bake until muffins are brown and done, about 20 minutes. |

● 조리 과정 ⑥ 버무리다

57	펜네를 그릇에 옮겨 담고 오일에 버무립니다.	Place penne in a bowl and stir in oil.
58	기름을 넣고 골고루 묻도록 잘 버무립니다.	Add oil and toss to coat well.
59	요리 재료들을 섞어 버무립니다.	Add an ingredient to the mix.
60	그리고 나서 햄과 밥을 넣고 모두 잘 섞어주세요.	After that, add ham and steamed rice and mix all together.
61	우묵한 그릇에 얇게 저민 감자, 소금 그리고 후추를 넣고 살살 버무립니다.	Toss potatoes cut into slices, salt and pepper in a bowl.
62	드레싱을 페타치즈와 양파 위로 뿌리시고 잘 버무리세요.	Pour the dressing over the feta and onions and toss well.
63	남은 재료들을 모두 넣고 잘 섞어서 버무립니다.	Add the remaining ingredients and toss to combine.
64	아스파라거스를 준비해서 기름 2 작은술을 넣고 버무립니다.	Arrange asparagus and toss with two teaspoons oil.

| 65 | 두부를 넣고 5분 간 튀긴 후 한 번 뒤집습니다. | Add tofu and fry for 5 minutes, turning once. |

| 66 | 민트 잎의 색깔이 어두워질 때까지 튀기세요. | Fry mint leaves until the color turns dark. |

➕ 문장 조합 이렇게!

Add tofu and fry for 5 minutes, turning once. And then, fry tofu until the color turns dark. 65+66

두부를 넣고 5분 간 튀긴 후 한 번 뒤집습니다. 그리고 나서, 두부의 색깔이 어두워질 때까지 튀기세요.

| 67 | 들러붙지 않는 넓은 프라이팬에 튀긴 오이 부분을 놓으세요. | Place fried cucumber sections in a wide frying pan with a nonstick finish. |

| 68 | 연한 갈색이 될 때까지 적은 양의 기름에 튀겨주세요. | Fry in a small amount of oil until lightly browned. |

| 69 | 한 번에 몇 조각을 튀기세요. | Fry a few pieces at a time. |

| 70 | 같은 방식으로 피망을 잘라서 튀기세요. | Slice and fry sweet peppers in the same way. |

| 71 | 적은 양의 기름에 튀겨주세요. | Fry in a small amount of oil. |

⏱ 3초 보카 – 맛을 나타내는 표현

맛있는 great/tasty/delicious 바삭바삭한 crunchy 국물이 있는 juicy 단 sweet 기름진 fatty/greasy 질긴 tough 부드러운 tender 매운 hot/spicy 담백한, 싱거운 bland 짠 salty 신 sour 쓴 bitter 텁텁한 dry 즙이 많은 juicy 김빠진 stale 얼얼한 acrid 새콤한 vinegarish 살찌는 fattening 오래 조리한 overcooked 덜 익힌 undercooked

---

72 마지막으로 그것을 접시에 담아서 먹으면 됩니다.

Finally, transfer it to a plate and enjoy.

---

73 여기 제 비밀이 있는데요. 굴소스와 함께 드시면 더 맛있어요.

Here's my secret: It tastes better if you have it with oyster sauce.

---

74 그리고 그것을 10분간 그릴에 요리해서 밥이랑 먹습니다.

And I cook it on a grill for about 10 minutes and eat it with rice.

맛을 나타내는 표현

75 음식이 정말 맛있습니다.

The food is really **delicious**.

빈출 질문 Q1
Describe a recent cooking experience. What did you cook? Who did you cook it for? Was it good? Tell me about the experience in detail.
최근에 요리한 경험에 대해 얘기해주세요. 무엇을 요리했나요? 누구를 위해 요리했나요? 맛있었나요? 그 경험에 대해 자세히 얘기해주세요.

Q2
Please tell me about your first cooking experience. When was it? What did you cook? Were you satisfied with the taste of your own dishes?
처음으로 요리해본 경험에 대해 이야기해주세요. 언제였나요? 무엇을 만들었습니까? 자신이 만든 음식 맛에 만족했나요?

Q3
Could you tell me about a memorable cooking experience? What was the occasion? How did it turn out? Were you satisfied with the result?
기억에 남는 요리 경험에 대해 이야기해줄 수 있나요? 어떤 경우였습니까? 어떻게 되었죠? 결과에는 만족했나요?

답변 구성 전략
공감 문장 선택할 때 참고하세요.

답변 내용이 질문의 모든 요소에 대해 빠짐 없이 대답하고 있는지, 질문의 주제에 맞춰 답변의 흐름이 자연스럽게 연결되는지 확인한다. 되도록 다양한 어휘와 구문을 사용하면 더욱 완벽하다.

★ 답변을 만드는 데 필요한 최소 문장은 6개, IM 등급에 적절한 답변에 이용할 수 있도록 공감 문장을 8개 이상 표시해보세요.

● 요리의 목적

①요리 대접한 사람 ②만든 음식

01 저는 저희 가족을 위해 식사를 준비하고 싶어서 불고기를 만들고 있었습니다.

I wanted to cook a big meal for ① **my family**, so I was making ② **bulgogi**.

02 저는 여자친구를 위해 식사를 준비하고 싶어서 베이크 치킨을 만들고 있었습니다.

I wanted to cook a meal for ① **my girlfriend**, so I was making ② **baked chicken**.

03 냉장고에 먹을 것이 없어서 볶음밥을 만들기로 했습니다.

There was nothing to eat in the refrigerator, so I decided to make fried rice.

04 저는 엄마 생일에 뭔가 특별한 것을 요리하고 싶어서 스파게티를 만들고 있었습니다.

I wanted to cook something special for my mother on her birthday, so I was making spaghetti.

05 저는 저희 가족을 위해 외국 음식을 만들고 싶어서 스테이크를 만들고 있었습니다.

I wanted to cook a foreign dish for my family, so I was making a steak.

06 지난 달 어머니 생신이었는데 저는 불고기를 만들고 싶었습니다.

It was my mother's birthday last month and I wanted to make bulgogi.

07 저는 그녀를 위해 특별한 스파게티 요리를 준비하고 싶었습니다.

I wanted to prepare a special spaghetti dish for her.

08 그것은 맛만 좋을 뿐 아니라 영양가도 많습니다.

It not only tastes good but is nutritious as well.

09 이것은 빠르고 쉬우며 전적으로 맛이 있습니다.

It's quick and easy to do and quite tasty.

🔴 조리 과정

10 하루 전에 모든 재료와 양념을 준비했습니다.

I prepared all the ingredients and seasonings the day before.

11 이제 가스레인지 위에 올리기만 하면 되었습니다.

All I had to do was put it on the stove.

12 저는 그것을 가스렌지에 올렸습니다.

I put it on the gas stove.

13	음식이 가스렌지 위에서 조리되고 있었습니다.	Some food was cooking on the gas stove.
14	저는 특별한 음식을 준비하고 집을 장식했습니다.	I prepared special food and decorated my house.
15	음식이 익는 것을 기다리기만 하면 되었습니다.	All I had to do was wait for it to be cooked.
16	그것이 부드럽고 노릇노릇할 때까지 뜨거운 기름에서 튀기기만 하면 되었습니다.	All I had to do was fry it in the hot oil until it was tender and golden.

스피킹TIP ▸ 명령체를 서술형 과거시제로 바꿔서

현재시제를 과거시제로 바꾸기만 해서 똑같은 문장을 다른 문제에 활용할 수 있다. 이런 방식이 가장 잘 통하는 것이 바로, 〈단순 설명 문제 ↔ 과거 경험 문제〉 간의 연계이다. 일반적으로 하는 일을 설명하던 현재시제 문장을 과거시제로 동사만 바꿔서 과거 경험 답변에 활용해보자.

● 요리하다 생긴 일/당황한 일이나 기억에 남는 일

17	갑자기 뭔가 타는 냄새를 맡았습니다.	Suddenly, I smelled something burning.
18	저는 부엌으로 달려갔지만 불고기는 타버렸습니다.	I ran to the kitchen only to find out that my bulgogi was burnt.
19	그런데 저는 시간 맞춰 불고기를 스토브에서 꺼내지 못했습니다.	But I failed to get it out of the stove on time.

20	부엌은 연기로 가득 찼고 불고기는 심하게 타버렸습니다.	The kitchen was full of smoke and the bulgogi was badly burnt.
21	재빨리 가스를 끄고 창문을 모두 열었습니다.	I quickly turned off the gas and opened all the windows.
22	요리할 때 조심하지 않아서 연기가 심하게 났고 화재 경보기가 울렸습니다.	My careless cooking caused heavy smoke and the fire alarm sounded.
23	저는 버터가 상한 것을 몰랐고 맛이 좋지 않았습니다. 그것을 먹자마자 속이 울렁거렸어요.	I didn't know the butter was rancid and tasted bad. Right after eating it, I felt dizzy and sick.
24	저는 소금 대신 설탕 한 스푼을 넣었습니다.	I put in a spoon of sugar instead of salt.
25	닭은 적절한 시점에 맛이 있었겠지만 너무 오래 전자레인지에 두어서 고무 덩어리로 변해버렸습니다.	The chicken had probably been very tasty at some point, but I had left it in the microwave too long and it had turned into a rubbery mound.
26	너무 오래 익혀서 소스가 윤기를 잃었습니다.	I overcooked it and the sauce lost its shiny quality.
27	고기를 너무 오래 익혀서 말라버렸습니다.	I overcooked the meat and it was dry.
28	그 달걀들은 너무 많이 삶아서 고무 같았습니다.	The eggs were overcooked and rubbery.

29	이상하게 들리겠지만, 맛은 있었습니다.	Sounds weird, but it was delicious.
30	이 요리는 단맛은 거의 없지만 맛이 있었습니다.	This was hardly sweet at all, just tasty.
31	그 맛난 음식이 제게 힘을 돋웠습니다.	The delectable food put lead in my pencil.
32	그 맛에 비교할 수 있는 것은 없었습니다.	There was nothing to compare to the taste.
33	후추가 더 많이 들어갔으면, 스튜 맛이 더 좋았을 것입니다.	The stew would have tasted better if it had had more pepper in it.
34	저는 불고기를 만드는 제 요리법이 있어서 엄마나 다른 누구의 도움도 필요하지 않았어요.	I have my own recipe for bulgogi, so I didn't need any help from my mom or anyone else.
35	너무 익힌 초콜릿 케이크는 탄 맛이 나고 되살릴 수 없었습니다.	An overcooked chocolate cake tasted burnt and could not be salvaged.
36	저는 그녀에게 곁들여 나오는 요리로 야채를 내놓았습니다.	I served her some vegetables on the side.
37	그 빵은 제대로 구워지지 않아서 덜 익은 맛이 났습니다.	The bread was not baked enough, so it tasted doughy.
38	그녀는 상에 차려진 모든 음식을 조금씩 맛보았습니다.	She tasted a bit of every dish on the table.

● 요리 결과에 대한 만족도

39 가족들은 그것을 좋아했고 아버지께서는 맛있다고 말해주었습니다.

My family seemed to like it and my father told me it was delicious.

40 저는 5성급 호텔에서 식사를 하는 것 같았습니다.

I felt like I was eating at a 5-star hotel.

41 다행히도 엄마가 다시 그것을 요리해주었고 생각만큼 나쁘지 않았습니다.

Fortunately my mom recooked it and it wasn't as bad as I thought.

42 그녀는 "이 스파게티는 왜 이렇게 맛이 이상해?"라고 물었습니다.

She asked, "Why does this spaghetti taste so weird?"

43 그것은 제가 먹어본 것 중 제일 맛있는 음식이었습니다.

This was the most delicious food I had ever tasted.

44 그녀는 "이 음식의 장식은 훌륭해. 그런데 유일하게 부족한 것은 맛이야."라고 말했습니다.

She said, "The decoration of this dish is great but the only thing it lacks is taste."

45 그녀는 그 음식을 정말 잘 먹었습니다.

She really enjoyed the food.

46 그녀는 먹어본 것 중에 최고였다고 말했습니다.

She said it was the best she'd ever had.

47 그 말을 듣고 마음이 놓였습니다.

I was relieved at what she was saying.

48 그것은 그녀에게 최고의 선물이었습니다.

It was the best gift for her.

03 취미/관심사

빈출 질문 Q1 Please tell me about several kitchen tools. When do you use them? Please tell me how they work and what they are used for.

몇 가지 주방 기구에 대해 말해주세요. 언제 사용합니까? 어떻게 작동하고 어떤 용도로 사용하는지 말해주세요.

답변 구성 전략

공감 문장 선택할 때 참고하세요.

답변 내용이 질문의 모든 요소에 대해 빠짐 없이 대답하고 있는지, 질문의 주제에 맞춰 답변의 흐름이 자연스럽게 연결되는지 확인한다. 되도록 다양한 어휘와 구문을 사용하면 더욱 완벽하다.

★ 답변을 만드는 데 필요한 최소 문장은 6개, IM 등급에 적절한 답변에 이용할 수 있도록 공감 문장을 8개 이상 표시해보세요.

● 조리 기구 ① cookware 취사 도구

🕐 3초 보카

오븐 **oven** 냄비 **pot** 프라이팬 **frying pan** (우묵한) 그릇 **bowl** 믹서 **blender** 칼 **knife** 계량 스푼 **measuring spoon** 계량 컵 **measuring cup** 도마 **cutting board** 체 **strainer** 거품기 **eggbeater** 뒤집개 **spatula**

01	저는 제가 가장 자주 사용하는 두 가지 주방 기구에 대해 말씀 드리겠습니다.	I'll tell you the two kitchen tools that I use most frequently.
02	먼저 요리할 때 가장 중요한 것은 팬이나 냄비와 같은 취사도구입니다.	First, when you cook, the most important thing is a set of cookware such as pots and pans.
03	저는 가장 질이 좋은 취사도구를 고르는데 그러면 오래 갑니다.	I choose the best-quality cookware so that it will last a long time.

04 테플론 코팅(눌어 붙지 않도록 코팅)이 된 냄비는 계란 요리와 볶음 요리할 때 중요하죠.

A nonstick skillet is essential for making egg dishes and stir-frying.

05 큰 냄비나 뚜껑 달린 더치 오븐은 파스타나 감자를 삶을 때, 수프, 스튜를 만들거나 고기를 찌기에 알맞습니다.

A large pot or Dutch oven with a lid is just right for boiling pasta or potatoes, making soups and stews, and braising meats.

● 조리 기구 ② cutting board 도마

06 두 번째로 도마 또한 중요한 것입니다.

Second, a cutting board is also an important thing.

07 저는 어떤 것을 썰더라도 적당한 정도로 큰 것을 고릅니다.

I choose one large cutting board for all my chopping needs.

08 나무로 만든 것이 칼에 마모를 덜 가게 하고 튼튼합니다.

Wood is the least damaging to knives, and it is sturdy.

● 조리 기구 ③ bowl 사발

09 사발은 둥글고 위가 뚫린 그릇으로 음식을 담아낼 때 쓰는 용기입니다.

A bowl is a round, open-top container used to serve food.

10 사발은 또한 물을 마시거나 다른 것을 담아둘 때도 씁니다.

A bowl is also used for drinking and storing other items.

| 11 | 그것들은 일반적으로 작고 얕습니다. | They are typically small and shallow. |

| 12 | 그렇지만 펀치볼과 샐러드볼은 커서 종종 많은 사람들을 대접할 때 씁니다. | But punch bowls and salad bowls are larger and often intended to serve many people. |

| 13 | 요즈음 사발은 도자기, 금속, 나무, 플라스틱 및 다른 재질로 만들어집니다. | Modern bowls can be made of ceramic, metal, wood, plastic, and other materials. |

● 조리 기구 ④ frying pan 프라이팬

| 14 | 프라이팬은 평평한 바닥의 팬으로, 음식을 튀기고, 굽는 데 사용합니다. | A frying pan is a flat-bottomed pan used for frying, searing, and browning foods. |

| 15 | 비교적 옆 둘레가 아래쪽으로 폭이 넓어지며 긴 손잡이가 달려 있습니다. | It has relatively low sides that flare outwards and a long handle. |

| 16 | 프라이팬 사용 시, 프라이팬의 조리하는 표면에 일반적으로 기름이나 지방을 한 겹 두릅니다. | The cooking surface of a frying pan is typically coated with a layer of oil or fat when the pan is in use. |

| 17 | 프라이팬으로 조리할 때 기름을 두르는 것은 몇 가지 작용을 합니다. 표면을 매끄럽게 해주고, 음식과 팬 사이에 접촉을 증가시키며 풍미를 높여줍니다. | In pan-frying, a layer of oil has several functions: it lubricates the surface, increases contact between the food and the pan, and increases flavor. |

| 18 | 어머니께서 프라이팬은 오래 쓸수록 잘 길들여진다고 하셨습니다. | My mother said that the longer you use a frying pan, the better it becomes for cooking. |

🗨 조리 기구 ⑤ spatula (부침개, 생선을 뒤집는) 주걱/뒤집개

19 부침개 주걱은 구멍이 뚫린 넓고 납작한 면이 달린 주방도구입니다.

A spatula is a kitchen tool with a wide flat blade with long holes in it.

20 그것은 조리하면서 음식을 들어올려 뒤집는 데 사용됩니다.

It is used for lifting and turning food while cooking.

21 그것은 원래 생선에 사용하는 기구로 은으로 만들어졌었습니다.

It was originally a serving implement for fish, usually made of silver.

22 저는 보통 팬케이크를 뒤집는 데 주걱을 사용합니다.

I usually use a spatula to turn pancakes over.

🗨 조리 기구 ⑥ oven 오븐

23 요리에서 전통적인 오븐은 굽고 가열하는 데 사용하는 주방기구입니다.

In cooking, the conventional oven is a kitchen appliance used for roasting and heating.

24 오븐은 일반적으로 가스나 전기로 작동시킵니다.

Ovens are typically fueled by either natural gas or electricity.

25 타이머가 있어 미리 맞춰둔 시간에 따라 자동으로 켜지고 꺼집니다.

A timer may allow the oven to be turned on and off automatically at pre-set times.

26 더 정밀한 오븐은 보다 복잡하고 컴퓨터 기반 조절 기능을 가지고 있습니다.

More sophisticated ovens may have complex, computer-based controls.

046 기르는 애완동물 단순 묘사

빈출 질문 Q1   Tell me about your pet. What kind of pet is it? What does it look like? Give me as many details as possible.

당신의 애완동물에 대해 설명해보세요. 어떤 동물입니까? 어떻게 생겼습니까? 가능한 한 자세히 말씀해보세요.

Q2   Tell me about what you do for your pets. Do you feed and clean them? What else do you do for your pets?

당신의 애완동물을 위해서 하는 일에 대해 말해주세요. 애완동물에게 먹이를 주고 목욕시키나요? 애완동물을 위해 다른 것은 또 무엇을 하시나요?

답변 구성 전략

공감 문장 선택할 때 참고하세요.

답변 내용이 질문의 모든 요소에 대해 빠짐 없이 대답하고 있는지, 질문의 주제에 맞춰 답변의 흐름이 자연스럽게 연결되는지 확인한다. 되도록 다양한 어휘와 구문을 사용하면 더욱 완벽하다.

★ 답변을 만드는 데 필요한 최소 문장은 6개, IM 등급에 적절한 답변에 이용할 수 있도록 공감 문장을 8개 이상 표시해보세요.

💬 기르는 애완동물 소개

개의 종류

■ 이   저는 개를 두 마리 기릅니다. 한 마리는 요크셔테리어이고 다른 한 마리는 말티스입니다.

I have two dogs; one is a ★ <u>Yorkshire terrier</u> and the other is a <u>Maltese</u>.

★ 이것만 바꿔도 등급이 쑥쑥

개의 종류

아프간하운드 Afgan hound   아키타 akita   불독 bulldog   폭스하운드 fox hound   테리어 terrier   바셋하운드 basset hound   비글 beagle   콜리 collie   복서 boxer   골든 리트리버 golden retriever   치와와 Chihuahua   차우차우 chow chow   코커스패니얼 cocker spaniel   잉글리시 세터 English setter   그레이하운드 greyhound   포인터 pointer   푸들 poodle   달마시안 dalmation   로트와일러 rottweiler

고양이의 종류

페르시안 고양이 Persian cat   시베리아 고양이 Siberian   샴 고양이 Siamese cat   스핑크스 Sphynx   유럽 고양이 European domestic cat   아메리칸 컬 쇼트헤어 American Curl Shorthair   샤트룩스 Chartreux   오시켓 Ocicat   러시안 블루 Russican blue

동물 새끼 이름

고양이 kitten   토끼 bunny   병아리 chick   망아지 colt (foal)   새 nestling   오리 duckling   염소 kid   송아지 calf   침팬지 infant   거위 gosling

02 저는 '뭉'이라는 요크셔테리어를 한 마리 키웁니다.

I have a **Yorkshire terrier** named **Moong**.

03 저는 집에서 온갖 종류의 애완동물을 길러요.

I have a variety of pets in my house.

04 대부분의 애완견 주인들이 진돗개의 충성스럽고 단호한 성질을 칭찬하는 반면, 저는 훈련시키고 돌보기 쉬운 개들을 선호합니다.

While most pet owners praise Jindo dogs for their faithful and determined nature, I prefer dogs that are easy to train and care for.

05 요크셔의 이름은 써니이고 말티스의 이름은 캔디입니다.

The **Yorkshire**'s name is **Sunny** and the **Maltese**'s is **Candy**.

06 내 개는 잡종입니다.

My dog is a mixed breed.

03 취미/관심사

💬 애완동물의 특징

07 써니와 캔디는 털이 길어서 보기 좋습니다.

Sunny and Candy have ⭐ <u>long fur</u>, so they look great.

⭐ 이것만 바꿔도 등급이 쑥쑥

부드러운 털 **soft fur**　숱이 많은 꼬리 **a bushy tail**

08 써니는 장난기가 많고 반면에 캔디는 점잖습니다.

Sunny is very ⭐ <u>playful</u>, while Candy is <u>gentle</u>.

⭐ 이것만 바꿔도 등급이 쑥쑥

장난기가 많은 **playful**　충직한 **loyal**　공격적인 **aggressive**　행동을 의젓하게 하는 **well-behaved**　고집이 센 **stubborn**　똑똑한 **smart**　충직한 **faithful**

09 제 개는 매우 온순합니다.　My dog is as **meek** as a lamb.

🔵 개/고양이의 특징

10 제 고양이는 화가 나면 문을 긁습니다.　When my **cat** is angry, she starts clawing at the door.

11 저는 빵을 좋아하는데 제 강아지도 그렇습니다. 저희는 닮은 데가 많습니다.　I love bread and my dog does, too. We have many similarities.

12 그들은 온 집안을 가족들을 따라다니기를 좋아합니다.　They like to follow my family all over the house.

13 우리 집 고양이는 고집쟁이에요. 그래서 좋습니다.　Our cat is stubborn as a mule. That's why I like her.

14 제 고양이는 항상 몸을 둥글게 하고 잡니다.　My cat is always curled up asleep.

15 그의 털은 검으색과 으색으로 변해가는데, 이건 늙어간다는 의미죠.　His fur has turned black and silver, which means he is growing old.

16 그는 검은색과 갈색이 섞여 있었고 털이 정말 부드러웠습니다.　He was black and brown and his fur was really soft.

17 그들은 서로 형제·자매처럼 잘 지냅니다.　They get along like brothers and sisters.

18 그는 지금 5살인데 아직도 작아요. 그렇지만 전보다 더 튼튼해졌고 매우 똑똑하고 충성스러운 개입니다.

He is now five years old but still small. But he is stronger now than before, and he is very smart and faithful.

💬 그 밖의 애완동물들의 특징

19 제가 어렸을 때 저는 오리를 애완동물로 길렀습니다.

When I was a child, I had a pet duck.

20 새끼 오리였을 때 그는 노랗고 솜털이 났었습니다.

When he was a duckling, he was yellow and fluffy.

21 점점 자라면서 갈색과 검은색, 하얀색이 되었습니다.

When he was older, he was brown, black, and white.

22 그의 이름은 꽥꽥이 씨였고 제가 가는 곳이면 어디든 따라왔습니다.

His name was "Mr. Quackers" and he followed me everywhere I went.

23 결국에는 우리는 그를 동네 호수에 놓아주었습니다.

Eventually, we set him free in a local lake.

24 페레트는 재미있는 애완동물입니다.

Ferrets are interesting pets.

25 그들은 영리하고 장난기가 많지만 때로는 물기도 하기 때문에 매우 조심해야 합니다.

They are smart and playful, but you have to be careful because they sometimes bite.

26 페레트는 고양이나 개와 같은 다른 애완동물과도 잘 지냅니다.

Ferrets get along well with other pets, like cats and dogs.

27 페레트는 특수 식품을 먹여야 합니다. 다른 애완동물용 먹이를 먹으면 병이 납니다.

Ferrets should only be fed special ferret food. Food for other pets can make them sick.

28 어떤 사람들은 미니 돼지를 애완동물로 기릅니다.

Some people keep miniature pigs as pets.

29 돼지는 깨끗하게 관리하면 냄새가 나지 않습니다.

Pigs don't smell bad if they are kept clean.

30 그들은 개보다 훨씬 영리하고 많은 기술을 배울 줄 압니다.

They are much smarter than dogs and can learn many tricks.

● 애완동물에 대한 감정

⏱ 3초 보카

그가 자랑스럽다 **be proud of him** 만족스럽다 **be satisfied** 더 튼튼해지다 **get stronger** 항상 곁에 있다 **be always with me** 이제는 행복하게 지내다 **be happy now** 이제 안전한 보금자리를 찾게 되다 **be ended up at a safe home now**

31 저는 항상 그의 곁에 있고 싶습니다.

I feel like being with him all the time.

32 때로는 그가 저보다 더 빨리 나이가 드는 것 같아 슬퍼집니다.

Sometimes I feel sad thinking he is getting old faster than me.

33 그는 다른 강아지들보다 더 작았기 때문에 다른 강아지들과 잘 어울리지 못했습니다. 저는 그가 안쓰러웠죠.

Because he was smaller, he couldn't get along with the other puppies. I felt sorry for him.

His fur has turned black and silver, which means he is growing old. **That's why** I feel like being with him all the time. |5+3|

그의 털은 검은색과 은색으로 변해가는데, 이건 늙어간다는 의미죠. 그래서 항상 곁에 있어주고 싶습니다.

🔮 애완동물 관리 및 함께 하는 활동

⏱ 3초 보카

애견 훈련 학교 **the dog obedience school** 집에서 기르는 동물 **domesticated animals** 배변 훈련을 시키다 **house-break** 배설물을 치우다 **clean up the feces** 먹이를 보고 침을 흘리다 **slaver over the food**

①활동 ②횟수/빈도

34 저는 개에게 하루에 두 번 먹이를 줍니다.

I should ⭐ ① **feed** my dog ② **twice a day**.

⭐ 이것만 바꿔도 등급이 쑥쑥

돌보다 **take care of, look after** ~에 신경 쓰다 **tend to** 먹이를 주다 **feed** 함께 놀아주다 **play with** 솔질해주다 **brush, groom** 씻기다 **wash** ~의 뒷정리를 하다 **clean up after** 산책시키다 **take a pet out for a walk** 공을 던져주다 **toss a ball with** ~을 던져 물어오게 했다 **play fetch with**

35 저는 애완동물을 산책시키는 것을 즐깁니다.

I like to take my pets out for a walk.

36 하지만 작은 애완 동물조차도 큰 일거리가 될 수 있습니다.

Even a small pet can be a lot of work.

37 린스한 후에 애완동물을 종이 타월로 톡톡 두드려 말립니다.

After I rinse him, I pat and dry his hair using paper towels.

38 저는 먹이를 주고 목욕을 시킬 뿐 아니라 같이 놀아줍니다.

I not only feed and bathe them, but also play with them.

39	저는 빵 한 조각이나 소시지를 주는 보상으로 개를 훈련시킵니다.	I train my dog by rewarding him with a piece of bread or sausage.
40	그들은 여동생의 것이어서 그녀가 돌봅니다.	They belong to my sister and she is responsible for taking care of them.
41	그녀가 바쁘면 제가 그녀 대신 그런 것들을 합니다.	When she is busy, I do those things instead of her.
42	애완동물을 기르는 것은 우리에게 책임감을 느끼게 하는 것 같습니다.	I think that keeping pets teaches us responsibility.
43	백선검사를 위해서 애완동물이나 집에서 기르는 동물은 수의사에게 보입니다.	I usually ask a veterinarian to check my pet and domesticated animals for ringworm.
44	저는 공공장소에서 개가 쌌던 배설물을 치웁니다.	I clean up the feces left by my dog in a public place.
45	나쁘게 행동하는 그런 개는 없어요. 단지 나쁘게 훈련 받은 개가 있을 뿐이죠.	There's no such thing as a badly behaved dog — only a badly trained dog.
46	저와 남편은 고양이 애호가입니다.	My husband and I are cat lovers.
47	우리에게는 아이들이 없지만, 고양이들이 아이의 대용품은 아닙니다.	We don't have kids, but cats are not child substitutes.
48	고양이가 제 다리에 대고 몸을 비빕니다.	My cat rubs itself against my legs.

49	고양이는 종종 발톱으로 제 손등을 할큅니다.	My cat often claws me on the hand.
50	개들에게 밥을 줄 시간이 되면, 개들이 배가 고파서 쿵쿵거리고 먹이를 보고 침을 흘립니다.	When it is feeding time for my dogs, they sniff the air hungrily and slaver over the food.
51	제가 여행하는 동안은 여동생이 고양이를 돌봐줍니다.	My sister keeps my cat when I travel.
52	저는 그들을 돌볼 뿐만 아니라 먹이를 주고 목욕도 시켜줘야 하므로, 그들이 저를 필요로 한다고 느낍니다.	Not only do I take care of them, but I have to feed and clean them; I feel needed by them.
53	제 고양이는 컴퓨터 앞에 앉아 있기를 좋아하는데 컴퓨터에서 나오는 열 때문인 것 같습니다.	My cat really likes sitting in front of my computer because of the heat from it.
54	고양이는 사람이나 기계에서 나오는 따뜻함을 좋아합니다.	She enjoys the warmth that comes from people or machines.

빈출 질문 Q1	Tell me about some memorable things you experienced with your pet. 애완동물과 관련된 기억에 남는 추억에 대해 말씀해주세요.
Q2	You indicated in the survey that you have a pet. Can you describe your memorable experience with your pet? 애완동물을 키운다고 하셨습니다. 당신의 애완동물과의 기억에 남는 경험에 대해 설명해주시겠습니까?
Q3	How did you get to keep your pet? Tell me about when you first got your pet. What kind of pet was it? 어떻게 해서 애완동물을 키우게 되셨습니까? 처음 애완동물을 키웠을 때에 대해서 말씀해주세요. 어떤 동물이었나요?

답변 구성 전략

공감 문장 선택할 때 참고하세요.

답변 내용이 질문의 모든 요소에 대해 빠짐 없이 대답하고 있는지, 질문의 주제에 맞춰 답변의 흐름이 자연스럽게 연결되는지 확인한다. 되도록 다양한 어휘와 구문을 사용하면 더욱 완벽하다.

★ 답변을 만드는 데 필요한 최소 문장은 6개, IM 등급에 적절한 답변에 이용할 수 있도록 공감 문장을 8개 이상 표시해보세요.

● 첫 만남/배경 설명

⏱ 3초 보카 – 애완동물 종류

고양이 **cat** 새 **bird** 앵무새 **parrot** 거북이 **turtle** 햄스터 **hamster** 열대어 **tropical fish** 원숭이 **monkey** 뱀 **snake** 도마뱀 **lizard** 토끼 **rabbit** 병아리 **chick**

애완동물 종류

01	저는 캔디라는 작은 개/고양이를 키우고 있습니다.	I have a little **dog/cat** named Candy.
02	저는 낯선 이들에게 짖어대는 성질 사나운 잡종견을 한 마리 키우고 있었습니다.	I had a cantankerous **mutt** that woofed at people it didn't know.
03	2년 전에 샀습니다. 이름을 뭉/미니라 지어줬습니다.	I got **him/her** two years ago. I named **him/her Moong/Mini**.

04 저는 항상 개/고양이를 너무 좋아해서 한 마리 기르고 싶다고 말해 왔습니다.

I've always said that I loved **dogs/cats** and wanted to have one.

05 어느 날, 저는 앵무새를 사러 애완동물 센터에 갔습니다.

One day I went to a pet shop to buy a parrot.

06 우리는 애견숍에 가서 개/고양이 한 마리를 골랐습니다.

We went to the pet shop and chose a **dog/cat**.

07 뭉이를 애완견숍에서 처음 보았을 때 그는 형제, 자매들과 함께 있었습니다.

When I first saw Moong at a pet store, he was with his brothers and sisters.

08 그것은 너무나 작고 귀여운 하얀 진돗개였습니다.

He was a white Jindo dog, very small and cute.

09 그래서 저는 어머니가 더 튼튼한 놈을 사자고 하시는데도 그를 사야겠다는 결정을 내리게 되었어요.

That led me to a decision to take him, against my mother's wish to buy a stronger one.

➕ 문장 조합 이렇게!

When I first saw Moong at a pet store, he was with his brothers and sisters. He nuzzled my cheek. That led me to a decision to take him, against my mother's wish to buy a stronger one. 07+13+09

뭉이를 애완견숍에서 처음 보았을 때 그는 형제, 자매들과 함께 있었습니다. 그는 코로 제 뺨을 부드럽게 비볐습니다. 그래서 저는 어머니가 더 튼튼한 놈을 사자고 하시는데도 그를 사야겠다는 결정을 내리게 되었어요.
*That led me to는 '그것이 나를 ~로 이끌다'라는 의미로, 여기서 that은 앞 문장(He nuzzled ...)을 가리킨다.

10 제 스무 살 생일에 아버지는 생일 선물로 강아지/새끼 고양이 한 마리를 사주셨습니다.

On my 20th birthday, my father bought me a **puppy/kitten** as a present.

11 어렸을 때, 아버지는 선물로 강아지/새끼 고양이를 한 마리 사주셨습니다.

When I was young, my father bought me a **puppy/kitten** for my present.

💬 첫인상

| 12 | 그 개는 강아지의 작은 얼굴을 핥기 시작했습니다. | The dog ⭐ <u>began licking the tiny face of the puppy</u>. |

⭐ 이것만 바꿔도 등급이 쑥쑥

짧은 꼬리를 흔들었다 **wagged his/her short tail** 대부분 흰색/갈색이었다 **was mostly white/brown** 강아지 인형처럼 생겼다 **looked like a stuffed animal** 너무나 사랑스러웠다 **was completely adorable** 단추 같은 눈을 가졌다 **had button eyes**

| 13 | 그는 코로 제 **뺨**을 부드럽게 비볐습니다. | He nuzzled my cheek. |

💬 집에 데리고 온 후

| 14 | 제가 가는 곳마다 데리고 다녔습니다. | I took her everywhere I went. |

| 15 | 그가 저희 집에 온 후 저는 그를 귀여워했습니다. | After he came to my home, I petted him. |

➕ 문장 조합 이렇게!

We went to the pet shop and chose a dog. After he came to my home, I petted him.
06+15
우리는 애견숍에 가서 개 한 마리를 골랐습니다. 그가 저희 집에 온 후 저는 그를 귀여워했습니다.

| 16 | 저는 주말마다 강아지를 씻기겠다고 어머니와 약속했습니다. | I promised my mother I'd wash the dog every weekend. |

| 17 | 그가 우리 집에 온 후로, 제가 집에 있는 날이면 항상 함께 있어주었습니다. | After he came to my home, when I stayed home, I was always with him. |

18	저는 그를 훈련시키지 않았지만, 그 영리한 개는 제게 옷, 신발 그리고 양말과 같은 작은 물건들을 가져다주기 시작했습니다.	I didn't train him, but the smart dog started bringing small items like clothes, shoes, and socks to me.
19	제 개를 예의 바르게 훈련시키는 데 시간이 걸렸습니다.	It took time for me to train my dog to be well behaved.
20	기본적인 명령 즉 "가져 와", "가만 있어", "앉아"와 같은 정말 단순한 것들을 따르게 하는 데 시간이 걸렸습니다.	It took time for him to follow basic commands; really simple things such as "fetch," "stay," and "sit."

🔴 애완동물 관련 과거 경험/사건 사고

21	제 개가 없어진 가방을 찾아냈습니다.	My dog sniffed out my lost bag.
22	제 개가 어린애에게 달려들었습니다. 그가 아이의 왼쪽 다리를 물었습니다.	My dog rushed at the child. He bit the boy in the left leg.
23	그는 개 엉덩이를 발로 걷어찼습니다.	He booted the dog in the ass.
24	제 고양이/개가 4~5주 전에 새끼를 낳았습니다.	My cat/dog had kittens/puppies 4 or 5 weeks ago.
25	차가 고양이 바로 앞에 멈췄습니다.	The car zoomed up in front of the cat.

26 고양이가 새를 보고 살금살금 기어가 잡았습니다. 저는 고양이를 새로부터 떼어놓았습니다.

The cat crept silently toward the birds and caught a bird. I distracted the cat from the bird.

27 길에서 큰 개 한 마리가 제 고양이한테 다가왔을 때 그는 꼼짝하지 못했습니다.

My cat couldn't move a muscle when the large dog approached him on the street.

28 큰 개 때문에 깜짝 놀란 제 고양이는 점프를 했습니다.

My cat jumped after being startled by a big dog.

29 애완 동물 가게에서 고양이 사료를 할인 판매하고 있었습니다.

The pet store was having a sale on cat food.

30 어느 날 고양이 피부에 발진이 생긴 것을 발견했습니다. 그렇지만 왜 그런지 몰랐죠.

One day, I found my cat's skin broken out in a rash. But I didn't know why.

31 나중에 부패한 재료로 만든 애완 동물 사료때문인 것으로 드러났습니다.

It turned out that it was because she ate pet food made with bad ingredients.

32 그는 고양이가 달릴 수 있는 대로 달리고 있었으나 개는 그를 바짝 뒤쫓고 있었습니다.

He was running as only a cat can run, but the dog was close on his heels.

33 개들 중 한 마리가 막 미니의 꼬리를 물려고 했을 때, 미니는 꼬리를 살짝 흔들어 피했습니다.

One of the dogs all but closed his jaws on Mini's tail, but Mini whisked it free just in time.

34 그러고 나서 그는 마지막 안간힘을 다해 겨우 몇 인치 차이로 울타리 구멍을 빠져 나갔습니다.

Then he put on an extra spur and, with a few inches to spare, slipped through a hole in the hedge.

| 35 | 저는 보고서를 작성하느라 밤을 샜는데 제 고양이가 잉크를 뒤엎고 제 보고서를 망쳤습니다. | I was up all night working on a report but my cat upset the ink and made a mess on my report. |

| 36 | 핸드폰이 두 동강이 나 있었고 붓과 엎질러진 잉크병, 종이들이 주위에 흩어져 있었습니다. 제 고양이 미니의 짓이었습니다. | There lay my cellphone broken in two pieces, and near at hand there lay brushes, an over-turned inkwell and papers. It was my cat, Mini. |

| 37 | 고양이가 뛰어올라와 내 블라우스에 커피를 쏟았습니다. | My cat jumped on me and spilt coffee down my blouse. |

| 38 | 저는 고양이가 저지른 어떤 나쁜 짓도 본성에 의한 것이라는 것을 이해합니다. | I understand that any evil the cat commits is part of its nature. |

| 39 | 저는 개에 알레르기가 있어서 아버지가 개를 집에서 기르지 못하게 하십니다. | I am allergic to dogs, and my father hasn't allowed me to keep a dog at home. |

| 40 | 어느 날 제 피부에 발진이 생긴 것을 발견했습니다. | One day, I found my skin broke out in a rash. |

| 41 | 극심한 가려움과 두드러기가 생겼습니다. | It was intensely itchy and prickly. |

| 42 | 저는 공원에 산책하러 강아지를 데리고 나갔다가 잃어버렸습니다. 저는 다시 집으로 돌아오도록 열렬히 기도했습니다. | I took a walk with my puppy at the park and I lost him. I wrestled in prayer to bring him back. |

| 43 | 집주인이 애완동물은 안 된다고 했습니다. | My landlord didn't allow pets. |

🔵 사건의 결말

44 저는 더 이상 그를 키울 수 없었고 친척 중 한 집에서 그를 데려다 키우기로 했습니다.

I couldn't keep him any longer and one of my relatives decided to adopt him.

➕ 문장 조합 이렇게!

One day, I found my skin broke out in a rash. It was intensely itchy and prickly.
I couldn't keep him any longer and one of my relatives decided to adopt him. 40+41+44
어느 날 제 피부에 발진이 생긴 것을 발견했습니다. 극심한 가려움과 두드러기가 생겼습니다. 저는 더 이상 그를 키울 수 없었고 친척 중 한 집에서 그를 데려다 키우기로 했습니다.

사건의 경과

45 개가 죽은 뒤 저는 몇 주 동안 마음이 아팠습니다.

⭐ <u>After my dog died</u>, I felt miserable for weeks.

⭐ 이것만 바꿔도 등급이 쑥쑥

개를 입양 보낸 후 **After giving my dog up for adoption** 개를 잃어버린 후 **After losing my dog** 개의 새끼들이 죽은 후 **After my dog's puppies died** 그 사고 후 **After the accident**

46 그 후로 저는 사료를 살 때 포장 상자[봉지] 옆에 적힌 성분 목록을 확인합니다.

Since then, when I buy pet food, I have checked the list of ingredients on the side of the package.

47 응급 처치를 해준 후에 병원에 데려갔습니다.

I gave him emergency care and then took him to the hospital.

48 완전히 회복되지는 않았지만 지금은 많이 좋아졌습니다.

He hasn't recovered fully yet, but he's much better now.

49 저는 잃어버린 개를 찾으려고 했지만 모두 헛수고였습니다.

I tried to find my lost dog, but it was all in vain.

50 그때 이후로 애완동물을 길러본 적이 없습니다.

I have never kept any pets since then.

51	그것은 제가 애완 동물에 관해 가지고 있는 나쁜 기억입니다.	That's a bad memory that I have about pets.
52	사랑스러운 개를 잃어버렸기 때문에 쓸쓸했습니다.	I was joyless because I had lost my lovely dog.
53	나는 나의 강아지를 잊을 수 없어요. 다른 사람에게 주지 말았어야 했나 봐요.	I will never forget my puppy; I shouldn't have given it to other people.
54	그 경험은 생각만 해도 끔찍합니다.	It is frightening even to think of the experience.
55	저는 그 사고를 생각만 해도 죄책감을 느낍니다.	I feel guilty even thinking about that accident.
56	그 끔찍한 사고를 생각만 해도 몸서리가 납니다.	The very thought of the terrible accident makes me tremble.
57	그에 대해 생각할 때, 많은 좋은 기억들이 떠오릅니다.	When I think of him, many good memories come to mind.
58	그 후로 저는 개가 마음대로 움직이지 못하게 가죽 끈에 매어서 산책시킵니다.	Since then, I restrain my dog by walking him on a leash.

04 스포츠

048 축구/야구/농구 일반적인 설명

빈출 질문 Q1-3

You indicated in the survey that you like to play soccer/baseball/basketball. When and where do you play soccer/baseball/basketball? Who do you play with?

설문조사에서 축구/야구/농구를 좋아한다고 표시하셨습니다. 당신은 언제, 어디에서 축구/야구/농구를 하나요? 누구와 함께 경기를 하나요?

답변 구성 전략

공감 문장 선택할 때 참고하세요.

답변 내용이 질문의 모든 요소에 대해 빠짐 없이 대답하고 있는지, 질문의 주제에 맞춰 답변의 흐름이 자연스럽게 연결되는지 확인한다. 되도록 다양한 어휘와 구문을 사용하면 더욱 완벽하다.

★ 답변을 만드는 데 필요한 최소 문장은 6개, IM 등급에 적절한 답변에 이용할 수 있도록 공감 문장을 8개 이상 표시해보세요.

💬 좋아하는 스포츠 – 축구/야구/농구

01 축구/야구/농구는 가장 인기 있는 운동 중 하나입니다. 저도 그것을 좋아합니다.

`경기 종목`

Soccer/Baseball/Basketball is one of the most popular sports. I also like playing it.

02 저는 축구/야구/농구 선수는 아니지만 그것을 정말 잘합니다.

`잘하는 종목`

I'm not a **soccer/baseball/basketball** player, but I'm really good at it.

03 저는 축구/야구/농구에 대해 훤히 꿰고 있습니다.

I have deep insight into **soccer/baseball/basketball**.

04 저는 대학 팀에서 축구/야구/농구를 합니다. 저는 그것과 함께 살고 숨쉬는 것 같습니다.

`①종목 ②소속 팀`

I play ★ ① **soccer/baseball/basketball** on ② **the college team**. I think I just live and breathe it.

★ 이것만 바꿔도 등급이 쑥쑥

소속 팀

학교 축구 클럽 the school soccer club 회사 축구팀 our company soccer team 친선 축구 동호회 회원들 recreational soccer club members

● 축구/야구/농구를 하는 때/횟수

05 저는 방과 후에 축구/야구/농구를 합니다.

I play soccer/baseball/basketball after school.

06 저는 퇴근 후에 축구/야구/농구를 합니다.

I play soccer/baseball/basketball after work.

07 저는 지역 축구/야구/농구 동아리 회원이었고 우리는 한 달에 두 번 경기를 하곤 했습니다.

I was a member of the soccer/baseball/basketball club in our community and we used to play a game twice a month.

08 대학생일 때 저는 학교 축구/야구/농구 동아리 회원이어서 수업 시간 사이나 수업이 끝나고 그것을 했습니다.

When I was a university student, I also belonged to the school soccer/baseball/basketball club and played soccer/baseball/basketball in between classes or after class.

09 동아리 회원들과 함께 한 달에 한 번 실전 경기를 했습니다.

Our club members got together for actual matches once a month.

10 저는 한 달에 두 번 축구/야구/농구를 하곤 했습니다.

I used to play soccer/baseball/basketball twice a month.

11 졸업을 하고는 너무 바빠서 학교에 거의 가지 않습니다. 그래서 축구/야구/농구를 할 기회가 더 이상 없습니다.

Since graduating, I'm so busy that I hardly ever go to the campus. That means I don't have a chance to play soccer/baseball/basketball any more.

12 그러나 축구/야구/농구를 더 자주 하고 싶어서 회사에 팀을 만들어 볼까 생각 중입니다.

However, I want to play soccer/baseball/basketball more often. I'm thinking of forming a team in our company.

13 저와 제 친구들은 결국 어느 곳에서나 경기를 자주 합니다.

My friends and I often end up playing on any flat surface.

🔵 운동 실력

14 저는 정말 실력이 좋은 축구/야구/농구 선수에요.

I'm a really ⭐ <u>good</u> <u>soccer/baseball/basketball</u> player.

⭐ 이것만 바꿔도 등급이 쑥쑥

운동을 잘할 때

good, excellent, awesome, great, fantastic, outstanding, spectacular, amazing, wonderful

운동을 못할 때

terrible, bad, suck, woeful, horrible, terrible, horrendous, awful

15 저는 운동 실력으로 칭찬을 듣곤 했습니다.

I was often praised for my athletic ability.

16 저는 언니/오빠/형의 운동 실력을 따라갈 수 있기를 바랍니다.

I hope to emulate my <u>sister's/brother's</u> sporting achievements.

17 하지만 저는 실전보다 이론에 강한 것 같습니다.

But it seems that I'm better at theory than at practice.

18 저는 실전 경험이 부족합니다.

I don't have enough hands-on experience.

➕ 문장 조합 이렇게!

I play soccer/baseball/basketball on the college team. I think I just live and breathe it. But I don't have enough hands-on experience, so it seems that I'm better at theory than at practice. 04+18+17

저는 대학 팀에서 축구/야구/농구를 합니다. 저는 그것과 함께 살고 숨쉬는 것 같습니다. 그렇지만 저는 실전 경험이 부족해서 실전보다 이론에 강한 것 같습니다.

19	마음은 굴뚝같은데 몸이 안 따라 줍니다.	The spirit is willing, but the flesh is weak.
20	왜 실전에 적용되는 이론은 그렇게 많지 않을까요?	Why is there so little theory that works in practice?
21	막상 실전에서 자신의 진가를 발휘하지 못합니다.	I can't do myself justice when it comes down to the real thing.

🔴 좋아하는 이유 및 좋아하는 정도

22	간단히 말해, 축구/야구/농구 선수는 빠르게 생각할 수 있어야 합니다.	In short, a <u>soccer/baseball/basketball</u> player must be able to think fast.
23	세계적으로 오랫동안 아이들도 이 경기를 합니다. 그만큼 이 경기는 배우기 전혀 어렵지 않습니다.	Little kids play it all over the world, and they have been for many years, so it's really not all that hard to pick up.
24	일부 사람들은 축구/야구/농구가 삶과 죽음의 문제라고 믿습니다. 그것 때문에 일어난 전쟁에 대한 유명한 이야기가 있습니다.	Some people believe that <u>soccer/baseball/basketball</u> is a matter of life and death. There is a famous story about a war triggered by it.
25	저는 몸과 마음을 단련시키기 위해 정규적으로 축구/야구/농구를 하려고 노력합니다.	운동을 하는 목적 I try to play <u>soccer/baseball/basketball</u> regularly to ⭐<u>sooth my mind and body</u>.

⭐ 이것만 바꿔도 등급이 쑥쑥

몸과 마음을 안정시키다 **relax mind and body** 살을 빼다 **lose your weight** 심신을 단련하다 **train the mind and body** 몸매를 유지하다 **keep in shape** 지구력을 기르다 **build endurance**

049 　축구/야구/농구 경기 규칙 단순 설명

I'd like to know about your favorite sport to play. Please tell me what it is and explain the rules in detail.

운동하기 가장 좋아하는 종목에 대해 알고 싶습니다. 그 종목은 무엇이며, 그것의 규칙에 대해 자세히 설명해주세요.

답변 구성 전략

공감 문장 선택할 때 참고하세요.

답변 내용이 질문의 모든 요소에 대해 빠짐 없이 대답하고 있는지, 질문의 주제에 맞춰 답변의 흐름이 자연스럽게 연결되는지 확인한다. 되도록 다양한 어휘와 구문을 사용하면 더욱 완벽하다.

★ 답변을 만드는 데 필요한 최소 문장은 6개, IM 등급에 적절한 답변에 이용할 수 있도록 공감 문장을 8개 이상 표시해보세요.

● 축구 경기 규칙

01 축구 경기는 1850년대에 영국에서 시작되었습니다.

The game of soccer started in England in the 1850s.

02 축구가 런던에서 공식적으로 탄생된 지 150년이 흘렀습니다.

Almost 150 years have passed since soccer was officially born in London.

03 각 팀은 최대 11명이 선수로 구성됩니다.

Each team consists of a maximum of eleven players.

04 골키퍼는 공을 손과 팔로 다룰 수 있는 유일한 선수입니다.

Goalkeepers are the only players allowed to play the ball with their hands or arms.

05 다양한 포지션이 있습니다.

There are a variety of positions.

06	경기 중에 많은 선수들이 교체될 수 있습니다.	A number of players may be replaced by substitutes during the course of the game.
07	선수 한 명은 상대 팀의 반칙으로 프리킥을 얻을 수 있습니다.	A player can get a free kick out of the opposite team's foul.
08	선수 한 명이 상대 팀이 골킥을 막기 위한 '벽'을 만들었을 때 프리킥을 넣을 수 있습니다.	The player takes a free kick, while the opposition forms a "wall" to try to block the ball kick-off.
09	골을 완전히 골라인 밖으로 차냈는데, 득점 없이 수비팀 선수가 마지막으로 공을 터치한 것일 때 공격 측 선수에 코너킥이 주어집니다.	A player of the attacking team can take a corner kick when the ball has wholly crossed the goal line without a goal having been scored and the goal has last been touched by a player of the defending team.
10	패널티 킥은 패널티 구역 안에서 수비팀 선수의 반칙이 있은 후 공격팀에 주어집니다. 골키퍼만이 방어할 수 있습니다.	A penalty kick is awarded to the attacking team after a foul within the penalty area by a member of the defending team. Only the goalkeeper is allowed to defend against it.

🗨 야구 경기 규칙

⏱ 3초 보카 – 야구 용어

홈팀 home team 원정팀 visiting[away] team 9회 초 the top of the ninth inning 내야 infield 외야 outfield 1루 first base 2루 second base 1루수 a first baseman 2루수 a second baseman 우익수 a right fielder 좌익수 a left fielder 삼진시키다 strike out

11	야구는 각 팀 9명의 선수로 이루어진 두 팀 간의 경기입니다.	Baseball is played between two teams with nine players in the field on each team.

12	한 게임에는 9이닝이 있습니다.	There are nine innings in one game.
13	게임은 이닝으로 되어 있는데, 1이닝에는 각 팀이 타석에 설 수 있는 차례를 갖습니다.	The game is played in innings, and an inning is a period of time when each team gets a chance to bat.
14	야구장에서 경기는 몇 명의 심판의 감독 하에 이루어집니다.	On a baseball field, the game is under the authority of several umpires.
15	메이저 리그 경기에서는 보통 4명의 심판이 있는데, 리그와 게임의 중요도에 따라 6명까지도 심판을 봅니다.	There are usually four umpires in major league games; up to six may officiate depending on the league and the importance of the game.
16	내야에는 1루수, 2루수, 유격수 그리고 3루수가 있습니다.	In the infield, you have a first baseman, second baseman, shortstop, and third baseman.
17	외야에는 우익수, 센터, 그리고 좌익수가 있습니다.	In the outfield, you have a right fielder, center fielder, and left fielder.
18	이 게임의 목표는 상대편보다 더 많이 득점하는 것입니다.	The object of the game is to score more runs than your opponent.
19	야구는 9이닝 경기이며 각 팀은 한 번씩 돌아가며 상대 팀이 공을 던지고 방어하는 동안 공을 치고 점수를 냅니다.	Baseball is played in nine innings in which each team gets one turn to bat and try to score runs while the other pitches and defends in the field.

20   1이닝은 원정팀이 먼저 공격하고 홈팀이 두 번째로 공격하는 두 부분으로 나뉘어져 있습니다.

An inning is broken up into two halves in which the away team bats in the **top[first]** half, and the home team bats in the **bottom[second]** half.

21   야구에서 방어팀은 항상 공을 가지고 있는데, 대부분의 다른 팀 경기와 다른 점입니다.

In baseball, the defense always has the ball — a fact that differentiates it from most other team sports.

22   방어팀이 세 명의 타자를 아웃시킬 때마다 팀의 역할이 바뀝니다.

The teams switch every time the defending team gets three players of the batting team out.

23   9이닝이 끝나고 가장 많은 점수를 낸 팀이 승리합니다.

The winner is the team with the most runs after nine innings.

24   무승부의 경우, 한 팀이 1이닝 말에 앞설 때까지 추가 이닝이 진행됩니다.

In the case of a tie, additional innings are played until one team comes out ahead at the end of an inning.

25   투수가 타자에게 공을 던지고 타자는 공을 쳐서 상대방 선수가 공을 잡지 못하게 하고 베이스로 갈 수 있도록 합니다.

The pitcher throws the ball to a batter, and he tries to hit the ball so the opposing players can't get it and he can get on base.

26   타자는 베이스에 가면 내야를 돌아 본루에서 득점합니다.

Once on base, the batter tries to run around the diamond and score at home plate.

27   투수는 상대편 3명의 선수를 아웃시켜야 합니다.

The pitcher has to get three of the other team's players out.

28	투수는 상대팀 선수가 세 번 볼에 스윙만 하고 치지 못하게 해서 스트라이크 아웃을 시킵니다.	The pitcher can get a player out by striking them out, which means they swing at the ball three times and don't hit it.
29	투수는 상대팀 선수가 자신의 팀의 선수 쪽으로 공을 치도록 해서 1루에서 태그아웃 시켜서 베이스로 못 가게 함으로써 아웃을 시킵니다.	The pitcher can get a player out by getting him to hit the ball to somebody on his team, who tags him out at first base.
30	네 개의 베이스가 있는데, 시계 반대 방향으로 1루, 2루, 3루는 땅에서 약간 올라와 있는 사각 모양의 쿠션입니다.	There are four bases. Numbered counterclockwise, first, second, and third bases are cushions shaped in squares which are raised a short distance above the ground.
31	본루와 함께 이 네 개의 '베이스'는 사각형 모양을 이룹니다.	Together with home plate, the fourth "base," they form a square.
32	경기장은 세 개의 주요 구역으로 나누어집니다.	The playing field is divided into three main sections.
33	네 개의 베이스를 포함한 내야는 잔디 라인 안에 있으며 파울선과 경계를 이루며 보통 방어를 목적으로 합니다.	The infield, containing the four bases, is for general defensive purposes bounded by the foul lines and within the grass line.
34	외야는 벽이나 펜스로 경계를 이루며 파울선 사이에 내야의 잔디 라인을 벗어난 잔디가 덮힌 공간입니다.	The outfield is the grassed area beyond the infield grass line between the foul lines, and bounded by a wall or fence.
35	파울 지역은 파일 라인 바깥쪽 전체 구역입니다.	Foul territory is the entire area outside the foul lines.

| 36 | 투수판은 내야의 중앙에 위치해 있습니다. | The pitcher's mound is located in the center of the infield. |

| 37 | 야구 타자에게는 어떤 투구가 오는지 결정하는 시간이 10분의 1초도 되지 않습니다. | A baseball batter has less than one tenth of a second to decide what type of pitch is coming. |

| 38 | 타자는 투수가 공을 던질 때 투수의 팔과 손의 움직임을 읽는 것을 놓치지 말아야 합니다. | The batter should not miss reading the movement of a pitcher's arm and hand when the pitcher throws his ball. |

| 39 | 저는 투수가 공을 놓는 지점에서 공이 투수의 손과 평행을 이루면 속구이고, 공이 투수의 손 위에 있으면 커브나 변화구라는 것을 압니다. | I know that if at the release point the ball is level with the pitcher's hand, it is a fast ball, and that if the ball is above the pitcher's hand, it is a curve or change. |

🗨 농구 경기 규칙

⏱ 3초 보카 – 농구 용어

3점 숏을 쏘다 **shoot three-point shots** 자유투를 던지다 **shoot free throws** 3대 3이나 4대 4 경기를 하다 **play three on three or four on four** 정규 규격 농구장 **a full-length court** 실내(야외) 농구 코트 **indoor(outdoor) basketball courts** 샤워장 **shower stalls** 탈의실 **changing rooms** 심판 **referee** 득점판 **scoreboard** 전반전 **first half** 후반전 **second half** 자유투가 주어지다 **be awarded a free throw** 자유투 **free throw** 파울(반칙) **foul** 점수를 내다 **score a point** 농구대에 공을 던지다 **throw the ball through the hoop** 퇴장 **off the court** 3초룰 **the three-second rule** 규칙을 위반하다 **get a violation** 자유투 구역 **free throw lane** 접전을 벌이다 **play a tight match** 완전한 패배 **total defeat**

| 40 | 농구는 세계적으로 가장 인기 있고 널리 보여지는 스포츠 중 하나입니다. | Basketball is one of the world's most popular and widely viewed sports. |

41	농구는 사각 코트 위에서 다섯 명의 선수로 이루어진 두 팀이 경기하는 스포츠입니다.	Basketball is a sport played by two teams of five players on a rectangular court.
42	각 끝에 있는 백보드에 높이 매달린 링에 공을 넣는 것을 목표로 합니다.	The objective is to shoot a ball through a high hoop mounted to a backboard at each end.
43	팀은 정규 경기 동안 골대에 공을 넣어서 점수를 낼 수 있습니다.	A team can score a field goal by shooting the ball through the basket during regular play.
44	선수가 3점 선보다 골대에 더 가까이 있다면 공격 팀은 2득점을 하고, 선수가 3점 선 뒤에 있다면 3득점을 합니다.	A field goal scores two points for the shooting team if a player is closer to the basket than the three-point line, and three points if the player is behind the three-point line.
45	경기 마지막에 가장 많은 득점을 한 팀이 승리합니다.	The team with the most points at the end of the game wins.
46	하지만 경기가 무승부로 끝나면 추가 시간이 관건이 될 수 있습니다.	But **additional time[overtime]** may be issued when the game ends in a draw.
47	걷거나 뛰거나 팀원에게 공을 던지는 동안 공을 튀기면서 코트에서 공을 진행시킬 수 있습니다.	The ball can be advanced on the court by bouncing it while walking or running or throwing it to a team mate.
48	공을 들고 드리블하지 않고 이동하거나 양손으로 공을 잡은 다음 드리블로 연결하지 않으면 반칙입니다.	It is a violation to move without dribbling the ball to carry it or to hold the ball with both hands then not resume dribbling.
49	반칙은 '파울'이라고 합니다.	Violations are called "fouls."

50 개인 파울은 벌칙이 이루어지며, 슈팅하는 동안 파울을 당하면 보통 공격수에게 자유투를 던질 기회가 주어집니다.

A personal foul is penalized, and a free throw is usually awarded to an offensive player if he is fouled while shooting the ball.

51 기술적인 파울은 상대 팀에게 자유투 기회를 부여하며, 또한 상대 팀이 볼 점유를 유지합니다.

A technical foul gives the opposing team a free throw, and the opposing team also retains possession of the ball.

52 슈팅, 패스, 드리블, 리바운딩 기술뿐만 아니라 농구는 선수의 특정 포지션을 가지며 공격과 수비의 구조를 가집니다.

As well as many techniques for shooting, passing, dribbling, and rebounding, basketball has specialized player positions and offensive and defensive structures.

53 일반적으로 팀에서 가장 큰 선수들이 '센터'나 '파워 포워드' 또는 '스몰 포워드'를 맡게 됩니다.

Typically, the tallest members of a team will play "center," "power forward," or "small forward" positions.

54 작은 선수들이나 볼을 다루는 기술이 좋고 스피드가 좋은 선수들은 '포인트 가드'나 '슈팅 가드'의 역할을 맡습니다.

Shorter players or those who possess the best ball handling skills and speed play will play "point guard" or "shooting guard."

축구/야구/농구 경기 과거 경험

빈출 질문 **Q1-3** When was the first time you played soccer/baseball/basketball? Tell me why you decided on playing soccer/baseball/basketball.

축구/야구/농구를 처음 시작했을 때가 언제인가요? 왜 축구/야구/농구를 시작하게 되었나요?

Q4-6 Have you recently had any memorable experience when playing soccer/baseball/basketball? If so, start by telling me when it was and where you were playing. Then tell me all of the things that made the experience so memorable.

축구/야구/농구를 한 기억에 남는 경험이 있었나요? 그렇다면 언제 어디서 했는지 말씀해주세요. 그리고 왜 잊을 수 없는지 그 이유도 말해주세요.

답변 구성 전략

공감 문장 선택할 때 참고하세요.

답변 내용이 질문의 모든 요소에 대해 빠짐 없이 대답하고 있는지, 질문의 주제에 맞춰 답변의 흐름이 자연스럽게 연결되는지 확인한다. 되도록 다양한 어휘와 구문을 사용하면 더욱 완벽하다.

★ 답변을 만드는 데 필요한 최소 문장은 6개, IM 등급에 적절한 답변에 이용할 수 있도록 공감 문장을 8개 이상 표시해보세요.

🟣 축구/야구/농구 시작 계기

01 어렸을 때 저는 축구/야구/농구 팀 후보 선수였어요.

I was just a bench warmer on the **soccer/baseball/basketball** team when I was young.

02 저는 그 유명한 축구/야구/농구 선수를 경외하고 있었습니다.

I was in awe of the famous **soccer/baseball/basketball** player.

03 대학생 때 축구/야구/농구를 처음 시작했습니다.

I played **soccer/baseball/basketball** for the first time when I was in university.

04 25살 때 축구/야구/농구 동호회에 가입했습니다.

I joined a **soccer/baseball/basketball** club when I was twenty-five.

05	제 친구들과 저는 축구/야구/농구를 매우 좋아했고 자주 했습니다.	Several of my buddies and I were huge **soccer/baseball/basketball** fans and we played it quite often.
06	저희 대학교에서 축구/야구/농구가 인기 있는 스포츠 종목이라 학생들이 많이 가서 보곤 했습니다.	At my university, **soccer/baseball/basketball** was a popular sporting event that many students liked to watch.
07	저는 동네 친선 축구/야구/농구 동호회 회원이었습니다.	I was a member of a recreational **soccer/baseball/basketball** club in my neighborhood.

💬 축구 경기 경험

08	저희는 어제 운동장에서 축구를 했습니다.	We played soccer on the playground yesterday.
09	저는 캠프에서 반 친구들과 축구하는 것을 즐겼습니다.	I enjoyed playing soccer with my classmates at the camp.
10	저는 어제 운동장에서 축구를 했습니다.	I played soccer on the playground yesterday.
11	저는 대학팀에서 축구를 했습니다.	I played soccer on my college team.
12	저는 고등학교 1학년 때 학교 축구팀 선발 심사에 참가했었습니다.	My first year in high school, I tried out for the school soccer team.
13	저는 그 축구팀 센터였습니다.	I was a center on that soccer team.

14	하루에 6시간 내지 7시간씩, 일주일에 6일간 훈련을 했어요. 아주 혹독했죠.	I used to train for about six or seven hours a day, and six days a week. And it was really tough.
15	사람들은 북 치고 깃발을 휘날리며 우리를 응원했습니다.	The people cheered the team on with drums beating and colors flying.
16	축구 팀의 주장이 선수들을 격려했습니다.	The captain of the football team encouraged the players.
17	저는 축구를 할 때 승부욕이 아주 강하여 이기기를 원했습니다.	I was very competitive in football; I liked to win.
18	축구를 하다가 다리를 다쳤습니다.	I hurt my leg while playing soccer.
19	축구를 하다가 발목을 삔 것 같았습니다.	I thought I sprained my ankle playing soccer.
20	축구를 하고 났더니 온 몸이 뻐근했습니다.	After playing football, I felt creaky.
21	공을 골대 안으로 차 넣은 순간 저는 골대에 부딪쳤습니다.	The moment I kicked the ball into the net, I bumped into a goal post.
22	눈가에서 코등까지 6바늘을 꿰맸습니다.	I received six stiches from the corner of my eye to the bridge of my nose.
23	우리는 5번이나 골을 넣을 찬스를 놓쳤습니다.	Five times and we couldn't score a goal.

🗨 야구 경기 경험

24	저는 그 야구 선수의 광팬이었습니다.	I was a huge fan of the baseball player.
25	저는 투수이고 매우 잘 했습니다.	I was a pitcher, and I was really good.
26	저는 지역 야구 팀에 있었습니다.	I played in the local league.
27	그 다음 해 저는 부상을 당해서 야구를 할 수 없었습니다.	Next year I was injured and I couldn't play.

🗨 농구 경기 경험

28	전 고등학교 때 농구와 테니스 대표팀에서 활약했습니다.	I played varsity basketball and tennis in high school.
29	농구 신참인 저는 경기에 못 뛰고 벤치 신세를 면치 못했습니다.	I, the basketball rookie, had to ride the pine in the game.
30	저는 다른 운동보다 농구를 더 좋아합니다.	I like basketball better than the other sports.
31	매주 금요일 저녁에 농구 연습이 있었습니다.	There was a basketball practice every Friday evening.
32	저는 남동생과 농구를 하고 있었습니다.	I was playing basketball with my brother.

33	저는 코트 아래쪽으로 공을 드리블해 갔습니다.	I dribbled the ball down the court.
34	저는 3점짜리 슛을 넣었습니다.	I hit the basket for three points.
35	저는 골대에 공을 던졌습니다.	I hurled the ball into the basket.
36	저희는 45대 21로 대패했습니다.	We got creamed 45 to 21.

🗨 공통 표현

37	우리들은 거리에서 축구/야구/농구를 하고 있었습니다.	We were playing soccer/baseball/basketball in the road.
38	축구/야구/농구를 하다가 발목을 삐었습니다.	I sprained my ankle playing soccer/baseball/basketball.
39	축구/야구/농구 경기 중에 두 명의 선수가 교체되었습니다.	Two substitutes were used during the soccer/baseball/basketball game.
40	저는 동네의 운동장/코트에서 축구/야구/농구를 하면서 자랐습니다.	I grew up playing soccer/baseball/basketball in neighborhood fields/courts.
41	고등학교 다닐 때 축구/야구/농구 팀 주장이었기 때문에 제가 그것을 좋아하는 것은 자연스러운 일입니다.	I was captain of the soccer/baseball/basketball team as a high school student, so it is natural I like it.

42	고등학교에서 축구/야구/농구 팀에 합류하여 자주 경기를 했습니다.	I joined the **soccer/baseball/basketball** team and played very often in high school.
43	축구/야구/농구에 열심이어서 매일 연습했습니다.	I had enthusiasm for **soccer/baseball/ basketball**, so I practiced it every day.
44	다른 선수에게 공을 패스하려고 돌았을 때 수비에 걸려 넘어져서 얼굴에 찰과상을 입었습니다.	When I turned to pass to another player I tripped over the defense and ended up with scrapes on my face.
45	팀 코치가 저를 병원에 데리고 가야 한다고 했지만 저는 우리 팀이 이기는 것을 보고 싶었습니다.	My team coach insisted on taking me to the hospital, but I wanted to watch our team win the game.
46	결국 우리는 이겼고 그리고 나서 저는 병원으로 이송되어 엑스레이를 찍었습니다.	After all, we won, and then I was taken to the hospital and given an x-ray.
47	발목이 부러져 3개월 동안 목발을 짚고 걸어야 했습니다. 3개월이 3년처럼 느껴졌습니다. 지금도 때로는 아픕니다.	My ankle was broken and I had to walk on crutches for three months. It seemed like three years. It still hurts sometimes.

스피킹TIP 운동 종류만 바꿔서 문장을 활용할 수 있다

특정 운동의 고유한 특징을 나타내는 문장을 제외하고는 거의 모든 문장에서 운동 이름 등의 명사만 바꿔주면 교차 활용이 가능하다. 단, 야구라면 19대 20으로 이겼다고 할 수 없으므로 3대 5로 바꿔주는 것과 같이 세세한 설명에도 주의해야 한다.

빈출 질문 Q1-3

You indicated in the survey that you like to play soccer/baseball/ basketball. I'd like to know where you usually play soccer/baseball/ basketball. Describe that place in as much detail as possible.

설문조사에 축구/야구/농구를 좋아한다고 표시하셨는데, 주로 어디서 축구/야구/농구를 하는지, 그 장소에 대해 최대한 자세히 설명해주세요.

답변 구성 전략

공감 문장 선택할 때 참고하세요.

답변 내용이 질문의 모든 요소에 대해 빠짐 없이 대답하고 있는지, 질문의 주제에 맞춰 답변의 흐름이 자연스럽게 연결되는지 확인한다. 되도록 다양한 어휘와 구문을 사용하면 더욱 완벽하다.

★ 답변을 만드는 데 필요한 최소 문장은 6개, IM 등급에 적절한 답변에 이용할 수 있도록 공감 문장을 8개 이상 표시해보세요.

● 운동 장소 및 특징

⏱ 3초 보카 – 운동 장소

서울 월드컵 경기장에서 **in Seoul World Cup Stadium** 학교 운동장에서 **in the school playground** 2010년에 완공된 경기장에서 **in the soccer stadium completed in 2010** 목동에 있는 경기장에서 **in the stadium located in Mokdong** 잔디로 만들어진 커다란 학교 운동장에서 **in a big grass-covered school playground** 축구 경기장에서 **on the soccer field** 공원에서 **at the park** 육상 트랙에서 **on the running track** 실내 스포츠 센터에서 **at the indoor sports center** 테니스 코트에서 **in the tennis courts** 골프장에서 **at the golf course** 골프 연습장에서 **at the driving range** 집 아파트 근처에서 **near my apartment** 고등학교 운동장 트랙에서 **at the high school track** 집 근처 경기장에서 **at a stadium near where I live** 공원 근처에서 **around the park**

---

01 저는 보통 일주일에 3번 정도 집 근처 공원으로 축구/야구/농구를 하러 갑니다.

I go to play **soccer/baseball/basketball** at the park near my house about three times a week.

---

02 저희 학교에는 넓은 축구장/야구장/농구장이 있어서 저와 친구들은 보통 그곳에서 경기를 합니다.

There's a large **soccer/baseball/basketball field/court** at our school where my friends and I can play.

03 그곳의 축구장/야구장/농구장은 관리가 잘 되어 있습니다.

The **soccer/baseball/basketball field/court** there is well maintained.

04 깨끗하고 쾌적해서 축구/야구/농구를 하기에 좋은 장소입니다.

It is clean and pleasant, so it is a good place to play **soccer/baseball/basketball**.

05 저와 친구들은 최근에 지은 축구장/야구장/농구장에서 경기를 합니다.

My friends and I play in the **soccer/baseball/basketball field/court** in a recently built stadium.

06 이 시립 경기장에는 좋은 필드가 있습니다.

This municipal stadium has a great field.

07 그 경기장은 도시에서 가장 큰 필드를 가지고 있습니다.

The stadium has the biggest field in the city.

08 그 경기장은 최근 보수 공사를 통해 면모를 일신했습니다

The stadium has freshened up its looks with the recent remodeling.

09 저희는 그곳에서 5시 이후에만 경기를 할 수 있습니다.

We can play there only after five o'clock.

10 저는 아파트 근처의 고등학교 운동장으로 축구/야구/농구를 하러 갑니다.

I go to play **soccer/baseball/basketball** in the high school playground near my apartment.

11 학교 운동장은 커다란 직사각형이고, 모래와 잔디로 만들어져 있습니다.

The school playground is a large rectangle, and it is made of sand and grass.

12 집 근처 학교 운동장의 수용력은 공원의 반밖에 되지 않습니다.

The capacity at the school playground near my home is barely half that of the park.

⏱ 3초 보카 – 경기장 시설

실내 시설 **indoor facilities** 운동장 둘레의 트렉 **a track around the playground** 다양한 운동 기구 **various sports equipment** 거대한 규모의 좌석 공간 **the seating space of great amplitude** 지붕이 덮여 있는 관중석 구역 **a covered area of the stadium with seats**

| 13 | 이곳은 공원과 놀이시설이 포함되어 있는 복합시설이며 경기장 건물에 대형 영화관과 할인 쇼핑센터가 들어 있습니다. | It is part of a complex which includes parks and amusement rides, and the stadium itself houses a large cinema and discount shopping center. |

14 경기장에는 내야와 외야가 있습니다.

There is an infield and an outfield on the playing field.

15 그것은 거대한 원형 경기장 같습니다.

It is like a huge amphitheatre.

16 경기장에 있는 의자들에는 모두 번호가 붙어 있습니다.

All the seats in the stadium are numbered.

17 그 경기장에는 거대한 규모의 좌석 공간이 있습니다.

The stadium has seating space of great amplitude.

18 종류가 다른 스포츠는 다양한 크기와 모양의 경기장이 필요합니다.

Different sports require fields of different size and shape.

19 어떤 경기장은 단일 종목 위주로 디자인되기도 하고 다른 경기장은 다른 종목을 함께 할 수도 있습니다.

Some stadiums are designed primarily for a single sport while others can accommodate different events.

20	대부분의 일반적인 다목적용 디자인은 축구장과 육상 트랙이 함께 있습니다.	The most common multiple use design combines a football pitch with a running track.
21	사각형의 경기장은 주로 축구장용으로 많은 경기장에는 사면에 4개의 독립된 자리가 있습니다.	Rectangular stadiums are especially for football where many stadiums have four often distinct and very different stands on the four sides of the stadium.
22	서울 월드컵경기장의 두드러진 특징은 한국의 전통 연처럼 생긴 지붕입니다.	Seoul World Cup Stadium's outstanding feature is its roof that is shaped like a traditional Korean kite.
23	이곳은 1998년에서 2001년 사이에 건축되었고, 2001년 11월 10일에 공식 오픈되었습니다.	It was constructed between 1998 and 2001, and officially opened on the 10th of November 2001.
24	경기장은 806개의 VIP석과 75개의 스카이 박스석을 가지고 있습니다.	The stadium holds a total of 806 VIP seats and 75 sky boxes.
25	그 경기장의 보안은 아주 강화돼 있어서, 난동꾼들이 경기장에 들어올 기회가 없습니다.	The security is on a very high level in the stadiums, so hooligans don't have any chance to come there.
26	서울 월드컵경기장은 서울 강북의 서쪽에 위치해 있습니다.	Seoul World Cup Stadium is located in the west of the city of Seoul on the north bank of the Han River.
27	경기장은 지하철역 바로 옆에 위치해 있습니다.	The stadium is located right next to the subway station.

| 28 | 2002월드컵 기념관이 안에 있으며 경기장 내부를 걸을 수 있습니다. | It includes a museum dedicated to the 2002 World Cup and a walk through the insides of the stadium. |

🗨 경기장 티켓/입장

| 29 | 경기장은 오전 9시에서 오후 5시까지 방문객에게 매일 개방됩니다. | The stadium is open every day from 9:00 a.m. to 5:00 p.m. for visits. |

| 30 | 경기 티켓은 인터넷이나 전화로 구매할 수 있습니다. | Tickets for games can be bought online or by phone. |

| 31 | 경기 당일에 경기장 입구에서도 구매할 수 있습니다. | Tickets can also be purchased at the gates of the stadium on the day of the match. |

| 32 | 경기장의 크기 때문에 판매 완료가 되는 일은 드뭅니다. | Due to the size of the stadium, it rarely sells out. |

| 33 | 입장료는 1,000원입니다. | Entrance costs 1,000 won. |

| 34 | 메인 스탠드 지정석의 티켓은 2만 원이고 반대편 자유석은 1만 4천 원, 그리고 골대 뒷자석은 1만 원입니다. | A ticket for the main stand reserved seating costs 20,000 won, a ticket for the opposite side free seating 14,000 won, and a seat behind the goal 10,000 won. |

| 35 | 입장권 요금은 경기 취소 이외에는 일체 환불되지 않습니다. | The ticket is not refundable unless the event is cancelled. |

36 입장할 때에는 술종류, 유리병 및 불필요한 물품의 휴대는 삼가야 합니다.

We should not bring alcoholic beverages, glass bottles, or any other unnecessary items into the stadium.

37 늦은 사람은 중간 휴식 시간에만 입장할 수 있습니다.

Latecomers will be admitted only during intermission.

38 귀중품을 라커에 두면 안 됩니다. 개인물품의 분실이나 손실에 대해 경기장 측에서 책임지지 않습니다.

We should not leave any valuables in the locker. They cannot be held responsible for any loss of or damage to our personal belongings.

39 애완 동물은 경기장에 입장할 수 없습니다.

Pets are not allowed on the grounds.

40 경기장 내에선 소다수만 팔게 되어 있습니다.

Only sodas are allowed inside the stadiums.

✚ 문장 조합 이렇게!

We should not bring alcoholic beverages, glass bottles, or any other unnecessary items into the stadium. Only sodas are allowed inside the stadiums. 36+40

입장할 때에는 술 종류, 유리병 및 불필요한 물품의 휴대는 삼가야 합니다. 경기장 내에선 소다수만 팔게 되어 있습니다.
*내용의 일관성을 유지하기 위해 유사한 내용을 연결해준다.

41 시내에서 경기장까지 시에서 무료 교통편을 제공합니다.

The city is providing free transportation to the stadium from downtown.

빈출 질문 Q1
You indicated in the survey that you like to swim. When and where do you swim? Who do you swim with?

설문조사에서 수영을 좋아한다고 표시하셨습니다. 당신은 언제, 어디에서 수영을 하나요? 누구와 수영을 하나요?

Q2
You indicated that you like to go swimming. Please describe your swimsuit in detail. What does it look like?

수영하러 가는 것을 좋아하신다고 표시하셨습니다. 당신의 수영복에 대해 자세히 설명해주세요. 그것은 어떻게 생겼습니까?

답변 구성 전략
공감 문장 선택할 때 참고하세요.

답변 내용이 질문의 모든 요소에 대해 빠짐 없이 대답하고 있는지, 질문의 주제에 맞춰 답변의 흐름이 자연스럽게 연결되는지 확인한다. 되도록 다양한 어휘와 구문을 사용하면 더욱 완벽하다.

★ 답변을 만드는 데 필요한 최소 문장은 6개, IM 등급에 적절한 답변에 이용할 수 있도록 공감 문장을 8개 이상 표시해보세요.

🗨 수영 관련 일반 정보

⏱ 3초 보카 – 수영 용어

수영복 **swimsuit** 수영 모자 **swim cap** 고글 **goggles** 잠수용 발갈퀴 **swim fins** (작은 보트용) 노 **paddles** 스노클(잠수 중에 물 밖으로 연결하여 숨을 쉬는 데 쓰는 관) **snorkel** 자유형 **freestyle (free)** 평영 **breaststroke (breast)** 배영 **backstroke (back)** 접영 **butterfly (fly)**

---

01 저는 지난주에 수영을 시작했는데 너무 어려워요.

I started to learn swimming last week. But it's really hard for me.

---

02 저는 수영법들을 연습해야 해요.

I need to practice the strokes.

---

03 앞으로 수영을 잘 하고 싶기 때문에, 하루에 최소한 4시간은 연습을 해야 합니다.

Since I want to be good at swimming in the future, I have to practice swimming every day for at least 4 hours.

---

04 수영을 배우는 것은 쉬운 일이 아
닙니다.

Learning to swim is not a picnic.

05 수영장에서는 뜨거운 날씨에서 탈
출할 수 있습니다.

We can escape the hot weather at the swimming pool.

06 저는 실내 수영장이 훨씬 더 좋습
니다.

I like indoor pools much better.

07 매일 아침 5시, 출근 전에 동네 수
영장에서 100미터 수영을 합니다.

At 5 o'clock every morning, I do one hundred lengths in the local pool before work.

08 저는 수영하러 갈 수 있기 때문에
여름을 가장 좋아합니다.

I like summer best because I can go swimming in the water.

09 수영은 아이들에게 좋은 운동입니다.

Swimming is a good sport for kids.

10 우리 아이들과 수영하러 가곤 합니다.

I'll go swimming with my kids.

💬 수영의 좋은 점

11 저는 건강을 유지하기 위해 매일
수영합니다.

I swim every day so that I can stay healthy.

12 무엇보다 좋은 것은 수영은 관절
이나 뼈에 무리한 긴장을 주지 않
습니다.

Best of all, swimming does not put excessive strain on the joints and bones.

13	아침에 한바탕 수영을 하면 정말 기분이 상쾌합니다.	A quick swim in the morning makes me feel like a million dollars.
14	수영은 아마도 몸매 유지에 가장 좋은 운동 중 하나일 것입니다.	Swimming is probably one of the best activities for staying fit.
15	수영은 긴장을 풀어 주고 기분을 좋게 도와줍니다.	Swimming relaxes me and helps me feel good.
16	건강은 저의 관심사 중 하나입니다. 그래서 수영하러 가는 것을 좋아합니다.	Health is one of my interests, so I like to go swimming.
17	내 동생은 수영을 하더니 식욕이 왕성해졌습니다.	My brother gets an appetite after all that swimming.

● 수영복

18	수영복, 수영 모자, 물 안경을 가지고 갑니다.	I bring a bathing suit, a swimming cap, and goggles with me.
19	저는 검은색과 하얀색으로 된 수영복을 입어요.	I wear a black and white swimsuit.
20	저는 수수한 수영복을 입습니다.	I wear a modest bathing suit.
21	해변에서 수영할 때는 비키니를 입는데, 제 비키니 수영복은 너무 많이 드러납니다.	When I go to the beach, I always wear a bikini and my bikinis are immodest.

22	이 수영복은 물의 저항을 최소화하도록 디자인되었습니다.	This swimsuit was designed to minimize water resistance.
23	그 수영복은 (바지) 길이가 짧게 디자인되어 있었습니다.	The swimsuit was cut high in the leg.
24	이것은 저를 위해 특별히 제작된 몸에 꼭 맞는 전신 수영복입니다.	It is a full-length bodysuit that is made especially for me.
25	저는 수영을 더 잘 하도록 도움을 주는 최첨단 수영복을 입습니다.	I will wear a high-tech swimsuit that helps me swim better.
26	전면 폴리우레탄으로 된 이 전신 수영복은 부력을 상승시킵니다.	The bodysuits fully covered with polyurethane boost buoyancy.

빈출 질문 Q1

Please describe an experience when you went to a swimming pool that you remember clearly. This might be a very recent or exciting experience, or perhaps it was when something surprising or interesting occurred. Explain the whole experience to me from start to finish.

당신이 분명하게 기억하는 수영장에 갔을 때의 경험 하나를 묘사해보세요. 매우 최근의 것이거나 재미있는 경험일 수 있고, 아니면 무엇인가 놀랍거나, 흥미로운 사건이 일어났을 때일 수도 있습니다. 처음부터 끝까지 경험 전체를 설명하세요.

답변 구성 전략

공감 문장 선택할 때 참고하세요.

답변 내용이 질문의 모든 요소에 대해 빠짐 없이 대답하고 있는지, 질문의 주제에 맞춰 답변의 흐름이 자연스럽게 연결되는지 확인한다. 되도록 다양한 어휘와 구문을 사용하면 더욱 완벽하다.

★ 답변을 만드는 데 필요한 최소 문장은 6개, IM 등급에 적절한 답변에 이용할 수 있도록 공감 문장을 8개 이상 표시해보세요.

💬 배경 설명

---

01 제 친구 중 한 명이 "내일 강[수영장]으로 수영하러 가는 게 어때?"라고 제게 물었습니다.

One of my friends asked me "Why don't we go swimming **in the river/in the pool** tomorrow?"

---

02 기온 상승으로 시립 수영장을 일찍 개장하고 늦게 폐장하겠다는 발표가 있었습니다.

Because of the rise in temperatures, they have announced that the city swimming pool will be opening earlier and closing later.

---

03 저희는 풀장 가에 누워 있었습니다.

We were lying beside the pool.

---

04 저는 유행에 뒤진 수영복을 입고 있었습니다.

I was wearing an old-fashioned swimsuit.

---

05 친구들과 호텔에서 수영하러 갔었습니다.

I went swimming with my friends at the hotel.

| 06 | 그 호텔에 훌륭한 수영장이 있었습니다. | The hotel had a great pool. |

| 07 | 지배인이 수영장 안으로 음식을 가지고 들어오지 말라고 말했습니다. | The manager said we weren't allowed to bring any food into the pool area. |

| 08 | 수영장에는 사람들이 많이 있었습니다. | There were many people in the swimming pool. |

| 09 | 사람들은 수영을 하거나 그냥 이리저리 첨벙거리고 다니며 수영장 안에서 재미있게 놀고 있었습니다. | People were having fun in the pool, swimming or just splashing around. |

| 10 | 저는 사실은 수영에 별로 흥미가 없었습니다. | I wasn't really interested in swimming. |

| 11 | 제가 13살 때 저는 수영을 전혀 못했습니다. | When I was thirteen, I couldn't swim for toffee. |

💬 위험한 일/사고 관련 경험

| 12 | 이 강을 수영해서 건너기는 불가능해 보였습니다. | It seemed that it was impossible to cross this river by swimming. |

| 13 | 제 친구는 "그렇게 멀리까지 수영해서는 안 돼. 물이 너무 깊어."라고 말했습니다. | My friend said "You must not swim that far. The water is too deep." |

| 14 | 수영 강사가 물에 다이빙하는 법을 가르쳐주었습니다. | My swimming instructor showed us how to dive into the water. |

| 15 | 수영 선수들은 다이빙대 위로 달려가 수영장으로 뛰어들었습니다. | Swimmers ran onto the diving board and jumped into the pool. |

16	저는 수영하다가 경련이 일어났습니다.	I was seized with a cramp while swimming.
17	그날 수영장에서 모든 일이 꼬인 것 같았습니다.	On that day at the swimming pool everything seemed to go wrong.
18	수영 강사가 제가 물에 빠지는 것을 구했습니다.	The swimming instructor saved me from falling into the water.
19	저는 물에 빠진 생쥐 꼴이었습니다.	I looked like a drowned rat.
20	저는 수영으로 인해 완전 녹초가 됐습니다.	I was burned out from swimming.
21	젖은 난간에서 미끄러져서 수영장에 빠졌습니다.	I slipped on the wet railing and fell into the pool.
22	저는 물에서 살기 위해 난간을 꽉 쥐었습니다.	In the water, I clutched at a railing to save myself.

🔵 수영 대회 경험

| 23 | 19살인 저는 서울에서 열린 수영 대회에 참가 중이었습니다. | I, a 19-year-old swimmer, was competing in a swimming competition in Seoul. |
| 24 | 대회를 준비하는 기간 동안 마음을 비우려고 했어요. | I needed to empty my mind during the preparation for the competition. |

| 25 | 제 자신에게 상을 타지 못해도 괜찮다고 되뇌면서 말이죠. | I told myself that it would be okay not to win a prize. |

| 26 | 제 마음의 중압감을 덜기 위해서였죠. | It was to reduce the pressure within me. |

| 27 | 그랬더니 놀랍게도 전혀 떨리지 않더라고요. | So, to my surprise, I wasn't nervous at all. |

| 28 | 저는 제 100미터 배영 기록을 9초 단축했습니다. | I dropped 9 seconds from my 100-meter-backstroke time. |

| 29 | 저는 100미터 배영에서 우승했습니다. | I won the 100-meter backstroke. |

| 30 | 안타깝게도 저는 400미터 자유형에서 실격이 되었습니다. | Unfortunately, I was disqualified from the 400-meter freestyle. |

| 31 | 저는 자유형 100m, 200m, 400m에서 우승하였습니다. | I won the 100-, 200-, and 400-meter freestyle events. |

| 32 | 저는 남자 자유형 200미터 경기 결승전에도 출전하였습니다. | I competed in the finals for the men's 200-meter freestyle. |

| 33 | 하지만 1,500미터 자유형 경기에서의 성적은 그리 만족스럽지 못했습니다. | However, I wasn't too pleased with my performance in the 1,500-meter freestyle event. |

054 헬스클럽 관련 단순 설명

You indicated that you go to a gym to work out. What is the main purpose of going to a gym? When you go to a gym, what do you do? Please tell me all the steps you do there.

당신은 운동을 하기 위해 헬스클럽에 다닌다고 했습니다. 헬스클럽에 가는 주요 목적은 무엇인 가요? 당신은 체육관에 가면 무엇을 합니까? 그곳에서 하는 일에 대해 모두 말해보세요.

답변 구성 전략

공감 문장 선택할 때 참고하세요.

답변 내용이 질문의 모든 요소에 대해 빠짐 없이 대답하고 있는지, 질문의 주제에 맞춰 답변의 흐름이 자연스럽게 연결되는지 확인한다. 되도록 다양한 어휘와 구문을 사용하면 더욱 완벽하다.

★ 답변을 만드는 데 필요한 최소 문장은 6개, IM 등급에 적절한 답변에 이용할 수 있도록 공감 문장을 8개 이상 표시해보세요.

🗨 헬스클럽에 다니는 목적

운동 목적

01 제가 헬스클럽에 가는 이유는 건강을 유지하기 위해서입니다.

The reason I go to the gym is **to keep myself healthy**.

02 제가 헬스클럽에 가는 이유는 규칙적으로 운동을 하기 위해서입니다.

The reason I go to the gym is to exercise regularly.

03 저는 몸매를 유지하기 위해서 체육관에 갑니다.

I go to the gym to keep in shape.

04 저는 근육을 키우기 위해서 매일 체육관에 가려고 노력합니다.

I try to go to the gym every day in order to build muscle.

05 제가 헬스클럽에 가는 이유는 몸무게를 줄이기 위해서입니다.

The reason I go to the gym is to lose weight.

06 저는 체력이 약해서 규칙적으로 운동을 해서 지구력을 기르고 싶습니다.

I am physically weak, so I want to build endurance by exercising regularly.

07 저는 에어로빅을 배우고 싶었습니다.

I wanted to learn to do aerobics.

08 제가 체육관에 가는 이유는 취미로 스포츠 댄스를 배우기 위해서입니다.

The reason I go to the gym is to learn sports dance as a hobby.

09 계속해서 고객들과 점심이나 저녁 식사를 해야 하기 때문에 도통 운동할 시간이 없습니다. 체중이 많이 불었죠. 저는 정말로 살을 빼야 합니다.

I'm constantly taking clients to lunch and dinner and I never have time to exercise. I've really put on weight. I really need to lose weight.

10 저는 규칙적으로 운동하는 것에 초점을 맞춥니다.

I focus on ★ <u>exercising regularly</u>.

★ 이것만 바꿔도 등급이 쑥쑥

건강 식이요법을 따르는 데 **following a healthy diet** 체중 감량을 하는 데 **losing weight** 운동과 식이요법을 병행하는 데 **combining both exercise and diet** 운동을 하며 땀을 빼는 데 **working up a sweat** 스트레스를 푸는 데 **relieving stress**

11 규칙적으로 운동을 하는 데 초점을 두고 있으며, 잠자기 전에 심한 운동은 피하고 있습니다.

I focus on exercising regularly, and I avoid heavy exercise before bedtime.

🔵 헬스클럽에서의 활동/운동

12 탈의실로 들어가서 먼저 옷을 갈아입습니다.

I go inside the locker room and first I change my clothes.

13 헬스장에서 제일 먼저 하는 것은 스트레칭입니다.

The first thing I do when I get to the gym is stretches.

14 복근을 강화하는 운동을 합니다.

I do exercise to strengthen the abdominal muscles.

15 저는 매일 팔굽혀 펴기를 20번씩 합니다.

I do twenty push-ups every day.

16 그 다음에는 윗몸 일으키기 100회와 턱걸이 운동 20회를 합니다.

I follow this with 100 sit-ups, and 20 chin-ups.

17 준비 운동으로 자전거를 탑니다.

I ride a bike to warm up.

18 30분 동안 러닝머신을 뜁니다. 그리고는 운동을 시작합니다.

I run on a treadmill for thirty minutes. Then I start my workout.

19 마지막에는 자전거에 올라 20분 정도 탑니다.

Finally I get on the exercise bike and ride for twenty minutes.

20 준비 운동을 위해 로잉 머신에서 1시간을 보냅니다.

I spend half an hour on the rowing machine to warm up.

21 근육을 키우기 위해 무거운 웨이트를 들어올립니다.

I lift heavy weights in order to build muscle.

22 때로 체육관이 붐빌 때는 장비를 기다려야 합니다.

Sometimes I have to wait for equipment when the gym is busy.

23	1시간 이하로 운동을 마치려고 합니다.	I try to complete my workout in less than an hour.
24	트레이너들이 기계를 어떻게 사용하는지에 관해 조언을 해줍니다.	The trainers give advice on how to use machines.
25	여성들에게 가장 인기 있는 운동은 러닝머신입니다.	The most popular exercise machine for women is the treadmill.
26	팔을 멋있게 만들려고 이두박근 운동을 합니다.	I do bicep curls to make my arms look good.

🔴 운동 효과

27	저는 무릎이 완전히 나을 때까지는 보도에서 달리기를 하는 것보다는 헬스클럽에서 러닝 머신을 사용하는 것이 좋다고 의사가 권했습니다.	Until my knee fully recovers, the doctor recommended I walk on a treadmill at the gym instead of running on pavement.
28	러닝머신은 발판이 푹신해서 달리기나 조깅보다 무릎과 발목에 충격이 덜합니다.	Treadmills are cushioned, so they have less impact on your knees and ankles than running or jogging.
29	운동 시간을 1시간으로 늘리려고 합니다.	I plan on increasing my workout to an hour.
30	이 운동을 하면 지방 연소와 근육 강화에 도움이 됩니다.	This workout helps you to burn off fat and tone muscles.

31	전날 밤에 과음했다면 심한 운동은 좋지 않습니다.	If you've really tied one on the night before, a hard workout isn't the best idea.
32	필라테스는 집에서 15분 동안 쉽게 할 수 있는 운동입니다.	Pilates is a workout that can be easily done at home in 15 minutes.
33	필라테스는 바닥에 매트를 깔고, 치료 공으로 저항력 밴드를 가지고 시행합니다.	Pilates is performed on floor-mats and on therapy balls, with resistance bands.
34	원래 형태에 다양성을 만들기 위해서 요가와 결합시킨 것입니다.	It is combined with yoga to create variations on the original form.
35	필라테스는 등과 배 근육을 모두 강화해주고, 요가처럼 강한 몸과 마음을 연결해주는 데 도움이 됩니다.	Pilates strengthens both back and abdominal muscles, and like yoga, helps to develop a powerful mind and body connection.
36	요가와 필라테스의 정신적인 이점 또한 유사합니다.	The mental benefits of yoga and Pilates are also similar.
37	필라테스를 하는 동안, 호흡을 조절하고, 몸은 바로 놓고, 잘 움직이고, 그리고 근육을 수축시키는 것에 집중하는 것이 중요합니다.	While practicing Pilates, it is important to focus on controlled breathing, body alignment, and quality of movement and muscle contractions.

비법 9 화법 전환: 단순 설명 → 과거 경험

묘사 문제와 과거 경험 문제는 가장 기본적인 유형이다. 과거 경험이란 말 그대로 과거의 일에 대해 물어보면 그에 대한 경험을 설명하면서 답변하는 유형이다. 좀 더 세부적으로 나누면, 단순히 과거의 일을 묻기도 하고, 기억에 남는 일에 대해 묻거나 최근의 일을 묻기도 한다. 또한 어려움을 겪은 일에 대해 묻기도 하고 처음으로 시작한 계기를 묻는 문제도 출제된다. 주제별로 이러한 일들에 대한 답변을 마련해두는 것이 좋다.

그런데 큰 주제 범위만 8개나 되는데 세부 항목에 대해 이러한 과거 유형 문제에 대한 답변을 일일이 준비해둔다는 것은 쉬운 일이 아니다. 더구나 암기해두는 것은? 불가능하다! 그렇다면? 먼저 과거형 문제는 모두 하나의 답변을 통일해서 준비하기로 한다. 최근 경험을 묻든, 가장 기억에 남는 일을 묻든, 어려움을 겪었던 일을 묻든 같은 답변을 이용할 수 있다는 것이다. 그리고 두 번째 요령으로는 단순/세부 묘사 답변을 변형해 사용하는 것이다.

그리고 단순/세부 묘사에 대한 기본 답변을 준비해서 과거형 답변으로 전환해서 사용하는 법을 익힌다. 단순/세부 묘사에서 동사의 시제만 살짝 과거형으로 바꿔주면 아주 감쪽같다. 예를 들어, 영화 보기에 대한 단순 묘사 답변을 준비했다. 과거형 문제로는 영화를 본 경험을 묻는 문제가 출제될 수 있는데 현재시제를 과거형으로 바꿔주기만 해도 된다. 아! 현재를 나타내는 부사는 과거형으로 바꿔야 한다는 것도 잊지 말자!

영화 보기 단순 설명 → 영화 보기 과거 경험

We usually see an action movie on the weekend. We go to a movie theater located downtown. Before I go to the theater, we choose a movie first. At the theater, we buy tickets at the box office. Before the movie starts, we also make sure to buy some snacks. When the movie starts, we also make sure to buy some snacks. When the movie starts, we concentrate on the movie. After the movie finishes, we go to a café to drink coffee and talk about the movie.

We saw an action movie last weekend. We went to a movie theater located downtown. Before I went to the theater, we chose a movie first. At the theater, we bought tickets at the box office. Before the movie started, we also made sure to buy some snacks. When the movie started, we also made sure to buy some snacks. When the movie started, we concentrated on the movie. After the movie finished, we went to a café to drink coffee and talked about the movie.

빈출 질문 Q1

What does your health club or gym look like? Where is it located? What do the facilities there look like? What are the people there like?

당신의 헬스클럽이나 체육관은 어떤 모습입니까? 어디에 있습니까? 그곳의 시설은 어떤 모습입니까? 그곳의 사람들은 어떻습니까?

답변 구성 전략

공감 문장 선택할 때 참고하세요.

답변 내용이 질문의 모든 요소에 대해 빠짐 없이 대답하고 있는지, 질문의 주제에 맞춰 답변의 흐름이 자연스럽게 연결되는지 확인한다. 되도록 다양한 어휘와 구문을 사용하면 더욱 완벽하다.

★ 답변을 만드는 데 필요한 최소 문장은 6개, IM 등급에 적절한 답변에 이용할 수 있도록 공감 문장을 8개 이상 표시해보세요.

● 시설 및 운동 기구

운동 기구/시설

01 우리 체육관에는 실내 자전거 운동기구가 5대 있습니다.

The gym has ★ <u>five stationary bicycles</u>.

★ 이것만 바꿔도 등급이 쑥쑥

웨이트 머신 **weight machines**　덤벨 종류들 **free weights**　러닝머신 **running machines, treadmills**　자전거 **cycles**　벤치류와 역기류 **benches and barbells**　사우나와 실내 수영장 **sauna and indoor pool**　8개의 다른 사우나들 **8 different kinds of saunas**　자전거 10대 **ten bicycles**　스테퍼 5대 **five stair steppers**　타원형 기계 2대 **two elliptical machines**　역도 연습실 **weight rooms**　벤치 프레스 기계 **bench press machines**　러닝머신 또는 자전거와 같은 심폐기능 강화 운동기구 **cardiovascular devices such as treadmills or bikes**

02 문을 들어서면 벤치류와 역기류, 아령과 랙 등의 다양한 기계류가 먼저 보입니다.

The first area you can see when entering the door has various equipment: benches, barbells, dumbbells, and racks.

03 이것들은 근육을 만들려고 하는 사람들을 위한 것들입니다.

These are for people wanting to build up their muscles.

| 04 | 반대편에는 20대의 러닝머신이 창가에 줄지어 있는데, 전부 최신식 장비입니다. | On the opposite side, there are 20 treadmills lined up in front of the window and all the equipment is top of the line. |

| 05 | 그 옆에는 자전거 5대와 노 젓기 기계가 3대 있습니다. | Next to them, there are five bikes and three rowing machines. |

| 06 | 운동 기구들은 전부 새 것입니다. | The equipment is all brand-new. |

| 07 | 다음 장소는 강의를 하는 별도의 공간입니다. | The next area is a separate area ★ where classes are held. |

★ 이것만 바꿔도 등급이 쑥쑥

휴식을 취할 수 있는 (곳) **where you can take a rest** 옷을 갈아입을 수 있는 (곳) **where you can change your clothes** 다양한 기계 시설을 완비한 (곳) **where is fully equipped with various machines**

| 08 | 이 공간에서는 요가와 스텝 에어로빅을 합니다. | In this room, people do yoga and step aerobics. |

| 09 | 이곳에서는 거울로 된 벽과 아령이 있어서 사람들은 거울을 보면서 자신들의 자세를 살펴보고 교정할 수 있습니다. | In this area, you can look at yourself in the mirror on the wall and correct your posture. |

| 10 | 체육관에는 넓은 수영장과 편안한 휴게실이 있습니다. | This gym has a spacious swimming pool and a comfortable lounge. |

| 11 | 이 체육관에는 운동 설비가 완비되어 있습니다. | This gym has a full range of sports equipment. |

04 스포츠

12	사우나에 다목적 체육관, 농구장이 있습니다.	There are a sauna, a multigym, and basketball courts.
13	남녀 체육관이 분리되어 있습니다.	Men and women have separate exercise rooms.
14	이 헬스클럽은 사우나와 실내외 수영장이 완비되어 있습니다.	This health club is fully equipped with a sauna, and both an indoor and an outdoor pool.
15	안내 서비스, 대리 주차 서비스, 관리 및 가사 서비스, 헬스 클럽, 24시간 경비 등의 서비스를 제공합니다.	They offer concierge services, valet parking, maintenance and housekeeping services, a fitness center, 24-hour security, and much more.

➕ 문장 조합 이렇게!

This health club is fully equipped with a sauna, and both an indoor and an outdoor pool. And men and women have separate exercise rooms. In addition, they offer concierge services, valet parking, maintenance and housekeeping services, a fitness center, 24-hour security, and much more. 14+13+15

이 헬스클럽은 사우나와 실내외 수영장이 완비되어 있습니다. 그리고 남녀 체육관이 분리되어 있습니다. 또한, 안내 서비스, 대리 주차 서비스, 관리 및 가사 서비스, 헬스 클럽, 24시간 경비 등의 서비스를 제공합니다.
*내용을 매끄럽게 연결하기 위해 적절한 접속사를 넣어 문장을 연결한다.

16	주민들은 별도의 사용료 없이 헬스클럽을 이용할 수 있습니다.	Residents can use the gym at no extra cost.
17	헬스클럽은 오전 7시에서 오후 10시까지 매일 개방됩니다.	The health club is open every day from 7 a.m. to 10 p.m.
18	시내에서 헬스클럽까지 무료 셔틀버스를 제공합니다.	It provides a free shuttle bus to the health club from downtown.

19 자신에게 맞는 운동을 할 수 있도록 지도해주는 개인 코치도 있습니다.

Personal fitness advisors help you work out a proper routine.

20 원하는 사람에게는 전용 트레이너를 배정해줍니다.

They assign you a personal trainer, if you want one.

21 트레이너들 중 한 사람과 약속만 하면 하고 싶은 운동 기구 사용법을 정확히 다 배울 수 있어요.

Just make an appointment with one of the trainers, and you'll learn exactly how to use any machine you want.

22 제 에어로빅 강사는 유능하고 경험이 많습니다.

My aerobics instructor is able and experienced.

23 그 강사는 내가 목표를 달성하도록 도와주었습니다.

He put me on the way to achieving my goals.

24 그분은 대단한 에어로빅 강사입니다. 아주 재미있고 또 재치도 있어요.

He is a great aerobics instructor. He is really funny and smart.

25 그가 "몇 주만 에어로빅을 하면 그 흐물흐물한 뱃살이 탄탄해질 거예요."라고 했습니다.

He said "A few weeks of aerobics will firm up that flabby stomach."

빈출 질문 Q1

Please describe an experience when you went to a health club or to a gym that you remember clearly. This might be a very recent or exciting experience, or perhaps it was when something surprising or interesting occurred. Explain the whole experience to me from start to finish.

당신이 분명하게 기억하는 헬스클럽이나 체육관 갔을 때의 경험 하나를 묘사해보세요. 매우 최근의 것이거나 재미있는 경험일 수 있고, 아니면 무엇인가 놀랍거나, 흥미로운 사건이 일어났을 때일 수도 있습니다. 처음부터 끝까지 경험 전체를 설명하세요.

Q2

What caused your interest in working out and going to health clubs? Please explain in detail your first experience in a health club.

운동을 하고 헬스클럽에 가는 것에 대해 당신의 관심을 유발시킨 것은 무엇인가요? 헬스클럽에서의 처음 경험을 구체적으로 설명하세요.

답변 구성 전략

공감 문장 선택할 때 참고하세요.

답변 내용이 질문의 모든 요소에 대해 빠짐 없이 대답하고 있는지, 질문의 주제에 맞춰 답변의 흐름이 자연스럽게 연결되는지 확인한다. 되도록 다양한 어휘와 구문을 사용하면 더욱 완벽하다.

★ 답변을 만드는 데 필요한 최소 문장은 6개, IM 등급에 적절한 답변에 이용할 수 있도록 공감 문장을 8개 이상 표시해보세요.

🗨 배경 설명

01 저는 약 일주일 전에 체육관에 갔었습니다.

I went to the gym about a week ago.

02 처음에는 직장동료나 친구들과의 저녁 약속을 거부하고 체육관에 가는 것은 쉬운 일이 아니었죠.

At first, it was not easy to refuse dinner plans with my coworkers or friends and go to the gym.

03 일주일에 한두 번 헬스클럽에 가서 1시간 정도를 운동을 하려고 노력해왔습니다.

I have tried to exercise in the gym for an hour once or twice a week.

 지난주에는 체육관이 꽉 찼었습니다.

Last week, the gym was absolutely packed.

05 저는 매우 활동적인 사람으로 주말이면 도보 여행하기를 좋아하고 주중에는 헬스클럽에서 운동하기를 좋아합니다.

I was a very active person who likes to hike on the weekends and work out at the gym during the week.

🗨 체육관에서의 과거 경험

06 먼저, 스트레칭을 해서 몸을 풀어주었습니다.

First, I started warming up with some stretches.

07 그리고 나서 러닝머신에서 빠른 속도로 30분 정도 걷고 20분 동안 달리기를 했습니다.

Then, on the treadmill, I walked for 30 minutes at a fast speed and ran for about 20 minutes.

08 저는 드디어 한 시간도 안 돼서 러닝머신에서 10킬로미터를 달리는 데 성공했습니다!

I finally managed to run 10 kilometers on the treadmill in less than an hour!

09 운동을 심하게 했더니 몸이 좀 뻐근했습니다.

I felt a little achy after a heavy workout.

10 심하게 운동을 했더니 담이 든 것 같았습니다.

Having exercised strenuously, I felt a little achy.

11 체육관에서 너무 심하게 운동을 하다가 허리를 다쳤습니다.

I overdid it in the gym and hurt my back.

12	마지막으로 체육관에 갔을 때, 친구가 제 발에 웨이트를 떨어뜨렸습니다.	The last time I went to the gym, my friend dropped a weight on my foot.
13	한번은 체육관에 갔는데 유명인사가 그곳에서 운동을 하고 있었습니다.	One time when I was at the gym, a famous celebrity was working out there, too.
14	체육관 바닥이 젖어서 매우 미끄러웠습니다.	The floor at the gym was wet and very slippery.
15	저는 넘어져서 벽에 머리를 부딪혔습니다.	I tripped and knocked my head against the wall.
16	저는 넘어지면서 러닝머신 모서리에 머리를 부딪쳤습니다.	I fell, striking my head on the edge of the machine.
17	저는 러닝머신에서 미끄러져 넘어졌습니다.	I slipped on the treadmill and fell off.
18	너무 창피했습니다!	I was so embarrassed!
19	다음 날 저는 너무 아파서 하루 휴가를 얻었습니다.	The next day, I was so sick that I had to take a day off.
20	지난주 체육관에서 기구를 독차지하고 있는 덩치 큰 남자와 말다툼을 했습니다.	Last week at the gym, I got in an argument with a big guy who was hogging the equipment.

21 저는 제 체육관 회원권을 포기했
는데, 요금이 너무 크게 올랐기 때
문입니다.

I had to cancel my gym membership because the fees were raised too high for me.

22 에어로빅을 하는 것은 매우 재미
있었습니다.

Doing aerobic exercise was very exciting.

23 제 동생과 경쟁하고 있었기 때문
에 저는 노젓기 기계에서 매우 열
심히 운동했습니다. 결국, 기계에
토하고 말았습니다.

I worked out too hard on the rowing machine because I was competing with my brother. In the end, I threw up all over the machine.

24 제 호흡이 전날에 비해 절반도 힘
들지 않았습니다.

My breath was not half as labored as the day before.

25 결국, 고생 끝에 낙이 옵니다.

In the end, all the hard work is going to pay off.

26 다음 월요일에 트레이너가 도착하
기 전에 저는 휴게실에 와 있었습
니다. "어이, 안녕!" 그는 놀라면
서 저를 맞이했습니다.

The next Monday I was in the break room before my trainer arrived. "Hi, there!" he greeted me with a hint of surprise.

27 그날 저희는 이런저런 이야기를
하느라 시간 가는 줄 몰랐습니다.

That day, we were chatting on and weren't aware of the time flying by.

28 헬스클럽에 들어서자마자 의심의
여지없이 땀 흘린 발냄새가 났습
니다.

On stepping into the health club, there was the unmistakable odor of sweaty feet.

29 땀냄새는 불쾌했고 정말 그곳을
벗어나고 싶었습니다.

It smelled unpleasant and I really wanted to leave there.

30 저는 2002년 이후 체육관에서 운동을 해오고 있습니다.

I have been exercising at the gym since 2002.

31 의사 선생님이 스트레스를 줄이고, 심장 기능을 강화하기 위해 근무 시작 전 체육관 또는 야외에서 오랜 시간 운동을 하도록 권하셨습니다.

My doctor suggested prolonged exercise at the gym or outside before work in order to reduce stress and strengthen my heart.

32 고등학교 생활 동안 저는 헬스장에 가기 시작했습니다.

During high school, I started going to the gym.

33 동시에 운동하는 다른 방법에 대해 알 기회가 생겼습니다.

At the same time, I was being exposed to new ways to work out.

34 저는 근육질의 팔을 만들고 싶었기 때문에 체육관에 다니기로 했습니다.

I wanted to have muscular arms, so I decided to go to a gym.

35 건강에 대해 꽤 염려가 됐습니다.

I was worried about my health quite a bit.

36 그때 이후로 저는 스스로 건강을 유지하기로 의식적으로 노력했습니다.

Since then, I've made a conscious effort to keep myself fit.

37 살도 빼고 더 건강해지기를 바랐습니다.

I hoped to lose some weight and also become healthier.

38 트레이너들은 모두 강한 복근을 가지고 있었습니다.

All the trainers had strong abdominal muscles.

| 39 | 그것이 저로 하여금 매일 운동하도록 자극했습니다. | That encouraged me to exercise every day. |

| 40 | 저는 운동이 좀 중독적이라고 여겨졌고, 그 뒤로 계속 운동에 중독되었습니다. | I have found exercising rather addicting, and have been hooked ever since. |

| 41 | 전 아침 일찍부터 밤까지 일을 해서 움직일 시간이 없습니다. | I work in an office from early in the morning until night, so I don't have time to keep myself active. |

| 42 | 하루 종일 책상 앞에 앉아서 거의 움직이지도 않죠. | I sit down at the desk and hardly move all day. |

| 43 | 때로는 다리나 허리가 아픈데 아마도 자세가 좋지 않아서 그랬을 겁니다. | Sometimes my legs or lower back hurt, probably because I was not in good shape. |

| 44 | 의사 선생님께서 적어도 일주일에 하루는 체육관에서 운동을 하라고 권하셨습니다. | My doctor suggested exercise at the gym at least once a week. |

| 45 | 그날 저녁에 트레이너가 우리를 불러 모아 수료증을 주었습니다. | At the end of the evening, the instructor called us up and handed us our diploma. |

| 46 | 저는 기본 트레이닝 과정을 마쳤고 수업에서 7등을 했습니다. | I had passed basic training, ranking seventh in the class. |

| 47 | 트레이닝 코스가 저에게는 매우 어려웠기 때문에 저는 과정을 수료해낸 제 자신이 매우 자랑스러웠습니다. | Because the training course was very hard for me, I was so proud I could have cried. |

빈출 질문 Q1-4

You indicated in the survey that you like jogging/walking/riding a bike/hiking. What kind of activities do you usually do when you go to jog/walk/ride a bike/hike? How often do you go jogging/walking/riding a bike/hiking? When and where do you jog/walk/ride a bike/hike? Tell me about it in as much detail as possible.

설문조사에서 조깅/걷기/자전거 타기/하이킹을 좋아한다고 했습니다. 조깅/걷기/자전거 타기/하이킹하러 가면 주로 어떤 종류의 활동을 하나요? 얼마나 자주 조깅/걷기/자전거 타기/하이킹을 하러 가나요? 언제, 어디서 조깅/걷기/자전거 타기/하이킹을 하나요? 자세하게 이야기해주세요.

Q5-8

How do you think jogging/walking/riding a bike/hiking is different from working out at a gym? Please compare jogging/walking/riding a bike/hiking to going to a gym.

조깅/걷기/자전거 타기/하이킹하는 것과 체육관에서 운동하는 것이 어떻게 다른가요? 조깅/걷기/자전거 타기/하이킹과 체육관에서 운동하는 것을 비교하세요.

답변 구성 전략

공감 문장 선택할 때 참고하세요.

답변 내용이 질문의 모든 요소에 대해 빠짐 없이 대답하고 있는지, 질문의 주제에 맞춰 답변의 흐름이 자연스럽게 연결되는지 확인한다. 되도록 다양한 어휘와 구문을 사용하면 더욱 완벽하다.

★ 답변을 만드는 데 필요한 최소 문장은 6개, IM 등급에 적절한 답변에 이용할 수 있도록 공감 문장을 8개 이상 표시해보세요.

🗨 배경 설명(장소/시간/동행인 등)

01 어떤 종류두 조직화된 운동이나 경기는 별로 좋아하지 않습니다.

I don't really care for organized sports or games of any kind.

02 저는 가끔 주말 오후에 근처의 공원에 가서 조깅/걷기/자전거 타기/하이킹을 합니다.

I sometimes visit the park nearby and **jog/walk/ride a bike/hike** in the afternoon on the weekends.

03 저는 대학교 옆 공원에서 조깅하는/걷는/자전거 타는/하이킹하는 것을 제일 좋아합니다.

My favorite place to **jog/walk/ride a bike/hike** is at a park near the university.

04 대부분 새벽에 조깅/걷기/자전거 타기/하이킹을 하면서 그날의 계획을 세웁니다.

Many times I will go **jogging/walking/riding a bike/hiking** early in the morning and plan my day.

05 조깅하면서/걸으면서/자전거 타면서/하이킹하면서 하루의 계획에 대해 생각합니다.

While **jogging/walking/riding a bike/hiking**, I think about a plan for my day.

06 제 친구 케빈과 저는 매일 아침 우리 집 근처 공원에서 조깅/걷기/자전거 타기/하이킹을 합니다.

My friend Kevin and I **jog/walk/ride a bike/hike** every morning in the park near my house.

07 저는 역도와 조깅으로 운동을 합니다.

I exercise by lifting some weights and jogging.

08 그곳에서 걸을 수 있고, 계단도 오르고, 댄스나 조깅도 할 수 있습니다.

I can walk, climb stairs, dance, and jog there.

09 전 매일 아침에 조깅하고, 일주일에 한번씩 등산을 갑니다.

I jog every morning, and go hiking once a week.

10 저는 조깅할 때 탱크상의와 육상 반바지를 입습니다.

I wear a tank top and running shorts when I jog.

11 약 1킬로미터 정도 조깅을 합니다.

I jog about 1 kilometer or so.

12 조깅/걷기/자전거 타기/하이킹을 할 때 무엇을 하는지는 제가 누구와 함께 가는지에 달렸습니다.

What I do while **jogging/walking/riding a bike/hiking** depends on who I'm with.

13 가끔은 그냥 공원 주변을 걷고 이야기를 합니다.

Sometimes we just walk around the park and chat.

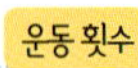

🔴 운동 횟수

14	일주일에 4일 운동해요.	I exercise ⭐ <u>four days a week</u>.

⭐ 이것만 바꿔도 등급이 쑥쑥

자주 **often** 적어도 일주일에 한 번 **at least once a week** 월말에 **at the end of the month** 일주일에 두 세 번 **two or three times a week** 매주 목요일 **every Thursday** 시간이 날 때마다 **whenever I have free time**

15	저는 아침에 30분 동안 운동을 합니다.	I do exercise for half an hour in the morning.
16	저는 보통 일주일에 3번 정도 집 근처 공원으로 조깅을 하러 갑니다.	I go jogging at the park near my house about three times a week.
17	저는 조깅/걷기/자전거 타기/하이킹이 건강을 유지시켜줘서 규칙적으로 조깅/걷기/자전거 타기/하이킹을 하려고 노력합니다.	I try to **jog/walk/ride a bike/hike** regularly because it keeps me healthy.
18	몸을 만들기 위해 매일 아침 운동합니다.	I take exercise every morning to build up my body.
19	내일부터는 일주일에 세 번씩 운동을 할 겁니다.	Starting tomorrow, I'll be working out three times a week.

🔴 운동의 목적/이유

20	걷기와 조깅은 건강에 좋은 활동입니다.	Walking and jogging are healthy activities.

21 저는 운동 삼아 몇 킬로미터 뜁니다.

I run a few kilometers for a workout.

22 더 열심히 운동해서 살을 뺄 것입니다.

I'll work out harder and sweat it off.

23 저는 운동하기를 좋아해서 먼 곳까지 (운동 삼아) 조깅/걷기/자전거 타기/하이킹하러 다닙니다.

I love exercising and do long distance **jogging/walking/bike riding/hiking**.

운동의 효과

24 조깅/걷기/자전거 타기/하이킹은 일로부터 받은 스트레스를 푸는 데 술을 마시는 것보다 더 효과적입니다.

Jogging/Walking/Riding a bike/Hiking is more effective for ★ **relieving stress from work than drinking alcohol**.

⭐ **이것만 바꿔도 등급이 쑥쑥**

몸과 마음을 안정시키는 데 **soothing/relaxing mind and body** 살을 빼는 데 **losing weight** 심신을 단련하는 데 **training the mind and body** 몸매를 유지하는 데 **keeping in shape** 지구력을 기르는 데 **building endurance** 기분을 상쾌하게 해주는 데 **refreshing me**

운동 하는 이유

25 맑은 공기를 즐기는 평화로운 시간이기 때문에 저는 조깅/걷기/자전거 타기/하이킹을 아주 즐깁니다.

I really enjoy **jogging/walking/riding a bike/hiking** ★ **because it's a peaceful time to enjoy the fresh air**.

⭐ **이것만 바꿔도 등급이 쑥쑥**

조깅/걷기/자전거 타기/하이킹하면서 자연의 아름다움을 느낄 수 있기 때문에 **because I can take in the beauty of nature while jogging/walking/riding a bike/hiking** 그곳에서 조깅/걷기/자전거 타기/하이킹하면 기운이 생기는 것 같기 때문에 **because I find it energizes me to jog/walk/ride a bike/hike there** 기분을 상쾌하게 해주기 때문에 **because it refreshes me**

스피킹TIP 이유나 목적을 나타내는 다양한 구문들

Jogging is effective for -ing '조깅은 ~하는 데 효과적이다' 또는 **jog to부정사** '~하기 위해서 조깅한다', **jog because I can+동사원형** '~할 수 있기 때문에 조깅한다'는 구문들은 모두 이유나 목적을 나타낸다. 각각 -ing, to부정사, can+동사원형 부분에 맞춰서 이유/목적을 나열하면 된다.

26 하나는 공원을 관통하는 산책로이고 다른 것은 공원 둘레에 나 있는 긴 트랙입니다.

One is a walking track through the park, and the other is a long track that circles the park.

운동 장소

27 제가 조깅/걷기/자전거 타기/하이킹을 가장 좋아하는 장소는 숲으로 난 길입니다. 신선한 바람이 불고 경치가 아름답습니다.

My favorite place to **jog/walk/ride a bike/ hike** is **along the path in the woods**; the air is fresh and the scenery is beautiful.

28 러닝 트랙을 달리는 것이 중요합니다. 자전거 트랙이 아닙니다. 위험할 수 있거든요.

It is important to run **on the running track** and not the track for bikers, as it can be dangerous.

운동 장소

29 저는 대개 아파트 단지 주위를 달립니다/걷습니다/저전거를 탑니다/하이킹을 합니다.

For the most part, I **jog/walk/ride a bike/ hike** ★ **around my apartment complex**.

★ 이것만 바꿔도 등급이 쑥쑥

아파트 근처에서 **near my apartment**. 고등학교 운동장 트랙에서 **at the high school track** 집 근처 경기장에서 **at a stadium near where I live** 공원 근처를 **around the park** 숲 속에서 **in the woods** 길을 따라 **along the path** 아이들을 위한 트랙을 따라/트랙에서 **along/on the track for children** 달리기를 하는 사람들을 위한 트랙을 따라/트랙에서 **along/on the track for runners**

30 집 근처에 아이들을 위한 달리기 트랙이 있습니다. 저는 제 아들을 일주일에 한 번씩 데리고 갑니다.

There is a special running track for children near my home. I take my son there once a week.

31 공원 주변에 고무 바닥의 트랙이 있습니다. 포장된 길을 달리는 것보다 무릎에 훨씬 좋습니다.

There is a rubberized running track around the park. It is much easier on my knees than running on pavement.

32 제가 사는 곳 근처 경기장에 훌륭한 달리기 트랙이 있습니다.

There is an excellent running track at a stadium near where I live.

💬 헬스클럽 운동과 비교

33 매일 운동하는 것은 어렵기 때문에 집 근처 공원에 가서 조깅/걷기/자전거 타기를 합니다.

I go **jogging/walking/bike riding** at the park near my house because it is hard for me to exercise every day.

34 저는 답답한 체육관에서 운동하는 것보다 공기가 신선한 바깥에서 운동하는 것을 선호합니다.

I prefer exercising in the fresh air outside to working out in a stuffy gym.

35 야외에서 운동하는 것은 일반적으로 더 좋습니다. 그런데 가끔은 날씨가 적절하지 않기도 합니다. 그럴 때는 실내에서 운동합니다.

Working out outside is usually nicer, but sometimes the weather is not appropriate. In that case, I work out indoors.

36 저는 정말 달리기를 싫어합니다. 그래서 체육관에서 다양한 흥미로운 기구를 가지고 운동하는 것이 좋습니다.

I don't really like running, so working out in a gym with all the different interesting machines is preferable for me.

37 우리 몸은 비타민 D를 만들기 위해 햇빛이 필요합니다. 그래서 저는 야외에서 운동하는 데 시간을 투자하는 것을 선호합니다.

We need sunlight on our bodies to make vitamin D, so I prefer to spend my time exercising outside.

38 저는 자전거를 타고 출근합니다. 그래서 운동하면서 출근하는 것이 동시에 되죠. 체육관에 갈 계획을 따로 세울 필요가 없습니다.

I ride my bicycle to work, so I get to exercise and get to work at the same time; I don't have to plan time in the gym.

스피킹TIP 〈 유사 활동끼리 엮어서 준비하자

걷기나 조깅, 하이킹, 자전거 타기와 같이 유사한 활동은 하나로 묶어서 답변을 준비하는 것이 효과적이다. 이러한 활동을 하는 장소, 시간대, 효과 등이 매우 유사하기 때문에 walk, jog, ride 등의 주요 동사만 바꿔주면 되기 때문이다. 설문조사 작성을 염두에 두고 이렇게 연계할 수 있는 주제를 여럿 모아 준비할수록 준비 시간을 획기적으로 줄일 수 있다.

빈출 질문 Q1-4

When was the first time you started jogging/walking/riding a bike/hiking? Tell me why you decided on it.

조깅/걷기/자전거 타기/하이킹을 처음 시작했을 때는 언제인가요? 왜 그것을 시작하게 되었는지 말씀해주세요.

Q5-8

Tell me about recent jogging/walking/riding a bike/hiking experiences you have had. Where did you go jogging/walking/riding a bike/hiking? Were you with anyone?

최근 조깅/걷기/자전거 타기/하이킹 경험에 대해 말해보세요. 어디에서 조깅/걷기/자전거 타기/하이킹을 했나요? 함께 했던 사람이 있습니까?

Q9-12

Have you had any jogging/walking/riding a bike/hiking experience that is memorable? If so, start by telling me when it was and where you were jogging/walking/riding a bike/hiking. Then tell me all of the things that made the experience unforgettable.

기억에 남는 조깅/걷기/자전거 타기/하이킹 경험이 있었나요? 그렇다면 언제 어디서 조깅/걷기/자전거 타기/하이킹을 했는지 말씀해주세요. 그리고 왜 잊을 수 없는지 그 이유도 말해주세요.

답변 구성 전략

공감 문장 선택할 때 참고하세요.

답변 내용이 질문의 모든 요소에 대해 빠짐 없이 대답하고 있는지, 질문의 주제에 맞춰 답변의 흐름이 자연스럽게 연결되는지 확인한다. 되도록 다양한 어휘와 구문을 사용하면 더욱 완벽하다.

★ 답변을 만드는 데 필요한 최소 문장은 6개, IM 등급에 적절한 답변에 이용할 수 있도록 공감 문장을 8개 이상 표시해보세요.

● 운동 시작 계기

01 저는 조깅/걷기/자전거 타기/하이킹의 긍정적인 효과에 대해 듣고 2년 전에 그것을 시작했습니다.

I started **jogging/walking/riding a bike/ hiking** two years ago when I heard about the beneficial effects of it.

02 친구가 함께 하자고 제안해서 2년 전에 조깅/걷기/자전거 타기/하이킹을 시작했습니다.

I started **jogging/walking/riding a bike/ hiking** two years ago when my friend invited me to join her.

03 의사 선생님이 운동을 권하셔서
2년 전에 조깅/걷기/자전거 타기/
하이킹을 시작했습니다.

I started **jogging/walking/riding a bike/hiking** two years ago when my doctor recommended it.

04 저는 신문에서 조깅/걷기/자전거
타기/하이킹에 대해 읽고 나서
2년 전에 그것을 시작했습니다.

I started **jogging/walking/riding a bike/hiking** two years ago when I read about it in the newspaper.

05 저는 제 생활 방식이 건강을 해치
고 있다고 느껴서 2년 전에 조깅/
걷기/자전거 타기/하이킹을 시작
했습니다.

I started **jogging/walking/riding a bike/hiking** two years ago when I felt my lifestyle had destroyed my health.

06 매일 조깅/걷기/자전거 타기/하
이킹을 하기로 마음먹었습니다.

I decided to start **jogging/walking/riding a bike/hiking** every day.

07 살을 빼고 싶어서 2년 전 조깅/걷
기/자전거 타기/하이킹을 시작했
습니다.

I started **jogging/walking/riding a bike/hiking** two years ago because I hoped to lose some weight.

🔴 배경 설명

08 조깅/걷기/자전거 타기/하이킹은
엄청난 신체적인 힘을 필요로 하
지는 않습니다.

Jogging/Walking/Riding a bike/Hiking does not require great displays of gymnastic strength.

09 겨우내 내린 눈이 등산로에서 녹
을 무렵이면 관광객들은 하이킹
코스를 따라 등반을 합니다.

As winter snows melt in mountain passes, visitors hit the hiking trails.

10 자연을 아주 좋아하고 건강과 몸
매에 큰 관심이 있는 진정 야외를
즐기는 사람들은 거친 등산로를
하이킹하는 것을 좋아하며, 장기
간에 걸쳐 배낭 여행을 하거나 도
보 여행을 합니다.

Serious outdoors people, who love nature and have strong interest in health and fitness, like to hike rough trails and take extended backpacking or hiking excursions.

11	빨리 시원한 가을이 되었으면 좋겠어요. 다시 주말이면 등산도 할 수 있으니까요.	I'm looking forward to the cool fall weather. I can start hiking on the weekends again.
12	한 번은 집 근처 공원에서 조깅/걷기/자전거 타기를 하고 있었습니다.	One time I was **jogging/walking/riding a bike** at the park near my house.
13	커플이 조깅하며/걸으며/자전거를 타며 광장을 지나가고 있었습니다.	The couple was **jogging/walking/riding a bike** through the plaza.
14	저는 아침 조깅/걷기/자전거 타기 후에 휴식을 취했습니다.	I rested after **jogging/walking/riding a bike** in the morning.
15	한 여자가 난간을 따라 조깅/걷기/자전거 타기를 하고 있었습니다.	A woman was **jogging/walking/riding a bike** beside the railing.
16	저는 늦은 시간에 동네 주변을 걷거나 달리기를 하곤 했습니다.	I used to walk or run around my neighborhood late at night.
17	조깅하는 중에 개들을 조심하세요.	Watch out for dogs while you're jogging.

● 사건/사고 경험

| 18 | 저는 '공사중'이라는 표시를 보지 못했습니다. | I didn't see the sign that said "Under Construction." |
| 19 | 길에서 달리고/걷고 있을 때 자전거를 보지 못했습니다. | I didn't see the bike when I was **running/walking** on the road. |

20 비틀거려 길에 넘어지고 말았죠.

I stumbled and ended up falling down onto the road.

21 집에 도착했을 때 저는 기진맥진한 상태였습니다.

By the time I returned to my house I was exhausted.

22 저는 그녀를 따라가고 있었고 모든 것이 좋았는데 그 순간 돌에 걸려 넘어졌고 무릎으로 떨어졌습니다.

I was following her, and everything was fine, but then I tripped over a rock and landed on my knee.

✚ 문장 조합 이렇게!

One time I was jogging/walking/riding a bike at the park near my house. A woman was jogging/walking/riding a bike beside the railing. I was following her, and everything was fine, but then I tripped over a rock and landed on my knee. 12+15+22

한 번은 집 근처 공원에서 조깅/걷기/자전거 타기를 하고 있었습니다. 한 여자가 난간을 따라 조깅/걷기/자전거 타기를 하고 있었습니다. 저는 그녀를 따라가고 있었고 모든 것이 좋았는데 그 순간 돌에 걸려 넘어졌고 무릎으로 떨어졌습니다.

23 제가 무릎으로 넘어져서 심하게 긁혔기 때문입니다.

That's because I fell on my knee and scraped it really badly.

24 저는 일어나 계속 하려 했지만 아팠습니다. 걸을 수가 없었습니다.

I got up and tried to continue, but it hurt. I could barely walk.

25 저는 화장실에 가서 상처를 씻어냈습니다.

I went into the restroom and washed off my wound.

26 저희는 그 길을 걷기 시작했고 아주 잘 걷고 있는데 나뭇길이 끝났습니다.

We started along the path, and we were having a nice walk, when the trees ended.

| 27 | 저희는 계속 달렸/걸었습니다. 그 것은 심한 운동이 되었고 저희는 둘 다 신경이 날카로워졌습니다. | We continued to **run/walk**. It turned into some serious exercise, and both of us were kind of cranky. |
| 28 | 날씨도 정말 더웠고 그늘도 없었 습니다. | Also, it was really hot and there was no shade. |

🗨 등산 경험

29	등산에는 위험이 따르기 마련입니다.	Mountain climbing is always attended with danger.
30	그는 등산을 하기에 전혀 적합하 지 않은 신발을 신고 있었습니다.	He was wearing shoes that were totally unsuitable for climbing.
31	그 등산객이 발을 헛디디면서 손 을 놓쳤습니다.	The climber slipped and lost her grip.
32	해질 무렵까지도 돌아오지 않은 등산객들이 몇 명 있었습니다.	At sundown, there were several hikers still unaccounted for.
33	우리는 아무것도 볼 수 없어서 어 두컴컴한 등산로를 엉금엉금 기다 시피하며 갔습니다.	We crept along the dark trail, unable to see anything.
34	길 잃은 등산객들은 추운 날씨 때 문에 애를 먹었습니다.	The lost mountain climbers suffered from exposure.

35 등산객들은 구조대에게 발견될 때까지 꼼짝도 못하고 며칠 동안 국유림 속에 갇혀 있었습니다.

The hikers were stranded in the national forest for several days before the rescue team found them.

36 그 사건은 등산이 얼마나 위험할 수 있는지를 때맞춰 상기시키는 계기가 되었습니다.

The incident served as a timely reminder of just how dangerous mountaineering can be.

37 저는 잘못된 방향으로 향하고 있는 것을 몰랐습니다.

I didn't realize that I was headed in the wrong direction.

38 지도 없이 집을 떠났을 때 저는 그곳에 가는 방법을 보여주는 약도가 없었습니다.

When I left home without a map, I didn't have the directions showing me how to get there.

39 저는 다시 돌아가서 지도를 가져와야 한다고 느꼈습니다. 그렇지만 그런 생각을 무시했지요.

I felt I should go back and get the maps, but I ignored my feelings.

40 저희는 산을 다시 걷기 시작했고 걷고 또 걸었습니다. 마침내 저희는 산등성이에 도착했습니다.

We started to walk up the mountain, and we walked and walked. Finally, we made it to the ridge.

41 저희는 마침내 산 정상에 올랐고 물을 마셨습니다.

We finally got up the mountain and had some water.

42 마침내 진이 다 빠진 채로 차로 돌아왔습니다.

We finally got back to our car, exhausted.

43 이제 저는 전과 같은 실수를 저질렀지만 그 실수로부터 아무것도 배운 게 없다는 것을 알았습니다.

Now, I know that I've made the same kind of mistakes before, but I hadn't learned from them.

| 44 | 우리가[친구와 제가] 캠프에 도착했을 때 우리는 다른 등산객들과 합류했습니다. | When **we[my friend and I]** reached the camp, we joined the other hikers. |

| 45 | 샌드위치와 사과를 점심으로 먹으면서 우리는 등산에 대해 더 논의를 했습니다. 북쪽으로 오를 것인지 아니면 남쪽으로 오를 것인지 하는 것을요. | Over a lunch of sandwiches and apples, we continued to discuss the hike: going to hike up the north face of the mountain or hike up the south face. |

| 46 | 우리는 북쪽을 선택했지만 남쪽 경사면의 얼음을 만나 다른 길을 찾아야 했습니다. | We chose the north but encountered ice on the north slope, so we had to look for an alternate trail. |

| 47 | 제 친구는 등반에 도전하자고 주장했지만 저는 우리가 신중하게 등산을 할 필요가 있다고 얘기했습니다. | My friend insisted on a challenging climb, but I said we needed a thoughtful hike. |

| 48 | 오래지 않아 우리는 결정을 내렸습니다. | Before long, we made our decisions. |

| 49 | 좀 더 쉬운 동쪽 경사면을 오후에 올라 새벽에 쉬고 어두워진 후에 등반하고 밤에 산 중턱에서 캠프하기로 했습니다. | We would hike up the gentle east slope that afternoon, rest at sunset, hike after dark, and camp that night, halfway up the mountain. |

| 50 | 우리는 다음 날 밤 불을 피워 놀다가 일요일에 여명이 지나 하산했습니다. | We enjoyed a bonfire the next night and descended Sunday after dawn. |

| 51 | 등산을 하고 난 후에 저는 근육이 뻣뻣이 뭉쳐 있었습니다. | My muscles had stiffened up after the climb. |

빈출 질문 Q1

You indicated that you like to ride a bicycle. Please describe your bicycle in detail. What does it look like?

자전거 타는 것을 좋아하신다고 하셨습니다. 당신의 자전거에 대해 자세히 설명해주세요. 그것은 어떻게 생겼습니까?

답변 구성 전략

공감 문장 선택할 때 참고하세요.

답변 내용이 질문의 모든 요소에 대해 빠짐 없이 대답하고 있는지, 질문의 주제에 맞춰 답변의 흐름이 자연스럽게 연결되는지 확인한다. 되도록 다양한 어휘와 구문을 사용하면 더욱 완벽하다.

★ 답변을 만드는 데 필요한 최소 문장은 6개, IM 등급에 적절한 답변에 이용할 수 있도록 공감 문장을 8개 이상 표시해보세요.

🗨 자전거 묘사

01	저는 5살 때 자전거를 배웠습니다.	I learned to ride a bicycle when I was five years old.
02	자전거는 페달로 움직이는 단선의 탈것입니다.	A bicycle is a pedal-driven, single-track vehicle.
03	저는 산악 자전거를 탑니다.	I ride a mountain bike.
04	저는 도로 자전거로 매일 출근합니다.	I drive a road bike to work every day.
05	자전거는 매우 가볍고 매우 비쌉니다.	The bike is very light and cost a lot of money.

06 이 자전거는 매우 슬림하고 부드러운 타이어가 달려 있습니다. 이것은 저항을 줄여줘서 도로를 더 빨리 달릴 수 있게 해줍니다.

This bike has very slim, smooth tires. This reduces resistance and allows me to go faster on the road.

07 제 자전거는 바나나 스타일의 안장이 있고 빨간색입니다. 트레이닝 휠을 가지고 있어서 넘어지지 않고 달릴 수 있습니다.

My bike is red, with a banana-style seat. It has training wheels so I can ride it without falling down.

08 제 자전거는 갈색과 크림색의 유행하는 색이 칠해져 있습니다.

My bike has a fashionable paint job consisting of shades of brown and cream.

09 자전거는 뼈대에 두 개의 바퀴가 앞뒤로 장착되어 있습니다.

A bicycle has two wheels attached to a frame, one behind the other.

10 자전거는 두 개의 바퀴가 달려 있는데, 앉아서 발로 두 개의 페달을 밟으며 탑니다.

A bicycle is a vehicle with two wheels which you ride by sitting on it and pushing two pedals with your feet.

11 앞 바퀴에 연결된 핸들을 돌려서 조종을 합니다.

You steer it by turning a bar that is connected to the front wheel.

12 일반적인 형태로 생활 자전거, 산악 자전거, 경주용 자전거, 투어 자전거 등이 있습니다.

The more common types include utility bicycles, mountain bicycles, racing bicycles, and touring bicycles.

13 기어와 기어의 범위는 다양한 사람들과 타는 스타일에 맞춰 다양합니다.

Different gears and ranges of gears are appropriate for different people and styles of cycling.

14 멀티 스피드 자전거는 환경에 맞추어 기어 선택을 가능하게 해줍니다.

Multi-speed bicycles allow gear selection to suit the circumstances.

15 자전거를 타는 사람은 내리막일 때는 고단 기어를, 평평한 도로에서는 중간 기어를, 오르막 길에서는 저단 기어를 사용합니다.

A cyclist could use a high gear when cycling downhill, a medium gear when cycling on a flat road, and a low gear when cycling uphill.

16 제 자전거는 앞쪽 스프로킷에 3단 기어가 있고 뒤쪽 스프로킷에 7단 기어가 있습니다. 이 두 기어로 21단의 기어를 선택할 수 있습니다.

My bike has three gears on the front sprocket and seven gears on the back sprocket. Together that gives me twenty-one different gears to choose from.

17 앞 지지대에 속도 제한 시스템이 있어 속도를 매우 부드럽게 조정해줍니다.

It has a suspension system on the front forks, which makes the ride very smooth.

18 제 자전거는 혹이 크게 달린 바퀴가 달려 있어 바닥에 잘 붙습니다.

My bike has large knobby tires that grip the ground very well.

빈출 질문

캠핑하기는 '여가 활동' 주제이나 답변 연계를 위해 여기서 살펴본다.

Q1-2 You indicated in the survey that you like camping/fishing. What kind of activities do you usually do when you go camping/fishing? How often do you go camping/fishing? When and where do you go camping/fishing? Tell me about it in as much detail as possible.

설문조사에서 캠핑/낚시를 가신다고 하셨습니다. 캠핑/낚시를 가서 어떤 활동을 하시나요? 얼마나 자주 가시나요? 언제 어디로 가시나요? 그것에 대해 가능한 한 자세히 설명해주세요.

답변 구성 전략

공감 문장 선택할 때 참고하세요.

답변 내용이 질문의 모든 요소에 대해 빠짐 없이 대답하고 있는지, 질문의 주제에 맞춰 답변의 흐름이 자연스럽게 연결되는지 확인한다. 되도록 다양한 어휘와 구문을 사용하면 더욱 완벽하다.

★ 답변을 만드는 데 필요한 최소 문장은 6개, IM 등급에 적절한 답변에 이용할 수 있도록 공감 문장을 8개 이상 표시해보세요.

🔵 캠핑 가기 일반 설명

01 저는 친구들과 캠핑 가는 것을 아주 좋아합니다.

I love to go camping with my friends.

02 우리는 여름마다 바닷가에 캠핑을 하러 갑니다.

We go camping by the sea every summer.

03 여기는 캠핑하기 좋은 곳입니다.

This is great for camping trips.

04 캠핑장은 숲 속에 위치하고 있습니다.

The campground is located in the woods.

05 캠핑하면서 가스를 사용할 때 조심해야 합니다.

We must be careful when we use gas while camping.

06	다음 달 가게 될 캠핑에 특히 기대가 부풀어 있습니다.	I am especially looking forward to our camping trip next month.
07	다음 캠핑 때까지 기다릴 수 없을 것 같아요!	I can't wait to go again!
08	어떤 사람들은 캠핑을 현대적인 삶과 거기서 누리는 편리함에 대한 반작용이라고 생각합니다.	Some people see camping as a reaction to modern life and all its conveniences.

🗨 낚시 가기 일반 설명

09	형은 낚시질을 아주 좋아합니다.	Angling is a passion with my brother.
10	저는 낚시 클럽의 회원입니다.	I am a member of a fishing club.
11	아버지께서 낚시에 대해 많이 알려주셨습니다.	My father taught me a lot about fishing.
12	많은 낚시꾼들이 이 강에서 낚시질을 합니다.	Many anglers cast their lines in this river.
13	낚시에서 중요한 것은 인내력입니다.	In fishing, patience is the name of the game.
14	이것이 낚시의 묘미입니다.	This is the real charm of fishing.

15	저는 짬만 있으면 낚시질을 했습니다.	Every spare moment, I spent angling.
16	사람들이 바다 낚시를 하고 있었습니다.	People were fishing in the sea.
17	사람들이 그물로 물고기를 잡고 있었습니다.	People were using nets to catch fish.
18	저는 그들에게 "당신은 살아 있는 미끼를 가지고 낚시를 하나요?"라고 물었습니다.	I asked them, "Do you guys fish with live bait?"
19	그 낚시꾼은 무릎까지 물에 잠겨 있었습니다.	The fisherman was knee-deep in the water.

➕ 문장 조합 이렇게!

People were using nets to catch fish. The **fishermen were** knee-deep in the water. I asked them, "Do you guys fish with live bait?" 17+19+18

사람들이 그물로 물고기를 잡고 있었습니다. 그 낚시꾼들은 무릎까지 물에 잠겨 있었습니다. 저는 그들에게 "당신은 살아 있는 미끼를 가지고 낚시를 하나요?"라고 물었습니다. *일관성 있게 명사나 대명사의 수를 일치시켜준다.

20	우리는 한강에서 물고기를 낚았습니다.	We hooked some fish in the Han River.
21	한강의 물은 물고기가 살 정도로 무척 깨끗했습니다.	The water of the Han River was clear enough for fish to live in.
22	물고기는 미끼를 덥석 물었습니다.	The fish rose to the bait.
23	물고기가 그물에 걸렸습니다	A fish was caught in the net.

24 제 동생은 "이 물고기 좀 봐. 1미터는 되겠다."라고 말했습니다.

My brother said, "Look at this fish, it must be a meter long."

25 그는 맨손으로 물고기를 잡을 수 있었습니다.

He could catch fish with his bare hands.

26 저는 아버지와 강에서 물고기를 잡았습니다.

I caught fish in the river with my father.

27 아버지가 이 연못은 물고기가 잘 잡힌다고 말했습니다.

My father told me this pond offered the best fishing.

빈출 질문 Q1

You indicated that you play golf. Where do you play golf and who do you play with? When and how often do you play golf?

당신은 골프를 치신다고 하셨습니다. 어디에서 누구와 골프를 치나요? 언제, 그리고 얼마나 자주 골프를 치나요?

답변 구성 전략

공감 문장 선택할 때 참고하세요.

답변 내용이 질문의 모든 요소에 대해 빠짐 없이 대답하고 있는지, 질문의 주제에 맞춰 답변의 흐름이 자연스럽게 연결되는지 확인한다. 되도록 다양한 어휘와 구문을 사용하면 더욱 완벽하다.

★ 답변을 만드는 데 필요한 최소 문장은 6개, IM 등급에 적절한 답변에 이용할 수 있도록 공감 문장을 8개 이상 표시해보세요.

🗨 골프 일반 정보

⏱ 3초 보카 – 골프 용어

골프공 **golf ball** 골프 카트 **golf cart** 골프채, 골프 클럽 **golf club** 골프장, 골프 코스 **golf course** 골프 한 라운드를 돌다 **play a round of golf** 골프 연습장 **driving range**

---

01 제가 오락 삼아 하는 일에는 골프, 축구, 사냥이 있습니다. 특히 저는 요즘에 골프에 빠져 있어요.

My recreations include golf, soccer, and shooting. Especially, I take to golf these days.

---

02 저는 요즘에 골프에 빠져 있어요.

I'm nuts about golf these days.

---

03 저는 골프에 소질이 있습니다. 전에는 영화광이었는데, 지금은 골프광이에요.

I have a talent for golf. Now I am a golf buff, while I was a film buff before.

---

04 저는 야외활동에는 별로 흥미가 없지만, 골프는 예외입니다.

Outdoor activity has little appeal for me, but playing golf is the exception.

---

05 저는 골프를 좀 칩니다.

I play golf a little.

---

06 요즘 골프를 배우느라 신바람 났어요.

I'm excited about learning golf these days.

07 화요일 오후에 골프 레슨을 시작합니다.

I'm beginning golf lessons on Tuesday afternoon.

08 새 골프채를 한 세트 사기로 결정했어요.

I've decided to invest in a new set of golf clubs.

09 저는 티타늄 드라이버 채를 좋아합니다.

I prefer a titanium driver.

10 골프는 저의 첫사랑이었고 지금도 여전히 저의 열정입니다.

Golf was my first love and it is still my passion.

11 비즈니스맨들의 전통적인 스포츠였던 골프는 저에겐 너무 느리고 지루했습니다. 그렇지만 요즘에 저는 골프에 빠져 있어요.

Golf, the traditional businessman's sport, was just too slow and boring for me. But, these days I take to golf.

12 푸르름으로 가득하게 꾸며진 골프 코스는 낮 시간의 오락거리를 제공합니다.

Lushly landscaped golf courses offer entertainment by day.

13 골프공이 하늘을 가르며 곡선을 그린 다음 그린에 내려 앉는 것은 정말 멋진 경험입니다.

It is a really excellent experience when the golf ball curves through the air and lands on the green.

● 골프를 치는 때/빈도

14 저는 주로 휴가 기간 동안 골프를 칩니다.

I usually play golf while I am on vacation.

15	저는 골프에 매료되어 매일 골프를 칩니다.	I got hooked on golf and play it every day.
16	일요일에는 하루종일 골프를 즐기며 좋은 시간을 보냈어요.	I had a great time playing golf all day Sunday.
17	일주일에 한두 번 골프를 칩니다.	I play golf once or twice a week.
18	보통 주말엔 골프장에 갑니다.	Usually I go to the golf course on weekends.
19	주말에는 골프로 몸을 풉니다.	I relax on weekends by playing golf.
20	혼자 가면 한 시간 정도 연습합니다.	When I go by myself, I practice for about an hour.
21	저는 일하러 가지 않을 때면 골프를 칩니다.	When not at work, I can be found playing golf.
22	우리는 골프를 친 후에 항상 사우나에서 몸을 풉니다.	We always relax in a sauna after lunch.

🟣 골프 치는 장소

23	때때로 근처에 있는 골프 연습장에서 골프를 칩니다.	Sometimes I play at the driving range nearby.
24	저는 필드에는 보통 나가지 않습니다. 가고 싶지만 시간과 돈이 없습니다.	I don't really go out to the golf course. I would like to, but I don't have the time or money.

| 25 | 아버지께서는 필드에서 치는 것을 좋아하시지만 저는 대부분 실내연습장에서 칩니다. 필드에서 치는 것은 너무 비싼 것 같습니다. | He likes to play the courses, but I play mostly at the golf café. I find the golf courses too expensive to go to. |

| 26 | 이 골프장은 여성 전용입니다. | This golf club is reserved for women only. |

| 27 | 이 골프장은 회원제로 되어 있습니다. | This golf course is open to members only. |

| 28 | 비회원은 초대권이 있어야만 클럽에서 골프를 칠 수 있습니다. | Non-members may play at the golf club by invitation only. |

| 29 | 클럽은 난폭한 행동을 용납하지 않으므로 골프 코스로 나가기 전에는 과음해서는 안 됩니다. | You shouldn't drink too much alcohol before going out to the golf course, because the club doesn't allow rowdy behavior. |

💬 함께 치는 사람

| 30 | 저는 자주 친구와 골프를 쳐요. | I often golf with my friend. |

| 31 | 그는 골프를 배운지 며칠 안 됐는데 벌써 다 습득했습니다. 그는 운동을 잘합니다. | It's only been a few days since he started learning golf, but he's already got it. He has all the moves. |

| 32 | 보통은 회사 동료들과 함께 갑니다. 동료들과 가면 같이 게임을 하고 재미로 돈이나 음식을 겁니다. | I usually go there with my coworkers. When I go with my coworker, we play a game together and bet some money or food just for fun. |

빈출 질문 Q1

Recall the time when you first played golf. When did you first learn golf? Who taught you? How was it? Tell me about your first golf experience in detail.

당신이 골프를 처음 친 때를 회상해보세요. 언제 처음 골프를 배웠습니까? 누가 당신을 가르쳤습니까? 어땠나요? 처음 골프를 쳤던 경험을 자세히 설명해보세요.

Q2

Have you experienced any unexpected situation while playing golf? Maybe it suddenly started to rain or maybe you hurt yourself. Please tell me about your experience in detail.

골프를 칠 때 예상하지 못했던 상황을 경험한 적이 있나요? 갑자기 비가 오거나 다쳤을지도 모릅니다. 그 경험에 대해 자세히 설명해주세요.

답변 구성 전략

공감 문장 선택할 때 참고하세요.

답변 내용이 질문의 모든 요소에 대해 빠짐 없이 대답하고 있는지, 질문의 주제에 맞춰 답변의 흐름이 자연스럽게 연결되는지 확인한다. 되도록 다양한 어휘와 구문을 사용하면 더욱 완벽하다.

★ 답변을 만드는 데 필요한 최소 문장은 6개, IM 등급에 적절한 답변에 이용할 수 있도록 공감 문장을 8개 이상 표시해보세요.

💬 처음 골프를 쳤던 경험

01 저는 20살 무렵에 골프를 시작했습니다.

I was about twenty years old, and I started to play golf.

02 처음 골프를 본 것은 아버지께서 저를 토너먼트에 데리고 가셨을 때입니다.

The first time I ever saw golf was when my dad took me to a tournament.

03 어떤 게임이었는지는 확실하지 않지만 한국 어딘가에서 있었던 게임입니다.

I'm not sure which one it was, it was somewhere here in Korea.

04 그것이 제가 골프를 처음 접한 경험인 것 같습니다.

I think that was my first experience with golf.

05 저는 그 후 얼마 되지 않아 골프를 시작했습니다.

I started playing golf not long after that.

06 아버지께서 골프공을 치는 것에 대해 많이 알려주셨습니다.

My dad taught me a lot about hitting a golf ball.

07 저희 아버지는 저의 운동 능력을 알아차리시고 일찍부터 저에게 골프 연습을 하도록 충고하셨습니다.

My father noticed my athletic prowess and advised me to start practicing golf at an early age.

08 학창 시절에 골프 선수였습니다.

I was a golf player in my school days.

09 전 골프 동아리 회원이었고 동아리 내에선 트레이닝을 담당했었죠.

I was a member of a golf club and was in charge of training then.

10 동아리 활동을 통해서 골프 실력을 많이 늘릴 수 있었고, 그때 이후로, 저는 좀 더 활동적이고 에너지가 넘치는 사람이 되었습니다.

Through the activity, I was able to improve my golf skills a lot and I've become a more active and energetic person since then.

● 골프 경험

11 대학생이었을 때, 저는 농구나 야구 같은 스포츠를 하곤 했습니다.

When I was in college, I used to play sports like baseball and basketball.

12 그러나 지금은 그럴 수 없어서 저는 건강을 유지하기 위해 주말마다 골프를 치려고 노력합니다.

But I can't do that now, so I try to play golf every weekend to keep myself physically fit.

13	저는 퇴근 후에 회사 근처에 있는 실내 골프 연습장에 가서 골프를 쳤습니다.	I went to a golf café near my office and I played there after work.
14	저는 골프를 칠 때마다 항상 먼저 칠 것을 생각하고 상상 속으로 연습해보았습니다.	I never take a golf shot without first thinking out the shot and practicing it in my imagination.
15	저는 그 공이 저의 상사라고 상상하고 최대한 세게 쳤습니다.	I imagined that the ball was my boss and hit it as hard as I could.
16	회사에서 받은 스트레스를 푸는 데 도움이 되었습니다.	It helped me to relieve my stress from my work.
17	저는 일요일 오전에 골프를 한 판 즐겼습니다.	I enjoyed a round of golf on a Sunday morning.
18	저는 공을 향해 칠 자세를 취했습니다.	I addressed the ball.
19	골프공이 하늘을 가르며 곡선을 그린 다음 그린에 내려 앉았습니다.	The golf ball curved through the air and landed on the green.
20	제가 홀인원을 했습니다! 저는 깜짝 놀랐습니다! 저는 이것이 꿈인지 생시인지 분간할 수 없었습니다.	I made a hole-in-one! I was very surprised! I couldn't believe this was for real.
21	모든 사람들이 그것을 보고 깜짝 놀라, 제게 모여들어 환호성을 질렀습니다.	All the people were very surprised to see it, gathered around me and cheered.

22 홀인원을 기록하는 것은 전문적인 성인 골프선수들도 어렵습니다.

Hitting a hole-in-one is very hard even for professional adult golfers.

23 사실, 많은 골프선수들이 평생 단 한번도 홀인원을 성공시키지 못하기도 합니다.

In fact, many golfers end up never hitting a hole-in-one during their lifetime.

● 골프 치다 경험한 사건

24 저는 9번째 홀에서 어떤 프로선수를 보고 있었는데 배가 고팠습니다.

I was watching one of the pros at the ninth hole, and I was feeling a little hungry.

25 그가 그린에서 막 피칭을 하려고 했을 때, 저는 가방에서 칩을 꺼내어 먹기 시작했습니다.

Just as he was about to pitch onto the green, I took out my bag of chips and started eating them.

26 그가 그린에서 막 피칭을 하려고 했을 때, 어떤 사람들이 서로 큰소리로 얘기하기 시작했습니다.

Just as he was about to pitch onto the green, some people started talk to each other loudly.

27 그 프로선수는 멈추고 저에게 소리를 내지 말아달라고 했습니다.

The pro stopped and asked me to stop making noise.

28 그가 그린에서 막 피칭을 하려고 했을 때, 비가 오기 시작했습니다.

Just as he was about to pitch onto the green, it began raining.

05 휴가/출장

빈출 질문 Q1
You indicated in the survey that you stay at home while on vacation. Who are the people you like to see and spend time with on your vacation? What do you usually do? Why do you prefer it to traveling?

당신은 설문조사에서 휴가를 집에서 보낸다고 하셨습니다. 휴가 때 만나거나 시간을 같이 보내고 싶은 사람은 누구인가요? 주로 무엇을 하나요? 왜 여행하는 것보다 집에 있는 것을 선호하나요?

Q2
I'd like to know about your last vacation that you stayed home. Please explain in detail about the things you did from the first day to the last day.

당신이 집에서 보낸 최근의 휴가에 대해 알고 싶습니다. 첫째 날부터 마지막 날까지 한 일에 대해 자세히 설명해주세요.

Q3
Tell me about a special experience while you were staying home during a vacation. What happened? Please describe it in detail.

집에서 휴가를 보내는 동안 생긴 특별한 경험에 대해 말해주세요. 무슨 일이 일어났나요? 자세히 설명해보세요.

답변 구성 전략
공감 문장 선택할 때 참고하세요.

답변 내용이 질문의 모든 요소에 대해 빠짐 없이 대답하고 있는지, 질문의 주제에 맞춰 답변의 흐름이 자연스럽게 연결되는지 확인한다. 되도록 다양한 어휘와 구문을 사용하면 더욱 완벽하다.

★ 답변을 만드는 데 필요한 최소 문장은 6개, IM 등급에 적절한 답변에 이용할 수 있도록 공감 문장을 8개 이상 표시해보세요.

💬 집에서 보내는 휴가 설명

01 직장에서 휴가를 받으면 저는 정말 집에 있는 것을 좋아합니다.

When I have vacation time from work, I really like to stay home.

02 저는 보통 아내와 아이들과 시간을 보냅니다.

I usually hang out with my wife and kids.

03 우리는 특별한 것을 하지는 않습니다.

We don't do anything special.

04 휴가 동안 저의 전형적인 하루는 매우 게으릅니다.

During my vacation, a typical day for me is very lazy.

05 아침에 보통 늦게, 10시 정도에 일어납니다. 그리고는 아침을 준비합니다.

I get up late in the morning, usually around 10 a.m. Then I make breakfast.

06 우리는 보통 집에서 밥을 먹지만 가끔은 식당에 갑니다.

We usually eat at home, but sometimes we go to a restaurant.

07 서점에 가서 아이들의 책을 찾습니다.

I go to the bookstore with my children and look for books for them.

08 간식을 먹고 잠자리에 들 때까지 텔레비전을 봅니다.

I have a snack, and I watch TV until I go to bed.

09 저는 친구 몇몇에게 전화를 걸어 술 마시러 나오라고 합니다.

I call some friends and invite them out for a drink.

10 저는 휴가에 여러 날 동안 계속 가만히 소파에서 아무 것도 안 하는 그런 사람입니다.

I'm a person that just sits on the couch for days on end, not doing anything during my vacation.

05 휴가/출장

💬 집에서 보내는 휴가의 장점

11 저는 집에 있는 것이 몇 가지 이유 때문에 더 좋습니다.

I prefer staying home to traveling on my vacation for a number of reasons.

12 여행하는 것은 문제가 너무 많습니다.

Traveling has so many problems.

13 첫째, 저는 사람들로부터 벗어날 수 있어서 집에 있는 것이 좋습니다.

First, I like staying home because I want to get away from people.

14	또한 저만의 시간을 갖고 게으름 을 부릴 수 있습니다.	I can also have time on my own and be lazy.
15	둘째, 비싸고 불편합니다. 아내와 아이들의 비행기표를 사고 호텔 에 머물면 몇 백 만원이 들 수 있 습니다.	Second, it's expensive and inconvenient. If I buy plane tickets for my wife and kids, and we stay in hotels, it can cost several million won.

● 최근 경험

16	첫 주에는 거의 대부분 집에 있었 습니다.	For the first week, I stayed home most of the time.
17	저는 지난 휴가에 사소한 볼일을 봤습니다.	I did little errands during my last vacation.
18	월요일에는 슈퍼에 가고, 화요일 에는 편지를 붙이러 우체국에 갔 습니다.	I went to the grocery store on Monday. On Tuesday, I went to the post office to mail a letter.
19	다음 날 저희 아기에게 줄 옷을 사 러 이마트에 갔습니다.	Next day, I went to the E-mart to buy some clothes for our baby.
20	친구의 일이 끝나고 같이 맥주를 마셨습니다.	I met a friend and we had beers after his work.
21	토요일에는 처형 집에 가서 가족 과 함께 어울렸습니다.	On Saturday, we went to my wife's older sister's house and hung out with the family.

22 일요일에는 교회에 가고 저녁엔 삼겹살 식당에 가서 저녁을 먹었습니다.

On Sunday, we went to church, and had dinner at a samgyeopsal restaurant.

🗨 특별한 경험

23 지난 휴가 동안 저희 가족은 매우 특별한 경험을 했습니다.

During my last vacation, our family had a very special experience.

24 삼촌께서는 저희가 있는 도시에 계셨고, 저희를 방문하고 싶어 하셨습니다.

My uncle was in town, and he wanted to come over.

25 20분 후에 저희 집 앞에서 팔에 한 가득 선물을 들고 계셨습니다.

Within 20 minutes, he was standing in the doorway, his arms full of presents.

26 삼촌께서는 좋아 보이셨습니다. 그렇게 늙지는 않으셨는데 피곤해 하셨습니다.

Uncle looked good. He hadn't aged much, but he was tired.

27 삼촌을 봬서 너무 좋았습니다.

It was really good to see him.

28 삼촌께서는 계속 웃긴 얘기를 해 주셨고 저희를 웃게 하셨습니다.

He always told such funny stories, and made us all laugh.

29 그날 저녁 떠나셨고 이틀 후 미국으로 돌아가셨습니다.

He left that night, and was back in the states a couple of days later.

30 가끔 삼촌이 그립고 더 자주 뵐 수 있으면 좋겠습니다.

I miss him sometimes, and wish I could see him more often.

빈출 질문   **Q1** | You indicated that you take vacations domestically. Can you tell me some of the places you like to travel to and why you like going there?

국내에서 휴가를 보낸다고 표시하셨습니다. 좋아하는 여행지와 그곳을 좋아하는 이유를 말씀해 주시겠어요?

Q2 | Tell me about your favorite city in your country that you visited in detail. Who were you with? What did you do there? Why do you like that city?

당신이 방문했던 당신 나라의 도시 중 가장 좋아하는 곳에 대해 자세히 설명해보세요. 누구와 함께 갔나요? 그 도시를 왜 좋아하나요?

답변 구성 전략

공감 문장 선택할 때 참고하세요.

답변 내용이 질문의 모든 요소에 대해 빠짐 없이 대답하고 있는지, 질문의 주제에 맞춰 답변의 흐름이 자연스럽게 연결되는지 확인한다. 되도록 다양한 어휘와 구문을 사용하면 더욱 완벽하다.

★ 답변을 만드는 데 필요한 최소 문장은 6개, IM 등급에 적절한 답변에 이용할 수 있도록 공감 문장을 8개 이상 표시해보세요.

💬 자주 가는 여행지와 특징

⏰ 3초 보카

동해에 있는 해변 **a beach on the East Coast**   독특한 지형 **its unique geography**   멋진 경치 **its spectacular scenery**   아름다운 고급 호텔 **the beautiful and extravagant hotels**   유명한 관광명소 **famous attractions**   아름다운 해변 **beautiful beaches**   많은 관광객들 **many tourists**   경치가 빼어난 산 **breathtaking mountains**

자주 가는 여행지

01	인천/부산/제주도/석모도를 자주 방문합니다.	I often travel to **Incheon/Busan/Jeju Island/ Sokcho**.
02	인천은 제가 사는 서울 근교에 있으며 방문하기 좋은 곳들이 많습니다.	**Incheon** is near Seoul, where I live, and has a lot of interesting places to go.

 인천은 역사적인 항구도시이자 유명한 관광지로 한국의 서쪽에 위치해 있습니다.

Incheon has a well-known historic harbor area and it is a famous tourist destination, located in the west of Korea.

04 넓고 아름다운 해변은 없지만 그곳 식당에서 다양한 해산물을 즐길 수 있습니다.

It has few beautiful and wide beaches but you can find a wide variety of seafood in restaurants there.

유명 여행지

05 인천에는 유명한 관광지들이 있는데 몇 가지만 말해 보면, 소래포구, 인천 대교, 인천 국제공항, 차이나타운, 석모도가 있습니다.

There are famous attractions in ⭐ ① Incheon: ② Sorae Port, Incheon Bridge, Incheon International Airport, China Town, and Seokmodo, to name a few.

⭐ 이것만 바꿔도 등급이 쑥쑥

① 도시 이름

부산 **Busan** 제주도 **Jeju Island** 강화도 **Gangwha Island**

② 그 도시의 휴양지

해운대 **Haeundae** 경포대 **Kyeongpodae** 자갈치시장 **Jagalchi market** 성산일출봉 **Seoungsan Sunrise Peak** 한라산 **Hallasan (Mountain)** 섭지코지 **Seopjicoji** 석모도 **Seokmodo** 마니산 **Manisan (Mountain)** 동막 해수욕장 **Dongmak Beach**

06 석모도는 섬이며 기암절벽이 절경을 이루고 있습니다.

Seokmodo is an island that has strange rock formations and cliffs making up a magnificent view.

07 그곳의 식당에서 다양한 해산물을 즐길 수 있습니다.

You can find a wide variety of seafood in restaurants there.

08 한라산은 등산객들이 아름다운 풍경을 즐길 수 있는 많은 등산로가 있습니다.

Hallasan has numerous routes for hikers to enjoy the beautiful scenery.

09 그곳은 일출이 장관이라 인기 있 는 곳으로, 특히 그래서 이곳이 좋 은 장소로 생각됩니다.

It is popular for its magnificent views of the sunrise, which is thought to be particularly nice at this site.

관광지 선택

10 그것이 저를 오래 머물도록 유혹 합니다.

It lures me in and coaxes me to stay longer.

11 제가 좋아하는 휴양지는 대명 비 발디 파크와 피닉스 파크입니다.

My favorite resorts are Daemyeong Vivaldi Park and Phoenix Park.

12 스노보드를 즐기는 사람이라면 평 창에 있는 피닉스 파크를 선호할 것입니다.

Snowboarders may prefer Phoenix Park, which is also in Pyeongchang.

13 가장 좋아하는 곳 중에는 석모도 가 있습니다.

One of my favorite places is **Seokmodo Island**.

14 아무런 이유 없이도 제가 가고 싶 어 하는 곳은 석모도입니다.

The place that I love to go to for no reason is **Seokmodo Island**.

15 전 스포츠를 좋아해서 휴가를 내 면 보통 한국의 큰 휴양지에 갑니 다.

I love sports, so I usually go to one of the big resorts in Korea when I have some time off.

16 돈이 많이 들어서 저는 국내에서 여행을 합니다.

I travel within the country, it's usually because it can cost a lot of money.

17 저는 쉬면서 휴가를 보내는 것을 좋아해서 국내의 리조트를 많이 갑니다.

I love to ★ ① <u>relax</u> while on vacation so I often go to ② <u>resort areas</u> within the country.

★ 이것만 바꿔도 등급이 쑥쑥

① 활동

겨울 스포츠를 즐기다 **enjoy winter sports** 수영을 즐기다 **enjoy swimming** 여행 다니다 **travel a lot**
관광하다 **sightsee** 자연을 느끼다 **see nature** 일에서 벗어나다 **take a break from working**

② 장소

스키 리조트 **ski resorts** 해변 **beaches** 산과 해변 **mountains and beaches** 유적지 **historical sites** 전통 사원/절 **traditional temples** 유명한 관광명소 **famous attractions**

● 국내 여행지 ① Busan 부산

18 부산은 공식적으로 부산광역시라고 하며 한국에서 서울 다음에 두 번째로 큰 대도시입니다.

Busan, officially Busan Metropolitan City, is South Korea's second largest metropolis after Seoul.

19 부산은 인구가 대략 3백6십만 정도입니다.

It has a population of approximately 3.6 million.

20 부산에는 한국에서 가장 큰 해변과 가장 긴 강이 있습니다.

It has Korea's largest beach and longest river.

21 부산은 한반도의 남쪽 끝에 위치한 한국에서 가장 큰 항구 도시입니다.

It is the largest port city in South Korea, located on the southeastern-most tip of the Korean peninsula.

22 부산은 세계에서 5번째로 항만 물류로 붐비는 항구입니다.

It is the world's fifth busiest seaport by cargo tonnage.

23	부산은 2002년 아시안 게임과 2005년 에이펙을 유치한 도시입니다.	Busan was the host city of the 2002 Asian Games and APEC 2005 Korea.
24	부산의 자연 환경은 산, 강, 바다의 완벽한 조화의 예입니다.	The natural environment of Busan is a perfect example of harmony between mountains, rivers, and sea.
25	수려한 해변과 전망 좋은 절벽과 산이 있는 해안선을 포함한 지형입니다.	Its geography includes a coastline with superb beaches and scenic cliffs, and mountains.
26	이것들이 훌륭한 하이킹과 놀라운 전망, 그리고 도시 여기저기에 산재한 온천을 제공합니다.	They provide excellent hiking and extraordinary views, and hot springs are scattered throughout the city.
27	너무 덥지도 춥지도 않은 적절한 기후를 즐길 수 있습니다.	You can enjoy a temperate climate that never gets too hot or too cold.
28	부산은 부산국제영화제의 개최지이기도 합니다.	Busan is also the home of the Busan International Film Festival.
29	부산국제영화제는 아시아 최고의 영화제이죠.	The Busan International Film Festival is Asia's top film festival.

🔍 국내 여행지 ② Daejeon 대전

| 30 | 대전은 한국에서 5번째로 큰 대도시입니다. | Daejeon is South Korea's fifth largest metropolis. |

| 31 | 대전은 2010년에 인구가 백오십 만 명을 넘었습니다. | Daejeon had a population of over 1.5 million in 2010. |

| 32 | 대전은 한국의 중앙에 위치해 있어 대중교통의 허브 역할을 합니다. | It is located in the center of South Korea and serves as a hub of transportation. |

| 33 | 대전은 또한 복합 행정부가 들어 선 행정 수도이기도 합니다. | Daejeon also serves as an administration hub within the National Government Complex. |

| 34 | 대전은 카이스트, 충남 국립대학 교, 한밭대학교를 비롯해 18개의 대학이 있습니다. | Daejeon has 18 universities including KAIST, Chungnam National University, and Hanbat National University. |

🗨 국내 여행지 ③ Daegu 대구

| 35 | 대구는 글자 그대로 '큰 언덕'이라 는 의미입니다. | Daegu literally means "large hill". |

| 36 | 대구는 한국에서 서울, 부산, 인천 다음에 4번째로 큰 도시입니다. | Daegu is the fourth largest city in Korea after Seoul, Busan, and Incheon. |

| 37 | 대구는 경상북도 지방을 둘러싼 지방 수도입니다. | The city is the principal city of the surrounding Gyeongsangbuk-do province. |

| 38 | 대구의 아열대 기후는 사과 생산 에 이상적입니다. | The subtropical climate of Daegu is ideal for producing apples. |

| 39 | 이 도시에서 가장 잘 알려진 관광 지는 팔공산의 관봉 정상에 있는 갓바위라고 불리는 돌부처입니다. | The most well-known sight of the city is the stone Buddha called Gatbawi on the top of Gwanbong, Palgongsan. |

🔴 국내 여행지 ④ Gwangju 광주 (전라도)

40 광주는 한국에서 6번째로 큰 도시로, 농업지역인 전라도의 중심에 위치해 있습니다.

Gwangju is the sixth largest city in South Korea, located in the center of the agricultural Jeolla region.

41 '광'은 '빛'이라는 의미이고 '주'는 '지역'이라는 의미입니다.

Gwang means "light" and Ju means "province."

42 광주는 풍부하고 다양한 음식으로도 유명합니다.

The city is famous for its rich and diverse cuisine.

🔴 국내 여행지 ⑤ Jeju Island 제주도

43 제주도는 한국에서 가장 큰 섬입니다.

Jeju Island is the largest island in South Korea.

44 제주도는 경치가 좋은 것으로 아주 유명합니다.

It is very popular for its scenic beauty.

45 제주도는 우리나라 최고의 휴양지로 꼽힙니다,

Jeju Island is considered the best vacation spot in Korea.

46 제주도는 세계 7대 자연경관으로 선정되었습니다.

Jeju Island was voted as one of the New 7 Wonders of Nature.

47 제주도의 대자연을 접하고 감동했습니다.

I was impressed being in touch with Jeju-do's great nature.

48	제주도는 기후가 온화합니다.	Jeju Island has a moderate climate.

| 49 | 제주도는 아름다운 해변으로 유명합니다. | Jeju-do is famous for its beautiful beaches. |

| 50 | 제주도는 돌, 바람, 여자로 유명합니다. | Jeju-do is famous for rocks, wind and women. |

| 51 | 제주도는 신혼여행객에게 가장 인기 있는 곳입니다. | For newlyweds Jeju-do is the most sought out honeymoon getaway. |

| 52 | 요즘 제주도에는 유채꽃이 한창입니다. | These days, the rape flowers are in full bloom on Jeju Island. |

| 53 | 제주도 연근해는 청정 해역으로 유명합니다. | The coastal waters of Jeju Island are famous for their clarity. |

| 54 | 제주도의 지층은 현무암질의 용암류로 이루어져 있습니다. | The geological strata of Jeju Island are composed of basaltic lava. |

| 55 | 제주도 방언은 매우 독특합니다. | The Jeju dialect is very unique. |

| 56 | 제주도는 '동양의 하와이'라는 별명이 어울립니다. | "Hawaii of the Orient" is a fitting nickname for Jeju Island. |

🔵 국내 여행지 ⑥ Mt. Seorak 설악산

| 57 | 설악산은 계절마다 독특한 경관을 자랑합니다. | Mt. Seorak boasts a unique natural setting each season. |

| 58 | 숨막힐 듯 아름다운 설악산 경치는 전국적으로 유명합니다. | The breathtaking scenery of Mt. Seorak is well known throughout the nation. |

| 59 | 설악산은 아름다운 가을 단풍으로 유명합니다. | Mt. Seorak is noted for the glorious tints of its autumn foliage. |

| 60 | 또한 설악산은 제가 가본 가장 아름다운 산들 중의 하나입니다. | It is also one of the most beautiful mountains I have ever seen. |

| 61 | 눈 덮인 설악산은 그야말로 장관이었습니다. | Snowcapped Mt. Seorak appeared truly magnificent. |

| 62 | 케이블카를 타고 설악산의 경치를 즐길 수 있습니다. | You can enjoy the scenery of the mountain by taking a cable car. |

| 63 | 강릉 근처에는 아름다운 해변들이 있습니다. | There are beautiful beaches near Gangneung. |

🔵 국내 여행지 ⑦ Mt. Jiri 지리산

| 64 | 지리산은 한국에 있는 산입니다. | Mt. Jiri is a mountain in South Korea. |

| 65 | 지리산은 국립공원으로 지정되었습니다. | The mountain has been designated a national park. |

| 66 | 이 산의 가장 높은 봉우리는 천왕봉입니다. | The highest peak of the mountain is Cheonhwangbong. |

| 67 | 지리산에는 매년 많은 사람들이 4계절 내내 방문합니다. | Every year many people visit Jirisan during all four seasons. |

| 68 | 특히 가을에는 많은 사람들이 가을산의 단풍을 즐기기 위해 지리산을 방문합니다. | Especially during the fall season, many people visit Jirisan to enjoy the beauty of the autumn colors of the mountain. |

| 69 | 저도 한 번 가봤는데 천왕봉 정상에서의 일출은 장관이었습니다. | I was there once and the sunrise from Cheonwang-bong peak was breathtaking. |

🗨️ 국내 여행지 ⑧ Sokcho 속초

| 70 | 속초는 한국의 강원도에 있는 도시입니다. | Sokcho is a city located in Gangwon-do province, South Korea. |

| 71 | 이 도시는 설악산 국립공원과 가까운 휴양지로 인기 있습니다. | The city is a very popular gateway to nearby Seoraksan National Park. |

| 72 | 이 도시는 설악산과 아름다운 해변이 있기 때문에 많은 관광객들이 다녀갑니다. | The city attracts many tourists, because it has not only Seoraksan, but also a beautiful beach. |

| 73 | 이 도시는 호수가 많습니다. 그 중에서도 영랑호는 아름답기로 유명합니다. | This city has many lakes. Among them, Yeongrangho is renowned for its beauty. |

빈출 질문 Q1 | Please describe one of your favorite trips. Where did you go and where did you stay? Why was it so memorable?

가장 좋았던 여행 중 하나를 묘사해주세요. 어디에 갔으며, 어디에 머물렀나요? 왜 그렇게 기억에 남나요?

Q2 | Can you remember a time when you had travel problems? Describe to me a time when you experienced difficulties while traveling. Tell me about the circumstances and problems as vividly as possible.

여행 중 문제가 있던 때가 기억납니까? 여행하면서 겪은 난관에 대해 제게 설명하세요. 가능한 생생하게 상황과 문제점에 대해 이야기해주세요.

답변 구성 전략

공감 문장 선택할 때 참고하세요.

답변 내용이 질문의 모든 요소에 대해 빠짐 없이 대답하고 있는지, 질문의 주제에 맞춰 답변의 흐름이 자연스럽게 연결되는지 확인한다. 되도록 다양한 어휘와 구문을 사용하면 더욱 완벽하다.

★ 답변을 만드는 데 필요한 최소 문장은 6개, IM 등급에 적절한 답변에 이용할 수 있도록 공감 문장을 8개 이상 표시해보세요.

🗨 여행 배경 설명

01 | 사실 어디로 여행을 다녀온 지 한 참 지났습니다.

Actually, it's been a while since I traveled somewhere.

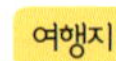

02 | 저는 신혼여행으로 제주도에 갔습니다.

I was on **Jeju Island** on my honeymoon.

03 | 제주도는 신혼여행객에게 가장 인기 있는 곳입니다.

For newlyweds, Jeju-do is the most sought out honeymoon getaway.

04 | 저는 정오에 부산에 도착했습니다.

I landed in **Busan** at noon.

05 | 몇몇 전통 사원을 방문했습니다.

I visited some traditional temples.

06	저는 부산에서 하룻밤 묵었습니다.	I made an overnight stop in **Busan**.
07	저는 집으로 오는 길에 부산에 며칠 들렀습니다.	I stopped over in **Busan** for a couple of days on my way back home.
08	실은 불과 한 달 전에 그 도시를 다녀왔습니다.	In fact, I visited the city only a month ago.
09	저는 인천/부산/제주도에 갈 때마다 아주 즐거운 경험을 하고 오게 됩니다.	Every time I go to **Incheon/Busan/Jeju-do**, it's always a very pleasant experience.
10	그곳에 있는 것의 가장 좋은 점은 가족들과 즐겁게 지낸 것이었습니다.	The best part of being there was having fun with my family members.
11	저는 지난 여름에 동해안의 한 해변으로 3일간 여행을 갔었습니다.	I traveled on a three-day trip to a beach on the East Coast last summer.
12	저는 지난 주말에 제 친한 친구 한 명과 주문진/인천/부산/제주도에 갔습니다.	Last weekend, I went to **Jumunjin/Incheon/ Busan/Jeju-do** with one of my good friends.
13	우리는 모두 일에서 벗어나 해변에서 휴식을 취하고 싶었습니다.	We both wanted to take a break from working and just relax by the ocean.
14	여름에 저희 가족은 대관령, 낙산 해수욕장, 정동진 그리고 부산 같은 한국 남동쪽 해안 지역에 갑니다.	In summer, my family goes to coastal spots in southeastern Korea such as Daegwallyeong, Naksan Beach, Jeongdongjin, and Busan.

● 여행지에서의 활동

⏱ 3초 보카 – 여행지에서의 활동

해변을 따라 자전거를 탔다 **biked along the beach** 매일 수영하러 갔다 **went swimming every day** 학교 공부를 완전히 잊어버렸다 **totally forgot about all my school work** 완전히 휴식을 취했다 **were completely relaxed** 해변을 따라 아름다운 경치를 즐겼다 **enjoyed some beautiful scenery along the shore** 관광지를 돌아다녔다 **visited tourist sites**

---

15 저와 제 아내는 한라산을 걸어 오르기로 결심했습니다. 저희는 한라산이 아주 좋은 산책로이고 제주도에서 할 수 있는 가장 좋은 것들 중 하나라고 들었습니다.

My wife and I decided to take a walk up **Mt. Halla**. We heard it was a wonderful walk, and one of the best things to do in Jeju-do.

여행지에서의 활동

---

16 물속에서 놀면서 기진맥진한 채로, 우리는 방으로 다시 돌아가 저녁 식사를 위해 옷을 갈아 입었습니다.

Exhausted after ★ <u>playing in the water</u>, we went back to our room and changed for dinner.

★ 이것만 바꿔도 등급이 쑥쑥

해변을 따라 자전거를 타고 **riding a bike along the seashore** 산을 등반하고 **climbing a mountain**
*3초 보카의 구문에서 동사의 과거형을 -ing형으로 바꿔 활용할 수 있다.

---

17 이틀 동안 해변에 앉아서 시간을 보내다가 가끔 더위를 식히기 위해 수영을 하러 가기도 했습니다.

Both days were spent sitting by the ocean, occasionally going for a swim to cool off.

---

18 저녁에는 그 지역 해산물 음식점 바깥에 앉아서 다양한 해산물 요리를 맛보았습니다.

We ate various kinds of seafood in the evenings, sitting outside the local seafood shop.

---

19 마지막 날에는 그 지역의 북부 지역을 따라 자전거를 탔습니다.

On the last day, we biked along the northern part of the site.

---

20 우리는 밤에 야영을 했고 해변에서의 마지막 밤을 만끽했습니다.

We camped at night and enjoyed our last night on the beach.

21	이틀 다 해변에 앉아서 시간을 보냈습니다.	Both days were spent sitting by the ocean.
22	저희는 저녁에 다양한 해산물을 먹었습니다.	We ate various kinds of seafood in the evenings.
23	저는 부산의 해운대 해변에서 화창한 여름 날씨를 즐겼습니다.	I enjoyed the nice summer weather at Haeundae Beach in Busan.
24	저희는 푸른 하늘을 올려다 보며 한 줄기 으스름달을 보았습니다.	We looked up at the blue sky and saw a sliver of pale moon.
25	차이나타운에서는 한국에 처음으로 유명한 면류들이 탄생한 곳이다 보니 자장면을 맛보고 싶을 것입니다.	You definitely will want to eat jajangmyeon in China Town because this is the place where the popular noodle dish was first made for Koreans.

스피킹TIP 국내 여행지 설명은 연계 활용하자

국내 여행지 설명은 여행 일반 설명에서 살펴본 여행지에 대한 특징을 참고하여 활용할 수 있다. 여기에서의 답변은 과거 경험이라 과거시제를 사용해야 하지만 여행지에 대한 설명은 현재 사실이므로 현재시제를 사용한다. 표현을 바꿀 필요가 없이 그대로 사용하면 되므로 편리하다.

🗨 여행의 효과 및 계획

| 26 | 많은 것들을 하지는 않았지만 정말 재미있는 시간이었습니다. | It was a lot of fun, even though we didn't do much. |
| 27 | 다음에는 혼자서 다시 그곳에 가보고 싶습니다. | Next time, I hope to go there again by myself. |

28 우리는 제주도에서 멋진 시간을 보냈습니다.
We ① **had a wonderful time** on ② **Jeju Island**.

29 우리는 부산/인천에서 멋진 시간을 보냈습니다.
We ① **had a wonderful time** in ② **Busan/Incheon**.

30 휴가 때 충분히 쉬었습니다.
I got enough rest during my vacations.

31 저는 항상 재충전된 상태로 돌아왔습니다.
I always came home refreshed.

32 친구들이나 가족들과 함께 즐거운 시간을 보냈습니다.
I had fun with my friends or family members.

33 아름다운 풍경을 즐길 수 있었습니다.
I could enjoy the beautiful landscape scenery.

34 그림 같은 경치를 즐길 수 있어 좋은 시간이었습니다.
I had a great time because I was able to enjoy the beautiful picturesque scenery.

35 나는 이번 여름 휴가에 제주도/부산/인천으로 갈까 하고 생각 중입니다,
I am thinking of going to **Jeju Island/Busan/Incheon** during this summer vacation.

🔵 여행 중 문제 상황 경험 ① 일반

36 이번 여행 중에 많은 일들이 있었습니다.
A lot of things happened during this trip.

37 여행 중에 우리는 자동차 타이어에 펑크가 나는 것을 포함해 갖가지 문제를 겪었습니다.
We had various problems on our journey, including a puncture.

38 전 여행 중 돈을 다 써버려서 부모님이 돈을 보내주기 전까지 힘든 생활을 했습니다.

I ran out of money during the travel, so I had a hard time till I got money from my parents.

39 우리는 부산에서 기차를 놓치는 바람에 대구에서 나머지 일행과 만나야 했습니다.

We missed the train in **Busan** and had to catch up with the group in Daegu.

40 저는 제 개를 데려 가기로 결정했습니다. 그런데 그를 버스나 비행기에 태우는 것이 쉽지 않았습니다.

I decided to take my dog with me, but getting my dog on the express bus or plane wasn't easy.

41 제 개를 상자에 태워야 했는데, 사실 들어가기엔 너무 컸습니다.

He had to ride in a crate. Actually, he was too big for it.

42 비스킷을 그의 코에다 대자 그가 그것을 물고 상자 안으로 들어갔습니다.

I held a dog biscuit in front of his nose, and he took the bait and walked right into the box.

● 여행 중 문제 상황 경험 ② 분실/도난

43 지하철 안에서 지갑을 도난 당했습니다.

I had my wallet stolen in the subway.

44 일행 중 몇 명이 여행 중에 그들의 여행 가방을 잃어버렸습니다.

Some of the members lost their suitcases on the trip.

45 분실물 센터에 가서 확인해야 했어요.

I had to check with the lost and found department.

46 해운대에 갔다가 가방을 분실했어요!

When I was visiting Heaundae, I lost my bag!

47 여행 중 짐을 분실해서 큰 낭패를
보았습니다.

I had so much trouble because I lost my luggage during the trip.

48 지갑을 분실할 뻔했는데 다행히도
다른 사람이 보관하고 있었어요.

I nearly lost my purse, but fortunately someone was looking after it.

49 여행 중에는 지갑을 항상 휴대하
되 벨트 지갑에 넣거나 다른 안전
한 장소에 보관합니다.

When traveling, I carry my purse at all times, but keep it in a money belt or other protected location.

● 여행 중 문제 상황 경험 ③ 건강 문제

50 여행 중에 비위생적인 식수를 마시
고 이질에 걸려서 고생했습니다.

I suffered from dysentery when traveling because I drank unclean water.

51 고속도로 휴게소에서 우리는 점심
과 간식을 먹었습니다.

At the highway service area, we had lunch and some snacks.

52 차로 다시 돌아와 운전을 시작했
을 때 저는 아프기 시작했습니다.

When we got back in the car and started driving, I felt sick.

53 도시에 도착하자마자 저는 병원으
로 옮겨졌습니다.

Once we arrived in the city, I was taken to the hospital.

54 마침내 우리는 강원도에 도착했고
그들은 저를 병원에 데려갔습니다.

Finally we arrived in Kangwon-do and they took me to the hospital.

55 저는 식중독에 걸린 것으로 밝혀
졌습니다. 의사 선생님은 며칠 쉬
어야 한다고 말씀하셨습니다.

It turned out that I had food poisoning. The doctor advised that I should rest for a couple of days.

| 56 | 그래서 우리는 모두 호텔에 머물면서 휴가 내내 만화책을 봤습니다. | So we all stayed at the hotel and read comic books the whole vacation. |
| 57 | 휴가 같지 않았지만 그래도 제가 건강을 되찾아 기뻤습니다. | It wasn't like a vacation, but I was just pleased that I became healthy again. |

💬 기타 여행 경험

58	저는 어디를 가더라도 반드시 카메라를 갖고 다녔습니다.	I didn't go anywhere without my camera.
59	관광을 시작하기 전에 박물관 가이드는 플래쉬 사진을 삼가해달라고 말했습니다.	Before we started, the museum's guide told us not to take flash photos.
60	우리는 단체 사진을 찍고 나서 독사진을 한 장씩 찍었습니다.	I took a group picture and then a shot of each of us alone.
61	그들은 우리와 함께 사진을 찍을 수 있는지 물었습니다.	They asked if they could take a photo with us.
62	카메라 배터리가 방전되려고 해서 지나가는 사람에게 우리 사진을 찍어달라고 부탁했습니다.	The battery on my camera was getting low, so I asked someone passing by to take a picture for us.
63	관리인이 내 팔을 잡아서 사진을 찍을 수 없었습니다.	I didn't get a picture because an officer grabbed me by the arm.

빈출 질문

Q1 Please describe the things that you have to do from departure to arrival when you travel abroad.
해외여행을 갈 때 출발에서 도착까지 무엇을 해야 하는지 묘사하세요.

Q2 Tell me some of the steps that you take when you travel around your own country.
당신의 나라를 여행할 때 취하는 단계를 설명해주세요.

Q3 Describe all the things you pack in your suitcase for the trip and how you prepare for it.
여행을 갈 때 꾸리는 물건과 여행을 어떻게 준비하는지 자세히 설명하세요.

답변 구성 전략

공감 문장 선택할 때 참고하세요.

답변 내용이 질문의 모든 요소에 대해 빠짐 없이 대답하고 있는지, 질문의 주제에 맞춰 답변의 흐름이 자연스럽게 연결되는지 확인한다. 되도록 다양한 어휘와 구문을 사용하면 더욱 완벽하다.

★ 답변을 만드는 데 필요한 최소 문장은 6개, IM 등급에 적절한 답변에 이용할 수 있도록 공감 문장을 8개 이상 표시해보세요.

💬 출발 전에 하는 일

01 여행을 준비하는 두 가지 방법이 있습니다. 하나는 여행사에 연락해 모든 준비를 맡기는 것이고 다른 것은 제 스스로 하는 것이죠.

There are two ways to prepare for my trip; one is to contact a travel agency and let them make all the arrangements, and the other is to do it myself.

02 저는 바쁘지 않으면 제가 스스로 하는 것을 선호합니다.

I prefer preparing for my trip by myself if I'm free.

03 스스로 준비한다면, 먼저, 온라인으로 항공권을 예매하고 목적지의 호텔을 예약합니다.

If I do it myself, first I have to reserve airline tickets online and a hotel room at my destination.

04 먼저 예산을 계획하고 여행 일정
표를 만듭니다.

First, I plan my budget and make an itinerary.

05 여행지에 대한 정보를 찾기 위해
여행 안내책자를 읽어봅니다.

I read some travel guidebooks to search for information about my destination.

06 어디를 갈지 결정한 다음에는 여
행사에 전화를 걸어 가장 싼 방법
을 알아봅니다.

After deciding where I will visit, I call the travel agent and ask what the cheapest way to travel there is.

07 그런 다음 여행사를 통해서 방을
예약합니다.

Then, I reserve a room through my travel agent.

08 목적지에 호텔을 예약합니다.

I reserve a hotel room at my destination.

09 먼저 저는 싸야 할 것의 목록을 만
듭니다.

First, I make a list of things to pack.

10 저는 보통 한 번 갈아입을 속옷을
챙깁니다.

I usually pack one change of underwear.

11 칫솔, 치약, 비누와 같은 일상용
품을 가져갑니다.

I bring daily necessities like a toothbrush, toothpaste, and soap.

12 저는 충분한 옷을 챙깁니다.

I pack enough clothes.

13 가방에 카메라를 넣습니다.

I put my camera in my bag.

| 14 | 집을 떠나기 전에 휴대전화도 충전합니다. | Before I leave home, I also charge my cell phone. |
| 15 | 짐을 다시 한번 확인합니다. | I double-check my luggage. |

🗨 출발지/도착지에서 하는 일

⏱ 3초 보카 – 기타 여행 용어

왕복항공료 **round-trip airfare** 공항간 교통비 **airport transfer fees** 교통비 전부 **all transportation charges** 숙박비 **accommodation expenses/hotel bill** 식사 **meals** 기타 잡비 **other incidental expenses** 지역 호텔 **local hotels** 관광명소 **tourist attractions** 숙박지 **accommodations** 목적지 날씨 **the weather at my destination** 지역 음식점 **local restaurants** 셔츠, 양말 한 켤레, 속옷 **shirts, one pair of socks, underwear**

| 16 | 출발하는 날, 공항 셔틀버스나 지하철을 타고 공항에 갑니다. | On the day I travel, I take the airport shuttle or subway to the airport. |

공항에서 하는 일

| 17 | 그리고 국제 공항에서 체크인을 하고 탑승권을 받습니다. | And at the international airport, I ★ <u>check in for the flight and get a boarding pass</u>. |

★ 이것만 바꿔도 등급이 쑥쑥

항공권을 수령하다 **get a boarding pass** 짐 나오는 곳에서 짐을 찾다 **collect my belongings at the luggage claim** 세관을 통과하다 **go through customs** 택시를 타고 호텔로 가다 **go to the hotel by taxi** 호텔로 셔틀버스를 타고 가다 **take the airport shuttle to the hotel** 호텔 프런트 데스크에서 체크인하다 **check-in at the hotel front desk** 가족에게 줄 선물을 사다 **buy some gifts for my family**

| 18 | 비행기에 오르고 나서는 비행하는 동안 책을 읽거나 음악을 들을 수 있습니다. | Once I get on the plane, I can read a book or listen to music during the flight. |

19	비행 시간이 길면 한동안 눈을 붙일 수 있죠.	If the flight is long, I can take a nap for a while.
20	비행기가 착륙하고 나서 비행기에서 내려 보안 검색대와 입국 심사를 통과합니다.	After the plane lands, I get off and go through security and immigration.
21	비행기에서 내려 보안 검색대와 입국 심사를 통과합니다.	I get off and go through security and go through immigration.
22	그리고 나서 수하물 찾는 곳에서 짐을 찾고 세관을 통과합니다.	Then I collect my belongings at the luggage claim and I go through customs.
23	택시를 타고 호텔로 가서 호텔 프런트에서 체크인을 합니다.	I go to the hotel by taxi and check-in at the hotel front desk.
24	그러면 드디어 그곳에서 여행을 시작하게 되는 것이죠.	Then, at last, I can begin to enjoy my travels there.

➕ 문장 조합 이렇게!

I get off and go through security and go through immigration. Then I collect my belongings at the luggage claim and I go through customs. I go to the hotel by taxi and check-in at the hotel front desk. Then, at last, I can begin to enjoy my travels there. 21+22+23+24

비행기에서 내려 보안 검색대와 입국 심사를 통과합니다. 그리고 나서 수하물 찾는 곳에서 짐을 찾고 세관을 통과합니다. 택시를 타고 호텔로 가서 호텔 프런트에서 체크인을 합니다. 그러면 드디어 그곳에서 여행을 시작하게 되는 것이죠.
*간단하게 문장을 그대로 나열만 해도 된다.

빈출 질문 **Q1** Please describe one of your favorite trips overseas. Where did you go and where did you stay? Why was it so memorable?

가장 좋았던 해외 여행 중 하나를 묘사해주세요. 어디에 갔으며, 어디에 머물렀나요? 왜 그렇게 기억에 남나요?

Q2 Can you remember a time when you had travel problems? Describe to me a time when you experienced difficulties when traveling overseas. Tell me about the circumstances and problems as vividly as possible.

여행 중 문제가 있던 때가 기억납니까? 해외 여행하면서 겪은 난관에 대해 제게 설명하세요. 가능한 생생하게 상황과 문제점에 대해 이야기해주세요.

답변 구성 전략

공감 문장 선택할 때 참고하세요.

답변 내용이 질문의 모든 요소에 대해 빠짐 없이 대답하고 있는지, 질문의 주제에 맞춰 답변의 흐름이 자연스럽게 연결되는지 확인한다. 되도록 다양한 어휘와 구문을 사용하면 더욱 완벽하다.

★ 답변을 만드는 데 필요한 최소 문장은 6개, IM 등급에 적절한 답변에 이용할 수 있도록 공감 문장을 8개 이상 표시해보세요.

🗨 여행 경험 일반

01 우리 가족은 해외 여행을 계획하고 있었습니다.

My family was planning an overseas trip.

02 연휴를 이용해서 해외여행을 가려고 계획했습니다.

I was planning a trip abroad over the holiday break.

03 우리는 필리핀으로 가는 패키지 여행을 계약했습니다.

We had signed up for a package tour in the Philippines.

04 태국은 원래 제 여행 일정에 없었습니다.

Thailand was not on my itinerary originally.

05 비행은 3시간 정도 걸렸습니다.

The flight took about an hour.

06 저는 태국에 가서 친구 한 명을 만나기로 했습니다.

I decided to go meet one of my friends in Thailand.

07 제 친구 한 명이 태국으로 여행을 갔다가 그곳에 그대로 주저앉았습니다.

One of my friends went on a trip to Thailand and just settled down there.

08 저는 오래 전부터 해외여행을 하고 싶었습니다.

I have long wanted to travel abroad.

09 제가 마지막으로 해외 여행을 한 지 몇 년이 지났습니다.

It has been many years since I last traveled abroad.

10 저는 14살 때 처음으로 가족과 함께 해외여행을 했습니다.

I first traveled abroad with my family when I was fourteen years old.

11 우리의 목적지는 일본의 도쿄였는데, 삼촌 가족이 그곳에 살고 있었어요.

Our destination was Tokyo in Japan, where my uncle's family lived.

12 저는 운 좋게도 창가 자리에 앉았는데, 비행기가 이륙하자 끝없이 펼쳐진 파란 하늘이 놀라웠어요.

Fortunately, I took the window seat, and I was amazed to see the blue sky extending endlessly once the plane took off.

13 첫 해외여행이라 짐을 꾸리는 등 여러 가지로 정신이 없었습니다.

It was my first trip overseas, so I was all in a flurry, what with packing and everything.

14 여름방학 동안 우리는 함께 여행하기로 했고 그것이 첫 번째 해외여행이었죠.

We decided to travel together for summer vacation, and that was my first overseas trip.

15 만약 해외에서 살게 된다면 새로운 문화를 경험하게 될 것이라고 생각합니다.

I think if I live overseas, I'll get exposed to new cultures.

16 그곳에 올 때마다 놀라운 영감을 얻고, 마치 고향에 온 것 같은 느낌이 들었어요.

Every time I came to the place, I was just inspired in awe and I just felt at home.

여행지

17 저는 늘 유럽/중국을 동경했어요. 특히 옛 유럽/중국 말이죠.

I always loved **Europe/China**, especially old **Europe/China**.

18 너무나 신나는 경험이었고 저희는 그곳에 흠뻑 빠져 있었어요.

It was just a blast and we were in love with the place.

19 2012년에 저는 런던 북부의 한 호텔에 묵고 있었습니다.

I was in a hotel in **Northern London** in 2012.

20 저는 괜찮은 모험이 될 거라고 생각했습니다.

I thought that would be an adventure.

21 그곳의 문화와 사람들, 음식, 요리, 음악, 예술 등 거기에 있는 모든 것들이 다 좋았어요.

Just the love of the culture, the love of the people, the food, the gastronomy, the music, the art – everything that was there.

22 저희는 가서 어슬렁거렸어요.

We got to go and just lounge around.

23 휴가 동안 면도를 하지 않아 얼굴이 털로 덥수룩해졌습니다.

Sometimes I didn't shave during my vacation, and my face got a little hairy.

| 24 | 저는 저의 여자친구와 시내 공원에 갔습니다. | I went out on a date with my girlfriend to a park downtown. |

| 25 | 그리고 거기서 결혼식이 행해지는 것을 봤습니다. 외국인 남자와 한국인 신부의 결혼식이었습니다. | And we saw a marriage ceremony performed there. It was between a foreigner and his Korean bride. |

| 26 | 전통의상을 입은 신랑과 신부가 멋있어 보였고 봄의 야외 행사여서 매우 좋았습니다. | The bride and groom looked really cool in their traditional outfits, and it was outdoors in the spring, so it was very nice. |

| 27 | 잠들기 전에 심심해서 인터넷에 접속해 유튜브에 올려진 친구의 동영상을 봤습니다. | Before I went to bed, I was bored and I went online and looked at videos my friend posted on YouTube. |

| 28 | 가족들과 친구들이 너무 보고 싶어서 여행 내내 우울했습니다. | I missed my family members and friends so much, and I was miserable throughout the whole trip. |

| 29 | 하지만 그곳에서 새로운 사람들을 만날 기회가 있었고, 그것이 큰 위안이 되었습니다. | But I had a chance to meet new people there and it was very comforting. |

| 30 | 저는 여행 내내 한국 음식이 그리웠습니다. | I missed Korean food throughout the whole trip. |

| 31 | 저는 호텔 안내인에게 어디서 한국 음식을 먹을 수 있는지 물어봤습니다. | I asked the hotel concierge where I could get some good Korean food. |

| 32 | 한국 식당들은 한국인들이 운영해서 외국에 있다거나 낯설다는 기분이 들지 않았습니다. | The Korean restaurant was owned by Koreans, so I didn't feel so foreign and strange. |

💬 문제 상황 경험

065의 「여행 중 문제 상황 경험」과 연계 활용

33	자금성에 갔다가 여권을 분실했어요.	When I was visiting the Forbidden City, I lost my passport!
34	여행 중 여권을 분실해서 큰 낭패를 보았습니다.	I had so much trouble because I lost my passport during the trip.
35	우리는 밀라노에서 기차를 놓치는 바람에 로마에서 나머지 일행과 만나야 했습니다.	We missed the train in Milan and had to catch up with the group in Rome.
36	제가 시카고의 어떤 곳을 방문했을 때 저는 강도를 만나 너무 놀랐습니다.	When I was visiting certain parts of Chicago, I was very frightened of being robbed.

💬 감상

| 37 | 이 여행은 잊을 수 없는 기억이었습니다. | The trip was an unforgettable experience for me. |
| 38 | 해외여행은 그때가 처음이어서 모든 것이 낯설고 신기했습니다. | That was my first overseas trip and everything made me wonder. |

39 이번 해외여행은 지금까지 제가 겪어본 것 중에서 가장 감명 깊은 경험이었습니다.

This trip overseas has been the most impressive experience that I have ever experienced.

40 여행하는 동안 저는 자주 집이 그리웠습니다.

While I was traveling, I frequently felt homesick.

41 다른 나라의 언어 음성에 둘러싸여서 아주 재미있었습니다.

It was so exciting to be surrounded by the sound of a different language.

42 저는 음식을 너무 좋아해서 지역의 모든 별미들을 맛보는 것이 아무 기뻤습니다.

I love food, so getting to taste all the local delicacies made me very happy.

43 그곳에서 모든 사람들이 아주 친절했습니다.

There, everyone was very kind.

44 저는 여러 다른 나라를 여행하면서 많은 다른 문화를 배웠습니다.

I had been to several foreign countries and learned about many different cultures.

45 여행가는 것은 정말 좋지만 가끔은 너무 피곤했습니다.

Traveling was really great, but sometimes it was very tiresome.

46 또한 떠나 있는 동안 가족이 많이 그리웠습니다.

Also, I missed my family a lot while I was away.

47 저는 마침내 집에 도착하게 되어서 너무 행복했습니다.

I was so happy that I finally returned home.

빈출 질문 Q1

You indicated that you travel overseas. Tell me about the countries you have visited and explain about the local people you met while traveling. Who were you with? What did you do there? Why do you particularly like that country or that city?

해외 여행을 하신다고 표시하셨습니다. 당신이 방문했던 나라들에 대해 말해주세요. 그리고 여행 중에 만난 사람들에 대해 설명해보세요. 누구와 함께 갔었나요? 그곳에서 무엇을 했나요? 왜 그 나라나 도시가 특별히 기억에 남나요?

답변 구성 전략

공감 문장 선택할 때 참고하세요.

답변 내용이 질문의 모든 요소에 대해 빠짐 없이 대답하고 있는지, 질문의 주제에 맞춰 답변의 흐름이 자연스럽게 연결되는지 확인한다. 되도록 다양한 어휘와 구문을 사용하면 더욱 완벽하다.

★ 답변을 만드는 데 필요한 최소 문장은 6개, IM 등급에 적절한 답변에 이용할 수 있도록 공감 문장을 8개 이상 표시해보세요.

💬 아시아 여행지 묘사

해외 여행지

01 저는 18살 때 가족과 함께 해외 여행을 했습니다. 우리의 목적지는 일본의 도쿄였는데, 삼촌 가족이 그곳에 살고 있었어요.

I traveled abroad with my family when I was 18 years old. Our destination was **Tokyo**, Japan where my uncle's family lived.

02 됴쿄는 물가가 비싸서 우리는 삼촌댁에 머물면서 도쿄 근처의 도시들을 관광하는 게 좋겠다고 결론 내렸어요.

We decided that we had better stay at his house and tour the cities near **Tokyo**, given that prices were very high in Tokyo.

03 일본 사람들은 매우 친절했고 어디를 가든 도시들이 잘 관리되어 있었어요.

The Japanese were extremely kind and the cities were very well cared for wherever we went.

04 맛있는 음식을 먹고 많은 관광지를 다니고 친절한 사람들을 만나면서 일본과 한국은 매우 가깝지만 얼마나 다른가 하는 생각을 했습니다.

After eating delicious food, seeing many sights, and meeting kind people, I thought about how Japan and Korea are so close, yet so different.

05	도시 전체가 축제 분위기였습니다.	The whole town was in a festive mood.
06	태국이 이용하는 주된 통화 단위는 바트입니다.	The main unit of currency used in **Thailand** is the baht.
07	태국의 도시에는 건축된 많은 사찰 단지들이 있습니다.	There are many temple complexes built in Thai cities.
08	우리는 편안한 분위기에서 수려한 해변 경치와 함께 태국 특선 요리를 즐겼습니다.	We enjoyed authentic Thai specialties in a relaxed atmosphere with a scenic waterfront view.
09	야자수는 말레이시아의 자생 식물입니다.	The coconut palm is a native of **Malaysia**.
10	센토사 섬은 말레이시아어로 '평화'라는 말입니다.	**Sentosa** is a Malaysian word for "peace."
11	쿠알라룸푸르는 말레이시아의 수도입니다.	**Kuala Lumpur** is the capital city of Malaysia.
12	말레이시아의 택시 운전사들은 제복을 입습니다.	Malaysian taxi drivers have a uniform.
13	말레이시아의 인구 중 55%는 이슬람 교도입니다.	Nearly 55 percent of Malaysia is Muslim.
14	그 쌍둥이 타워는 말레이시아의 새로운 랜드마크가 되었습니다.	The twin towers became a new landmark in Malaysia.

| 15 | 한류 열풍으로 아시아에서 한국 영화, 드라마, 대중 음악이 크게 유행하고 있다는 것을 확인할 수 있었습니다. | I could see that the Korean Wave has sparked a fad for Korean movies, dramas, and pop music in Asia countries. |
| 16 | 그 나라에서는 〈가을 동화〉와 〈파리의 연인〉에 열광했습니다. | In that country, people devoured *A Tale of Autumn* and *Lovers in Paris*. |

🟣 유럽 여행지 묘사

17	저는 유럽에 단체여행을 다녀왔습니다.	I joined a group tour to Europe.
18	저는 신혼여행으로 유럽에 갔습니다.	I went to Europe on my honeymoon.
19	유럽 중에서도 특히 파리와 런던을 포함한 중부와 남부 유럽을 여행했습니다.	I especially visited Middle and Southern Europe, including **Paris** and **London**.
20	안내서의 새로운 판에는 '런던 어드벤처'라는 새 섹션이 있으며, 이 섹션에서는 10개의 셀프 가이드 여행에 대한 세부 사항을 기술하고 있었습니다.	The new edition of the guidebook had a new "London Adventures" section, which gave details of 10 self-guided tours.
21	역사적인 런던의 술집이 없으면 런던 여행은 완벽하다고 할 수 없습니다.	No London walk would be complete without some historic London pubs.
22	저는 런던 여행의 기념품으로 붉은 런던 버스 모형을 샀습니다.	I bought a model of a red London bus as a souvenir of my trip to London.

23 런던에서 옥스포드로 하루 여행을 가는 것은 해외 관광객들에게 쉬운 일이지만, 밤을 보내거나 주말 휴식이 더 나은 이 도시에서는 보고 할 것이 아주 많이 있습니다.

A day trip to Oxford from London is easy for overseas visitors, but there's so much to see and do in this city that an overnight stay or a weekend break is even better.

24 런던 동쪽 끝의 거리 도처에 역사적으로 유명한 발자취를 따르는, 30여종 혹은 40여종의 여행이 이곳 저곳에 있습니다.

There can be anywhere from up to 30 or even 40 tours following historic footsteps through the streets of London's East End.

25 아일랜드를 여행하는 사람들에게, 크리스탈 공장을 방문해 유리를 부는 직공과 재단사의 노련한 작업을 직접 보는 것은 독특한 경험이 될 수 있어요.

For those traveling to **Ireland**, a visit to a crystal factory to see first hand the skillful work of the glass blowers and cutters can be a unique experience.

26 저는 런던에서 도버를 거쳐 파리로 여행했습니다.

I traveled from London to **Paris** via Dover.

27 세계 곳곳에서 온 사람들이 이 유명한 에펠탑을 보려고 파리로 여행합니다.

People from everywhere travel to Paris to see the famous Eiffel Tower.

🟣 북미 여행지 묘사

28 저희는 서울에서 도쿄를 경유해서 뉴욕으로 여행했습니다.

We traveled from Seoul to **New York** via Tokyo.

29 전세계 많은 사람들은 뉴욕이 여행하기 좋은 곳이라고 생각합니다.

Many people in the world think New York City is a great place to visit.

30 뉴욕을 여행하는 동안 저는 콜롬비아 대학교에도 갔고, 메트로폴리탄 미술관에도 갔으며, 회사 경영자들도 여러 명 만났습니다.

During my trip to New York, I visited Columbia University, went to the Metropolitan Museum of Art, and met a number of company executives.

31 세계를 비춘다는 자유의 여신상은 1866년 이래 뉴욕항 입구에서 자유의 횃불을 들고 온 세계 사람들을 맞이하고 있습니다.

The Statue of Liberty Enlightening the World has stood at the entrance to New York harbor, welcoming the peoples of the world with her torch of liberty, since 1866.

32 우리 모두는 자유의 여신상 옆에서 사진을 위해 포즈를 취했습니다.

We all posed for photographs next to the Statue of Liberty.

33 록큰롤 명예의 전당은 작년 한 해 동안 무려 백만 명이 넘는 관광객이 방문하여 뉴욕 메트로폴리탄 미술관이나 자유의 여신상, 워싱턴 기념비보다 더 인기 있는 관광 명소가 되었습니다.

Last year, the Rock'n'roll Hall of Fame drew more than 1 million visitors, making it a more popular tourist spot than the New York Metropolitan Museum of Art, the Statue of Liberty, or the Washington Monument.

34 뉴욕에서 가장 번잡한 곳 중 하나인 타임스퀘어가 차 없는 거리가 되었습니다.

Times Square in New York City, one of the busiest places in the city, became car-free.

35 타임스퀘어는 교통 체증으로 악명이 높았기 때문에 세계의 교차로로 알려져 있었지요.

Times Square used to be known as the crossroads of the world, since the area was notorious for its traffic jams.

36 텍사스의 어떤 지역에서는 일요일에 맥주를 사는 것이 불법입니다. 텍사스 사람들은 일요일에 술을 마시지 않고 교회에 나가길 바라기 때문입니다.

In some parts of **Texas**, it's illegal to buy beer on Sunday. That's because Texans want you to go to church on Sunday, not drink beer.

37 텍사스 사람들은 한국인들이 김치를 먹는 것처럼 텍스멕스 음식을 먹습니다.

Texans eat a lot of Tex-Mex food, like Koreans eat kimchi.

38 약 2천에서 3천 명의 관광객들이 매년 나이아가라 폭포를 방문합니다.

About 20 to 30 million tourists visit **Niagara Falls** every year.

39 사실, 나이아가라 폭포는 북아메리카에서 가장 유명한 신혼 여행지 중 한 곳이기도 하답니다.

In fact, Niagara Falls is one of the most famous honeymoon destinations in North America.

40 나이아가라 폭포는 지구상에서 두 번째로 큰 폭포입니다.

Niagara Falls is the second largest waterfall on Earth.

41 나이아가라 폭포는 캐나다와 미국 사이의 경계선에 위치합니다.

The Niagara Falls are located on the border between Canada and America.

42 그 항공사는 인천과 샌프란시스코, 밴쿠버를 오가는 비행기에서 비빔밥과 컵라면을 제공합니다.

The airline serves bibimbap and cup noodles on flights from Incheon to San Francisco and Vancouver.

43 밴쿠버는 세계에서 가장 매력적인 도시 중 하나입니다.

Vancouver is one of the most attractive cities in the world.

44 밴쿠버는 종종 세계에서 가장 좋은 도시로 선정되었습니다.

Vancouver is often voted the best city in the world.

45 캐나다 남서쪽 태평양 연안에 위치한 밴쿠버 섬은 세상 일을 잊기에 그만인 곳입니다.

Vancouver Island, located in the Canadian pacific southwest, is a spectacular place to get away from it all.

빈출 질문 Q1-2

You indicated in the survey that you travel for business (internationally). Describe all the things you pack in your suitcase for the trip and how you prepare for it.

당신은 설문조사에서 (해외로) 출장을 간다고 했습니다. 출장을 갈 때 꾸리는 물건들과 출장을 어떻게 준비하는지 자세히 설명해주세요.

Q3-4

Please describe the things that you have to do from departure to arrival when you travel (abroad) for business.

(해외로) 출장을 갈 때 출발에서 도착까지 무엇을 해야 하는지 묘사하세요.

Q5-6

You indicated that you go on business trips (overseas). What do you do in your free time while you are on a business trip?

(해외) 출장을 가신다고 표시하셨습니다. 출장 중에 시간이 나면 무엇을 하십니까?

답변 구성 전략

공감 문장 선택할 때 참고하세요.

답변 내용이 질문의 모든 요소에 대해 빠짐 없이 대답하고 있는지, 질문의 주제에 맞춰 답변의 흐름이 자연스럽게 연결되는지 확인한다. 되도록 다양한 어휘와 구문을 사용하면 더욱 완벽하다.

★ 답변을 만드는 데 필요한 최소 문장은 6개, IM 등급에 적절한 답변에 이용할 수 있도록 공감 문장을 8개 이상 표시해보세요.

> 066의 「국내/해외 여행 과정 단순 설명」의 문장 활용 가능

🟣 출장 준비

⏱ 3초 보카 – 준비 사항

가볍게 여행하다 **travel light**　필요로 할 모든 것을 챙기다 **pack everything that I will need**　비용을 덜 들이고 여행하다 **travel cheaper**　항공편 정보를 출력하다 **print out my flight information**　호텔 예약을 확인하다 **confirm my hotel reservation**　약간의 돈을 환전하다 **exchange some money**　휴대전화를 충전하다 **charge my cellphone**　셔츠, 양말 한 켤레, 속옷 **shirts, one pair of socks, underwear**　챙겨야 할 짐의 목록을 만들다 **make a list of things to pack**　예산을 계획하다 **plan my budget**　여행 일정표를 만들다 **make an itinerary**　여행 안내책자를 읽다 **read some travel guidebooks**　여행사를 통해서 방을 예약하다 **reserve a room through my travel agent**　목적지에 호텔을 예약하다 **reserve a hotel room at my destination**　가방에 카메라를 넣다 **put my camera in my bag**　휴대전화를 충전하다 **charge my cell phone**　충분한 옷을 챙기다 **pack enough clothes**　여행지에 대한 정보를 찾다 **search for information about my destination**　짐을 다시 한번 확인하다 **double-check my luggage**　버스/기차/비행기를 예약하다 **make bus/train/flight reservations**

| 01 | 저는 가벼운 여행을 좋아하고 가볍게 짐 싸는 법을 알고 있어요. | I like to travel light and I know how to pack light. |

| 02 | 저는 옷도 너무 많이 가져가지는 않으려고 노력합니다. 저는 보통 셔츠 하나만 쌉니다. | I try not to over-pack my clothing. I usually pack one shirt. |

| 03 | 보통 셔츠 한 장, 바지 한 벌, 양말 한 켤레, 하루씩 입을 속옷 정도를 챙깁니다. | I usually pack one shirt, one pair of pants, one pair of socks, and one pair of underwear per day. |

| 04 | 여행지의 날씨가 춥거나 변덕스러우면, 여분의 따뜻한 옷을 챙기기도 합니다. | If the weather is cold or changeable at my destination, I may pack an extra set of warm clothes. |

| 05 | 또 칫솔이나 치약과 같은 세면도구들도 챙깁니다. | I also bring toiletries and necessities like a toothbrush and toothpaste. |

| 06 | 노트북과 출장 관련 서류들도 챙겨야 합니다. | Also, I need to pack my laptop and documents relevant to the business trip. |

| 07 | 비즈니스 미팅에 참석해야 한다면 양복도 필요합니다. | If I am supposed to be in a business meeting, I need a suit. |

| 08 | 출장지에서 정말로 필요한 것에 집중하기 위해 필요 이상의 짐을 싸지 않습니다. | I try to focus on what is absolutely necessary for my business there, so I do not pack more than I need. |

09 짐을 너무 많이 싸서 여행하면 보통 호텔 화장실에 서서 이것저것 찾다가 볼 일 다 보게 됩니다.

When you over-pack, you typically end up spending a lot of time standing in the middle of the hotel bathroom looking for this and that.

10 그래서 저는 필요한 것이 있으면 현지에서 사는 방식을 택합니다.

So I choose to pack this way. If I need anything, I buy it at a local shop.

● 출장 과정 및 출장 업무

⏱ 3초 보카 – 출장 준비물

출장과 관련된 서류 **documents relevant to the business trip** 고객들의 연락처 **my clients' contact numbers** 회의에 필요한 서류들 **the documents for my meeting** 물품 견본 **a product sample** 여권 **my passport** 신용카드 **my credit card** 현지 통화 **local currency** 노트북 **a laptop computer**

11 우선 공항에 가서 체크인을 합니다.

First, I go to the airport and check in.

12 저는 체크인을 일찍 하는 것을 좋아하지 않아서 비행기에 마지막으로 타곤 합니다.

I don't like to check in early, so I'm often the last one on the plane.

13 목적지에 도착하면 택시를 타고 호텔에 가서 체크인을 합니다.

When I arrive at my destination, I take a taxi to the hotel and check in.

14 짐을 방에 놓고 여행 동안 팩스나 메시지가 있는지 확인하러 호텔 비즈니스 센터에 갑니다.

I put my luggage in my room, and then I go to the hotel business center to see if I received any faxes or messages while I was traveling.

15 보통 그리고 나서 고객에게 전화를 하고 회의 일정을 확인합니다.

I usually call my clients after that, and confirm meetings.

16 출장의 주된 목적은 보통 그곳에 있는 저희 공장을 점검하는 것입니다.

The main purpose of my business trip is usually to inspect our factories there.

17 저는 공장을 점검한 후에 결과에 대해 보고서를 작성합니다.

I made a report about the results after inspecting the factories.

18 때로는 불필요한 설비를 폐쇄해서 비용을 줄일 수 있도록 그들을 설득해야 합니다.

Sometimes I need to persuade the clients to shut down some facilities that they don't need to run, so that they can cut costs.

19 정기적으로 경쟁사의 매장을 방문합니다.

I visit competitors' stores regularly.

20 저는 중국의 무역 박람회에 참석하고 고객들과의 컨퍼런스에도 참석합니다.

I attend trade shows in China and I also participate in conferences with our clients.

21 유럽업계 동향을 더 잘 파악하기 위해서 그곳 소비자들의 소비 습관을 연구합니다.

I study European consumer spending habits to better understand the industry there.

● 출장 업무 후에 하는 일

22 예정된 회의에 참석하고 회의가 끝나면 보통 고객과 저녁을 먹으러 갑니다.

I attend scheduled meetings, and after I'm finished, I go out for dinner with clients.

23 저녁을 먹고 술을 마신 다음에는 보통 호텔로 돌아와 일찍 잠을 잡니다.

After dinner and drinks, I usually go back to my hotel room and go to sleep early.

24 잠을 자기 전에 아내와 통화하는 것을 좋아합니다.

I like to call my wife before I go to bed.

25 다음 날 집으로 향하거나 일이 끝날 때까지 다른 회의에도 참석합니다.

The next day, I either head home, or I attend more meetings until I have completed my business.

26 다 마치면 택시를 타고 공항으로 와서 집으로 돌아오는 비행기를 탑니다.

Once I'm finished, I take a taxi back to the airport and get on the flight back home.

27 해외 출장 중에는 보통 여가시간이 많지 않습니다.

There isn't a lot of free time on overseas business trips.

28 출장에 가서 여가시간이 생기면 저는 호텔에서 시간을 보내고 휴식을 취합니다.

When I go on business, and I have extra time, I hang out at the hotel and relax.

➕ 문장 조합 이렇게!

There isn't a lot of free time on overseas business trips. When I go on business, and I have extra time, I hang out at the hotel and relax. 27+28

해외 출장 중에는 보통 여가시간이 많지 않습니다. 출장에 가서 여가시간이 생기면 저는 호텔에서 시간을 보내고 휴식을 취합니다.

빈출 질문 Q1-2

What was your most recent business trip (overseas)? Describe the trip in as much detail as possible.

가장 최근의 (해외) 출장 경험은 무엇입니까? 가능한 자세하게 설명해주세요.

Q3-4

Describe your most memorable business trip (overseas) in detail. What happened? Where and when did it happen? Who were you with? Why was it memorable? Provide as many details as possible.

가장 기억에 남는 (해외) 출장에 대해 자세히 말씀해주세요. 무슨 일이 있었나요? 어디에서 언제 일어났나요? 누구와 함께 있었습니까? 왜 그것이 기억에 남나요? 가능한 자세히 말씀해주세요.

답변 구성 전략

공감 문장 선택할 때 참고하세요.

답변 내용이 질문의 모든 요소에 대해 빠짐 없이 대답하고 있는지, 질문의 주제에 맞춰 답변의 흐름이 자연스럽게 연결되는지 확인한다. 되도록 다양한 어휘와 구문을 사용하면 더욱 완벽하다.

★ 답변을 만드는 데 필요한 최소 문장은 6개, IM 등급에 적절한 답변에 이용할 수 있도록 공감 문장을 8개 이상 표시해보세요.

💬 배경 설명

01 가장 기억에 남는 (해외) 출장은 이집트/부산/인천에 간 것입니다.

My most memorable business trip (overseas) was to **Egypt/Busan/Incheon**.

02 저는 지난번 출장으로 영국에 다녀왔습니다.

I visited **England** on my last business trip.

[해외] 출장지

03 저는 두 달 전에 중국의 상하이/부산/인천으로 출장을 갔습니다.

I traveled on a business trip to ★ **Shanghai in China/Busan/Incheon** two months ago.

⭐ 이것만 바꿔도 등급이 쑥쑥

중국의 베이징 **Beijing in China** 일본의 도쿄 **Tokyo in Japan** 영국의 런던 **London in England** 필리핀의 마닐라 **Manila in the Philippines** 미국의 뉴욕 **New York in the U.S.**

| 04 | 특히 그 나라의 가장 흥미로운 점은 고유의 음식문화였습니다. | I think the most interesting thing about the country in particular was a very unique food culture. |

🟣 출장지에서의 업무

| 05 | 출장의 주된 목적은 저희 고객의 공장을 점검하는 것이었습니다. | The main purpose of my business trip was to ★ <u>inspect our client's factories</u>. |

★ 이것만 바꿔도 등급이 쑥쑥

계약을 체결하다 **sign a contract** 상품을 시연하다 **demonstrate a product** 새로운 투자 대상을 발견하다 **discover new investments** 중요한 거래를 성사시키다 **finalize an important business deal** 세미나에 참석하다 **attend a seminar** 계약을 성사시키다 **negotiate a contract** 신상품을 출시하다 **launch a new product** 공장을 시찰하다 **inspect a factory** 지사를 방문하다 **visit our branch office** 새로운 시장을 조사하다 **research new markets**

| 06 | 우리가 현재 지불하는 것보다 훨씬 싸게 제공하겠다는 납품업체를 그곳에서 찾았습니다. | I have found a supplier there who can offer us substantial savings over what we now pay. |

| 07 | 저는 공장을 일주일 동안 점검했고 결과에 대해 보고서를 작성했습니다. | I inspected the factories for a week and made a report about the results. |

| 08 | 저는 보고서를 바탕으로 불필요한 설비를 폐쇄해서 비용을 줄일 수 있도록 그들을 설득했습니다. | Based on my report, I persuaded our client to shut down some facilities that they don't need to run, so that they can cut costs. |

| 09 | 우리의 고객사는 이 제안에 만족했으며 그대로 따르기로 결정했습니다. | Our client was satisfied with my suggestions and they decided to follow them. |

10 출장의 주된 목적은 고객사가 어떻게 하면 비용을 더 효과적으로 사용할 수 있는지를 알아내기 위해서 그들의 공장들을 점검하는 것이었습니다.

The main purpose of my business trip was to inspect our client's factories to see how they can use their money effectively.

11 그 나라에서 업계 동향을 파악하기 위해 노렸습니다.

I tried to keep current with trends in the industry in the country.

12 정기적으로 경쟁사의 매장을 방문하고 무역 박람회에 참석했습니다.

I visited competitors' stores regularly and attended trade shows.

13 그곳의 업계 동향을 더 잘 파악하기 위해서 그곳 소비자들의 소비 습관을 연구하고 그것에 대한 보고서를 썼습니다.

I studied their consumer spending habits and wrote a report on them to better understand the industry in the country.

14 두 번의 입찰에서 실패한 후, 회사는 현지 조사를 위한 철저한 준비를 했습니다.

After being unsuccessful with the bid twice, the company made tight preparations for the on-the-spot examination.

15 우리 회사는 수익성이 있는 그들의 시장에 좀 더 침투해 들어가기를 원했습니다.

Our company wanted to gain further access to their lucrative markets.

16 우리는 그곳의 현지 고객 한 군데와 합작 사업을 할 수 있는 가능성을 조사하고 있었습니다.

We were exploring the possibility of entering into a joint venture with one of our local customers there.

● 출장의 결과 및 성과

⏱ 3초 보카

보람 있는 **rewarding**   스트레스를 받은 **stressful**   성공적인 **successful**   재미있는 **interesting**   힘든
challenging/hard/difficult   성과 **result/outcome/achievement**

---

17 저는 큰 문제 없이 회사 합병을 마무리 지었습니다.

I managed to finalize the deal for the company merger without any major problems.

---

18 반면에 고객사로부터 새로운 계약을 따내 회사로 돌아갈 수 있었기 때문에 매우 보람 있는 일이었습니다.

On the other hand, it was very rewarding because I was able to return to my company having won a new contract from the client.

---

19 새로운 고객을 유치할 수 있었기 때문에 대단한 성공이었습니다.

It was an amazing success because I was able to add new clients.

---

20 그곳의 사업 파트너와 새로운 아이디어와 기술에 대해 의논했기 때문에 아주 좋았습니다.

It was very wonderful because I discussed new ideas and technologies with our business partner there.

---

21 현지 업계 동향을 파악할 수 있었기 때문에 매우 보람 있었습니다.

It was very rewarding because I could keep current with trends in the industry there.

---

22 제가 한 이러한 시장조사는 회사 상품이 더 잘 팔리도록 고안해내는 데 도움이 되었습니다.

The market research that I did helped the company design our products to sell better.

● 업무 이외 출장 생활

| 23 | 서울에서 지내는 기간은 일 년에 두세 달 정도 밖에 안 되죠. 그래서인지 일이 고되고 외로웠어요. | I'm in Seoul for only two to three months a year, so it's been hard work and lonely. |

| 24 | 그런데 지금 서울에 돌아오니까 친구들과 가족들을 볼 수 있어서 행복해요. | And now that I'm back in Seoul, I'm happy that I can see my friends and family. |

| 25 | 일을 마친 후, 고객이 그 나라를 여기저기 구경시켜줬습니다. | After the business was done, the client showed me around his country. |

| 26 | 우리는 피라미드에서 3개의 짧은 구역 거리에 있는 호텔에서 머물렀습니다. | We stayed at a hotel that was three short blocks from **the pyramids**. |

| 27 | 이슬람 문화에서의 경험은 매우 흥미로웠습니다. | Being in a Muslim culture was very interesting. |

| 28 | 베일을 쓴 여자들이 많이 있었고, 기도 시간에는 사원이 가득 차 있었습니다. | There were a lot of women dressed in veils, and the mosques were full during prayer time. |

| 29 | 우리는 피라미드, 룩소르, 왕가의 계곡, 하트수트 사원과 같은 멋진 관광 명소에 많이 갔습니다. | We went to a lot of great tourist spots, like the pyramids, Luxor, the Valley of the Kings, and the Temple of Hatshepsut. |

스피킹TIP ◀ 해외 출장지 묘사

과거에 해외 출장으로 방문했던 좋아하거나 기억에 남는 나라나 도시를 묻는 문제도 출제된다. 이때는 해외 여행을 갔던 나라나 도시에 대한 설명을 그대로 이용하거나 응용해서 답변하면 된다.

비법 10 화법 전환: 단순 설명/과거 경험 → 롤플레이(요청하기)

먼저 과거형 문제는 모두 하나의 답변을 통일해서 준비하는 것이 좋다고 했다. 이번에는 과거 경험 답변을 활용하는 두 번째 요령이다. 단순/세부 묘사 답변을 변형해 롤플레이 답변으로 사용하는 것. 과거형 문제인 이웃과의 특별한 과거 경험에 대한 답변에 화법을 적용해 상대방에게 요청을 하는 롤플레이 답변으로 바꿀 수 있다. 그러나 이때는 동사의 시제 및 화법 전환을 활용할 줄 알아야 한다. 이는 영어 활용 능력 중에서도 기본에 해당하므로 이런 실력이 모자란다면 시제 활용에 대해 먼저 학습해두는 것이 좋다.

파티 과거 경험 → 파티 롤플레이

Last month, I happened to talk with a man who lives next to me. His name was Jun. He said he was going to throw a party for his daughter's birthday. I've known his family for a long time and I wanted to know what I should do to help him for her party. He was thinking about having the party that weekend. I asked him if he had decided on the place. He hadn't, so I recommended my favorite Italian restaurant to him. I knew a good restaurant downtown. I asked him how many people would be coming because the restaurant offered a 20% discount for a party of 20. I made a reservation for him. So, he was really pleased and thanked me. I was also happy for him.

지난 달, 옆집에 사는 남자와 이야기를 하게 되었습니다. 그의 이름은 준이었습니다. 그가 딸아이의 생일 파티를 열 거라고 했습니다. 저는 그의 가족과 오랫동안 알고 지내서 그의 파티를 위해 제가 도와줄 일이 뭔지 알고 싶었습니다. 그는 주말에 파티를 열 계획이었습니다. 저는 그에게 장소를 정했는지 물었습니다. 그가 정하지 않아서 저는 제가 좋아하는 이탈리아 레스토랑을 추천했습니다. 저는 시내 근처의 좋은 레스토랑을 알고 있었습니다. 저는 그에게 몇 명이나 올 거냐고 물었습니다. 그 식당은 20명 이상의 단체에는 20% 할인해줬기 때문이죠. 저는 그를 위해 레스토랑을 예약해줬습니다. 그래서 그는 정말 좋아했고 고마워했죠. 저도 기뻤습니다.

Hello, Junyoung. This is Jin. I'm calling to find out what I should do to help you for your party. I understand you're thinking about having the party this weekend. Have you decided on the place? Will you have the party at home? If not, I'd like to recommend my favorite Italian restaurant to you. I know a good restaurant downtown. Do you like Italian? How many people are coming? They offer a 20% discount for a party of 20. I can make a reservation for you, if you'd like. So, please let me know what you want me to do. Call me later. Bye.

안녕, 준영아. 나 진이야. 네가 준비하는 파티에 대해 너를 돕기 위해 내가 해야 할 일이 뭔지 알고 싶어서 전화했어. 네가 이번 주말에 파티를 열 계획이라고 알고 있어. 장소 정했어? 집에서 할 거야? 그렇지 않다면 내가 좋아하는 이탈리아 레스토랑을 추천하고 싶은데. 내가 시내 근처의 좋은 레스토랑을 알고 있어. 너 이탈리아 음식 좋아하니? 몇 명이나 올 거야? 거긴 20명 이상의 단체에는 20% 할인해줘. 네가 원하면 내가 그 레스토랑을 예약해줄 수 있어.

비법 11 화법 전환: 과거 경험 → 롤플레이(문제 상황)

과거경험 문제와 롤플레이의 문제 상황 해결 문제는 밀월관계다! 무슨 얘기냐고? 그만큼 밀접한 관계를 가지고 있다는 얘기다. 물론, 답변 준비에서 관련이 있다는 것이지 출제 방식과는 아무 관련이 없다! 오해하지는 말자. 롤플레이 유형 중에서도 문제 해결하기 유형은 주어진 문제 상황을 설명하고 해결책이나 대안을 제시하는 유형이다. 롤플레이 문제는 고난도 문제에 해당해서 쉽게 포기하는 경향이 있지만 과거형 문제와 연계해서 꼭 준비해두기를 바란다. 요령은 이렇다. 롤플레이 문제 중에서도 문제 상황을 해결하라는 문제에는 극적인 상황이 등장한다. 물건이 고장 났는데 수리를 급히 요청한다든지, 약속을 못 지키는 상황에서 친구에게 전화해 상황을 설명한다는 식인데 이러한 내용은 과거 경험 답변에서 소재로 차용하기 딱 좋다. 예를 들어보자. 아파서 수업에 들어가지 못하는 상황이다. 교수에게 전화해 상황을 설명하고 대안을 제시하는 롤플레이에 대한 답변이 있다. 과거에 수업에 빠져야 했거나 문제가 생겼던 경험을 직접적으로 묻는 문제뿐 아니라 학교 수업 중에서 기억에 남는 일을 묻는 문제, 최근 수업 관련해서 생긴 일 등을 묻는 문제에 두루 활용할 수 있지 않은가? 그러나 막상 답변을 바꿔보려고 하면 문제가 생기는 것이 바로 '화법'이다. 롤플레이에서는 직접 상대방에 말하는 직접화법이었다. 그런데 경험을 설명한다면 모든 내용을 마치 글을 쓰듯이 풀어서 써야 한다. 처음에는 어렵겠지만 프레임 몇 가지만 연습해보면 이 또한 금방 요령이 생긴다. 롤플레이–과거형 문제로 연계시켜서 응용한 답변을 잘 살펴보고 두 가지를 묶어서 말하기 연습을 해보기 바란다. 익숙해지면 마치 장난을 치는 듯, 게임을 하듯 재미있을 것이다. 말하기도 재미가 있어야 자꾸 말해보고 호기심이 생겨 실력도 느는 법이다.

출장 과거 경험 → 출장 롤플레이

Two years ago, I decided to travel to Europe. I booked a flight going to Paris from Seoul. The problem was, when I arrived at the airport, the flight had been cancelled. The airline had not given an explanation to me before. I was so embarrassed because they just said the flight had cancelled without any explanation. That was my first trip aboard, and I couldn't reschedule my plans. Fortunately, however, they called the airline, found out why they had cancelled the flight, and booked a ticket for me on a different airline. Finally, I was able to leave for Paris and had a good time there.

2년 전에 저는 유럽으로 여행을 가기로 했습니다. 저는 서울에서 파리로 가는 비행기를 예약했습니다. 문제는 제가 공항에 도착했는데 항공편이 취소가 된 것이었습니다. 항공사에서는 아무런 설명이 없었습니다. 아무런 설명도 없이 그냥 항공편이 취소가 되었다고 말했기 때문에 저는 당황스러웠습니다. 이것은 첫 번째 해외 여행이었고 제 계획을 다시 잡을 수가 없었습니다. 그러나 다행히 그들은 항공사에 전화해서 왜 취소했는지 알아냈고 다른 항공사로 티켓을 예약해주었습니다. 마침내 저는 파리로 떠날 수 있었고 그곳에서 좋은 시간을 보냈습니다.

05 여행/출장

Hello, this is Choi, Jung Seok. I booked a flight with your company going to Busan from Seoul this afternoon at 3:00 p.m. on Busan Airlines. <u>The problem is, I'm at the airport right now, and the flight has been cancelled.</u> The airline <u>did not</u> give an explanation. <u>This is a business trip, and I can't reschedule my plans.</u> So what do I do? The way I see it, there are some alternatives. First, <u>you can call the airline, and book me another ticket on the same airline.</u> Otherwise, <u>you can book a ticket for me on a different airline.</u> Once again, would you hurry up and let me know? Thanks for your help.

여보세요, 최정석입니다. 부산 항공으로 서울에서 부산으로 가는 3시 항공편을 예약했습니다. 문제는 지금 제가 공항에 있는데 항공편이 취소가 되었네요. 항공사에서는 아무런 설명이 없었습니다. 이것은 출장이고 제 계획을 다시 잡을 수가 없습니다. 어떻게 해야 할까요? 제 생각에는 몇 가지 대안이 있는데요. 우선 항공사에 전화해서 똑같은 항공사로 다른 티켓을 예약해주세요. 그렇지 않으면, 다른 항공사의 티켓을 예약해주셔도 좋고요. 다시 한번, 서둘러서 알려주시겠어요? 도와주셔서 감사합니다.

06 롤플레이

071 학교에 대한 단순 질문

빈출 질문 Q1

I go to school, too. Now please ask me several questions about my school.

저도 학교에 다닙니다. 제가 다니는 학교에 대해 몇 가지 질문을 해보세요.

답변 구성 전략

공감 문장 선택할 때 참고하세요.

답변 내용이 질문의 모든 요소에 대해 빠짐 없이 대답하고 있는지, 질문의 주제에 맞춰 답변의 흐름이 자연스럽게 연결되는지 확인한다. 되도록 다양한 어휘와 구문을 사용하면 더욱 완벽하다.

★ 답변을 만드는 데 필요한 최소 문장은 6개, IM 등급에 적절한 답변에 이용할 수 있도록 공감 문장을 8개 이상 표시해보세요.

💬 질문 도입/배경 설명

01 당신은 한일대학교에 다닌다고요?

You go to Hanil University?

02 정말 좋은 대학이라고 들었습니다.

I've heard that's a really good university.

03 저는 당신이 다니는 대학에 관심이 많은데요.

I'm interested in your university.

04 제가 내년에 다른 학교에 편입하기 위해 시험을 볼 생각이거든요.

I am considering taking the exam for special admission to another college next year.

05 그래서 당신이 다니는 대학에 대해 몇 가지 질문을 하고 싶습니다.

So, I'd like to ask some questions about your school.

06 한일대학교에 다니는 것이 즐겁습니까? Do you enjoy going to Hanil University?

07 문학은 왜 전공하셨나요? Why did you major in literature?

08 당신은 전공에 만족하세요? Are you content with your major?

09 그곳에 한 번 가본 적이 있는데 캠퍼스가 커서 놀랐습니다. I have been there once, and I was surprised by its huge campus.

10 현재 학생 수는 얼마나 되나요? What is the present enrollment of the university?

11 동아리에 가입한 거 있나요? Do you belong to any clubs?

12 어떤 동아리에 가입하고 싶으신가요? Which clubs do you want to join?

13 그 대학에 특별한 입학 조건이 있나요? Are there any special requirements to attend there?

● 마무리

14 정말 감사합니다. 아주 많은 도움이 되었습니다. Thank you very much indeed; you have been a great help.

072 · 회사에 대한 단순 질문

빈출 질문 Q1 | I work at ABC Tech. Ask me three or four questions about my company.
저는 ABC 테크에서 일합니다. 제가 다니는 회사에 대해 3~4가지 질문을 해보세요.

답변 구성 전략
공감 문장 선택할 때
참고하세요.

답변 내용이 질문의 모든 요소에 대해 빠짐 없이 대답하고 있는지, 질문의 주제에 맞춰 답변의 흐름이 자연스럽게 연결되는지 확인한다. 되도록 다양한 어휘와 구문을 사용하면 더욱 완벽하다.

★ 답변을 만드는 데 필요한 최소 문장은 6개, IM 등급에 적절한 답변에 이용할 수 있도록 공감 문장을 8개 이상 표시해보세요.

🗨 질문 도입/배경 설명

01 당신은 ABC 테크 사에 근무하고 계시다고 알고 있습니다.
I understand you work for ABC Tech.

02 당신이 일하는 회사에 대해 몇 가지 질문을 하고 싶습니다.
I'd like to ask you some questions about the company that you work for.

🗨 상세 질문

03 어떤 종류의 회사이고, 언제 창업했나요?
What type of company is it and when did it start?

04 아, 당신 회사가 올해 창사 50주년을 맞는다고요!
Oh, your company is celebrating its 50th anniversary this year!

05 정말 대단합니다! 회사에서 기념일에 성대한 행사를 열겠군요, 그렇죠?

That's great! Your company is going to hold a grand celebration event on the anniversary day, isn't it?

06 현재 직원은 몇 명입니까?

How many employees does the company have now?

07 해외에 지사가 있나요?

Does it have any branches abroad?

08 당신의 회사는 어떤 유형의 서비스와 제품을 제공합니까?

What type of services or products does your company offer?

09 회사가 운영된 이후로 변화가 있었습니까?

Has that changed since the company began operating?

10 어떤 유형의 서비스와 제품을 제공합니까?

What type of services or products do you offer?

11 당신의 회사는 젊은이들에게 무엇을 제공합니까?

What does your company provide for young people?

12 당신의 회사에서 제공하는 상품 또는 서비스에 대해 얘기해주시겠어요?

Can you tell me about the services or products your company provides?

🗨 마무리

13 시간을 내주셔서 감사합니다.

Thanks so much for your time.

073 회사 프로젝트에 대해 질문하기

빈출 질문 Q1

Now, please ask me three or four questions about the projects that I do at work.

이제, 제가 직장에서 하는 프로젝트에 관해 3~4가지 질문을 해주세요.

답변 구성 전략

공감 문장 선택할 때 참고하세요.

답변 내용이 질문의 모든 요소에 대해 빠짐 없이 대답하고 있는지, 질문의 주제에 맞춰 답변의 흐름이 자연스럽게 연결되는지 확인한다. 되도록 다양한 어휘와 구문을 사용하면 더욱 완벽하다.

★ 답변을 만드는 데 필요한 최소 문장은 6개, IM 등급에 적절한 답변에 이용할 수 있도록 공감 문장을 8개 이상 표시해보세요.

💬 질문 도입/배경 설명

01	저 또한 직장에서 많은 프로젝트를 해왔습니다.	I've also done many projects at work.
02	당신이 직장에서 많은 프로젝트를 진행하신다고 하셨습니다.	You said you have done many projects at work.
03	당신은 아마도 프로젝트나 업무에 참여하고 있을 것입니다.	You are probably involved in some projects or assignments.
04	당신이 현재 진행하고 계시는 프로젝트에 관심이 아주 많습니다.	I'm very interested in what you are doing with your projects.

➕ 문장 조합 이렇게!

I've also done many projects at work, **so** I'm very interested in what you are doing with your projects. 01+04

저 또한 직장에서 많은 프로젝트를 해왔기 때문에 당신이 현재 진행하고 계시는 프로젝트에 관심이 아주 많습니다.

| 05 | 요즘은 어떤 업무나 프로젝트를 하고 있나요? | What is the project or assignment that you have these days? |
| 06 | 무엇에 관한 것인가요? 어떻게 합니까? | What is it about? How do you do it? |

💬 상세 질문

| 07 | 제게 당신이 진행하고 있는 프로젝트에 대한 이야기를 좀 더 들려주실 수 있습니까? | Can you tell me a little bit more about what you are doing with your projects? |
| 08 | 제게 그것들에 대한 이야기를 좀 더 들려주실 수 있습니까? | Can you tell me a little bit more about them? |

| 09 | 제게 프로젝트에 대한 이야기를 좀 더 들려주실 수 있습니까? | Can you tell me a little bit more about ★ your projects? |

⭐ **이것만 바꿔도 등급이 쑥쑥**

당신이 무엇을 하는지 **what you are doing** 당신의 팀이 하고 있는 프로젝트 **the project that your team is working on** 당신의 개인 프로젝트 **your individual project** 당신 부서의 그룹 프로젝트 **the group project in your department**

10	여럿이 하는 프로젝트에 참여하고 계십니까, 아니면 혼자 맡은 프로젝트입니까?	Are you participating in group projects or individual projects?
11	프로젝트와 관련하여 가장 어려운 점은 무엇인가요?	What's the most difficult thing about the projects?
12	그 프로젝트와 관련하여 발생한 문제가 있었나요?	Are there any problems occurring regarding the project?

| 13 | 프로젝트에 대해 가장 힘든 점은 무엇입니까? | What is the hardest thing about the project? |

| 14 | 프로젝트의 가장 흥미로운 점은 무엇입니까? | What is the most interesting part of the project? |

| 15 | 그리고 어떻게 그 문제들을 해결하고 계신가요? | And how are you handling the problems? |

| 16 | 끝나고 나면 보수를 받나요, 아니면 보너스를 받나요? | Do you get paid for the project or receive bonuses after you finish it? |

| 17 | 끝나고 승진하시나요? | Do you get a promotion after you finish it? |

| 18 | 임금이 인상되나요? | Do you get a pay raise? |

| 19 | 인센티브를 받으시나요? | Do you receive incentives? |

🟣 마무리

| 20 | 와, 결과가 좋으면 후한 보너스를 받으시는군요. | Wow, you receive a generous bonus for an excellent result. |

➕ 문장 조합 이렇게!

Do you get paid for the project or receive bonuses after you finish it? Do you get a pay raise? Wow, you receive a generous bonus for an excellent result. 16+18+20

끝나고 나면 보수를 받나요, 아니면 보너스를 받나요? 끝나고 임금이 인상되나요? 와, 결과가 좋으면 후한 보너스를 받으시는군요.

21	그 작업을 성공적으로 마무리하시기를 바랍니다.	I hope you will be successful in completing the task.
22	그 프로젝트를 잘 마무리하시길 바랍니다.	I hope you get the project done well.
23	귀한 시간을 내주셔서 감사합니다.	Thank you for sparing your precious time for me.

074 사는 곳에 대한 단순 질문

빈출 질문 Q1

I now live in a brand new home. Ask me several additional questions to learn more about my home.
저는 지금 새 집에 삽니다. 제 집에 관해 더 알기 위한 질문을 몇 개 하세요.

답변 구성 전략

공감 문장 선택할 때 참고하세요.

답변 내용이 질문의 모든 요소에 대해 빠짐 없이 대답하고 있는지, 질문의 주제에 맞춰 답변의 흐름이 자연스럽게 연결되는지 확인한다. 되도록 다양한 어휘와 구문을 사용하면 더욱 완벽하다.

★ 답변을 만드는 데 필요한 최소 문장은 6개, IM 등급에 적절한 답변에 이용할 수 있도록 공감 문장을 8개 이상 표시해보세요.

💬 질문 도입/배경 설명

01 지금 살고 계신 곳에 대한 질문 몇 가지에 답해주시겠습니까?

Would you mind answering a few questions about where you are living at the moment?

02 어디에 사시나요?

Where do you live?

03 정확하게 어느 지역에 살고 계신 가요?

What district are you living in exactly?

04 동네에 대해 말씀해주시겠어요?

Could you tell me about your neighborhood?

05 아파트에 사시나요, 주택에 사시나요?

Do you live in an apartment or in a house?

06 서울 도심 아파트에 살고 계신다고 들었습니다.

I heard you live in an apartment in downtown Seoul.

07 저는 지금 어디로 이사 갈지 집을 찾고 있는데요. 당신이 살고 계신 집과 도시에 대한 몇 가지 질문에 답해주시겠습니까?

I am looking for an apartment to move into, so would you mind answering a few questions about your house and the city where you live?

● 상세 질문

08 동네가 마음에 드세요? 그렇다면 그 이유는? 동네가 싫다면 싫은 이유는 무엇인가요?

Do you like your neighborhood? If so, why? If not, why not?

09 그 아파트는 살기가 어때요?

What is it like living in that apartment complex?

10 이웃들은 어떤가요?

How about your neighbors?

11 주민은 몇 명이나 됩니까?

How many people are there?

12 그 지역은 집세가 저렴한가요?

Is the area cheap to rent housing in?

13 아, 송파구에 사신다고요. 그 지역 집세가 비싸지요?

Oh, you live in Songpa-gu. Is the area expensive to rent housing in?

14 아파트 주변 교육환경은 어떤가요?

How about the educational environment around your apartment?

15 지금 살고 계신 곳에 대해 장단점을 알려주시면 많은 도움이 될 것 같습니다.

I think it would be helpful if you tell me advantages and disadvantages about where you live now.

16 당신이 사는 곳에서 생긴 잊지 못할 일을 기억합니까?

Can you recall an unforgettable event that happened in the area where you live?

17 대중교통은 어떤가요?

How about the public transportation?

18 근처에 지하철이 있나요?

Is there a subway station close by?

19 아파트 근처에 대중교통이 있습니까?

Is there public transportation near your apartment?

20 집에서 직장이 가까운가요?

Do you live in close proximity to your work?

21 당신이 살고 있는 거주 지역에서 사람들이 보통 어떤 교통수단을 이용하는지 말씀해주세요.

How do people normally travel in the area you live in?

22 보통 자가용을 타고 다니나요, 아니면 대중교통을 이용하나요?

Do they drive a car or take public transportation?

23 그 지역은 조경에 있어서 잘 관리되어 있나요?

Is the area well kept in regard to landscaping?

24 집 근처에 상점들이 많습니까?

Are there many stores located near your apartment?

25	아파트 근처에 식료품점이나 시장이 있습니까?	Are there grocery stores or markets located near your apartment?
26	아파트 근처에 공원이 있습니까?	Is there a park near the apartment?
27	아파트 주변 교육 환경은 어떤가요?	How about the educational environment around your apartment?
28	그 지역은 조용하고 안전한가요?	Is the area fairly quiet and safe?

🗨 마무리

| 29 | 시간을 내주셔서 감사합니다. | Thank you for your time. |
| 30 | 제 질문에 답해주세요. | Please go ahead and answer my questions. |

075 영화/공연 관련 단순 질문

빈출 질문 Q1

I like to watch movies. Ask me three or four questions about the movies I watch.

저는 영화 보는 것을 좋아합니다. 제가 보는 영화에 대해 3~4가지 질문을 해보세요.

답변 구성 전략

공감 문장 선택할 때 참고하세요.

답변 내용이 질문의 모든 요소에 대해 빠짐 없이 대답하고 있는지, 질문의 주제에 맞춰 답변의 흐름이 자연스럽게 연결되는지 확인한다. 되도록 다양한 어휘와 구문을 사용하면 더욱 완벽하다.

★ 답변을 만드는 데 필요한 최소 문장은 6개, IM 등급에 적절한 답변에 이용할 수 있도록 공감 문장을 8개 이상 표시해보세요.

💬 질문 도입/배경 설명

01 영화를 즐기신다니 좋네요.

I think it's great that you enjoy watching movies.

💬 상세 질문

02 가장 좋아하는 영화가 무엇인가요?

What is your favorite movie?

03 가장 좋아하는 영화가 무엇인가요?

What is the movie you like to see most?

04 어떤 영화를 자주 보나요?

What kind of movies do you watch often?

05 어떤 영화를 보는 것을 가장 좋아하나요?

What kind of movies do you enjoy watching most?

06 왜 그것을 보기를 좋아하나요?

Why do you like to see it?

07 어떤 점이 좋아하게 만드나요?

What makes you like it?

08 무엇이 그것에 빠지게 만드나요?

What caused you to fall in love with it?

09 왜 그런 종류의 영화를 즐기십니까?

Why do you enjoy these kinds of movies?

10 어떤 종류의 영화를 좋아하세요?

What kinds of movies do you like?

11 당신이 본 영화 중 가장 인상 깊은 영화 하나를 이야기해주세요.

I'd like you to tell me about one of the most memorable movies you've ever seen.

12 스토리가 어떻게 되나요? 특별히 기억에 남는 장면들이 있나요?

What is the plot? Are there any scenes that you recall distinctly?

13 누가 주연 배우였나요? 왜 그렇게 인상 깊었는지 말해주세요.

Who was the main actor or actress? Please tell me why it is so memorable.

🗨 마무리

14 감사합니다. 당신 답변에 정말 관심이 많이 가네요.

Thanks so much. I'm really interested in hearing your answers.

076 공원 관련 단순 질문

빈출 질문 Q1
I like to go to a park nearby. Ask me three or four questions about it.
저는 근처 공원에 가는 것을 좋아합니다. 그것에 대해 3~4가지 질문을 해보세요.

Q2
I like to go to parks. Ask me three or four questions to find out what kind of activities I do in the park.
저는 공원에 가는 것을 좋아합니다. 제가 공원에 가서 하는 활동에 대해 저에게 3~4가지 질문을 해보세요.

답변 구성 전략
공감 문장 선택할 때 참고하세요.

답변 내용이 질문의 모든 요소에 대해 빠짐 없이 대답하고 있는지, 질문의 주제에 맞춰 답변의 흐름이 자연스럽게 연결되는지 확인한다. 되도록 다양한 어휘와 구문을 사용하면 더욱 완벽하다.

★ 답변을 만드는 데 필요한 최소 문장은 6개, IM 등급에 적절한 답변에 이용할 수 있도록 공감 문장을 8개 이상 표시해보세요.

💬 질문 도입/배경 설명

01 집 주변 공원에 가는 것을 좋아하시는군요.
You like to go to the park near your house.

02 공원에 가는 것을 즐기신다니 아주 좋다고 생각합니다.
I think it's great that you enjoy going to a park.

💬 상세 질문

03 공원에 얼마나 자주 가시나요?
How often do you go to the park?

04 왜 공원에 가는 걸 좋아하시나요?
Why do you like to go to the park?

05	공원에서 가장 좋아하는 장소는 어디인가요?	What is your favorite place in the park?
06	공원에서 당신이 하는 활동에 대해 말해주세요.	Please tell me about ⭐ <u>the activities you do in the park</u>.

⭐ 이것만 바꿔도 등급이 쑥쑥

공원에서 일반적으로 하는 것 **what you usually do in the park** 공원에서 하기를 좋아하는 것 **what you like to do in the park** 공원에 마지막으로 갔을 때 **the last time when you went to the park** 공원에 친구와 갔을 때 **when you went to the park with your friends**

07	저는 주말에 가족들과 공원에 가서 즐거운 시간을 보냅니다.	I go to the park with my family and spend some quality time there during the weekend.
08	공원에서 당신이 하는 일에 대해 말해주세요.	Please tell me about the activities you do in the park.
09	당신도 가족과 함께 가시나요?	Do you go there with your family, too?
10	아니면 홀로 여가 시간을 즐기시나요?	Or do you enjoy your leisure time by yourself?

➕ 문장 조합 이렇게!

Please tell me about the activities you do in the park. Do you go there with your family, too? Or do you enjoy your leisure time by yourself? 08+09+10

공원에서 당신이 하는 일에 대해 말해주세요. 당신도 가족과 함께 가시나요? 아니면 홀로 여가 시간을 즐기시나요?

11	혼자서 나무 아래서 책을 읽는 것도 좋을 것 같군요.	I think it is good to be alone and read a book under the trees.
12	공원에 가서 무엇을 하시나요?	What do you usually do at the park?

13	공원에서 아이들과 당신이 하는 활동에는 어떤 것이 있나요?	What kind of activities do your children and you do in the park?
14	공원과 관련해서 최근 사건이 있었나요?	Have you had any recent issue related to the park?
15	어떻게 일어났나요?	How did it come up?
16	당신에게 왜 그렇게 기억에 남나요?	Why was it memorable to you?
17	공원과 관련해서 최근 사건이 있나요? 어떻게 일어났나요?	Is there any recent issue related to the park? How did it come up?
18	공원에서 일어난 가장 기억에 남는 일을 이야기해주세요.	Please tell me about your most memorable event in a park.
19	어떤 일이었나요? 왜 기억에 남나요?	What happened? Why was it so memorable to you?

🟣 마무리

| 20 | 제가 한 모든 질문에 답해주시겠습니까? | Could you answer everything I asked you? |

077 스포츠 관람에 대한 질문

빈출 질문 Q1

I also like to watch sporting events on television. Ask me three to four questions about the sports that I watch.
저도 텔레비전으로 스포츠 보기를 좋아합니다. 제가 보는 경기에 대해 3~4가지 질문을 해보세요.

답변 구성 전략

공감 문장 선택할 때 참고하세요.

답변 내용이 질문의 모든 요소에 대해 빠짐 없이 대답하고 있는지, 질문의 주제에 맞춰 답변의 흐름이 자연스럽게 연결되는지 확인한다. 되도록 다양한 어휘와 구문을 사용하면 더욱 완벽하다.

★ 답변을 만드는 데 필요한 최소 문장은 6개, IM 등급에 적절한 답변에 이용할 수 있도록 공감 문장을 8개 이상 표시해보세요.

● 질문 도입/배경 설명

01 스포츠 관람을 즐기신다고 들었는데요.

I heard you enjoy watching sports.

02 당신도 TV로 스포츠를 보는 걸 즐기시는군요?

Do you enjoy watching sports events on TV, too?

● 상세 질문

03 어떤 스포츠를 보는 것을 좋아하시나요?

What kind of sports do you like to watch?

04 아, 축구를 좋아하시는군요. 저도 그렇습니다.

Oh, you like soccer? Me, too.

05 당신은 집에서 텔레비전으로 경기를 보시나요?

Do you watch games on TV at home?

06	경기장에 앉아서 보시나요?	Do you watch games sitting at the stadium?
07	인터넷으로 보시나요?	Do you watch games online?
08	스포츠 채널에서 보시나요?	Do you watch games on the sports channel?
09	술 한 잔 하면서 보시나요?	Do you watch games over a drink?
10	집에서 TV로 보시나요, 아니면 경기장에 가시나요?	Do you watch games on TV at home or go to the stadium?
11	당신은 어떤가요?	How about you?
12	주말에 몇 시간이나 스포츠를 보십니까?	How many hours do you spend watching sports over the weekend?
13	가족들과 함께 보시나요?	Does your family watch with you?

🔵 맞장구

| 14 | 제 경우에는 TV와 맥주가 있으면 스포츠를 시청하기에 집만큼 좋은 곳이 없죠. | For me, there's no place like home to watch sports, when you have a TV and some beer. |

15	저는 보통 일요일 오후에는 스포츠를 보면서 보냅니다.	I usually spend Sunday watching sports.
16	아내는 제가 하루 종일 TV만 보는 것을 아주 싫어하죠.	My wife hates me watching TV all day.
17	그래서 아내는 일요일 저녁에 친구들을 만나러 외출을 합니다.	That's why my wife goes out to meet her friends Sunday evening.
18	그것이 제가 TV로 스포츠 경기를 보는 이유입니다.	That's why I watch sports games on TV.
19	그것이 제가 경기장에서 경기를 보는 이유입니다.	That's why I watch the games at the stadium.
20	그것이 제가 온라인으로 경기를 보는 것을 즐기는 이유입니다.	That's why I enjoy watching games online.
21	그것이 제가 경기를 친구들과 함께 보는 이유입니다.	That's why I watch the games with my friends.

💬 마무리

| 22 | 당신이 TV로 보는 스포츠 경기에 대한 모든 것을 듣고 싶습니다. | I'd love to hear all about the sporting events that you watch on television. |

078 \ SNS 관련 단순 질문

빈출 질문 Q1 | I like to do SNS. Ask me three or four questions about it.
저는 SNS를 하는 것을 좋아합니다. 그것에 대해 3~4가지 질문을 해보세요.

답변 구성 전략
공감 문장 선택할 때 참고하세요.

답변 내용이 질문의 모든 요소에 대해 빠짐 없이 대답하고 있는지, 질문의 주제에 맞춰 답변의 흐름이 자연스럽게 연결되는지 확인한다. 되도록 다양한 어휘와 구문을 사용하면 더욱 완벽하다.

★ 답변을 만드는 데 필요한 최소 문장은 6개, IM 등급에 적절한 답변에 이용할 수 있도록 공감 문장을 8개 이상 표시해보세요.

● 질문 도입/배경 설명

01 SNS를 이용하는 것을 좋아하신다고 들었습니다. SNS를 통해 글을 쓰고 읽는 것을 정말 좋아하시는 것 같군요.

I heard you enjoy using SNS. I guess you like to write and read through SNS very much.

02 그것에 대해 몇 가지 질문을 해도 될까요?

Can I ask you some questions about it?

● 상세 질문

03 어떤 종류의 SNS를 사용하시나요? 인스타그램, 페이스북 또는 다른 것을 사용하시나요?

What kind of SNS do you do? Instagram, Facebook or something else?

04 아, 둘 다 사용하시는군요. 그러면 어떤 것을 더 좋아하시나요?

Oh, you do both of them. Then, which one do you prefer doing?

05 그것으로 무엇을 하세요? 친구의 페이스북을 즐겨 확인하시는군요.

Why do you do that? You enjoy checking out the Facebook pages of your friends.

06 규칙적으로 친구들의 페이스북을 보십니까?

Do you regularly look at your friends' Facebook pages?

07 그것의 장점이 무엇입니까? 매우 흥미롭군요! 언제 한번 써봐야겠어요.

What are some good points about that? Very interesting! I should use that someday.

08 어떤 서비스를 제공하나요? 대단한 서비스네요.

What services does it provide? It's such a great service.

09 하루 중에 언제 페이스북에 들어가세요?

What time of day do you go onto Facebook?

10 시작하면 얼마나 오래 그것을 사용하세요?

How long do you do them once you start?

11 아, 여러 가지 주제에 대해 글을 쓰시는군요. 그럼 어떤 것에 관심이 있으세요?

Oh, you are writing on several topics. Then, what are you interested in?

12 당신의 홈페이지에 방문해서 당신의 사진을 보고 글도 읽어보고 싶군요.

I really hope to visit your homepage and see your photos and read your writings.

13 당신 친구들의 홈페이지에 가서 그들의 글을 게시물을 보는 것도 좋아하시나요?

Do you also enjoy visiting your friends' homepages and checking their postings?

🗨 마무리

14 제가 한 모든 질문에 답해주시겠습니까?

Could you answer everything I asked you?

15 우리 언제 한번 같이 온라인으로 대화를 나눠봅시다.

I think we should chat online together sometime.

079 드라이브 관련 단순 질문

빈출 질문 Q1
I also like to drive a car. Ask me three to four questions about it.
저도 드라이브하는 것을 좋아합니다. 그것에 대해 3~4가지 질문을 해보세요.

답변 구성 전략
공감 문장 선택할 때
참고하세요.

답변 내용이 질문의 모든 요소에 대해 빠짐 없이 대답하고 있는지, 질문의 주제에 맞춰 답변의 흐름이 자연스럽게 연결되는지 확인한다. 되도록 다양한 어휘와 구문을 사용하면 더욱 완벽하다.

★ 답변을 만드는 데 필요한 최소 문장은 6개, IM 등급에 적절한 답변에 이용할 수 있도록 공감 문장을 8개 이상 표시해보세요.

💬 질문 도입/배경 설명

01 시간이 나면 운전을 즐기신다고 들었습니다.
I heard you enjoy driving when you are free.

02 운전하는 것을 매우 좋아하시는 것 같습니다. 혹은 여행하는 것을 좋아할지도 모르겠군요.
I guess you like driving your car very much. Or maybe you really like to travel.

03 그것에 대해 몇 가지 질문을 해도 될까요?
Can I ask some questions about it?

💬 상세 질문

04 운전을 잘 하실 것 같아요, 그렇죠?
You seem to drive very well, right?

05 힘든 한 주를 보내고 운전하실 때의 기분을 알 것 같아요.
I think I know your feeling when you drive away after a tough week.

06 자주 가시는 장소가 있나요?

Do you have some places you visit often?

07 동해안의 해안도로를 달려보셨어요?

Have you ever driven on the coast road of the East Sea?

08 그곳의 경치가 굉장하다고 들었어요.

I heard that the scenery there is really good.

09 정말 부럽네요. 저도 당신처럼 운전을 할 수 있어서 차를 타고 떠날 수 있었으면 좋겠어요.

I really envy you. I wish I could drive a car so that I could drive away like you do.

10 주로 언제 떠나세요? 아마 스트레스를 받거나 지쳤을 때겠죠, 그렇죠?

When do you usually get away? Probably when you are stressed out or exhausted, right?

11 누구와 함께 가시나요?

Whom do you like to drive away with?

12 가까운 미래에 떠날 계획이 있으신가요?

Do you have any plan to drive away in the near future?

🗨 마무리

13 정말이요? 저도 같이 가도 되나요? 좋죠. 초대해주셔서 감사합니다.

Really? Can I go with you? I would love to, and thank you for inviting me.

14 자, 제 질문에 답을 해주세요.

Go ahead and let me know the answers to my questions, please.

080 커피숍 가기 단순 질문

빈출 질문 Q1

I also like to go to a café. Ask me three to four questions about it.
저도 커피숍에 가는 것을 좋아합니다. 그것에 대해 3~4가지 질문을 해보세요.

답변 구성 전략
공감 문장 선택할 때 참고하세요.

답변 내용이 질문의 모든 요소에 대해 빠짐 없이 대답하고 있는지, 질문의 주제에 맞춰 답변의 흐름이 자연스럽게 연결되는지 확인한다. 되도록 다양한 어휘와 구문을 사용하면 더욱 완벽하다.

★ 답변을 만드는 데 필요한 최소 문장은 6개, IM 등급에 적절한 답변에 이용할 수 있도록 공감 문장을 8개 이상 표시해보세요.

💬 질문 도입/배경 설명

01 카페에 가는 것을 좋아하신다고 들었습니다.

I heard you enjoy going to a café.

02 커피를 많이 좋아하시는 것 같네요.

I guess you like coffee very much.

03 저도 커피를 좋아합니다. 그렇지만 제 경우에는 주로 커피를 집에서 마십니다. 제가 직접 만들죠.

I like coffee, too. But in my case, I usually enjoy my coffee at home. I make it myself.

💬 상세 설명

04 어떤 종류의 커피를 좋아하세요?

What kind of coffee do you like?

05 주로 어디로 가시나요? 그렇다면, 그곳에 왜 가시나요?

Where do you usually go? Then, why do you go there?

06 그 카페의 어떤 점을 좋아하시나요?

What is your favorite thing about the café?

07	언제 그리고 얼마나 자주 그곳에 가시나요?	When and how often do you go there?
08	카페에 가면 무엇을 하시나요?	What do you do while you are there?
09	카페에서 공부하는 것을 좋아하세요? 아님, 잡지나 책을 읽으시나요?	Do you like to study in the café? Or do you read magazines or books?
10	그곳에서 고객을 만나시나요?	Do you meet your clients there?
11	아마 그곳에서 친구들과 얘기하는 것을 좋아하시겠죠?	You probably like chatting with your friends there.
12	제게 추천해주실 멋지고 조용한 곳을 알고 계세요?	Do you know some nice and quiet place to recommend to me?
13	조용한가요? 저는 시끄러운 곳은 정말 싫어요.	Is there a quiet place? I really don't like noisy places.
14	저희 집 근처에 있는 카페는 정말 멋지고 커피가 맛있어요. 신선한 베이글도 팝니다.	The café near my house is really nice and serves very good coffee. They also serve fresh bagels.

🗨 마무리

| 15 | 대답을 듣고 싶네요. | I'd love to hear your answers. |

081 음악 관련 단순 질문

빈출 질문 Q1
I also like to listen to music. Ask me three to four questions about it.
저도 음악 듣는 것을 좋아합니다. 그것에 대해 3~4가지 질문을 해보세요.

답변 구성 전략
공감 문장 선택할 때 참고하세요.

답변 내용이 질문의 모든 요소에 대해 빠짐 없이 대답하고 있는지, 질문의 주제에 맞춰 답변의 흐름이 자연스럽게 연결되는지 확인한다. 되도록 다양한 어휘와 구문을 사용하면 더욱 완벽하다.
★ 답변을 만드는 데 필요한 최소 문장은 6개, IM 등급에 적절한 답변에 이용할 수 있도록 공감 문장을 8개 이상 표시해보세요.

💬 질문 도입/배경 설명

01 당신이 가장 좋아하는 가수에 대해 이야기해주세요.
Please tell me about your favorite singer.

💬 상세 질문

02 어떤 종류의 음악을 부르나요? 그리고 왜 그/그녀를 좋아하나요?
What kind of music does he or she sing? And why do you like him or her?

03 언제, 어떻게 처음으로 음악 감상에 관심을 갖게 되었습니까?
How and when did you first become interested in listening to music?

04 그 음악은 당신에게 어떤 영향을 주었나요? 자세히 얘기해보세요.
How did the music influence you? Tell me about it with a lot of details.

05 가장 좋아하는 가수와 관련한 기억에 남는 경험이 있나요?
Do you have any memorable event related to your favorite singer?

06 당신의 음악 취향이 어떻게 바뀌었나요?
How has your taste in music changed throughout the years?

💬 마무리

07 당신이 듣기 좋아하는 음악에 대한 모든 것을 듣고 싶습니다.
I'd love to hear all about the songs that you like to listen to.

082 · 요리 관련 단순 질문

빈출 질문 Q1

I also like to cook. Ask me three to four questions about it.
저도 요리하는 것을 좋아합니다. 그것에 대해 3~4가지 질문을 해보세요.

답변 구성 전략

공감 문장 선택할 때 참고하세요.

답변 내용이 질문의 모든 요소에 대해 빠짐 없이 대답하고 있는지, 질문의 주제에 맞춰 답변의 흐름이 자연스럽게 연결되는지 확인한다. 되도록 다양한 어휘와 구문을 사용하면 더욱 완벽하다.

★ 답변을 만드는 데 필요한 최소 문장은 6개, IM 등급에 적절한 답변에 이용할 수 있도록 공감 문장을 8개 이상 표시해보세요.

● 질문 도입/배경 설명

01	요리를 한다고 표시해주셨습니다.	You indicated that you cook.

● 상세 질문

02	만들기 좋아하는 요리의 종류와 함께 왜 좋아하는지 그 이유를 말씀해주시겠어요?	Would you describe the kinds of dishes you like to cook and why you like cooking them?
03	가장 많이 사용하는 주방 기구가 무엇인가요?	What is the kitchen tool you use most frequently?
04	언제 사용합니까?	When do you use them?
05	어떻게 작동하고 어떤 용도로 사용하나요?	How do they work and what they are used for?

● 마무리

06	제가 한 모든 질문에 답해주시겠습니까?	Could you answer everything I asked you?

083 애완동물 단순 질문

빈출 질문 Q1

I have a pet, too. Ask me three or four questions about my pet.
저도 애완동물을 기르고 있습니다. 제 애완동물에 대해 3~4가지 질문을 하세요.

답변 구성 전략

공감 문장 선택할 때 참고하세요.

답변 내용이 질문의 모든 요소에 대해 빠짐 없이 대답하고 있는지, 질문의 주제에 맞춰 답변의 흐름이 자연스럽게 연결되는지 확인한다. 되도록 다양한 어휘와 구문을 사용하면 더욱 완벽하다.

★ 답변을 만드는 데 필요한 최소 문장은 6개, IM 등급에 적절한 답변에 이용할 수 있도록 공감 문장을 8개 이상 표시해보세요.

🗨 질문 도입/배경 설명

01 애완동물을 키우세요?

You have a pet?

02 당신의 애완동물에 대해 듣고 싶습니다.

I'd like to hear about your pet.

🗨 상세 질문

03 애완동물로 뭐가 더 괜찮나요. 강아지요, 아니면, 고양이요?

Which is better as a pet, a puppy or a kitten?

04 애완동물을 언제 처음 만났나요?

When did you first meet your pet?

05 그것을 샀나요? 아니면 누가 선물로 주었나요?

Did you buy it? Or did someone give it to you as a present?

06	어떤 품종입니까? 제 말은 어떤 종류의 고양이입니까?	What breed is it? I mean, what kind of cat is it?
07	어떻게 생겼습니까?	What does it look like?
08	당신의 고양이/개는 순합니까?	Is your cat or dog friendly?
09	당신의 고양이/개를 뭐라고 부르나요? 특정한 이름을 붙여줬나요?	What do you call your cat or dog? Did you give him or her a certain name?
10	당신의 고양이/개에게 특별한 점이 있나요?	Is there anything particular about your cat or dog?
11	당신은 고양이/개를 돌보는 것을 좋아하나요? 애완동물과 무엇을 하나요?	Do you like to take care of your cat or dog? What do you do with your pet?
12	애완동물을 어떻게 돌봅니까? 하루에 몇 번씩 고양이/개에게 먹이를 줍니까?	How do you take care of your pet? How many times a day do you feed the cat or dog?
13	애완동물과 시간을 보내는 것을 좋아하나요?	Do you like to spend time with your pet?
14	그래요? 당신네 고양이/개가 그것을 좋아하나요?	Oh really? How does your cat or dog like it?

💬 마무리

| 15 | 감사합니다. 당신 답변에 정말 관심이 많이 가네요. | Thanks so much. I'm really interested in hearing your answers. |

084 스포츠 관련 단순 질문

빈출 질문 Q1-3 | I also like to play soccer/baseball/basketball. Ask me three to four questions about it.
저도 축구/야구/농구하는 것을 좋아합니다. 그것에 대해 3~4가지 질문을 해보세요.

Q4-7 | I also like to go jogging/walking/riding a bike/hiking. Ask me three to four questions about it.
저도 조깅/걷기/자전거 타기/하이킹을 좋아합니다. 그것에 대해 3~4가지 질문을 해보세요.

답변 구성 전략
공감 문장 선택할 때 참고하세요.

답변 내용이 질문의 모든 요소에 대해 빠짐 없이 대답하고 있는지, 질문의 주제에 맞춰 답변의 흐름이 자연스럽게 연결되는지 확인한다. 되도록 다양한 어휘와 구문을 사용하면 더욱 완벽하다.

★ 답변을 만드는 데 필요한 최소 문장은 6개, IM 등급에 적절한 답변에 이용할 수 있도록 공감 문장을 8개 이상 표시해보세요.

💬 질문 도입/배경 설명

01 축구/야구/농구를 좋아하신다고 들었습니다.

I heard that you like to play **soccer/baseball/basketball**.

💬 축구/야구/농구 상세 질문

02 왜 좋아하나요? 누구와 경기를 합니까?

Why do you like it? Who do you play with?

03 주로 어디서 축구를 하는지, 그 장소에 대해 알고 싶습니다.

I'd like to know where you usually play soccer.

04 경기를 하기 위해서 어떤 장비가 필요한가요?

What equipment do you need to play a game?

05 그 경기를 준비하기 위해 무엇을 해야 합니까?

What should you do to prepare for the game?

06 주로 어디에서 축구/농구/야구를
   합니까?

Where do usually play soccer/baseball/
basketball?

💬 조깅/걷기/자전거 타기/하이킹 상세 질문

07 조깅/걷기/자전거 타기/하이킹
   경험에 대해 말해주시겠어요?

Would you tell me about some of the jogging/
walking/bike riding/hiking experiences you
have had?

08 어디에서 조깅/걷기/자전거 타
   기/하이킹을 했나요?

Where did you go jogging/walking/bike
riding/hiking?

09 잊을 수 없는 조깅/걷기/자전거
   타기/하이킹 경험이 최근에 있었
   나요?

Have you recently had any jogging/walking/
bike riding/hiking experience that is
unforgettable?

10 그렇다면 언제 어디서 조깅/걷기/
   자전거 타기/하이킹을 했는지 말
   씀해주세요.

If so, start by telling me when it was and
where you were jogging/walking/riding a
bike/hiking.

11 함께 했던 사람은 없습니까?

Were you with anyone?

12 왜 잊을 수 없나요?

Why does it make the experience
unforgettable?

💬 마무리

13 당신이 하기 좋아하는 스포츠에
   대한 모든 것을 듣고 싶습니다.

I'd love to hear all about the sports that you
like to play.

085   여행 관련 단순 질문

빈출 질문 Q1 | I like to visit the US sometimes. Please ask me three questions about why I like to go to the US.
저는 미국에 가끔 가는 것을 좋아합니다. 제가 왜 미국에 가는 것을 좋아하는지 세 가지 질문을 제게 하세요.

답변 구성 전략
공감 문장 선택할 때 참고하세요.

답변 내용이 질문의 모든 요소에 대해 빠짐 없이 대답하고 있는지, 질문의 주제에 맞춰 답변의 흐름이 자연스럽게 연결되는지 확인한다. 되도록 다양한 어휘와 구문을 사용하면 더욱 완벽하다.

★ 답변을 만드는 데 필요한 최소 문장은 6개, IM 등급에 적절한 답변에 이용할 수 있도록 공감 문장을 8개 이상 표시해보세요.

🗨 질문 도입/배경 설명

■ 01   미국에 가는 것을 좋아한다고 들었습니다. 와! 좋은 곳이지요.

I heard you like to visit the US. Wow! It's a great place.

🗨 상세 질문

⏱ 3초 보카

출발일 **departure date**   출발지 **departure place**   도착지 **arrival place**   표/티켓 **ticket**   편도표 **one-way ticket**   왕복표 **round-trip ticket**   항공사 **airline company**

■ 02   여행 목적은 무엇이었습니까?

What was the purpose of your trip?

■ 03   여행하면서 가장 좋았던 게 무엇이었나요?

What did you like best about your trip?

■ 04   여행 중 가장 좋았던 게 무엇이었나요?

What was the best part of your trip?

05	이번 여행은 무슨 일로 하시는 건가요?	What's this trip for?
06	미국 여행 때 어딜 방문하셨어요?	Where did you visit on your trip to the US?
07	미국에는 누구를 알고 있나요?	Who do you know in the US?
08	미국에서 가장 있기 있는 신혼여행지가 어딥니까?	Where's the favorite honeymoon spot in the US?
09	그것에 대해 자세한 내용을 알려 주시겠어요?	Would you give me more information on that?
10	그 가격에 자동차 렌트 비용도 포함된 건가요?	Does the price include the car rental fee?
11	그런 패키지 여행 상품은 가격이 얼마나 되나요?	Can you tell me ⭐ how much such a package would cost us?

⭐ **이것만 바꿔도 등급이 쑥쑥**

패키지 가격은 무엇인지 **what is the price of the package** 패키지에 대해 얼마를 내야 할지 **how much I should pay for the package** 얼마를 내야 할지 **how much I should expect to pay** 패키지가 얼마인지 **how much the package costs**

💬 마무리

| 12 | 시간을 내주셔서 감사합니다. | Thanks so much for your time. |
| 13 | 당신의 여행에 대한 모든 것을 정말 듣고 싶습니다. | I would really like to hear all about your vacation. |

086 좌석 예약 질문 – 극장/공연장/박물관 등

빈출 질문 Q1-3

Pretend that you want to order some movie/concert/exhibition tickets on the phone. Ask some questions about the movie/concert/exhibition in order to reserve some tickets.

전화로 영화/콘서트/전시회 티켓을 주문한다고 가정해보세요. 티켓을 예매하기 위해 영화/콘서트/전시회에 대해 질문을 3~4가지 하세요.

답변 구성 전략

공감 문장 선택할 때 참고하세요.

답변 내용이 질문의 모든 요소에 대해 빠짐 없이 대답하고 있는지, 질문의 주제에 맞춰 답변의 흐름이 자연스럽게 연결되는지 확인한다. 되도록 다양한 어휘와 구문을 사용하면 더욱 완벽하다.

★ 답변을 만드는 데 필요한 최소 문장은 6개, IM 등급에 적절한 답변에 이용할 수 있도록 공감 문장을 8개 이상 표시해보세요.

💬 전화 및 온라인 예약

⏱ 3초 보카 – 예약 과정 관련 표현

콘서트에 대한 정보 **information about the concert** 예약 **reservation** 예약 확인 **confirming my reservation** 예약 변경 **changing my reservation** 예약을 확인하다 **confirm my reservation** 예약을 변경하다 **change my reservation** 티켓 값을 지불하다 **pay for the tickets** 예약을 하다 **make a reservation** 필요한 정보를 모두 입력하다 **entered all of the information required**

| 01 | 안녕하세요, ABC 극장인가요? | Hello, is this ABC Theater? |

| 02 | 이 영화/콘서트/전시에 대해 몇 가지 질문을 해도 될까요? | Can I ask some questions about this **movie/concert/exhibition**? |

| 03 | 크리스마스 공연을 보고 싶습니다. | I want to see the Christmas concert. |

| 04 | 이 영화 티켓을 예매하고 싶습니다. | I want to book tickets for this movie. |

05 그 영화를 보고 싶습니다.

I want to see the movie.

06 이번 주말 영화 티켓을 예약하고 싶은데요.

I'd like to reserve tickets for this weekend.

07 5월 15일 토요일, 8시 영화입니다.

It's the 8 o'clock movie on Saturday, May 15th.

08 아, 네, 〈레터스 투 줄리엣〉이에요. 온라인으로 표를 주문하는 것에 익숙하지 않아서요.

Oh, yes, it's *Letters to Joliet*. I'm not used to ordering tickets online.

09 안녕하세요? 내일 콘서트 표 두 장을 사고 싶습니다.

Hello, I would like to buy two tickets for the concert tomorrow, please.

10 5월 15일 토요일 8시 콘서트 입장권을 예약하고 싶습니다.

I'd like to reserve tickets for the 8 o'clock concert on Saturday, May 15th.

11 금요일 밤 8시 것으로 하고 싶습니다.

I'd like Friday night at eight.

12 몇 가지 질문 좀 해도 될까요? 웹사이트 주소가 어떻게 되죠?

Can I ask you some questions? What is the address of your website?

13 예매하기 위해 접속해야 할 웹사이트를 못 찾겠어요. 아, 고마워요.

I can't find the website that I need to access for ticketing. Oh, thank you.

14 김민수라는 이름으로 예약하고 싶습니다. 철자는 K-I-M-M-I-N-S-U입니다.

I want to reserve the tickets under the name of Kim Minsu, spelled K-I-M-M-I-N-S-U.

| 15 | 그리고 마스터 카드 번호는 1234 4566입니다. | And the Master Card number is 1234 4566. |
| 16 | 혹시 무슨 일이 있으면 전화번호 456-7890으로 연락주세요. | You can reach me at 456-7890, just in case. |

🗨 좌석 관련 문의

17	웹사이트에 들어가기가 쉽군요! 저는 앞자리로 두 자리 예약하고 싶어요.	It's easy to access your website! I want to reserve two seats in front.
18	그 두 좌석은 붙어 있나요?	Are both of those seats next to one another?
19	앞쪽 좌석에 자리가 남아 있나요?	Do you have any front row seats left?
20	아, 잘됐네요. 좌석이 붙어 있는 건가요?	Oh, that's good. Are they together?
21	일반석으로 해주세요.	★ <u>General seats</u>, please.

좌석 종류

★ 이것만 바꿔도 등급이 쑥쑥

맨 앞줄에 속하는 특석 **the first front row** 오케스트라석 (= 스톨석) **the orchestra (stalls)** 발코니석 **the balcony** (로얄) 박스석 **the (royal) box** 갤러리석 **the gallery** 중앙 써클석 **the center circle** 윗층 **the upper circle**

22	티켓 가격은 얼마인가요?	How much would the tickets be?
23	극장 입장료는 얼마입니까?	What's the admission fee for the theater?
24	국립중앙박물관의 입장료는 얼마입니까?	What's the admission fee to the National Museum of Korea?
25	콘서트장 입장료는 얼마입니까?	What's the admission fee to the concert hall?
26	학생 할인을 해주나요?	Do you offer a student discount?
27	학생 요금 할인 됩니까?	Do you have ★ <u>a student discount program</u>?

요금종류

★ 이것만 바꿔도 등급이 쑥쑥

학생 요금 **student rates** 단체 요금 **group rates** 가족 요금 **family concessions** 어린이 요금 **children's concessions** 군인 요금 **soldiers' concessions** 경로 우대 **seniors citizen discounts, a senior discount program**

28	그리고 입장권 대금을 지불하는 데 신용카드를 사용하거나 폰뱅킹으로 보낼 수 있나요?	And can I use a credit card to pay for the tickets or send money by phone banking?
29	정말 감사합니다. 아주 많은 도움이 되었습니다.	Thank you very much. You have been a great help.

30 쇼는 언제 시작합니까?

What time does the curtain go up?

31 쇼는 얼마 동안 합니까? 중간에 휴식 시간이 있습니까?

How long does the show run? Is there an intermission?

32 콘서트는 언제 시작합니까?

What time does the concert start?

33 내일 콘서트는 정확히 몇 시에 시작되나요?

What time does the concert exactly start tomorrow?

34 콘서트 홀에 언제 들어갈 수 있죠?

When can I enter the concert hall?

35 박물관은 몇 시에 문을 여나요?

What time does the museum open?

36 영화관/콘서트 홀/박물관 휴관일이 언제입니까?

On what days is the **movie theater/concert hall/museum** closed?

37 영화관/콘서트 홀/박물관 휴관일이 언제입니까?

When is the **movie theater/concert hall/museum** closed?

38 마지막 프로그램은 몇 시입니까?

What time is the last program?

39 박물관이 가장 늦게 문을 닫는 날은 언제인가?

On which days does the museum close the latest?

| 40 | 월요일부터 금요일까지는 오전 9시부터 오후 6시까지 개방하고, 토요일에는 오전 9시부터 오후 8시까지 개방한다고 들었는데, 맞나요? | I heard it is open from 9 a.m. to 6 p.m. from Monday through Friday and from 9 a.m. to 8 p.m. on Saturday, right? |

🗨 기타 세부사항 질문

41	다른 날 밤으로 이 티켓을 바꿀 수 있습니까?	Can I exchange these tickets for another night?
42	제 이름을 대기자 명단에 올려주시겠어요?	Would you put me on the waiting list?
43	아, 그리고 공연장 내에 음식을 살 수 있는 장소가 있나요?	By the way, is there a place to buy some food in the theater?
44	스낵류 및 선물 등을 팝니까? 아, 맥주도 파나요?	Do you sell concessions? Ah, do you also sell beer?
45	외부 음식물 반입도 되는지 궁금합니다.	I want to know whether it's okay to bring our own food.
46	아, 그리고 잊을 뻔했네요.	Oh, I almost forgot.
47	공연장 근처 어디에 주차하면 되나요?	Where can I park my car near the theater?
48	고마워요. 큰 도움이 됐어요.	Thank you. You were very helpful.

087 헬스클럽 가입 문의

빈출 질문 Q1
You have decided to join a gym. Call the gym and ask three to four questions to get information about the gym.
당신은 헬스장에 가입하기로 결심했습니다. 헬스장에 전화를 걸어 3~4가지 질문을 해서 헬스장에 관한 정보를 얻어보세요.

답변 구성 전략
공감 문장 선택할 때 참고하세요.

답변 내용이 질문의 모든 요소에 대해 빠짐 없이 대답하고 있는지, 질문의 주제에 맞춰 답변의 흐름이 자연스럽게 연결되는지 확인한다. 되도록 다양한 어휘와 구문을 사용하면 더욱 완벽하다.

★ 답변을 만드는 데 필요한 최소 문장은 6개, IM 등급에 적절한 답변에 이용할 수 있도록 공감 문장을 8개 이상 표시해보세요.

💬 헬스장 정보 요청

01 안녕하세요. 헬스장 가입에 대해 정보를 얻고자 전화했습니다.
Hi. I'm calling to get some information about joining your gym.

02 저희 지역 헬스 클럽에 들어가고 싶어요.
I'd like to join our local health club.

03 이번 달에 헬스클럽에 등록할 거예요.
I'm signing up for the gym this month.

04 이 헬스클럽의 관리자이신가요?
Are you the manager of this health club?

05 신입 회원들을 모으려고 회비를 절반만 받고 있다고 들었어요.
I heard that you are offering half-price memberships to encourage new members.

06 우선, 얼마입니까? 그러니까 한 달에 얼마입니까?

First, how much is it? I mean, per month?

07 아니면 일별이나 연별 가격이 있나요?

Or do you have daily and yearly rates?

08 입회비는 얼마입니까?

How much is the membership fee?

09 누구든지 가입비 없이 회원이 될 수 있나요?

Is the membership open to all for free?

10 헬스장에 대해 좀 더 정보를 얻을 수 있을까요?

Could you give me a bit more information about your health club?

11 직접 가서 운동 기구들을 한번 시험해볼 수 있을까요?

Can I go down and try it out for myself?

12 다음 달 일정을 이메일로 보내주시겠어요?

Would you email me next month's itinerary?

13 그거 솔깃하네요.

That sounds tempting.

14 한번 보고 결정할게요.

I'll take a look and think it over.

🗨 시설에 대한 문의

15 어떤 운동기구들이 있나요?

What kind of equipment do you have at the gym?

16	여기에는 어떤 이용 시설들이 있습니까?	What are the facilities available here?
17	웨이트와 운동 기계들이 많이 있나요?	Do you have a lot of weights and exercise machines?
18	최신식 장비들을 갖추고 있나요?	Do you have the most up-to-date fitness equipment?
19	스탭들은 자격을 갖추고 친절한가요? 저는 이제 시작하는 사람이라서 저를 잘 도와줄 수 있는 사람이 필요해요.	Is your staff qualified and friendly? I'm just starting out, so I need people to support and assist me well.
20	헬스 기구가 다양하게 갖추어져 있나요?	Is your gym filled with a huge variety of fitness and exercise equipment?
21	기기 앞에서 기다리는 것이 싫거든요.	I don't want to wait around for machines.
22	에어로빅과 사이클 공간이 있나요?	Do you have aerobics and cycling studios?
23	저는 별도의 무료 웨이트 공간을 선호해요.	I also prefer a separate free weights zone.
24	넓은 공간의 러닝머신, 팔다리 운동기구, 노젓기 기계, 리컴번트 자전거도 갖추고 있나요?	Do you have a huge range of treadmills, cross-trainers, rowers, upright and recumbent bikes?
25	개인 탈의실이 있는 공간이 넓은 탈의 시설을 갖추고 있나요?	Are your fitness facilities complemented by spacious change-rooms with private cubicles?

26	라커 시설은 충분한가요?	Do you have plenty of lockers?
27	개인 트레이너가 있나요?	Can I have a personal trainer?
28	저에게 동기부여 해주고 강제하는 개인 트레이너가 필요해요.	I need my own trainer to motivate and push me.
29	개인 트레이너와 함께 하면 훨씬 더 쉽나요?	Is it much easier with your own personal trainer?
30	트레이너들의 자격조건은 어떻게 되나요?	What qualifications do your trainers have?
31	보통 언제 붐비나요?	When are you usually busy?
32	수영장도 있나요?	Do you have a swimming pool as well?
33	수영장도 있으면 좋을 것 같습니다.	If you have a swimming pool, that would be great.
34	그리고 질문 하나 더요. 남녀 공용인가요?	Oh, one more question. Is your gym coed?

스피킹TIP 질문하기 유형은 문장 연결이 쉽다

질문하기 유형은 다른 문제 유형보다 쉽다고 할 수 있는데 문맥에 상대적으로 신경을 덜 써도 되기 때문이다. 과거 경험 문제 같은 경우 앞의 사건과 뒤에 붙일 결과의 내용이 연결성이 있어야 한다. 그래서 문장을 고를 때 신중해야 하는데 비해, 질문하기 유형은 기본적으로 질문을 나열하면 되기 때문에 특별한 연결고리로 문장을 배치할 필요가 없으므로 생각나는 문장을 충분히 나열해주기만 해도 된다.

088 식당 예약 관련 질문 

빈출 질문 Q1 You'd like to hold a party at a restaurant. Call the restaurant, explain the situation and ask three or four questions about holding a party there.
레스토랑에서 파티를 하고 싶습니다. 레스토랑에 전화를 해서 상황을 설명하고 파티를 여는 것에 대해 3~4가지 질문을 해보세요.

답변 구성 전략 답변 내용이 질문의 모든 요소에 대해 빠짐 없이 대답하고 있는지, 질문의 주제에 맞춰 답변의
공감 문장 선택할 때 흐름이 자연스럽게 연결되는지 확인한다. 되도록 다양한 어휘와 구문을 사용하면 더욱 완벽하다.
참고하세요.
★ 답변을 만드는 데 필요한 최소 문장은 6개, IM 등급에 적절한 답변에 이용할 수 있도록 공감 문장을
8개 이상 표시해보세요.

● 질문 도입/배경 설명

01 제 친구의 생일 파티를 하려고 합니다.
I am going to hold a party for my friend's birthday.

02 그곳에 가려면 예약을 꼭 해야 하나요?
Do we have to make a reservation to go there?

03 저를 좀 도와주셨으면 하는데요. 힐인가에 단체 예약이 가능한지 알고 싶습니다.
I was wondering if you could help me. I'd like to know if I can reserve a block of rooms at a special rate.

04 할인가에 단체 예약이 가능한지 말씀해주실 수 있는지 궁금합니다.
I wonder if you could tell me if I can reserve a block of rooms at a special rate.

05 단체 예약이 30일 이전 해약가능 규정의 적용을 받는지 알고 싶습니다.
What I'd like to know is if group reservations are subject to a 30-day cancellation policy.

| 06 | 그 밖에 가장 인기 있는 메뉴의 음식은 어느 것인지 알고 싶습니다. | Something else I'd like to know is what is the most popular menu item? |

💬 예약 관련 질문

07	전 월요일에 레스토랑으로 전화해서 이번 토요일 5시 일곱 명 자리를 예약했습니다.	I called the restaurant on Monday and reserved a table for seven people, this Saturday at 5.
08	제 이름으로 예약이 되어 있지 않다고 하셨나요?	Did you say there is no reservation under my name?
09	그렇다면 예약을 다시 하고 싶은데요. 아니면 목요일 저녁 7시는요?	Then, I want to reserve it again. Or how about 7 p.m. on Thursday?
10	만약 된다면 그 시간에 자리를 예약하고 싶네요. 어떻게 생각하시죠?	If possible, I want to reserve a table at that time. What do you think?
11	그렇다면, 오늘 저녁 7시 7명 예약을 하고 싶습니다.	Then, I'd like to reserve a table for seven people, at 7 p.m. tonight.
12	저녁 7시는 어떤가요? 가능한 자리가 있습니까?	How about 7 p.m.? Are there any tables available?

089 파티 준비 관련 질문

빈출 질문 Q1

I'd like to give you a situation and ask you to act it out. You are asked to help one of your family members or a relative with the preparation for a party. Call him or her and leave a message by asking three or four questions about the party.

상황을 하나 드릴 테니 과제를 수행해보시기 바랍니다. 당신은 가족이나 친척 한 사람이 파티 준비하는 것을 돕기로 했습니다. 가족에게 전화를 걸어 파티에 대해 3~4가지 질문을 하는 메시지를 남겨보세요.

답변 구성 전략

공감 문장 선택할 때 참고하세요.

답변 내용이 질문의 모든 요소에 대해 빠짐 없이 대답하고 있는지, 질문의 주제에 맞춰 답변의 흐름이 자연스럽게 연결되는지 확인한다. 되도록 다양한 어휘와 구문을 사용하면 더욱 완벽하다.

★ 답변을 만드는 데 필요한 최소 문장은 6개, IM 등급에 적절한 답변에 이용할 수 있도록 공감 문장을 8개 이상 표시해보세요.

● 질문 도입/배경 설명

01 안녕, 준영아. 나 진이야.

Hello, Junyoung. This is Jin calling.

02 네가 준비하는 파티에 대해 질문이 좀 있어.

I've got some questions about the party you're planning.

03 네가 레스토랑에서 파티를 열 계획이라고 알고 있어.

I understand you're thinking about having the party at a restaurant.

04 내가 너를 돕기 위해 해야 할 일이 정확히 뭐야?

What exactly should I do to help you?

05 장소 정했어?

Have you decided on a place?

● 상세 질문

| 06 | 파티에 가져가야 하는 것이 정확히 뭐야? | What exactly should I bring to the party? |

07 파티를 위해 준비해야 하거나 구입해야 하는 것이 정확히 뭐야?
What exactly should I prepare or purchase for the party?

08 저녁식사로 만들어야 하는 것이 정확히 뭐야?
What exactly should I make for the dinner?

09 어디에서 저녁을 먹을 건지 정했니?
Have you decided on where we will eat dinner?

10 어디가 가장 좋은 장소인지 정했니?
Have you decided on where the best place is?

11 어느 식당으로 갈지 정했니?
Have you decided on which restaurant we should go to?

12 어느 식당을 예약할지 정했니?
Have you decided on which one we are going to reserve?

13 내가 좋아하는 퓨전 레스토랑을 추천하고 싶은데.
I want to recommend my favorite fusion restaurant to you.

14 내가 시내 근처의 좋은 레스토랑을 알고 있어.
I know a good restaurant downtown.

15 메뉴에 훌륭한 이탈리아 음식과 중국 음식이 있어.
They have great Italian food and Chinese food on the menu.

16	누구나 피자와 탕수육을 좋아하잖아.	You know, everybody likes pizza and Chinese sweet-and-sour pork.
17	너 이탈리아 음식과 중국 음식 좋아하니?	Do you like Italian and Chinese food?
18	몇 명이나 올 거야?	How many people are coming?
19	그 레스토랑을 예약해줄까?	Do you want me to make a reservation at the restaurant for you?

🔵 마무리

| 20 | 그럼 내가 어떻게 할지 알려줘. 이따가 전화해. 안녕. | Well, please let me know what you want me to do. Call me later. Bye. |

090 전자제품에 대해 질문하기

빈출 질문 Q1
You decide to purchase a new electrical appliance for your house. Pretend you are at a store, asking a sales person questions about the appliance.
당신이 집에서 사용할 전자제품을 구입하기로 결정했습니다. 상점에 있다고 가정하고 해당 제품에 대해 점원에게 질문을 하세요.

Q2
You got invited to a sale from your favorite shop. Call the shop and leave a message asking some questions to get information about the sale.
당신이 좋아하는 가게의 세일에 초대받았습니다. 그 가게에 전화를 걸어 세일에 관한 정보를 얻기 위한 몇 가지 질문을 하는 메시지를 남기세요.

답변 구성 전략
공감 문장 선택할 때 참고하세요.

답변 내용이 질문의 모든 요소에 대해 빠짐 없이 대답하고 있는지, 질문의 주제에 맞춰 답변의 흐름이 자연스럽게 연결되는지 확인한다. 되도록 다양한 어휘와 구문을 사용하면 더욱 완벽하다.

★ 답변을 만드는 데 필요한 최소 문장은 6개, IM 등급에 적절한 답변에 이용할 수 있도록 공감 문장을 8개 이상 표시해보세요.

💬 질문 도입/배경 설명

01 실례하지만, 새 TV를 찾고 있습니다.
Excuse me. I'm looking for a new television.

02 저는 좋은 브랜드를 찾고 있습니다.
I am looking for a good brand.

03 새 TV를 찾고 있습니다.
I am looking for a new ★ <u>television</u>.

전자제품 종류

★ 이것만 바꿔도 등급이 쑥쑥

컴퓨터 **computer** 프린터 **printer** 냉장고 **refrigerator** 전자레인지 **microwave** 세탁기 **washing machine/laundry machine** 식기 세척기 **dishwasher** 진공청소기 **vacuum cleaner** DVD 플레이어 **DVD player**

04	안녕하세요. 거기서 10주년 기념 대규모 세일을 하고 있다는 메시지를 받았습니다.	Hello. I got a message saying you're having a big ten-year anniversary sale.
05	저는 정말 관심이 있는데 몇 가지 질문을 하고 싶습니다.	I'm really interested, but I'd like to ask you some questions.
06	지금 제가 가지고 있는 것은 7년 전에 샀기 때문에 정말 낡았습니다.	What I have now is really old because I bought it about seven years ago.
07	모니터의 화질이 좋지 않아요.	Its monitor doesn't have very good picture quality.
08	저는 집에서 TV로 스포츠 보는 것을 좋아하고, 요즘 영국 프리미어 리그 시즌이라 이번 주말에 축구를 꼭 봐야 하는데요.	I love to watch sports on television at home and the English Premier League is beginning, so I need to watch a soccer game this weekend.
09	이 가게에 가지고 계신 것을 보여 주실 수 있습니까?	Can you please show me what you have at this store?
10	저는 사실 이번 달에 휴대용 컴퓨터를 사려고 계획하고 있었는데 세일을 제때 하네요.	I was actually planning on buying a laptop computer this month and your sale is happening at the right time.
11	제가 듣기로 많은 제품들을 국내 최저가로 판매한다고 했는데요.	I heard you sell many products at the lowest price in the nation.

|12| 가장 잘 팔리는 모델은 어떤 건가요?

Which is ★ <u>your best-selling model</u>?

★ 이것만 바꿔도 등급이 쑥쑥

새로 나온 스마트폰 **a new smartphone** 신제품 **a brand new product** 지난주에 새로 나온 비디오
a new videos released last week 새 카메라 **a brand new camera**

|13| 컴퓨터에 있는 비디오를 TV 화면을 통해 볼 수 있는 텔레비전이 있나요?

Do you have a television that allows me to view videos from a computer on the television screen?

|14| 600~700와트의 전력 소비량을 지닌 일반 가정용 전자레인지가 있나요?

Do you have a microwave with a power rating between 600 and 700 watts?

|15| 냉기 샤워 방식의 냉장고가 있나요?

Do you have a refrigerator with an air showering device?

|16| 에너지 효율이 좋고 중간 가격대인 냉장고가 있나요?

Do you have refrigerators that are energy efficient, in the mid price range?

|17| 다른 세탁기보다 물을 50퍼센트 적게 사용하는 세탁기가 있나요?

Do you have a washing machine that uses 50% less water than other brands use?

|18| 바닥 전체를 진공청소 해주는 로봇청소기가 있나요?

Do you have a robot cleaner that vacuums the whole floor?

|19| TV가 나와 있는 카탈로그를 받아 볼 수 있을까요?

Can I get your catalog of televisions?

20 그리고 하나 더 있는데요, 새 브랜드 TV도 있나요?

Oh, and one more thing, do you have a brand new television?

21 마지막으로 언제 배달해주실 수 있는지 알고 싶습니다.

Lastly, I would like to know when it can be delivered.

22 최신 휴대용 컴퓨터도 세일을 하나요?

Do you have any up-to-the-minute laptop computers as part of your sale?

23 그렇다면 원래 가격에서 얼마나 할인이 되나요?

And if so, how much of a discount is it off the regular price?

24 하드 드라이브나 메모리 카드 같은 부속품도 세일을 하나요? 그것들도 사야 해서요.

Do you have any sales on accessories, like hard drives or memory sticks, because I need them, too.

25 제가 주로 궁금한 것은 어떤 유명 브랜드를 파는지, 그리고 그 제품들을 세일하는지입니다.

I guess the main thing I'm wondering is what popular brands you carry, and if the brands are on sale.

● 마무리

26 마지막으로 세일이 얼마 동안 지속되나요? 감사합니다.

One last thing, how long does the sale last? Thanks!

091 물품/시설 수리 요청

빈출 질문 Q1

A door at your house is broken, so you call the repair shop. Unfortunately, the repairman won't be able to fix it until later this week. Explain to the repairman why it needs to be fixed right away.

당신 집의 문이 고장 나서 수리점에 전화를 했습니다. 그런데 불행히도 수리공은 이번 주말까지 고칠 수 없다고 합니다. 수리공에게 왜 문을 바로 고쳐야 하는지 그 이유를 설명하세요.

Q2

You discover that your computer needs repairing in your work space. Contact the office manager, explain the situation and tell him you need your computer repaired immediately. Ask him or her three to four questions.

당신 자리에 컴퓨터가 고장 나서 수리가 필요하다는 것을 알게 되었습니다. 사무실 관리인에게 연락해서 급히 수리를 받아야 하는 상황을 설명하고 3~4가지 질문을 하세요.

답변 구성 전략

공감 문장 선택할 때 참고하세요.

답변 내용이 질문의 모든 요소에 대해 빠짐 없이 대답하고 있는지, 질문의 주제에 맞춰 답변의 흐름이 자연스럽게 연결되는지 확인한다. 되도록 다양한 어휘와 구문을 사용하면 더욱 완벽하다.

★ 답변을 만드는 데 필요한 최소 문장은 6개, IM 등급에 적절한 답변에 이용할 수 있도록 공감 문장을 8개 이상 표시해보세요.

🟣 컴퓨터 고장 수리 요청

01 안녕하세요. 영업팀 김영입니다.

Hello, this is Kim Young in the Sales Department.

02 문제가 생긴 것 같아서요.

I seem to have a problem.

03 제 컴퓨터가 제대로 작동하지 않아요.

My computer doesn't work properly.

04 그래서 빨리 와서 수리해줄 사람이 필요합니다.

So I need someone to come over here and fix it ASAP.

05 컴퓨터를 수리하는 데 얼마나 걸 릴지 알려주실 수 있으세요?

Could you please let me know how long it will take?

06 요청서를 작성해서 상관에게 제출 해야 하나요?

Do I have to fill out a request form and submit it to a supervisor?

07 실은, 기술 지원 부서에서 누군가 여유가 생길 때까지 기다려야 한 다는 것을 알고 있습니다.

Actually, I know I have to wait until a repairman in the Support Department becomes available.

08 그렇지만 이런 절차는 시간 낭비 가 너무 심한 것 같습니다.

But I think this procedure is too time-consuming.

09 저는 영업팀에서 일하고 있고 매 일 컴퓨터로 판매 수치를 살펴보 는 것이 매우 중요합니다.

I work in sales and it is vital that I use a computer to check the sales figures every day.

10 지금 곧 와줄 수 있는 분께 연락 하셔서 바로 전화 주실 수 있으세 요? 감사합니다.

Can you please contact someone available right now and call me back straight away? Thank you.

● 문 수리 요청

11 여보세요, 유리 수리점 맞나요?

Hello, is this the glass repair shop?

12 문을 수리해야 해서 전화했어요.

I'm calling to arrange to have the door fixed.

| 13 | 저희 집 문을 수리해야 해요. | The door of my house needs a repair. |

| 14 | 지난번 전화했을 때 바쁘셔서 이번 주말까지 고칠 수 없다고 들었지만, 전 얼어 죽을 거예요. | Last time I called, I heard that you were busy, and you couldn't do it until later this week, but I'm going to freeze to death in my house. |

| 15 | 제 상황을 설명해드릴게요. 저희 집에 현관문이 완전히 깨졌는데 지금 바로 수리가 되어야 해요. | Let me explain my situation; the front door of my house has been smashed and I need it repaired right away. |

| 16 | 엎친 데 덮친 격으로 난방기도 고장 났는데, 겨우 7개월 된 갓난아이가 있어요. | To make matters worse, my heater is broken too and I have a toddler, just seven months old. |

| 17 | 와서 고쳐주시지 않으면 전 어떻게 해야 할지 모르겠어요. | If you don't come and fix the door, I don't know what to do. |

| 18 | 지금 바로 올 수 있는 다른 수리공에게 연락하실 수는 없나요? | Is there any chance you could contact another repairman who's available right away? |

| 19 | 그렇게 해주시면 정말 감사할 거예요. | I would really appreciate it. |

092 업무 관련 약속에 늦을 상황

빈출 질문 Q1

It seems that you will be late for the meeting you had arranged with your business partner. Make a telephone call so that you can explain what has happened. Suggest a few alternative ways of fixing the problem.

당신의 업무 파트너와의 약속에 늦을 것 같습니다. 전화를 해서 상황을 설명하세요. 그리고 이 문제를 해결하기 위해 몇 가지 대안을 제시하세요.

답변 구성 전략

공감 문장 선택할 때 참고하세요.

답변 내용이 질문의 모든 요소에 대해 빠짐 없이 대답하고 있는지, 질문의 주제에 맞춰 답변의 흐름이 자연스럽게 연결되는지 확인한다. 되도록 다양한 어휘와 구문을 사용하면 더욱 완벽하다.

★ 답변을 만드는 데 필요한 최소 문장은 6개, IM 등급에 적절한 답변에 이용할 수 있도록 공감 문장을 8개 이상 표시해보세요.

💬 도입/상황 설명

01	여보세요, 김 대리님? 이렇게 말씀 드려야 해서 죄송한데요, 저한테 문제가 생겼어요.	Hello. Mr. Kim? I'm sorry that I have to say this, but I have a problem.
02	오늘 출근을 못할 것 같아요.	I'd rather not go to work today.
03	사실 몸이 좀 안 좋아요.	Actually, I don't feel so well.
04	오늘 아침 출근길에 가벼운 접촉 사고가 있었어요.	I had a fender-bender on my way to work this morning.
05	오늘 아침에 출근하면서 새 신발을 신고 나갔는데, 5분 만에 한쪽 굽이 떨어졌어요.	I put the new shoes on and left for work this morning, and five minutes later one of the heels came off.

06 출근 길에 버스가 고장이 났어요.

My bus broke down on the way in this morning.

07 오늘 아침에 조찬 모임이 있어서 9시 30분까지 출근을 못 할 것 같아요.

I have a breakfast meeting this morning, so I won't get in until 9:30.

08 오후 2시에 중요한 프레젠테이션이 있는 건 알고 있는데 늦을 것 같아요.

I know we have an important presentation at 2 p.m. but I think I will be late.

09 제가 오늘 아침에 우리 고객 한 분 하고 회의가 있었어요.

I had a meeting this morning with one of our clients.

10 급한 주문에 대한 것이어서 꼭 그를 찾아가야 했어요.

It was about the urgent order, so I had to visit him.

11 그래서 제 대신 당신이 프로젝트를 소개해주었으면 좋겠어요.

So, I'd like you to introduce our project instead of me.

● 제안/대책

12 자료를 제 책상에 두었어요.

I put a package of materials on my desk.

13 시간 날 때 그 보고서 좀 훑어봐주시겠어요?

Could you look over the report when you get a chance?

14 제 대신 그것 좀 처리해주시겠어요?

Can you take care of it for me?

15 유인물을 보시면 당신이 그 프로젝트를 진행하는 데 필요하다고 생각하는 방법이 설명되어 있습니다.

The handout will explain the approach that I think you need to take on the project.

16 제가 없는 동안에는 제 조수가 저를 대신할 겁니다.

My assistant will stand in for me while I'm away.

17 서둘러서 저를 태우러 와줄 누군가가 필요해요.

I need somebody to pick me up in a hurry.

18 제 대신 미팅에 참석하여 저희 고객을 맞아주시겠어요?

Will you attend the meeting to welcome our clients?

19 제 대신 그것을 해주시겠어요?

Can you do that for me?

20 제 일 좀 대신해주실래요?

Will you cover for me?

21 누가 제 대신 신 씨에게 이 메모 좀 전해줄 수 있겠습니까?

Who can deliver this memo to Mr. Shin for me?

22 제 대신 이것 좀 우편으로 부쳐 주실래요?

Would you mail this for me, please?

23 제가 없는 동안에 제 우편물 좀 대신 받아 주실래요?

Could you take in my mail while I'm away?

24	저는 지금 회사로 들어가고 있으니 도착하자마자 바로 전화할게요.	I'm on the way back to the office, so as soon as I arrive there, I'll call you right away.

표현편

25	이런 일이 생겨서 죄송해요.	I'm sorry again about what happened.

26	미안해요. 미리 말했어야 했는데.	I'm sorry; I should've told you before.

093 약속 관련 문제 상황

빈출 질문

스포츠 관람/영화 관람/공연 가기/스포츠 하러 가기/헬스장 가기/걷기/조깅 등의 약속 공통

Q1
Unfortunately, you realize that you can't make it on the day of watching a sport game with your friends. Make a telephone call to your friend, and tell him or her what has happened. Offer two solutions for this situation.

불행히도 친구들과 스포츠 경기를 보기로 한 날에 갈 수 없다는 것을 알게 됩니다. 친구에게 전화를 걸어서 무슨 일이 생겼는지 말하세요. 이 상황을 해결할 다른 두 가지 해결책을 제시하세요.

Q2-3
Unfortunately, you realize that you can't make it on the day of watching a performance/movie with your friends. Make a telephone call to your friend, and tell him or her what has happened. Offer two solutions for this situation.

불행히도 친구들과 공연/영화를 보기로 한 날에 갈 수 없다는 것을 알게 됩니다. 친구에게 전화를 걸어서 무슨 일이 생겼는지 말하세요. 이 상황을 해결할 다른 두 가지 해결책을 제시하세요.

답변 구성 전략

공감 문장 선택할 때 참고하세요.

답변 내용이 질문의 모든 요소에 대해 빠짐 없이 대답하고 있는지, 질문의 주제에 맞춰 답변의 흐름이 자연스럽게 연결되는지 확인한다. 되도록 다양한 어휘와 구문을 사용하면 더욱 완벽하다.

★ 답변을 만드는 데 필요한 최소 문장은 6개, IM 등급에 적절한 답변에 이용할 수 있도록 공감 문장을 8개 이상 표시해보세요.

● 도입/상황 설명

01 여보세요, 나 래리야.

Hello, this is Larry speaking.

활동 내용

02 네가 오늘 밤 에밀리 집에 가서 축구 경기를 함께 보기를/영화를 함께 보기를/음악 콘서트를 함께 보러 가기를/함께 조깅하러 가기를 원한다는 것을 알아.

I know you want to ★ go to Emily's place and watch a soccer game/watch a movie/go to a concert/go jogging together tonight.

★ 이것만 바꿔도 등급이 쑥쑥

야구/축구/농구/골프 경기를 하다 play baseball/soccer/basketball/golf 조깅/워킹/수영을 하러 가다 go jogging/walking/swimming 영화/음악 콘서트를 보러 가다 go to see a movie/music concert 체육관에 가다 go to a gym

| 03 | 내가 마이크랑 거기 가기로 되어 있지만 말할 게 좀 있어. | I was supposed to be there with Mike, but I have something to tell you. |
| 04 | 믿어줘, 나 정말 가고 싶어. 그런데 난 지금 집에서 나갈 수 없어. | Believe me, I would love to go. But I can't leave the house now. |

💬 참석 못하는 이유

05	집에 오후 6시에서 8시에 소포가 집으로 올 거야. 그래서 집에서 기다렸다가 그걸 받아야 해.	I have a package coming to my house between 6 p.m. and 8 p.m. so I have to wait in the house to receive it.
06	집에 그걸 받을 다른 사람이 없어. 그리고 소포가 나한테는 중요한 거야.	There is no one else to receive the package in the house and it is something very important to me.
07	병원에 가야 해. 진짜 좀 위급한 상황이야.	I have to go see a doctor. It's actually kind of an emergency situation.
08	미안하지만 나 집에 급한 일이 생겨서 콘서트에 못 갈 것 같아.	I'm afraid I can't make it because something urgent has come up at home.
09	미안하지만 오늘 날씨가 안 좋아서 안 될 것 같아.	Sorry, but we can't make it because the weather is bad.
10	미안하지만 나 식중독에 걸려서 못 갈 것 같아.	I'm afraid I can't make it because I have food poisoning.

11	우리 보통 가던 경기장이 공사를 하고 있어서 못 가게 됐다는 얘기 들었어?	Did you hear that the field we usually go to is under construction, so we can't go there?

💬 약속을 못 지키는 문제 상황 – 교통 체증

12	멀리 살기 때문에 대중교통수단을 이용할 수밖에 없었어. 오늘 아침 버스와 지하철 둘 다 탔고 여기까지 오는 데 약 40분 정도 걸렸어.	Since I live far away from here, I had to use public transportation. I took both the bus and the subway this morning and it took about 40 minutes.
13	멀리 살기 때문에 출퇴근 교통 체증을 피하기 위해선 대중교통수단을 이용할 수밖에 없었어.	Since I live far away from here, I had no choice but to take public transportation to beat the rush hour traffic.
14	오는 길에 병목 구간에 걸려 오도 가도 못했어.	I was **caught[trapped]** in a traffic bottleneck on the way here.
15	주말만 제외하고 언제나 차가 심하게 막혀.	It's bumper-to-bumper every day except weekends.
16	불행하게도 출퇴근 시간 때문에 오늘 교통 체증에 갇혔어.	Unfortunately, I got stuck in traffic today because of rush hour.
17	곧바로 여기에 오는 대중교통수단이 없어서 택시를 타고 올 수밖에 없었어. 불행히 차가 막혔어.	I couldn't help taking a cab because there is no public transportation to get here directly. Unfortunately, there was traffic.

18	그래서, 너희들끼리 만나서 나 빼고 그냥 경기/영화/콘서트를 보는 게[너희들끼리 만나서 조깅하러 가는 게] 어때?	So, why don't you guys **meet and watch the game/movie/concert[meet and go jogging]** without me?
19	내가 나중에 합류할게.	I will join you later.
20	아니면 내가 못 가면, 집에서 나 혼자 보고 다음에 만나자.	Or if I can't make it, maybe I'll watch it at home alone and take a rain check.
21	이 상황에 부담을 느낀다면 약속을 한 시간 뒤로 미루자고 제안할 수 있을까?	If this situation makes you feel burdened, could you suggest delaying our appointment until an hour later?
22	다른 아이들한테 전화해서 이 상황을 알려줄래?	Is there any chance you could call the others and explain this situation?
23	그래서 가능하면 네가 다른 친구랑 가면 좋겠어.	So, you had better go with another friend, if possible.
24	그래서 티켓 박스에서 환불을 받았으면 좋겠어.	So, you had better get a refund from the ticket box.
25	그래서 약속을 다른 시간으로 재조정했으면 좋겠어.	So, you had better reschedule the appointment for another time.

➕ 문장 조합 이렇게!

I have a package coming to my house between 6 p.m. and 8 p.m. so I have to wait in the house to receive it. There is no one else to receive the package in the house and it is something very important to me. So, you had better reschedule the appointment for another time. 05+06+25

집에 오후 6시에서 8시에 소포가 집으로 올 거야. 그래서 집에서 기다렸다가 그걸 받아야 해. 집에 그걸 받을 다른 사람이 없어. 그리고 소포가 나한테는 중요한 거야. 그래서 약속을 다른 시간으로 재조정했으면 좋겠어.

| 26 | 그래서 약속을 취소했으면 좋겠어. | So, you had better cancel the appointment. |

| 27 | 아니면 콘서트/공연/영화/경기를 시작하기 하루 전까지는 티켓을 환불 받을 수 있어. | Or I can get a refund on these tickets up to one day before the **concert/performance/ movie/game**. |

| 28 | 아니면 콘서트/공연/영화/경기를 시작하기 하루 전에 예약을 할 수 있어. | Or I can get the reservation up to one day before the start of the **concert/performance/ movie/game**. |

| 29 | 다른 것을 할지 다른 멤버들한테 물어볼까? | Should we ask the others if we can try something else? |

| 30 | 대신 영화를 보러 갈지 다른 멤버 들한테 물어볼까? | Should we ask the others if we should go to see a movie instead? |

| 31 | 경기를 할 다른 곳을 알아봤으면 좋겠어. | I think we should find another place to play. |

| 32 | 이번에는 새로운 시설에서 해봤으 면 좋겠어. | I think we should try a new facility this time. |

| 33 | 이 문제를 해결하기 위해 뭔가를 했으면 좋겠어. | I think we should do something to solve this problem. |

| 34 | 그렇지 않으면 네가 다른 경기장/ 콘서트장/극장에서 티켓을 예약 할 수 있어. | Otherwise, you can book a ticket for me at a different **stadium/concert hall/movie theater**. |

35	다른 날에 콘서트에/영화 보러/경기 보러 갈 수 있는지 궁금해.	I was wondering if we can go to a **concert/movie/game** another time.
36	날씨 좋을 때 콘서트장/극장에 가는 게 어때?	How about we go to a **concert/movie** when the weather is nice?
37	날씨 좋을 때 가는 것이 어때?	How about we go to a game when the weather is nice?

💬 마무리/사과의 말

38	다시 한번 미안해. 나중에 전화할게.	I'm sorry again and I will call you later.
39	뭐가 가장 좋은지 알려줘.	Let me know what is best for you.
40	어떻게 했으면 좋겠는지 알려줘.	Let me know what you want to do.

094 진료 예약 변경

빈출 질문 Q1

I'd like to give you a situation and ask you to act it out. You made an appointment with a doctor for something, but you realize you are not able to go because of a problem that needed to be done right away. Call the doctor's office and explain the situation as much as possible including what the circumstances are, what the problem is, and what steps can be taken to solve it.

질문 상황을 하나 드릴 테니 그에 맞게 과제를 수행해보세요. 여러분이 아는 사람 중에 즉시 처리할 일이 있어서 병원에 예약을 했는데 문제가 생겨서 갈 수 없다는 것을 알게 되었습니다. 병원에 전화를 걸어 상황을 가능한 자세히 말씀하시고 해결하기 위해 어떤 조치를 취할 수 있는지 설명하세요.

답변 구성 전략

공감 문장 선택할 때 참고하세요.

답변 내용이 질문의 모든 요소에 대해 빠짐 없이 대답하고 있는지, 질문의 주제에 맞춰 답변의 흐름이 자연스럽게 연결되는지 확인한다. 되도록 다양한 어휘와 구문을 사용하면 더욱 완벽하다.

★ 답변을 만드는 데 필요한 최소 문장은 6개, IM 등급에 적절한 답변에 이용할 수 있도록 공감 문장을 8개 이상 표시해보세요.

💬 도입/상황 설명

01 안녕하세요, 정태경이라고 합니다.

Hello, this is Jeong Taegyeong.

02 김 박사님과의 진료 예약 때문에 전화했습니다.

I'm calling regarding today's appointment with Dr. Kim.

03 해외여행을 가게 되어서 떠나기 전에 오늘 두 시에 예방 접종을 맞기로 되어 있었거든요.

I'm going on a trip overseas, and I was supposed to receive some vaccinations at 2 o'clock today.

04 그런데 같은 시간에 고객과 점심을 먹어야 해서 갈 수 없을 것 같아요.

But I have to meet a client for lunch at the same time, so I won't be able to make it.

05 시간을 오후 더 늦게 늦출 수 있을까요?

Would it be possible to see him later in the afternoon?

06 아, 김 박사님이 이번 주에는 시간이 없으시다고요.

Oh, you can't find any openings for Dr. Kim this week.

07 알겠습니다. 그렇지만 저를 대기자 목록에 올려주실 수 있으세요?

I see, but could you put me on the waiting list?

08 사실 제가 다음 주 월요일에 떠날 거라서 이번 주에 꼭 맞아야 하거든요.

Actually, I'm leaving next week on Monday, so I have to receive a shot within the week.

09 수요일, 같은 시간으로 재조정할 수 있을까요?

Could we reschedule for the same time on Wednesday?

● 마무리

10 아, 좋습니다. 감사해요.

Oh, that's great. Thank you.

11 그리고 다른 환자들이 약속을 취소하면 바로 제게 전화 주시겠어요?

And if any other patients cancel their appointments, please call me right away.

12 다시 한번 감사 드립니다.

Thank you, again.

095 애완동물 관련 문제 상황

빈출 질문 Q1

While you are caring for a pet, it becomes sick. Contact your friend to explain what has happened. Provide a detailed explanation of what is wrong with the pet and discuss how to solve this problem.

당신이 애완동물 한 마리를 돌보는데, 아프게 되었습니다. 친구에게 연락을 해서 어떤 일이 생겼는지 설명하되 애완동물이 어떤 상태인지를 자세하게 설명하고, 이 문제의 해결을 위해 의논을 하세요.

답변 구성 전략

공감 문장 선택할 때 참고하세요.

답변 내용이 질문의 모든 요소에 대해 빠짐 없이 대답하고 있는지, 질문의 주제에 맞춰 답변의 흐름이 자연스럽게 연결되는지 확인한다. 되도록 다양한 어휘와 구문을 사용하면 더욱 완벽하다.

★ 답변을 만드는 데 필요한 최소 문장은 6개, IM 등급에 적절한 답변에 이용할 수 있도록 공감 문장을 8개 이상 표시해보세요.

💬 도입/상황 설명

01 내 개가 오늘은 평소와는 달라. 우리 강아지가 아픈 것 같아.

My dog is not itself today. I think my puppy has a bug.

02 내 개가 오늘은 평소와는 달라. 너무 자주 짖었어.

My dog is not itself today. My dog barked so often.

03 우리 개한테 문제가 생겼어. 개가 다친 것 같아.

I have a problem with my dog. My dog seems to be hurt.

04 어제 공원에서 강아지를 잃어버렸어. 어디에서도 찾을 수가 없었어.

I lost my puppy in the park yesterday. I could not find him anywhere.

05 전문 애견 미용사한테 털을 깎이
다가 내 개가 상처를 입었어.

My dog got hurt while his fur was being taken care of by a professional dog groomer.

06 우리 개한테 문제가 생겼어. 애견
센터에서 내 개가 다른 개와 싸웠
어. 큰 개가 내 개의 다리를 물었어.

I have a problem with my dog. My dog fought with another dog in a kennel. The big dog bit the leg of my dog.

💬 문제 상황 설명

07 머리/다리에서 피가 나.

He's bleeding from the **head/leg**.

08 내 개가 움직이지 않아.

He doesn't move.

09 피부에 발진이 생긴 것을 발견했어.

I found his skin broken out in a rash.

10 내 개가 피부병이 있어.

My dog has skin problems.

11 그리고 강아지가 몇 시간 동안 토
했어.

And he vomited a couple of times.

12 집에 데려온 후에. 다른 개에게 물
린 상처가 감염되었어.

After taking him home, the wound from the other dog's bite became infected.

13 내 개가 열이 심하게 나고 밤새 재
채기를 했어.

My dog has a terrible fever and has been coughing and sneezing all night.

| 14 | 오늘은 일요일이라 동물 병원에 데려갈 수가 없어. | Today is Sunday, so I can't take him to an animal hospital. |

| 15 | 모든 동물 병원이 문을 닫았어. | All animal hospitals are closed. |

🗨 제안/대책

| 16 | 우리 개가 감기에 걸린 것 같니? | Do you think my dog has a cold? |

| 17 | 동물병원에 데려가서 예방주사를 맞혀야 할까? | Do I have to take my dog to the vet for some shots? |

| 18 | 개를 훈련 수업에 데려가야 할까? | Should I take him to a dog training class? |

| 19 | 약을 먹여야 할까? | Should I give him some medicine? |

| 20 | 잠시 상황을 지켜봐야 할까? | Should I wait and see which way the cat jumps? |

| 21 | 내가 무엇을 해야 하니? | What should I do? |

| 22 | 상태가 빨리 회복되지 않는다면, 911에 전화를 해야 할까? | If symptoms don't improve quickly, should I call 911? |

23 당장 911에 전화해서 도움 받을 수 있는지 알아볼게.	I will call 911 immediately and see if they can help me.
24 괜찮기를 바랄 뿐이야.	I just hope he's all right.
25 도와줘서 고마워.	Thank you for your help.

096 경기장/공원이 폐쇄된 상황

빈출 질문 Q1

You have just discovered that the field or park you are going to is under construction. Contact your friends to explain this situation and discuss some alternatives with them.

당신이 가려고 했던 운동장 또는 공원이 공사 중이라는 사실을 막 알았습니다. 친구들에게 연락을 해서 이 상황을 설명하고 대안을 논의하세요.

답변 구성 전략

공감 문장 선택할 때 참고하세요.

답변 내용이 질문의 모든 요소에 대해 빠짐 없이 대답하고 있는지, 질문의 주제에 맞춰 답변의 흐름이 자연스럽게 연결되는지 확인한다. 되도록 다양한 어휘와 구문을 사용하면 더욱 완벽하다.

★ 답변을 만드는 데 필요한 최소 문장은 6개, IM 등급에 적절한 답변에 이용할 수 있도록 공감 문장을 8개 이상 표시해보세요.

💬 도입/상황 설명

01 안녕, 지훈아. 우리 문제가 있는 것 같아.

Hi, Jihoon. I'm afraid we have a problem.

02 우리가 보통 가던 운동장/공원이 개축 공사를 하고 있어.

The **field/park** we usually go to is being renovated.

03 우리가 보통 가던 운동장/공원이 보수공사로 차단되고 있어.

The **field/park** we usually go to is being blocked for repair work.

04 우리가 보통 가던 운동장/공원이 보수 공사가 다 행해질 때까지는 계속 폐쇄될 거야.

The **field/park** we usually go to is being closed until repair work has been carried out.

05 우리가 보통 가던 운동장/공원이 대대적인 보수공사로 문을 닫았어.

The **field/park** we usually go to is being closed for extensive renovations.

06 그래서 한동안 문을 닫을 거라서 못 가게 됐어.

So, it is closed for a while and we can't go there.

07 우리 어떻게 하면 좋겠어?

What do you think we should do?

💬 제안/대책

08 우리가 사용할/갈 수 있는 다른 경기장/공원이 있는지 다른 멤버들한테 물어볼까?

Should we ask the others if there are other **stadiums we can use[parks we can go to]**?

09 장소가 축구를 할 만큼 큰지 확인해야겠어.

I need to check if the place is big enough to play soccer.

10 우리가 이번 토요일에 그곳에서 축구를 할 수 있는지 다른 멤버들한테 물어볼까?

Should we ask the others if we can play soccer there this Saturday?

11 우리가 보통 경기하는/가는 곳 모퉁이에 고등학교/공원이 있는 것을 봤어. 거기 가도 될 것 같아.

I saw a **high school/park** just around the corner from where we usually **play/go**. We could go there.

12 사실 일기예보를 보니까 이번 주말에는 부분적으로 흐리고 비가 온대.

Actually, the weatherman said it'll be partly cloudy and rainy this weekend.

13 콘서트에 가는 건 어때?

What do you think about going to the concert?

| 14 | 오늘 밤에 야구 경기를 보러 가는 건 어때? | What do you think about going to a baseball game tonight? |

| 15 | 쇼핑을 가는 건 어때? | What do you think about going shopping? |

| 16 | 우리 집에서 〈해리 포터〉 영화를 보는 건 어때? | What do you think about watching *Harry Potter* movies at my house? |

➕ 문장 조합 이렇게!

Actually, the weatherman said it'll be partly cloudy and rainy this weekend. What do you think about going to the concert? Otherwise, what do you think about watching *Harry Potter* movies at my house? 12+13+16

사실 일기예보를 보니까 이번 주말에는 부분적으로 흐리고 비가 온대. 콘서트에 가는 건 어때? 아니면, 우리 집에서 〈해리 포터〉 영화를 보는 건 어때?

| 17 | PC방에 가서 온라인 게임을 하는 건 어때? | What do you think about going to a PC café and playing online games? |

| 18 | 이번에는 취소하고 싶다면, 영화 보러 가는 건 어때? | If you would like to cancel this time, what do you think about going to see a movie? |

🔵 마무리

| 19 | 뭐하고 싶은지 알려줘. | Let me know what you want to do. |

097 경기장 예약에 문제가 생긴 경우

빈출 질문 Q1

Upon arriving at the park, you discover that another group of people is already playing on the field. It seems like your name is nowhere to be found on the sign up list. Call the City Parks Department to explain the situation and then suggest some possible solutions to resolve this problem.

당신이 공원에 도착하자, 다른 사람들이 이미 축구장에서 축구를 하고 있는 것을 알게 됐습니다. 당신의 이름은 등록명부 어디에도 없는 것 같습니다. 도시공원 담당부서에 전화해서 상황을 설명하고 그 다음에 이 문제를 해결하기 위한 가능한 해결책을 몇 가지 제시하세요.

답변 구성 전략

공감 문장 선택할 때 참고하세요.

답변 내용이 질문의 모든 요소에 대해 빠짐 없이 대답하고 있는지, 질문의 주제에 맞춰 답변의 흐름이 자연스럽게 연결되는지 확인한다. 되도록 다양한 어휘와 구문을 사용하면 더욱 완벽하다.

★ 답변을 만드는 데 필요한 최소 문장은 6개, IM 등급에 적절한 답변에 이용할 수 있도록 공감 문장을 8개 이상 표시해보세요.

💬 도입/상황 설명

01	여보세요. 김민입니다.	Hello. This is Kim Min.
02	제가 일주일 전에 경기장의 축구장을 5월 15일에 예약했습니다.	A week ago, I reserved the soccer field at your stadium on May 15th.
03	오후 1시에서 2시까지는 축구장을 사용하기로 되어 있었어요.	We were supposed to use the field from 1 p.m. to 2 p.m.

04 유감스럽게도 다른 사람들이 그곳에서 축구를 하고 있습니다.

Unfortunately, another group of people is playing soccer there.

05 직원 한 분에게 확인을 부탁했더니 그분이 저희 예약 기록이 없다고 하십니다.

We asked one of the clerks to check the records, but he said there's no record of my reservation.

06 이런 일이 일어나다니 믿을 수 없네요.

I can't believe this has happened.

● 제안/대책

07 예약할 때 통화한 분과 이야기하고 싶습니다.

I wanted to talk with the one who I made the reservation with.

08 그쪽 실수로 예약이 취소되었다고 확신해요. 따라서 우리가 경기를 할 수 있는 다른 장소를 추천해주셔야 한다고 생각해요.

I'm sure my reservation was cancelled by your mistake, so I think you should recommend another place we can play.

09 아니면 저희가 경기할 수 있도록 해주실 수 있다면 무엇을 도와주실 수 있는지 말씀해주세요.

Or if you can arrange a time for us to play, please tell me what you can do to help us.

098 구매 문제 상황

빈출 질문

물건을 잘못 샀거나 구매한 물건에 하자가 있는 경우(음악 기기/요리 재료/운동복/가구/쇼핑 품목 등 각종 주제별)

Q1 You purchased clothes for yoga and took them home. However, you found that one item has defects. Contact the shop, discuss the problems with the yoga outfit, and suggest two to three ways to solve the problem.

당신이 요가복을 구입해서 집으로 갖고 왔는데, 하자가 있다는 사실을 알게 되었습니다. 상점에 연락해서 요가복의 문제를 설명하고 이 문제를 해결하기 위한 2~3가지 대안을 제시하세요.

Q2 You bought a shirt and when you got home you found out that there was a stain on the shirt. Call the clothing store and describe the problem and suggest other alternatives to the problem.

당신이 셔츠를 사서 집에 왔는데 셔츠에 얼룩이 있는 것을 발견했습니다. 옷 가게에 전화해서 문제를 설명하고 문제에 대한 다른 대안을 제시하세요.

답변 구성 전략

공감 문장 선택할 때 참고하세요.

답변 내용이 질문의 모든 요소에 대해 빠짐 없이 대답하고 있는지, 질문의 주제에 맞춰 답변의 흐름이 자연스럽게 연결되는지 확인한다. 되도록 다양한 어휘와 구문을 사용하면 더욱 완벽하다.

★ 답변을 만드는 데 필요한 최소 문장은 6개, IM 등급에 적절한 답변에 이용할 수 있도록 공감 문장을 8개 이상 표시해보세요.

💬 도입/상황 설명

01 안녕하세요. 어제 거기서 셔츠를 하나 샀는데요.

구입한 물건
Hi. I bought **a shirt** at your store yesterday.

02 집에 와서 셔츠에 얼룩을 발견했어요.

But I realized there's a stain on the shirt after I got home.

03 안녕하세요. 요가 플레이스죠?

구매장소
Hello, is this **the Yoga Place**?

04	제가 어제 그 가게에서 요가용 옷과 매트를 샀는데요.	I purchased yoga outfits, including clothes and mats at your store yesterday.
05	집으로 가지고 와서 보니까 거기서 입어본 것이랑 다른 것이에요.	After returning home with them, I found out they looked different from what I tried on there.
06	저는 직원이 똑같은 것으로 새것을 줬다고 생각했는데 그가 실수로 다른 것을 포장해준 것 같아요.	I thought the sales clerk gave me a new one of the same kind, but he must have wrapped the wrong ones mistakenly.
07	공교롭게도 그게 저한테 잘 맞아서 정말 마음에 드는 옷이었는데요.	Unfortunately, this is the shirt I really like because it fits me well.
08	이런 결함 있는 제품을 제게 팔 의도가 아니었다고 믿습니다.	I believe you didn't mean to sell this defective product to me.
09	착용감이 좋긴 한데, 여기에 있는 문양이 별로 마음에 들지 않아요.	They still do fit well, but I don't really like the pattern on these ones.
10	제가 처음에 고른 것은 좀 더 단순한 모양이었어요.	What I originally picked up was a simpler style.

💬 제안/대책

| 11 | 자, 저한테 몇 가지 질문이 있어요. | Listen, I have a couple of questions. |
| 12 | 어떻게 하면 좋을까요? | So, what should I do? |

13	창고에 가서 재고품을 확인해 있는지 봐주시겠어요?	Could you check the stock room to see if you have them?
14	귀사의 비용으로 제가 이것들을 보내드리고 새 것을 받을 수 있을까요?	Can I send these to you and receive new ones at your expense?
15	먼저 제고를 확인해주실래요?	Could you check your stock first?
16	창고에 가서 다른 색의 것이 있는지 봐주시겠어요?	Could you check the stock room to see if you have them in other colors?
17	창고에 가서 더 큰 것이 있는지 봐주시겠어요?	Could you check the stock room to see if you have a larger one?
18	다른 색의 것이 있나요?	Do you have these in other colors?
19	한 치수 작은 것을 사고 싶어요.	I want one that is one size smaller.
20	같은 종류로 다른 사이즈 있나요?	Do you have this kind of clothes in a different size?
21	재고가 있으면 이것을 새 것으로 교환해주시겠어요?	If you have it in stock, can I exchange this for a new one?
22	택배 회사를 통해 익일 배달로 보내주셔도 좋고요, 혹은 제가 오늘 오후에 가지러 가도 됩니다.	You can send it by courier service for overnight delivery, or I can pick it up this afternoon.

23 아니면 제 돈을 돌려주시거나, 드라이클리닝 비용을 지불해주시는 건 어때요?

Otherwise either you can give me my money back, or you can pay for dry cleaning.

24 환불을 받을 수 있나요?

Can I get a refund?

25 새것으로 교환할 수 있을까요?

Can I exchange them for new ones?

26 새 상품으로 교환하기 위해 그것들을 돌려보내고 싶습니다.

I want to return them to you for replacement.

27 어떤 대안이 가장 좋을 것 같으세요?

Which of these alternatives do you think is the best?

28 다른 해결책은 돈을 돌려주시는 거예요.

The other solution would be for you to ★ <u>give me my money back</u>.

★ 이것만 바꿔도 등급이 쑥쑥

전액 환불을 해주는 것 **give me a full refund** 보상을 해주는 것 **give me something for compensation** 상품권을 주는 것 **give me a certificate** 무료 쿠폰을 우편으로 보내주는 것 **send me a free coupon by mail**

🗨 마무리

29 그게 제일 좋을 것 같습니다.

I think it's for the best.

30 이 문제가 가급적 빠른 시일 내에 해결되기를 바랍니다.

I would like to resolve the problem as quickly as possible.

099 여행 관련 공항에서 겪는 문제 상황

빈출 질문 Q1

When you go to the airport for a flight, you see that your flight's departure will be two hours late. You go to the airport's service center. Please ask several questions about the problem.

비행기를 타러 공항에 가서 탑승이 두 시간 늦어질 것을 알았습니다. 공항 서비스 센터에 가서 이 문제에 대한 질문을 몇 가지 해보세요.

Q2

You've just arrived at the airport and found out that your flight was delayed. Call your travel agency and explain the situation and give three or more alternatives to the situation.

당신이 공항에 막 도착했는데 당신의 항공편이 연착되었다는 것을 알았습니다. 여행사에 전화해서 상황을 설명하고 3~4개의 다른 방안을 제시하세요.

답변 구성 전략

공감 문장 선택할 때 참고하세요.

답변 내용이 질문의 모든 요소에 대해 빠짐 없이 대답하고 있는지, 질문의 주제에 맞춰 답변의 흐름이 자연스럽게 연결되는지 확인한다. 되도록 다양한 어휘와 구문을 사용하면 더욱 완벽하다.

★ 답변을 만드는 데 필요한 최소 문장은 6개, IM 등급에 적절한 답변에 이용할 수 있도록 공감 문장을 8개 이상 표시해보세요.

🟣 도입/상황 설명

01 여보세요. 이수현입니다.

Hello, this is Lee, Suhyun.

02 실례합니다. 그런데 뉴욕으로 가는 제 비행기가 3시 정각에 출발하지 못한다고 들었습니다.

Excuse me, but I heard that my flight for New York will not depart at 3 o'clock.

03 그것은 3시에 떠나기로 되어 있었고 저는 내일 그곳에서 중요한 회의가 있습니다.

It is supposed to leave at 3 and I have an important meeting there tomorrow.

04 그래서 회의를 준비할 충분한 시간을 가지고 싶습니다.

So, I hope to have enough time to prepare for the meeting.

05 기계 결함 때문에 연착된다고 하는데 저는 몇 시에 떠날 건지는 못 들었어요.

They just noticed the delay because of a technological problem, but I think I didn't hear what time it will depart.

06 아시아나 항공으로 서울에서 런던으로 가는 1시 항공편을 예약했습니다.

I booked a flight with your company going to London from Seoul, this afternoon at 1:00 p.m., on Asiana Airlines.

07 문제는 비행기가 연결 비행편의 지연으로 연착되었어요.

The problem is, the flight has been delayed due to a late connecting flight.

08 항공사에서는 아무런 설명이 없었습니다.

The airline did not give an explanation.

09 이것은 아주 중요한 출장이고 제 시간에 회의에 참석해야 해요

This is a very important business trip, and I have to attend the conference on time.

10 어떻게 해야 할까요?

So, what should I do?

🔵 제안/대책

11 제 생각에는 몇 가지 대안이 있는데요.

The way I see it, there are some alternatives.

12 몇 시에 탑승할 수 있는지 알려주시겠어요?

Would you let me know what time I can get on the flight?

13	두어 시간 이상 늦어지거나 취소될 가능성도 있나요?	Is there a possibility to be delayed for over a couple of hours or to be canceled?
14	그렇다면 저희 회사에 연락해서 이 문제를 알리고 이곳에 담당 매니저와 이 문제를 어떻게 처리할지 의논해야 할 것 같습니다.	If so, I think I need to contact my company to inform them of this matter and discuss with your manager in charge how to handle this matter.
15	서비스가 취소되었을 때 보상 정책에 대해 말씀해주시겠어요? 도와주셔서 감사합니다.	Would you tell me your compensation policy to cover service failure? Thank you for your help.
16	우선 항공사에 전화해서 똑같은 항공사로 다른 티켓을 예약해주세요.	First, you can call the airline, and book me another ticket on the same airline.
17	그렇지 않으면, 다른 항공사의 티켓을 예약해주셔도 좋고요.	Otherwise, you can book a ticket for me on a different airline.

🔵 마무리

| 18 | 다시 한번, 서둘러서 알려주시겠어요? | Once again, would you hurry up and let me know? |
| 19 | 도와주셔서 감사합니다. | Thanks for your help. |

비법 12 단순 질문 유형, 질문 역이용법

롤플레이라는 유형은 마치 주어진 상황에 따라 연기를 하는 것과도 같다. 영어를 평소에 말하듯이 사용해 볼 일이 없는 우리들에게는 매우 당황스러운 유형이다. 그래도 대비해야지 어쩌겠나? 앞서 이론편에서 설명했지만 간단히 정리하면, 질문하기와 문제 상황 해결하기, 이렇게 두 가지가 있다. 질문하기를 좀 더 세분하면 상대방에게 단순히 질문만 열거하면 되는 문제와 제시된 상황에 맞춰 자신에게 필요한 정보를 얻어내기 위해 질문을 하는 문제로 나눌 수 있다. 기억하자! 상대방에게 단순 질문하는 유형은 식은죽 먹기와 같다. 따라서 포기한다는 건 스스로 점수를 딸 기회를 버리는 것이다. 앞서 설명했듯이 상대방에게 단순 질문을 하는 유형은 아주 쉽다. 지금까지 OPIc을 공부하면서 수없이 들었던 질문의 내용만 기억해도 답변에 이용할 수 있다. 애완동물 주제를 예로 들면, 수험자에게 '언제 애완동물을 기르기 시작했냐, 어떻게 돌보냐, 먹이는 누가 주냐, 기억에 남는 일들이 있었냐' 등에 대해 물어본다. 그런데 상대방에게 애완동물에 대해 질문을 하라는 문제가 나오면, 이 질문들은 그대로 되물을 수 있는 것이다. 다만 좀 더 센스를 발휘한다면 중간중간 자기 이야기를 섞어주거나 상대방의 반응이 있다고 가정하고 맞장구를 쳐주면 만점 답변이 된다. 그럼 상황이 주어지는 질문하기는 어떻게 할까? 이건 살짝 난이도가 있는 유형이다. 그러나 상황 설명을 잘 한 다음, 질문을 나열하면 되므로 이런 유형에 자주 등장하는 상황을 몇 가지 정리해서 상황 설명을 암기해두는 것이 요령이다. 자주 등장하는 상황은 주로 필요에 의한 정보 요청이므로 제한적이라고 할 수 있다. 예약을 위한 정보 요청, 구입하려는 제품에 대해 문의하는 상황이 각 주제별로 나올 수 있다. 각 주제별로 따로 준비할 필요 없이 핵심어만 바꿔준다고 생각하고 대비하는 것이 효율적이다. 예를 들어, 온라인으로 표를 예매하는 상황이라면 '영화'를 '공연'으로만 바꿔서 두 가지 주제에 대비할 수 있다. '전자제품' 구입에 대한 문의는 '음악 기기' 구입으로 핵심어를 바꿔서 한번에 준비할 수 있다.

애완동물 단순 질문 유형

Oh, you have a dog! I have one, too. What kind of dog is it? What does it look like? I have a Yorkshire terrier called Sunny. She is very playful. What do you call your dog? Did you give her a certain name? Is there anything particular about your dog? Your dog has long fur. For me, I prefer to keep my dog's fur short. But I'm sure your dog looks great with long fur. Are you responsible for taking care of her? What does your dog like to do? My dog enjoys playing with toys. Oh, so does yours. It's very nice to meet another person who has a dog.

아, 애완견을 기르시는군요! 저도 한 마리 기르고 있어요. 어떤 종류인가요? 어떻게 생겼나요? 저도 써니라는 요크셔테리어를 한 마리 기르고 있어요. 매우 장난기가 많아요. 개를 뭐라고 부르세요? 개한테 어떤 이름을 붙여주었나요? 어떤 특징이 있나요? 당신의 개는 털이 길다고요. 저의 경우에는 털을 짧게 유지하는 걸 선호합니다. 그렇지만 당신의 개는 털이 길어서 매우 예쁠 것 같군요. 개를 돌보는 것이 당신 책임인가요? 당신 개는 무엇을 하는 것을 좋아하나요? 저희 개는 장난감을 가지고 노는 것을 좋아합니다. 당신 개도 그렇군요. 애완견을 기르는 분을 만나다니 반갑네요.

07 돌발 주제

빈출 질문 Q1
Please tell me about your most memorable experience when you went shopping. What happened? Why was it so memorable to you?
쇼핑할 때 일어난 가장 기억에 남는 일을 이야기해주세요. 어떤 일이었나요? 왜 기억에 남나요?

답변 구성 전략
공감 문장 선택할 때 참고하세요.

답변 내용이 질문의 모든 요소에 대해 빠짐 없이 대답하고 있는지, 질문의 주제에 맞춰 답변의 흐름이 자연스럽게 연결되는지 확인한다. 되도록 다양한 어휘와 구문을 사용하면 더욱 완벽하다.

★ 답변을 만드는 데 필요한 최소 문장은 6개, IM 등급에 적절한 답변에 이용할 수 있도록 공감 문장을 8개 이상 표시해보세요.

⏱ 3초 보카 – 쇼핑 품목

옷 **clothes** 신발 **shoes** 액세서리 **accessories** 화장품 **cosmetics** 문구 용품 **stationery** 가전 제품 **home appliances** 가구 **furniture**

💬 쇼핑 중 문제가 발생한 경험

01	새로 산 옷이 첫 세탁 후 심하게 변색되었습니다.	The new clothes I bought had a considerable color change after the first wash.
02	그 셔츠는 세탁한 후에 소매 단이 늘어지고 변형되었습니다.	The shirt's cuffs sagged and lost their shape after washing.
03	제 청바지가 세탁 후에 변색되었습니다.	The blue jeans were discolored after washing.
04	제조사에서는 그것이 세탁 가능한 것이라 했기 때문에 저는 이것을 믿을 수 없었습니다.	I can't believe it because the manufacturer said it is machine washable.

05	저는 그들이 손상에 대해 당연히 책임을 져야 한다고 생각했습니다.	I thought they should be responsible for any damages, of course.
06	저는 상점에 전화해서 이 상황을 설명하고 불만을 이야기했습니다.	I called the store and I explained the situation and complained about it.
07	그는 제가 현금으로 사면 더 좋은 가격으로 주겠다고 말했어요.	He said he would have given to me a better deal if I had paid in cash.
08	너무 비쌌습니다. 저는 거의 예산 초과였어요.	It was too much. That almost busted my budget.
09	뭔가 계산이 안 맞는 것 같았습니다.	I thought there was something wrong with the accounts.
10	최종 총계가 맞지 않았습니다.	That final total didn't add up.
11	완전히 바가지였어요!	What a rip-off!
12	저는 물건을 잘 살펴보지도 않고 샀습니다.	I bought a pig in a poke.
13	그것에 흠집이 있었습니다.	There were some defects on it.
14	시계를 다른 것으로 바꿔야 했습니다.	I needed to switch **the watch** for something else.

쇼핑품목

15	그것을 반품하고 싶었습니다.	I wanted to return it.
16	허리 주위가 너무 딱 붙었습니다.	It squeezed my waist.
17	어깨쪽이 약간 조였습니다.	It was a little tight around the shoulders.

| 18 | 제게 너무 꽉 조였습니다. | It was too ★ <u>tight</u> for me. |

★ 이것만 바꿔도 등급이 쑥쑥

점잖은 **formal** 고상한 **dressy** 헐렁한 **loose** 야한 **loud** 캐주얼한 **casual** 요란한 **blatant** 화려한 **fancy, flashy** 수수한 **quiet** 번들거리는 **glaring**

19	하지만 서비스를 받으려고 20분 가량 줄을 서서 기다려야 했습니다.	However, I had to wait in line for almost 20 minutes to be served.
20	제 앞에 7~8명이 있었는데 접수대에서 근무하는 직원은 단 한 명이었습니다.	There were seven or eight people ahead of me, but only one agent was working at the counter.

21	좌석 벨트를 매는 데 어려움을 겪어서 몇 차례 시도한 끝에 비로소 고정시킬 수 있었습니다.	I had trouble **hooking the seatbelt** and had to try several times before it finally **stayed hooked**.
22	서비스에 큰 문제는 없어서 분명 그것을 다시 이용할 겁니다.	There were no major problems with the service, so I will certainly do business with them again.
23	다음에는 이용하지 않을 것입니다.	I will never do business with again.

101 식당/외식

빈출 질문 Q1
Tell me about a place you especially like to go to eat out. Who do you usually go with? Tell me what you normally eat there.
특별히 외식하러 가기 좋아하는 곳에 대해서 말씀해주세요. 보통 누구와 함께 가나요? 보통 그곳에서 무엇을 먹는지 말씀해주세요.

답변 구성 전략
공감 문장 선택할 때 참고하세요.

답변 내용이 질문의 모든 요소에 대해 빠짐 없이 대답하고 있는지, 질문의 주제에 맞춰 답변의 흐름이 자연스럽게 연결되는지 확인한다. 되도록 다양한 어휘와 구문을 사용하면 더욱 완벽하다.

★ 답변을 만드는 데 필요한 최소 문장은 6개, IM 등급에 적절한 답변에 이용할 수 있도록 공감 문장을 8개 이상 표시해보세요.

💬 식당의 기본 정보

⏱ 3초 보카

저녁식사를 하다 **have dinner** 술 한 잔 하다 **have a drink** 고객과 점심을 하다 **take your clients for lunch**
아이들을 데려가다 **take your children**

01	제가 가장 즐겨 찾는 음식점은 서울 삼겹살/서울 레스토랑이라는 곳입니다.	My favorite restaurant is called Seoul Samgyeopsal/Seoul Restaurant.
02	한국 사람들은 삼겹살을 정말 좋아하는데, 그것은 돼지고기의 한 부위입니다.	Koreans really like samgyeopsal, which is pork belly.
03	사람들은 테이블에 앉아 삼겹살을 불판에 바로 구워 먹죠.	People roast pork belly over a hot grill right at the table.
04	제 동료들과 저는 자주 삼겹살을 먹으러 갑니다.	My coworkers and I often come to eat samgyeopsal there.

05 이 식당은 상업 지구에 있어서, 항상 많은 직장인들이 큰소리로 이야기를 하면서 소주라는 한국 술을 마십니다.

It is located in the commercial district, and there are always many office workers talking loudly and drinking Korean alcohol, soju.

06 이 식당은 제가 가족을 데리고 가기를 가장 좋아하는 장소입니다.

This restaurant is my favorite place to take my ⭐ <u>family</u>.

⭐ **이것만 바꿔도 등급이 쑥쑥**

여자친구 **girlfriend**　고객 **clients**　친구들 **friends**　부모님 **parents**　아이들 **children**

07 이 식당은 돼지고기가 주 메뉴입니다.

This restaurant specializes in ⭐ <u>pork</u>.

⭐ **이것만 바꿔도 등급이 쑥쑥**

스파게티 **spaghetti**　피자 **pizza**　중국 음식 **Chinese food**　한국 전통 음식 **Korean traditional food**
인도 음식 **Indian food**　채식 요리 **vegetarian dishes**

🟣 서비스 및 특징

08 서비스가 좋아서 샐러드나 반찬을 부담 없이 더 시킬 수 있습니다.

Their service is good and we can feel free to refill salad or side dishes.

09 옥외 테라스에서 음식을 먹을 수 있습니다.

We can enjoy the food on the outside patio.

10 로맨틱한 분위기에서 저녁식사를 할 수 있습니다

We can have dinner in a romantic atmosphere.

11 다양한 서양 요리를 즐길 수 있습니다.

We can enjoy a variety of Western dishes.

12	주방장 특별 요리를 서비스 받을 수 있습니다.	We can be served the chef's special.

13	고기의 질을 고려해보면 저는 그 식당을 가장 좋아합니다.	Considering ★ <u>the quality of their meat</u>, I like the restaurant the best.

★ 이것만 바꿔도 등급이 쑥쑥

분위기 **atmosphere** 음식 가격 **price of food** 다양한 메뉴 **extensive menu** 좋은 서비스 **great service** 좋은 음식 **great food**

14	그리고 다양한 것에 대해 몇 시간 동안 얘기를 나눠요.	And we chat about various things for hours.
15	원하면 목소릴 높여 어떤 것이든 얘기할 수 있습니다.	We can say anything, and raise our voices if we want.
16	또한 그곳은 멋진 테라스가 있어서 여름에는 바깥에서 고기를 구워 먹을 수 있습니다.	The place also has a nice patio area so that we can cook meat on a grill outside in the summer.
17	채식주의자가 선택할 수 있는 음식이 있습니다.	They have a vegetarian alternative.
18	아이들을 위한 특별 음식이 있습니다.	They have a special meal for children.

빈출 질문 Q1	Describe the furniture in your house. What are they? What do they look like? Tell me in as much detail as possible. 집에 있는 가구에 대해 묘사해주세요. 무엇이 있습니까? 어떻게 생겼습니까? 가구들에 대해 자세히 얘기해주세요.
Q2	Identify your favorite piece of furniture in your house. What is it and why do you like that particular piece? 집에서 가장 좋아하는 가구를 말해보세요. 가장 좋아하는 가구는 무엇이고 왜 그 가구를 좋아합니까?

답변 구성 전략

공감 문장 선택할 때 참고하세요.

답변 내용이 질문의 모든 요소에 대해 빠짐 없이 대답하고 있는지, 질문의 주제에 맞춰 답변의 흐름이 자연스럽게 연결되는지 확인한다. 되도록 다양한 어휘와 구문을 사용하면 더욱 완벽하다.

★ 답변을 만드는 데 필요한 최소 문장은 6개, IM 등급에 적절한 답변에 이용할 수 있도록 공감 문장을 8개 이상 표시해보세요.

💬 집에 있는 가구

01	우리 집에는 가구가 많이 없습니다.	We don't have much furniture in the house.
02	서재에는 책상과 의자, 책장이, 침실에는 침대와 책상과 의자가, 거실에는 소파가 있습니다.	We have a desk, chair, and bookshelf in the study, a bed and a desk and chair in the bedroom, and a couch in the living room.
03	특별한 날에만 사용하는 좌식용 상이 있습니다.	We have a short sitting table that we only use for special occasions.
04	저희 가족은 식사를 할 때면 언제나 네 개의 의자가 있는 큰 식탁에서 먹습니다.	Whenever our family eats, we always eat at the big table, which has four chairs.

05 우리 가족은 큰 상에 둘러 앉아 식사를 합니다.
Our family can sit around a big table.

06 저희 집에서 제일 좋아하는 가구는 침대입니다.
The best piece of furniture in our house is our bed.

07 저는 거실에 있는 소파를 정말 좋아합니다.
I love the couch in the living room.

08 저는 부드러운 침대를 샀습니다.
I bought a soft bed.

09 그냥 제가 필요하다고 생각하고 구매한 것입니다.
I just thought I needed one, so I bought it.

💬 상세 묘사

10 책장과 책상은 연결된 세트입니다.
The desk and bookshelf are an attached set.

11 저는 그것을 이마트에서 얼마 안 되는 가격에 샀습니다.
I bought it from E-mart for not much money.

12 질이 좋지는 않지만 괜찮은 편입니다.
It's not very good quality, but it's okay.

13 침대는 돌처럼 딱딱하고 편하지 않지만 땅바닥에서 자는 것보다는 낫습니다.
The bed is hard as a rock, and not very comfortable, but it's better than sleeping on the floor.

14	침실에 있는 책상에는 유리가 있습니다.	The desk in the bedroom has a glass top.
15	그것(책상)은 꽤 괜찮지만 그 책상과 같이 있는 의자는 정말 불편합니다.	It's pretty nice, but the chair that it's with is really uncomfortable.
16	저는 그 의자에 오래 앉아 있지 못합니다. 오래 앉아 있으면 허리가 아픕니다.	I can't sit in it long or it gives me back problems.
17	소파는 길고 오렌지 색인데 자거나 앉아 있기 정말 좋습니다.	It's long and orange and really great to sit in and sleep on.
18	저는 아현동에 있는 가구점에서 싸게 구입했습니다.	I bought this bed real cheap at a furniture store in Ahyundong.
19	저는 원래 바닥에서 잤는데, 어느 날 불편한 것 같았습니다.	I was sleeping on the floor, and one day I thought that it was uncomfortable.
20	집에 그 상을 둘 충분한 공간이 없기 때문에 다른 때는 그 상을 사용하지 않습니다.	We don't use the table any other time, because there isn't enough room for it.
21	거실에 그냥 두면 너무 복잡할 것 같아서, 보통 가족식사를 할 때는 큰 식탁을 사용합니다.	Our living area would be too crowded if we left it there, so we use the big table for our regular family dining.
22	또한 바닥에 앉았다가 일어서는 것도 힘이 듭니다.	Also, it's hard for me to get off the floor.

| 23 | 침대와 테이블, 의자 모두 돌로 만들어졌습니다. | The beds, tables, and chairs are all made of stone. |

🗨 용도/좋아하는 이유

| 24 | 음식도 많이 놓을 수 있고 상에 우리 여덟, 아홉 명이 편하게 앉을 수 있을 정도로 충분한 공간이 있습니다. | It holds a lot of food, and there is enough space around the table where eight or nine of us can sit comfortably. |
| 25 | 우리 가족은 그 상에 둘러 앉아 많은 좋은 시간을 가졌습니다. | Our family has had many great times around that table. |

26	가족이 함께 모일 때면 이야기도 많이 하고 웃어서, 그 상을 생각하면 많은 따뜻한 기억들이 떠오릅니다.	When we get together, we like to talk a lot and laugh, so when I think of **that table**, I have a lot of warm memories.
27	장모님께서 오시면 자주 그 소파에서 주무십니다.	When my mother-in-law comes over, she very often goes to sleep on that couch.
28	비싼 침대는 아닌데 이상하게도 매우 편안합니다.	It is not an expensive bed, which is kind of strange, because it's really comfortable.
29	제가 이상하다고 하는 이유는 그렇게 비싸지 않으면 값싸게 만들어졌다고 생각하지만 이 침대는 그렇지 않기 때문입니다.	I say it's strange, because for something that doesn't cost much, you expect it to be cheaply made, but this bed isn't like that.
30	처음으로 그 침대에 누웠을 때는 2분 정도도 안 걸려 잠이 들었습니다.	The first time I laid down on it, I was asleep in something like two minutes.

빈출 질문 Q1	Pick one of your ID cards and describe it in detail. What is it for? Why did you make it? What does it look like? 신분증을 하나 골라 자세히 묘사해보세요. 어떤 신분증인가요? 왜 만들었나요? 어떻게 생겼나요?
Q2	Please tell me about the identification cards you have. When and where do you use each of them? 당신이 갖고 있는 신분증에 대해 말해주세요. 각각의 신분증을 언제, 어디서 사용하나요?
Q3	What steps are required in order to acquire an identification card? What particular procedures do you need to follow? Do you need other items such as a birth certificate, etc. in order to get the card? 신분증을 받기 위해 어떤 절차가 요구되나요? 어떤 특정 절차를 따라야 하나요? 신분증을 받기 위해 출생 증명서와 같은 다른 것들이 필요한가요?

답변 구성 전략

공감 문장 선택할 때 참고하세요.

답변 내용이 질문의 모든 요소에 대해 빠짐 없이 대답하고 있는지, 질문의 주제에 맞춰 답변의 흐름이 자연스럽게 연결되는지 확인한다. 되도록 다양한 어휘와 구문을 사용하면 더욱 완벽하다.

★ 답변을 만드는 데 필요한 최소 문장은 6개, IM 등급에 적절한 답변에 이용할 수 있도록 공감 문장을 8개 이상 표시해보세요.

💬 신분증/면허증 묘사

01	저는 세 개의 신분증을 가지고 있습니다.	I have three identity cards.
02	주민등록증과 운전면허증. 그리고 학생증을 가지고 있습니다.	I have a resident identity card, a driver's license, and my student card.
03	제 운전면허증은 네모 모양입니다.	My driver's license is a rectangle.
04	딱딱한 플라스틱으로 만들어졌습니다.	It is made of hard plastic.

05 카드에는 지문 모양처럼 보이는 것이 있습니다.

It has something that looks like a fingerprint pattern on it.

06 사진은 왼편에 있습니다.

My picture is on the left hand side.

07 사진은 면허증의 1/3을 차지하고 있습니다.

The picture takes up about one-third of the license.

08 사진 옆에는 저의 개인 정보가 있습니다.

Next to the picture is my personal information.

09 위에는 '운전면허증'이라고 한글과 영어로 적혀 있습니다.

At the top are the words "Driver's License" written in Korean and English.

10 면허증에 그 외의 모든 것은 한글로 적혀 있습니다.

Everything else on the license is written in Korean.

11 '운전면허증'이라는 단어 아래에는 '서울'이라는 단어와 운전면허증 번호가 적혀 있습니다.

Under the word "Driver's License" is the word "Seoul" and my driver's license number.

12 그 아래에는 제 이름과 신분증 번호가 있습니다.

Then, under that, is my name and identity card number.

13 그 다음 제 주소와 면허증의 유효기간이 있습니다.

Then my address and the expiration date of the license.

14 유효기간 옆에는 사진이 또 있는데, 이 사진은 작고, 사진 아래에는 빨간 도장이 찍혀 있습니다.

Next to the expiration date is my picture again, only this one is small, and under the picture is a red stamp.

15 마지막으로 맨 아래에는 제가 어디서 면허증을 발급 받았는지 써 있습니다.

Finally, at the bottom, it says where I got the license.

🔵 신분증 용도

16 신분 증명으로 학생증을 사용할 수 있습니다.

I can use my student ID for identification.

17 이 신분증은 또한 출입구/출입문의 열쇠 기능도 합니다.

This card also functions as the **door/gate** key.

18 학생들은 대학이 발급한 신분증을 이용하여 자료를 열람할 수 있습니다.

Students may use their university identification cards to access materials.

19 신분증을 보여줘서 도서관에 들어갈 수 있습니다.

I can get access to the library by showing my identity card.

20 직원들은 항상 신분증을 착용해야 합니다.

Employees are required to wear identification badges at all times.

21 실험실에 들어가고자 하는 직원은 문 옆에 있는 바코드 판독기에 신분증을 통과시켜야 합니다.

To gain access to the laboratory, employees should swipe their ID badges through bar code readers next to the door.

22 보안 출입증 없이는 출입이 허용되지 않습니다.

There is no admittance without a security pass.

💬 신분증 발급 절차

23	신분증은 주민센터에서 발급 받습니다.	You get your card made at the community center.
24	만드는 방법은 이렇습니다.	This is how it's done.
25	우선, 사진이 필요합니다.	First, you need a picture.
26	출생증명서나 학생증과 같은 다른 신분증명서가 필요합니다.	You also need another piece of identification, like a birth certificate or student ID.
27	준비되면 주민센터로 가서 등록하는 사무실로 갑니다.	So you go to the community center and go to the registration office.
28	번호표를 받고 기다립니다.	You take a number and wait.
29	차례가 되어 직원에게 가면 직원이 지문을 찍어가고 사진과 서류를 가지고 갑니다.	When it's your turn, you go to the clerk, and she takes your fingerprints, and collects your picture, and form.
30	그 다음에 그들은 절차가 완료된 카드를 보내줍니다.	After that, they send the card to be processed.
31	본인이 와서 가져가거나 자택으로 우편 송부하기도 합니다.	You can pick it up or they will mail it to your house.

32	신분증 발급은 신청서를 제출하는 즉시 처리되지 않습니다.	An identification order is not processed immediately upon submission of application.
33	2주 이내로 주민센터에서 신분증을 발급해줍니다.	The office will send you a card within two weeks.
34	그들은 인터넷을 통해 민원을 신청하고 발급할 수 있게 하여 행정 절차를 간소화했습니다.	They have simplified administrative matters by making more official documents and services available online.

104 은행

빈출 질문 Q1	Tell me what you normally do at a bank. 은행에 가면 주로 하는 일을 설명하세요.
Q2	Tell me about the last experience you had at a bank. Tell me when it was and who you went with and everything that happened at the bank that day. 은행에서 있었던 가장 최근의 경험에 대해 말해주세요. 언제 누구와 은행에 갔었는지 말해주시고, 그날 은행에서 있었던 일을 모두 말씀해주세요.

답변 구성 전략

공감 문장 선택할 때 참고하세요.

답변 내용이 질문의 모든 요소에 대해 빠짐 없이 대답하고 있는지, 질문의 주제에 맞춰 답변의 흐름이 자연스럽게 연결되는지 확인한다. 되도록 다양한 어휘와 구문을 사용하면 더욱 완벽하다.

★ 답변을 만드는 데 필요한 최소 문장은 6개, IM 등급에 적절한 답변에 이용할 수 있도록 공감 문장을 8개 이상 표시해보세요.

💬 은행 업무 과정

01 다들 오전 9시 30분에 열어서 오후 4시 30분에 닫아요.

All of them open at 9:30 a.m. and close at 4:30 p.m.

02 은행의 ATM기에서 출금을 하면 약간의 수수료가 있습니다.

When I withdraw money from a bank's ATM, there is a small fee.

03 ATM을 이용하거나 인터넷 뱅킹 시스템을 이용해 간단한 거래를 할 수 있습니다.

I can make quick transactions by using the bank's ATM or using the Internet banking system.

04 가끔은 창구에서 예금을 하거나 정보를 얻습니다.

Sometimes, I need to make a deposit at the counter or get some information.

05 예금 통장을 만들 때 은행원의 서
비스를 받아야 합니다.

When you want to open a savings account, you need to get service from tellers.

06 신용카드를 새로 신청할 때 은행
원의 서비스를 받아야 합니다.

When you want to apply for a new credit card, you need to get service from tellers.

07 현금카드를 신청할 때 은행원의
서비스를 받아야 합니다.

When you want to apply for a debit card, you need to get service from tellers.

08 대출을 신청할 때 은행원의 서비
스를 받아야 합니다.

When you want to apply for loans, you need to get service from tellers.

09 담보 대출을 받을 때 은행원의 서
비스를 받아야 합니다.

When you want to take out a mortgage, you need to get service from tellers.

10 수표 뒷면에 서명을 해야 합니다.

You have to write your name on the back of the checks.

11 환율 게시판을 통해 원화대비
미국 달러의 환율을 확인합니다.

I can check the exchange rate board for the exchange rate of the US dollar to the Korean won.

12 이름, 주소, 생년월일, 사회보장
증 번호 그리고 기타 등등을 양식
에 기재합니다.

You have to write your name, a street address, date of birth, social security number on the form and so forth.

13 구좌에 온라인으로 접속하려면 오
라인 사용자 ID와 암호를 만들어
야 합니다.

You should create your user ID and password to access your account online.

14 그런 후에는 예금할 수도 있고 인출할 수도 있고 계좌를 가지고 개인 수표를 작성할 수도 있고 또는 ATM 카드를 사용할 수도 있습니다.

After that, you can make a deposit, make a withdrawal, write personal checks on the account, or use the ATM card with it.

15 높은 이자를 받으려면 최소한 500달러 이상의 잔고를 유지해야 합니다.

You should maintain a minimum balance of $500 to receive the high interest.

16 현재 연이율을 확인해야 합니다.

You should check the current rate.

17 은행에 있는 현금자동인출기(ATM)를 이용하면 창구에서 하는 것보다 거래를 훨씬 빠르게 처리할 수 있습니다.

When you use the ATM machine at a bank, it can be a lot quicker to make a transaction than doing it with a teller.

18 ATM에서는 돈을 뽑을 때 수수료가 청구되지 않습니다.

The ATM ★ doesn't even charge a fee for taking out money.

★ 이것만 바꿔도 등급이 쑥쑥

정문 입구 옆에 줄지어 있다 **are lined up on one side by the main entrance** (*이때는 주어가 The ATMs) 거의 모든 은행 업무를 제공하다 **provides almost all banking services** 손상된 지폐는 인식할 수 없다 **cannot recognize damaged bills** 간단한 거래를 처리하다 **can handle simple transactions**

💬 은행 관련 과거 경험

⏱ 3초 보카

입금 **deposits** 출금 **withdrawals** 송금 **transfers** 신용카드 발급 **issuing credit cards** 계좌 개설 **opening savings accounts** 대출 신청 **applying for loans**

19 저는 이틀 전에 송금을 하려고 은행에 갔습니다.

I went to the bank two days ago to make a transfer.

20	저는 통장을 개설하려고 은행에 갔습니다.	I went to the bank to open a savings account.
21	저는 200달러를 송금하려고 은행에 갔습니다.	I went to the bank to transfer two hundred dollars.
22	저는 대출을 신청하려고 은행에 갔습니다.	I went to the bank to apply for loans.
23	저는 계좌에 입금하려고 은행에 갔습니다.	I went to the bank to **put[deposit]** some money into my account.
24	저는 신용카드를 새로 신청하려고 은행에 갔습니다.	I went to the bank to apply for a new credit card.
25	저는 신용카드로 현금 서비스를 받을 수 있었습니다.	I could get a cash advance on the credit card.
26	저는 통장을 정리하려고 은행에 갔습니다.	I went to the bank to organize my bank book.
27	500달러짜리 여행자 수표를 현금으로 바꿨습니다.	I cashed the 500-dollar traveler's check.
28	미국 달러를 한국 돈으로 바꿨습니다.	I changed some US dollars into Korean money.
29	한국 원화 대비 미국 달러의 환율을 알고 싶었습니다.	I wondered what the exchange rate of the US dollar to the Koran won was.
30	저는 그 은행에 계좌가 없었습니다.	I didn't have an account with the bank.

31	저는 신용카드를 잃어버려서 재발급 신청을 해야 했습니다.	I had lost my credit card and needed to order a new one.
32	저는 경비원에게 신분증을 제시했습니다.	I showed the guard my identification.
33	(발급) 절차가 필요 이상으로 너무 복잡했습니다.	The procedure was far more complicated than it needed to be.
34	평상복을 입고 뭔가를 먹고 있던 경호원이 제 신분증을 요청했습니다.	A security man in casual clothing who was eating something asked for my paper.
35	컴퓨터 상에 이 카드 유효 기간이 지났다고 나오는 것이었습니다.	The computer said the card was not valid.
36	대신 다른 카드로 한번 해보도록 했습니다.	I had him try the other credit card instead.
37	은행 직원은 그녀에게 사진이 있는 신분증을 보여달라고 저에게 요청했습니다.	The teller asked me to show her my photo ID.
38	저는 주민등록증이나 운전면허증을 포함해 신분증이 아무것도 없었습니다.	I didn't have any ID including national registration card or driver's license.
39	다행히도 저는 서류가방에서 여권을 찾아냈습니다.	Fortunately, I found my passport in my briefcase.
40	고정 이율로 융자 신청을 하고 싶었습니다.	I wanted to apply for ★ a fixed interest rate loan.

변동 이율 주택 대출 **a variable interest rate mortgage** 자동변제 대출 **a self-amortizing loan**

41 저는 집 담보 대출을 받아야 했습니다.

I needed to mortgage my home.

42 300달러를 저축통장에서 인출해서 보통예금통장에 200달러를 넣고 싶었습니다.

I wanted to take $ 300 out of my savings account and put $ 200 into my checking account.

43 저축을 하고 싶었습니다.

I wanted to make a deposit.

44 얼마를 저축해야 했습니다.

I needed to deposit some money.

45 저는 잔액을 확인하고 저축 통장을 해지해야 했습니다.

I needed to check my balance and close out my savings account.

46 저는 예금 통장의 돈을 미국 계좌로 이체해야 했습니다.

I needed to transfer some money from my checking account to my account in the US.

47 그녀가 컴퓨터로 내용을 불러올 때까지 기다려야 했습니다.

I had to wait while she was bringing it up on her computer.

48 저는 양식을 작성해 그녀에게 가져다줬습니다.

I filled out the form and brought it to her.

49 저는 출금 버튼을 눌렀습니다.

I pressed the withdraw button.

50	저는 카드를 기계에 넣었습니다.	I inserted my ATM card into the machine.
51	저는 예금을 하려고 했습니다.	I tried to make a deposit.
52	저는 잔액을 확인하려고 했습니다.	I tried to check my balance.
53	돈을 투입구에 넣을 때마다 오류 메시지가 화면에 나왔습니다.	I got an error message on the screen every time I put my money into the slot.
54	저는 기계가 제대로 작동하지 않는 이유를 몰랐습니다.	I didn't know why this machine wasn't working properly.
55	현금 자동 입출금기에서 제 카드가 안 나왔습니다.	The ATM kept my card.
56	현금 자동 입출금기가 제 카드를 되돌려주지 않았습니다.	The ATM wouldn't give me my card back.
57	은행 직원의 도움을 받으러 갔습니다.	I went to get some help from a bank staff member.
58	신용카드 분실 신고를 했습니다.	I reported a lost credit card.
59	저는 가능한 빨리 대용 카드를 받고 싶었습니다.	I wanted to get a replacement card as quickly as possible.
60	저는 일주일 후에 우편으로 새로운 카드를 받았습니다.	I got the new card in the mail a week later.

| 빈출 질문 | Q1 | Tell me about holidays in your country. What kinds of holidays are there? Which holiday is the biggest? What do people do on that day? Is there any special food for the day? |

당신이 살고 있는 나라의 명절에 대해 말해주세요. 어떤 종류의 명절이 있나요? 가장 큰 명절은 무엇인가요? 사람들은 그날 무엇을 하나요? 그날에 먹는 특별한 음식이 있나요?

Q2 Just pick one of the holidays, and describe it to me in detail. What activities do you usually do with your family during the holiday? Please tell me about all the activities from the beginning to the end.

명절을 하나 골라서 자세히 설명해주세요. 명절에 가족들과 함께 주로 어떤 활동을 하나요? 명절에 하는 모든 활동들을 처음부터 끝까지 이야기해주세요.

답변 구성 전략

공감 문장 선택할 때 참고하세요.

답변 내용이 질문의 모든 요소에 대해 빠짐 없이 대답하고 있는지, 질문의 주제에 맞춰 답변의 흐름이 자연스럽게 연결되는지 확인한다. 되도록 다양한 어휘와 구문을 사용하면 더욱 완벽하다.

★ 답변을 만드는 데 필요한 최소 문장은 6개, IM 등급에 적절한 답변에 이용할 수 있도록 공감 문장을 8개 이상 표시해보세요.

💬 설 개요

01 한국에는 4개의 명절이 있습니다: 설날, 한식, 단오 그리고 추석입니다.

In Korea, there are four traditional holidays: New Year's Day, Hansik, Dano, and Chuseok.

02 12월은 모두가 1년간의 일을 마무리하고 올해 한 일을 되돌아보는 달입니다.

December is the month when everybody winds up their annual work and reflects on what they have done this year.

03 연말이 가까워 오면 사람들은 향수에 젖어 들기 마련입니다.

When a year comes to its end, people can't help feeling nostalgic.

04 1월 1일인 설날은 매우 중요한 날입니다.

New Year's Day on the 1st of January is a very important day.

05 무엇보다도 설날에는 새 출발을 할 수 있잖아요!

Most importantly, I can start anew on New Year's Day!

06 한국인들은 양력과 음력 양쪽으로 설을 지냅니다.

Koreans observe New Year's Day by both the solar and lunar calendars.

07 한국에서는 양력과 음력 등 2개의 달력 체제가 사용되고 있습니다.

Two calendars, one lunar and the other the Gregorian, are in use in Korea.

08 2월 14일은 음력으로 설입니다.

February 14th is the lunar calendar's New Year's Day.

09 그렇기 때문에 음력 설날 날짜는 해마다 달라져요.

This is why the date of Lunar New Year is different every year.

10 우리는 일상생활에서 양력을 따르지만 음력 설 같은 전통 명절에는 음력을 따라요.

For our daily lives, we follow the Western calendar, but for our traditional holiday of Lunar New Year, we follow the lunar calendar.

💬 설 음식

11 저희는 설날에 떡국을 끓여 먹습니다.

We feast on rice cake soup on New Year's Day.

12 저희는 새해 첫날 그것(떡국)을 먹습니다.

We eat rice cake soup on New Year's Day.

13 저희는 새해를 기념하기 위해 떡국을 먹습니다.

We eat it to celebrate the new year.

14 저는 맛있는 음식을 많이 먹을 수 있고, 친척들을 만날 수 있어서 설날이 좋습니다.

I like New Year's Day because I can eat many delicious foods and get together with my relatives.

15 떡국은 매우 맛이 있습니다!

Rice cake soup is very delicious!

16 저는 맛있는 떡국을 좋아해요.

I love eating the delicious rice cake soup.

17 사람들은 음력 설 아침에 꼭 떡국을 먹는 것을 하나의 오랜 전통으로 삼아왔습니다.

Eating ttokkuk has been a custom for so long that no one should miss it at breakfast on New Year's Day by the lunar calendar.

18 다른 말로 하면 '쌀떡으로 만든 국'이라고 할 수 있는 떡국은 설날 아침에 조상님께 차례를 드리기 위해 차려 놓고, 그리고 나서는 가족이나 손님들께 명절 음식으로 내놓게 됩니다.

Ttokkuk, 'rice cake in soup' literally translated, is first served to one's ancestors in a memorial service early in the morning and then to their family or guests as a festive dish.

19 '몇 살이니?' 대신에 '떡국 몇 그릇 먹었니?'라고 묻는 것이 매년 이맘때 한국인이 조상 대대로 해오던 일상적인 말입니다.

"How many bowls of ttokkuk have you had?" instead of saying "How old are you?" is a common phrase passed down to Koreans from ancient times around this time of the year.

● 설에 하는 특별한 일

20 설날에, 많은 어린이들은 한국의 전통 옷인, 한복을 입습니다.

On New Year's Day, many children wear a Hanbok, the traditional dress of Korea.

21 설날을 맞이하기 위해 하는 가장 첫 번째 일 중의 하나는 '제사'라고 불리는 의식에서 조상들에게 절을 하는 것입니다.

One of the first things to do to welcome in the New Year is to bow to one's ancestors in a ceremony called "chesa."

22 설날에 할머니와 할아버지께서는 아이들에게 덕담을 해주십니다.

On New Year's Day, Grandma and Grandpa give words of blessing to the children.

23 음력 설날 우리는 전통적으로 부모님과 어른들께 세배를 드린 후에 세뱃돈을 받아요.

On the day of Lunar New Year, we receive money after traditionally greeting our parents or elders.

24 연날리기와 윷놀이, 팽이 돌리기, 썰매 타기 같은 전통적인 한국의 게임은 설날을 위한 좋은 형태의 놀이거리들입니다.

Kite flying, traditional Korean games like yut, top-spinning, and sleigh riding are good forms of entertainment for the holiday.

25 사람들은 설날에 윷놀이를 합니다.

People play yut on New Year's Day.

26 음식 장만하는 데 많은 시간을 보내야 합니다.

I have to spend many hours preparing food.

27 그래서 저는 다가올 설날만 생각하면 스트레스를 받아요.

So, I feel stressed whenever I think about the upcoming Lunar New Year's Day.

28 설날에는 많은 이들이 모두 숙취 상태가 되기도 합니다.

On New Year's Day, many people are hung over.

29	각 방송사마다 설날 특선 영화를 내보냅니다.	A special movie for Lunar New Year's Day is broadcast by each station.
30	추석이나 설날에 부모님과 함께 버스를 타보거나 차를 타본 적이 있다면, 차들이 꼬리를 물고 늘어선 교통체증의 곤혹스러움을 경험해본 적이 있을 거예요.	If you have ever taken a bus or ridden in a car with your parents during Chuseok or New Years, you are sure to have experienced the nuisance of bumper-to-bumper traffic.
31	세배를 하고 세뱃돈을 받는 게 가장 좋습니다.	The best part is receiving money after performing the New Year's bows.
32	며칠 전부터 저는 그날을 위해 윷놀이와 제기차기 기술을 연습하기 시작합니다!	Just a few days ago, I start to practice yoot-no-ri and jae-ki-cha-gi skills for the day!
33	아버지가 장남이라 저희 집에서 제사를 모십니다.	Our household hosts ancestral rites because my father is the eldest son.
34	제사상에 올릴 음식에는 향신료를 사용하지 않습니다.	We don't use any spices in the food for the ancestral rites ceremony.
35	그것은 죽은 사람을 위한 제사를 지낼 때에만 하는 행위입니다.	That is done only at memorial rites for the dead.

🟣 추석 개요

| 36 | 아침 저녁으로 부는 미풍과 함께 우리는 성큼 다가선 가을의 문턱으로 접어듭니다. | With cool breezes in the morning and the evening, we are ushered in on the threshold of autumn, which is apparently far advanced. |

37	추석은 우리나라의 가장 큰 명절입니다.	Chuseok is our most important holiday.
38	추석은 미국의 추수감사절과 같습니다.	Chuseok is like Thanksgiving Day in the United States.
39	추석은 한국의 전통적인 달맞이 명절 중의 하나입니다.	Chuseok is one of the traditional Korean moon festivals.
40	추석에, 우리는 보름달에 소원을 빕니다.	On Chuseok, we make a wish on the full moon.
41	추석은 한국판 추수감사절이라고 할 수 있는데 금년에는 9월 15입니다.	Chuseok, or the Korean Thanksgiving Day, falls on September 15th, this year.
42	한국의 추석과 마찬가지로, 미국의 추수감사절 역시 가족들이 모두 한자리에 모이는 명절입니다.	Thanksgiving Day in America, like Chuseok in Korea, is a time for families to get together.
43	한 가지 추석과 추수감사절의 유사점은 수확에 대한 감사입니다.	One similarity between Chuseok and Thanksgiving is giving thanks for the harvest.

💬 추석 음식과 활동

44	추석에 우리 한국인들은 성묘하러 갑니다.	At Chuseok, we Koreans visit our family graves.
45	가족들은 추석 명절에 즈음하여 조상의 묘를 찾아 성묘를 합니다.	Families visit tombs to pay their respects to ancestors on the occasion of Chuseok.

46	한국인들은 추석에 전통적인 한국의 옷인 한복을 입는 것을 좋아합니다.	Koreans like to wear hanbok, traditional Korean clothes on Chuseok.
47	송편은 한국인들이 추석에 먹는 특별한 음식이에요.	Songpyun is the special food that Koreans eat on Chuseok, Korea's Thanksgiving Day.
48	방앗간은 전통적으로 추석 때 먹는 떡인 송편을 빚기 위해 쌀을 빻으려고 순서를 기다리는 주부들로 장사진을 이룹니다.	Rice mills are crowded with housewives forming long waiting lines to have their rice milled into powder for song-pyon, a rice cake traditionally eaten on Chuseok.
49	추석 대목이라 시장에 사람들이 많습니다.	Markets are crowded because it's the Chuseok rush.
50	많은 사람들이 추석을 새러 고향에 갑니다.	Many people go to their hometown for Chuseok.
51	때로는 회사로부터 추석 명절 떡값을 받기도 합니다.	We sometimes get a bonus from the company for the Harvest Moon Festival.
52	사람들은 전국적으로 조상에게 차례를 지내고 전통 무용인 강강수월래 춤을 추면서 보냅니다.	People throughout the country observe the day by paying homage to their ancestors and dancing the traditional dance, Gang-gang-sul-rae.
53	밤에는 강강술래 춤을 추기도 합니다.	We also dance Gang-gang-sul-rae at night.

106 계절/날씨

빈출 질문 Q1

Can you tell me about the seasons in your country? What is each season like? How's the weather in each season?

당신이 살고 있는 나라의 계절에 대해 말해줄 수 있나요? 각 계절의 모습은 어떤가요? 각 계절의 날씨는 어떤가요?

답변 구성 전략

공감 문장 선택할 때 참고하세요.

답변 내용이 질문의 모든 요소에 대해 빠짐 없이 대답하고 있는지, 질문의 주제에 맞춰 답변의 흐름이 자연스럽게 연결되는지 확인한다. 되도록 다양한 어휘와 구문을 사용하면 더욱 완벽하다.

★ 답변을 만드는 데 필요한 최소 문장은 6개, IM 등급에 적절한 답변에 이용할 수 있도록 공감 문장을 8개 이상 표시해보세요.

💬 한국 날씨 개요

01 한국은 덥고 습기 있는 여름 날씨로 알려져 있습니다.

South Korea is known for its hot and humid summers.

02 한국의 날씨가 변하고 있습니다.

The weather is changing in South Korea.

03 여기 한국의 날씨는 점점 더 따뜻해지고 있습니다.

The weather is getting warmer here in Korea.

04 이곳 한국은 봄, 여름, 가을, 겨울의 사계절이 뚜렷합니다.

Here in Korea, we have four distinct seasons, spring, summer, fall, and winter.

05 그 중 가장 좋은 계절은 아마도 봄과 가을일 것입니다.

Among them, the best seasons probably are spring and fall.

06 이곳의 봄과 가을의 기후는 온화하고 쾌적합니다.

The climate in spring and fall is mild and comfortable here.

07 특히 일년 중 4월은 진달래가 만개하여 가장 아름다운 시절입니다.

In particular, April is the most beautiful time, with the azaleas in full bloom.

08 겨울이 지나면, 봄이 오고 여러 가지 색깔의 꽃이 피기 시작합니다.

When the winter season is over, spring arrives and colorful flowers start to bloom.

🗨 계절별 활동

09 사람들은 계절마다 다른 활동을 즐깁니다.

People enjoy different activities in each season.

10 여름이면 많은 사람들이 수영과 요트 타기를 즐깁니다.

In the summer, many people enjoy swimming and sailing.

11 무더운 날엔, 사람들이 더위를 식히려고 해변에 모입니다.

On hot days, people converge on the beach to cool off.

12 가을이면 밤은 점점 선선해지고 나뭇잎은 색깔이 변합니다.

In the fall, the nights grow cool and the leaves change colors.

13 겨울이면 많은 사람들이 스키, 스케이트, 그리고 썰매와 같은 스포츠를 즐깁니다.

In the winter, many people enjoy sports such as skiing, ice skating, and sledding.

14 다른 사람들은 집안에서 머물고 좋은 책을 읽으며 따뜻하게 지냅니다.

Other people keep themselves warm by staying indoors and reading good books.

15 겨울은 스키타기에 가장 좋은 계절입니다.

Winter is the best season for skiing.

● 봄

16 봄은 너무 춥지도 덥지도 않고, 참 좋습니다.

Spring is not too cold or hot. It's really nice.

17 개나리는 봄에 제일 먼저 피는 꽃 중의 하나입니다. 사람들은 개나리를 봄의 전령이라고들 합니다.

Forsythias are among the first flowers to bloom in the spring. People say that the forsythias are the herald of spring.

18 봄은 대지를 신록으로 뒤덮습니다.

Spring clothes the land with green leaves.

19 매년 봄에 새 유행이 나타납니다.

A new fashion starts each spring season.

20 봄은 내게 전혀 반가운 계절이 아니에요.

Spring isn't a season I'm looking forward to.

21 저는 봄을 탑니다.

I have no appetite with the spring weather.

22 봄이 되면 마음이 들뜨기 쉽습니다.

One's mind is apt to wander when spring comes.

23 제가 제일 좋아하는 계절이에요.

This is my favorite season.

24 날씨가 좀 따뜻해져서 좋아요.

It's nice to have some spring weather.

● 여름

| 25 | 요즘 한국 날씨는 정말 덥습니다. | The weather in Korea is so hot these days. |

| 26 | 여름에는 어찌나 더운지 잠이 오지 않습니다. | I can't sleep; it is so hot in summer. |

| 27 | 여름에는 덥고 끈적끈적합니다. | It's hot and sticky in summer. |

| 28 | 여름에 모기들은 사람들을 괴롭힙니다. | In summer, mosquitoes annoy people. |

| 29 | 작년은 무척 덥고 긴 여름이었어요. | It was such a hot and long summer last year. |

| 30 | 우리 조상들은 더운 날씨에 더위를 식히려고 부채를 사용했습니다. | Our ancestors used fans for relief from hot weather. |

● 가을

| 31 | 여름이 끝나고 가을이 되면 낮은 점점 짧아집니다. | As summer ends and autumn comes, the days get shorter and shorter. |

| 32 | 가을은 추수의 계절입니다. | Autumn is the harvest season. |

| 33 | 가을엔 모든 것이 맛이 좋습니다. | Everyone has a good appetite in autumn. |

| 34 | 가을은 공부하기에 일 년 중 가장 좋은 계절입니다. | Autumn is the best season of the year for study. |

35 가을 하늘이 정말 멋지고 깨끗합니다.

The autumn sky is really nice and clear.

36 가을이 깊어져 5시만 되도 일찍 어두워집니다.

As the autumn stays longer, it gets dark as early as 5 o'clock.

37 가을은 저녁에 독서하기에 가장 좋은 계절입니다.

Autumn is the best season for reading books in the evening.

38 단풍나무 잎사귀들은 가을이면 붉어집니다.

Maple leaves turn red in the autumn.

39 낙엽 한 잎이 가을을 알립니다.

A single leaf falling is a sign of autumn coming.

40 밝은 적색과 자주색은 가을에 주로 볼 수 있습니다.

The bright reds and purples we see in leaves are made mostly in the fall.

41 가을의 햇빛과 시원한 밤 기운이 이 포도당을 붉은 색으로 변하게 합니다.

Sunlight and the cool nights of autumn turn this glucose into a red color.

42 이 모든 것들이 조화를 이루어 가을에 아름다운 색채를 즐길 수 있습니다.

It is the combination of all these things that make the beautiful colors we enjoy in the fall.

🗨 겨울

43 초 겨울에는 날씨가 쌀쌀합니다.

We have chilly weather in early winter.

44	해진 후에는 기온이 찹니다.	The temperature **is chilly[goes down]** after sundown.
45	겨울에는 온도가 수은주를 섭씨 영하 15도까지 끌어내리기도 합니다.	Sometimes, the temperature brings the mercury down to -15℃ in winter.
46	겨울은 여름보다 낮의 길이가 훨씬 짧습니다.	Days are much shorter in winter than in summer.
47	지난 겨울엔 영하의 날씨가 몇 주간 계속되었습니다.	Last winter, we had subfreezing weather for weeks.
48	겨울에는 나뭇가지에 고드름이 달립니다.	Icicles hang from tree branches in winter.
49	겨울에는 도로에 얼음이 업니다.	Ice forms on the roads in winter.
50	겨울에는 태양으로부터 적은 양의 빛을 받기 때문에 겨울에 많은 사람들은 우울해 합니다.	In winter, as there is less light from the sun, many people feel blue.
51	저는 어릴 적 겨울방학에 대한 즐거운 추억이 있습니다.	I have pleasant memories of my winter breaks as a child.
52	겨울에는 봄이 오기를 바랍니다.	In winter, I look forward to spring.
53	지난해는 포근한 겨울이었습니다.	Last year, we had a mild winter.

107 건강

빈출 질문 Q1

Have you ever had a health problem? What caused your health to deteriorate? What were the symptoms of your illness? How did you overcome it? Please describe it in detail.

건강상의 문제가 있었던 적이 있나요? 무엇 때문에 건강이 악화되었나요? 어떤 증상이 있었나요? 그 문제를 어떻게 극복했나요? 그것에 관해 자세히 묘사해주세요.

답변 구성 전략

공감 문장 선택할 때 참고하세요.

답변 내용이 질문의 모든 요소에 대해 빠짐 없이 대답하고 있는지, 질문의 주제에 맞춰 답변의 흐름이 자연스럽게 연결되는지 확인한다. 되도록 다양한 어휘와 구문을 사용하면 더욱 완벽하다.

★ 답변을 만드는 데 필요한 최소 문장은 6개, IM 등급에 적절한 답변에 이용할 수 있도록 공감 문장을 8개 이상 표시해보세요.

💬 증세

01	저는 허리가 아팠습니다.	I had **back pain[a backache]**.
02	두통/복통이 있었습니다.	I had a **headache/stomachache**.
03	다리가 아팠습니다.	I had a leg ache.
04	가슴에 통증이 있었습니다.	I had a pain in my chest.
05	머리가 터질 듯이 아팠습니다.	I had a splitting headache.

06	열이 있었습니다.	I had a fever.
07	목이 아팠습니다.	I had a sore throat.
08	눈이 아팠습니다.	I had a sore eye.
09	입술이 텄습니다.	I had chapped lips.
10	잠을 잘 못자서 목이 잘 돌아가지 않았습니다.	I had a tight muscle around my neck.
11	심장 질환이 있었습니다.	I had heart disease.
12	사랑니가 나고 있었습니다. 아팠습니다.	I had a wisdom tooth breaking through. It ached.
13	어지러웠습니다.	I felt dizzy.
14	어젯밤에 잠을 설쳐서 머리가 멍했습니다.	My head feels fuzzy because I couldn't sleep well last night.
15	설사를 했습니다.	I had diarrhea.
16	온몸이 아팠습니다.	I hurt all over.

17	교통사고로 몸을 다쳤습니다.	I was injured in a traffic accident.
18	넘어져서 무릎을 다쳤습니다.	I fell down and hurt my knees.
19	코피가 났습니다.	My nose was bleeding.
20	발목을 삐었습니다.	I sprained my ankle.

💬 건강 악화 이유

21	일을 지나치게 해서 스트레스가 쌓여 건강을 해쳤습니다.	I worked too hard; I built up stress and ruined my health.
22	무거운 것을 들다가 허리를 삐끗 했습니다.	I hurt my back when I tried to lift something heavy.
23	이 병은 과로 때문에 생겼습니다.	This disease is caused by overwork.
24	방탕한 생활습관으로 건강을 해쳤 습니다.	My dissipated lifestyle has destroyed my health.
25	술을 한 번에 많이 마셨던 것이 건 강에 좋지 않았습니다.	It was not good for my health to drink a lot of alcohol at a time.

| 26 | 제 건강은 술로 손상되었습니다. | My health was undermined by drink. |

| 27 | 지나친 음주는 건강에 나쁩니다. | Excessive drinking is bad for your health. |

| 28 | 저는 매년 새해 결심을 하지만, 그것들을 지키는 것은 정말 늘 어렵습니다. | Every year I make New Year's Resolutions, but it is always very hard to stick to them. |

| 29 | 올해도 저는 새해 결심을 했습니다. "술을 마시지 않는다."입니다. | This year, I also made a New Year's resolution. "I will not drink alcohol." |

| 30 | 그렇지만 새해 결심이 사흘도 못 갔습니다. 제 결심이 흔들렸습니다. "지나치게 술을 마시지 않는다."로 바꿨습니다. | But my New Year's resolution didn't last three days and it weakened. I changed it; "I will not drink alcohol to excess." |

| 31 | 그래서 제 건강이 나빠졌습니다. | That's why my health grew worse. |

● 건강 악화를 극복한 방법

| 32 | 제 건강의 비결은 간단해요. | The secret to my health is very simple. |

| 33 | 건강이 안 좋아서 술, 담배를 끊었습니다. | I stopped drinking and smoking because of my bad health. |

| 34 | 금연은 건강에 도움이 됐습니다. | When I stopped smoking, it had a beneficial effect on my health. |

35	저는 건강을 유지하기 위해 매일 수영을 했습니다.	I swam every day so that I could stay healthy.
36	저는 체격을 유지하기 위해 건강 사우나, 헬스 클럽, 최신 유행 다이어트에 매년 많은 돈을 지출했습니다.	I spent a lot of money each on health spas, fitness clubs and fad diets in an attempt to stay fit.
37	걷기와 조깅은 건강에 좋은 활동입니다.	Walking and jogging are healthy activities.
38	수면과 좋은 음식은 건강에 필수입니다.	Sleep and good food are essential to health.
39	적당한 영양 섭취도 건강 유지에 필수입니다.	Proper nutrition is also essential to maintain my health.
40	몸을 따뜻하게 유지하고 과로하지 않음으로써 건강 문제를 극복할 수 있었습니다.	I was able to overcome my health problem by keeping my body warm and not overworking myself.
41	병을 앓은 후에 저는 마침내 건강을 회복했습니다.	After illness, I finally rounded to healthiness.

42 저는 건강이 작년보다 좋아졌습니다.

I became healthier than I was last year.

43 아주 문제가 없다고 할 수는 없지만 현재는 건강합니다.

I'm not the healthiest, but I am healthy now.

44 다시 건강해져서 매우 행복합니다.

I'm as happy as the day is long since I'm healthy again.

45 사람들은 건강을 잃을 때까지 그것의 가치를 모릅니다.

People do not know the value of health till they lose it.

46 건강은 성공의 제일 요건입니다.

Health is the primary requisite to success in life.

108 — TV 프로그램

빈출 질문 Q1

What kind of programs do you like to watch? Tell me about your favorite program in detail.
어떤 종류의 프로그램을 좋아합니까? 좋아하는 프로그램에 대해 자세히 얘기해주세요.

답변 구성 전략

공감 문장 선택할 때 참고하세요.

답변 내용이 질문의 모든 요소에 대해 빠짐 없이 대답하고 있는지, 질문의 주제에 맞춰 답변의 흐름이 자연스럽게 연결되는지 확인한다. 되도록 다양한 어휘와 구문을 사용하면 더욱 완벽하다.

★ 답변을 만드는 데 필요한 최소 문장은 6개, IM 등급에 적절한 답변에 이용할 수 있도록 공감 문장을 8개 이상 표시해보세요.

● TV 드라마 예시 ① *Iris* 아이리스

01 〈아이리스〉는 텔레비전 드라마 시리즈로, 이병헌과 김태희가 주연으로 나옵니다.

Iris is a television drama series, starring Lee Byunghun and Kim Taehee.

02 그것은 KBS2에서 10월부터 11월까지 방송했는데 저는 20회 모두 봤습니다.

It aired on KBS2 from October to December and I watched all 20 episodes.

03 이 드라마는 한국 드라마 사상 최고로 제작 비용이 비싼 기록을 가지고 있습니다. 한화로 200억 원의 예산이고 미화로 1,700만 달러죠!

This drama shared the record for the most expensive Korean drama ever produced — with a budget in excess of 20 billion won, that is 17 million USD!

04 이 시리즈는 평론이나 상업적으로 성공했습니다.

The series was a critical and commercial success.

● TV 드라마 예시 ② 응답하라 1994

05 〈응답하라 1994〉는 한국 텔레비전 시리즈로, 고아라, 정우, 유연석이 출연합니다.

Reply 1994 is a South Korean television series starring Go Ara, Jung Woo, and Yoo Yeonseok.

06 그러나 제가 가장 좋아하는 캐릭터는 민도희입니다.

But my favorite charactor is Min Dohee.

07 6명의 대학생들이 서울의 하숙집에서 같이 생활합니다.

Six university students live together at a boarding house in Seoul.

08 하숙집은 주인공의 부모님이 운영합니다.

The boarding house is run by the main character's parents.

09 그렇지만 그것은 주로 고아라와 그녀의 미래의 남편 사이의 사랑 이야기입니다.

But it's mainly a love story between Go Ara and her future husband.

10 드라마는 누가 그녀의 남편이 될 것인지에 대해 약간의 힌트만 줍니다.

It gives viewers only a slight hint about who's going to be her husband.

11 〈응답하라 1994〉는 시청자들에게 그 해의 문화적인 사건과 역사적인 사건을 떠오르게 합니다.

Reply 1994 reminds viewers of the cultural events and historical accidents of that year.

● TV 드라마 예시 ③ 해를 품은 달

12 〈해를 품은 달〉은 사극 시리즈로, 김수현, 한가인이 출연합니다.

Moon Embracing the Sun is a historical television drama series, starring Kim Soohyun and Han Gain.

13	그것은 2012년 MBC에서 방송되었습니다.	It aired on MBC from 2012.
14	이 시리즈는 동명 소설을 각색한 것입니다.	The series is adapted from the novel of the same name.
15	이것은 가상의 조선 왕과 여자 무속인 사이의 사랑 이야기입니다.	It tells of a love story between a fictional king of the Joseon Dynasty and a female shaman.

🟣 TV 드라마 예시 ④ 너의 목소리가 들려

16	〈너의 목소리가 들려〉는 한국 텔레비전 시리즈로 이보영, 이종석, 윤상현이 출현합니다.	*I Can Hear Your Voice* is a South Korean television series starring Lee Boyoung, Lee Jongsuk, and Yoon Sanghyun.
17	그것은 SBS에서 2013년에 방송되었습니다.	It aired on SBS in 2013.
18	이 시리즈는 법정 드라마와 로맨틱 코미디가 합쳐진 것입니다. 그래서 저는 이 스타일을 좋아합니다.	The series is a combination of courtroom drama and romantic comedy. And I loved its style.
19	그것은 또한 판타지의 요소를 포함합니다.	It also contains elements of fantasy.
20	가난을 극복하고 주인공 장혜성은 변호사가 됩니다.	After overcoming poverty, Jang Hyesung, a main character, becomes a lawyer.
21	그녀의 삶은 한 고등학생을 만나면서 바뀝니다. 그는 다른 사람의 생각을 읽는 능력이 있습니다.	Her life changes when she encounters a high school boy. He has an ability to read other people's thoughts.

Actual Test 1~5

말할 수 있을 것 같은 것과 실제로 말할 수 있는 것은 다르다
꼭! 나만의 답변을 완성해 연습하자

Study Flow

1단계: 질문 파악

질문을 미리 듣고 핵심 내용을 파악한다. ➡ 질문을 다시 한번 듣고, 전체 질문의 흐름을 살펴본다. ➡ 이때, 콤보 형태의 연결 문제에서 다음에 나올 문제를 예측해본다. ➡ 질문의 핵심 내용을 이해할 수 있다면, 한 문제씩 답변해본다.

2단계: 답변 재구성

질문에 대한 답변이 술술 나오지 않는다면 질문의 번호에 링크된 문제 번호를 찾아 답변 문장들을 훑어본다. ➡ 어느 정도 자신감이 있으면 다시 도전해보고, 그렇지 않으면 나만의 답변을 만들어 연습한다.

Actual Test 1

실전 모의고사 1회 미리보기

- 인물 설정: 대학생
- 배경 설문조사 체크

거주지: 가족과 함께 개인 주택이나 아파트에 거주
여가 활동: 영화 보기, 공원 가기, 캠핑하기, 스포츠 관람, 커피숍 가기
취미/관심사: 음악 감상하기, 악기 연주하기, 요리하기
스포츠: 농구, 야구, 축구, 조깅, 수영, 자전거
휴가/출장: 국내 여행, 해외 여행

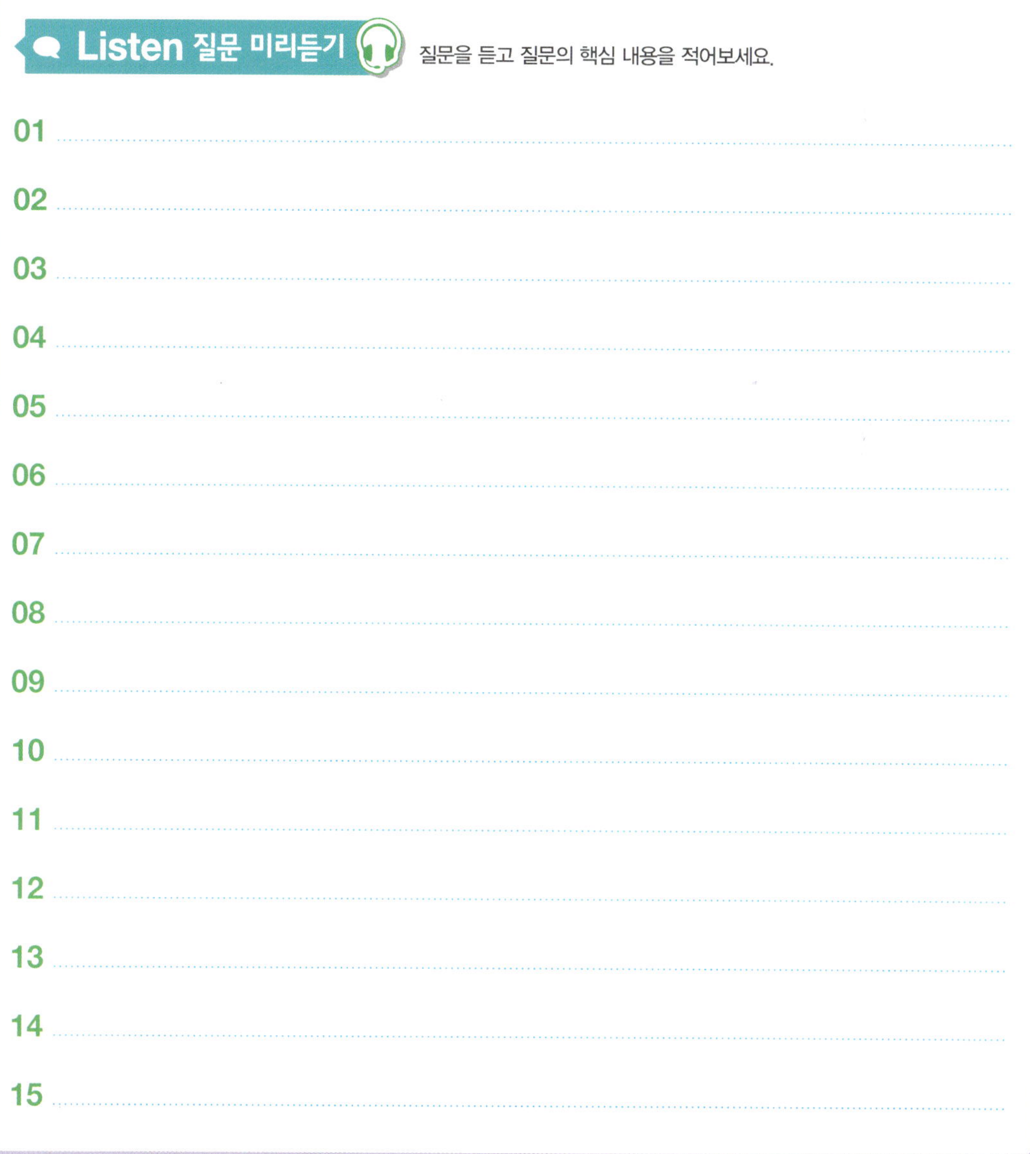

Listen 질문 미리듣기 🎧 질문을 듣고 질문의 핵심 내용을 적어보세요.

01

02

03

04

05

06

07

08

09

10

11

12

13

14

15

답변할 내용의 핵심 키워드를 적고, 표현편의 문장 번호를 적어 나만의 답변을 만들어보세요.

01 001_Q1

01 자기소개

Can you tell me about yourself?

자신에 대해 말씀해주시겠어요?

답변 구성

02 003_Q1

02-04 학교 생활

I would like to know what your school looks like. Describe your school's campus. What do the buildings and classrooms look like? Please describe your school for me in as much detail as possible.

당신의 학교가 어떻게 생겼는지 알고 싶습니다. 학교 캠퍼스를 묘사해보세요. 건물과 교실들이 어떻게 생겼나요? 최대한 자세히 학교를 묘사해주십시오.

답변 구성

03 004_Q1

Tell me about your first visit to your school. When was it? Who were you with? What did you do and what were your first impressions?

학교에 처음 방문했던 이야기를 해주세요. 언제였습니까? 누구와 함께였습니까? 무엇을 했고 첫인상은 어땠습니까?

답변 구성

04 016_Q5

Provide some details about one of your classmates. What is he or she like? Tell me what kind of person he or she is.

학교 친구 중 한 명에 대해 자세하게 이야기해보세요. 어떤 사람입니까? 어떤 사람인지 말해보세요.

답변 구성

05 013_Q1

05-07 가정과 이웃

I'm curious about your neighborhood. Where do you live? How long have you lived there? Please tell me as much information about it as you can.

당신의 동네에 대해 궁금합니다. 어디에 살고 있나요? 얼마나 오래 살았나요? 가능한 많은 정보를 얘기해주세요.

답변 구성

06 089_Q1

I'd like to give you a situation and ask you to act it out. You are asked to help one of your family members or a relative with the preparation for a party. Call him or her and leave a message by asking three or four questions about the party.

상황을 하나 드릴 테니 과제를 수행해보시기 바랍니다. 당신은 가족이나 친척 한 사람이 파티 준비하는 것을 돕기로 했습니다. 가족에게 전화를 걸어 파티에 대해 3~4가지 질문을 하는 메시지를 남겨보세요.

답변 구성

07 015_Q1

Can you recall a memorable event that happened in the area where you live? Tell me as many details about that event from start to finish, in particular the elements that made the event so memorable.

당신이 사는 곳에서 생긴 잊지 못할 일을 기억합니까? 처음부터 끝까지 그 일에 대해, 특히 그 일이 그토록 잊을 수 없게 된 요소에 대해 자세히 이야기해주세요.

답변 구성

08 026_Q1

08-10 여가 활동 – 공원 가기

Please tell me about your favorite park. What is it like? Where is it located? What makes that park different from other parks?

가장 좋아하는 공원에 대해 이야기해주세요. 어떤가요? 어디에 있나요? 어떤 점이 그 공원을 다른 공원과 다르게 만드나요?

답변 구성

09 027_Q2

You indicated in the survey that you like going to a park. What do you usually do before going to the park? What kind of activities do you do in the park? Please tell me about your typical day when you go to the park.

설문조사에서 공원에 가는 것을 좋아한다고 했습니다. 공원에 가기 전에 주로 무엇을 하나요? 공원에서는 어떤 활동을 하나요? 공원에 가는 전형적인 하루에 대해 말해주세요.

답변 구성

10 028_Q2

Please tell me about your most memorable event in a park. What happened? Why was it so memorable to you?

공원에서 일어난 가장 기억에 남는 일을 이야기해주세요. 어떤 일이었나요? 왜 기억에 남나요?

답변 구성

11 097_Q1

11-13 스포츠 – 축구

Upon arriving at the park, you discover that another group of people is already playing on the field. It seems like your name is nowhere to be found on the sign up list. Call the City Parks Department to explain the situation and then suggest some possible solutions to resolve this problem.

당신이 공원에 도착하자, 다른 사람들이 이미 축구장에서 축구를 하고 있는 것을 알게 됐습니다. 당신의 이름은 등록 명부 어디에도 없는 것 같습니다. 도시공원 담당부서에 전화해서 상황을 설명하고 그 다음에 이 문제를 해결하기 위한 가능한 해결책을 몇 가지 제시하세요.

답변 구성

12 048_Q1

You indicated in the survey that you like to play soccer. When and where do you play soccer? Who do you play with?

설문조사에서 축구를 좋아한다고 표시하셨습니다. 당신은 언제, 어디에서 축구를 하나요? 누구와 함께 경기를 하나요?

답변 구성

13 050_Q1

When was the first time you played soccer? Tell me why you decided on playing soccer.

축구를 처음 시작했을 때가 언제인가요? 왜 축구를 시작하게 되었나요?

답변 구성

14 036_Q1

14-15 여가 활동 – 커피숍 가기

You indicated in the survey that you like to go to a café. When do you usually go to a café? Do you have some place that you like to visit? And who do you go with?

설문조사에서 커피숍에 가는 것을 좋아한다고 표시하셨습니다. 당신은 언제 커피숍에 가나요? 가기를 좋아하는 곳이 있나요? 그리고 누구와 함께 가나요?

답변 구성

15 080_Q1

I also like to go to a café. Ask me three to four questions about it.

저도 커피숍에 가는 것을 좋아합니다. 그것에 대해 3~4가지 질문을 해보세요.

답변 구성

Sample Answers 예시 답변

표현편을 활용하면 다음과 같은 문제에 답변이 가능합니다. 질문에 대한 예시 답변을 살펴볼까요?

01 001_Q1

Can you tell me about yourself?

자신에 대해 말씀해주시겠어요?

답변 구성

001-04	저의 이름은 김영길입니다. 저는 23살이며, 대학생입니다.	My name is Kim Youngkil and I'm a 23-year old university student.
001-06	저는 부모님과 두 형제들과 함께 살고 있습니다.	I live with my parents and two brothers.
001-09 변형	어머니는 언제나 집안 일로 바쁘죠. (*주어 변경)	My mother is always busy with house chores.
001-10	현재 아버지는 퇴직하여 경기도의 어느 시골에 살고 계십니다.	My father is retired now and living in rural Kyoungkido.
001-15	큰 형은 교사이고 동생은 회사원입니다.	My older brother is a teacher, and my younger brother works at a company.
001-18	제 전공은 화학이고 부전공은 물리학입니다.	I majored in chemistry and minored in physics.
001-54	저는 음악 듣는 것을 즐깁니다.	I enjoy listening to music.
001-55 변형	또한 시간이 날 때마다 전공과 관련된 책을 많이 읽습니다. (*전공 교체)	I also read a lot regarding my major whenever time allows.

02 003_Q1

I would like to know what your school looks like. Describe your school's campus. What do the buildings and classrooms look like? Please describe your school for me in as much detail as possible.

당신의 학교가 어떻게 생겼는지 알고 싶습니다. 학교 캠퍼스를 묘사해보세요. 건물과 교실들이 어떻게 생겼나요? 최대한 자세히 학교를 묘사해주십시오.

답변 구성

003-16	저희 학교는 시의 중심부에 위치하고 있습니다.	Our school is located in the center of the city.
003-01	저희 학교는 캠퍼스가 꽤 넓습니다.	My university has a fairly large campus.
003-02	나무와 건물들이 어우러진 아름다운 경치로 유명합니다.	It is very well known for its beautiful views, with the trees and buildings.
003-03	중앙 도로가 캠퍼스 내 대부분의 건물들로 이어져 있습니다.	There's a main road that leads to most of the buildings on campus.
003-17	행정관은 캠퍼스 북쪽에 위치해 있습니다.	The administration building is located on the north side of the campus.
003-04	캠퍼스 중앙에는 학생회관이 있습니다.	At the center of the campus, there is the student center building.
003-08	건물의 역사를 느낄 수 있습니다.	You can feel the history of these buildings.
003-06	캠퍼스 여기저기 나무가 많고 잔디가 깔린 곳이 많습니다.	There are many big trees and many grassy areas.
003-07	그래서 풀밭에 앉아서 책을 읽고 있는 학생들을 많이 볼 수 있습니다.	So it is easy to find students sitting and reading on the grass.

03 004_Q1

Tell me about your first visit to your school. When was it? Who were you with? What did you do and what were your first impressions?

학교에 처음 방문했던 이야기를 해주세요. 언제였습니까? 누구와 함께였습니까? 무엇을 했고 첫인상은 어땠습니까?

답변 구성

004-02	고등학교 3학년일 때 이 대학을 처음으로 방문했습니다.	When I was a senior in high school, I visited this university for the first time.
004-03	제가 한국대 입학 시험에 합격했다는 사실을 알고 나서 학교를 방문했습니다.	Since I knew that I had passed the entrance exam for Hankuk University, I visited my school.
004-04	제가 공부할 곳을 본다니 너무 흥분됐습니다.	I was so excited to see where I was going to study.
004-07	저는 캠퍼스의 많은 곳을 돌아다녔습니다.	I visited many places on the campus.
004-11 변형	캠퍼스를 둘러보고 캠퍼스의 모든 건물들이 어디에 있는지 살펴봤습니다.	I took a tour of the campus and I checked out where all the buildings are.
004-19	명성이 자자한 최고의 대학이었습니다.	That was a superb university with a great reputation.
004-20	학교는 1학년에 기숙사를 제공하고 넓고 아름다운 캠퍼스. 다양한 동아리를 보장했습니다.	The university guaranteed first year accommodation, a beautiful campus with lots of wide open spaces, and a wide selection of clubs to join.
004-24	저는 그 학교를 좋아하게 될 거라고 생각했고 실제 그랬어요!	I thought I was going to love that school and actually I did!

04 016_Q5

Provide some details about one of your classmates. What is he or she like? Tell me what kind of person he or she is.

학교 친구 중 한 명에 대해 자세하게 이야기해보세요. 어떤 사람입니까? 어떤 사람인지 말해보세요.

답변 구성

016-01	제 가장 친한 친구 황영수에 대해서 말씀 드리겠습니다.	Let me tell you about one of my best friends Hwang Youngsu.
016-09	그는 작년에 저와 같은 동아리에 있었습니다.	He was in my club last year.
016-11	그는 저의 둘도 없는 친구입니다.	He is my once-in-a-lifetime friend.
016-44	그는 키가 185cm로 큰 편이고 몸무게는 90kg 정도 나가며 근육질입니다.	He is very big, 185 cm tall, weighs about 90 kilos and he is muscular.
016-42 변형	그런데 그는 곱슬머리입니다. (*접속사 추가)	But He has curly hair.
016-43	그의 신체적인 외모 때문에 그는 항상 사람들 사이에서 농담거리가 되곤 합니다.	Because of his physical appearance, he is always an easy target for jokes among people.
016-56	그는 매우 활동적이고 사교적이라 모두가 그를 좋아하고 말을 걸고 싶어 하죠.	He is so energetic and sociable that everyone loves him and wants to talk to him
016-62 변형	그는 정말 다른 사람들을 배려하며 남의 말을 매우 잘 들어줍니다. (*주어 교체)	He really cares about other people and is a talented listener.

05 013_Q1

I'm curious about your neighborhood. Where do you live? How long have you lived there? Please tell me as much information about it as you can.

당신의 동네에 대해 궁금합니다. 어디에 살고 있나요? 얼마나 오래 살았나요? 가능한 많은 정보를 얘기해주세요.

답변 구성

013-01	제 아파트는 주거 지역에 위치해 있고 저는 5층에 살아요.	My apartment is located in a residential district and I live on the 5th floor.
013-12 변형	저희 아파트는 5층 엘리베이터 옆입니다. (*층수 수정)	My apartment is next to the elevator on the 5th floor.
013-05	저는 수원 외곽에 살고 있어서 아파트 전경이 아름답습니다.	Since I live on the outskirt of Suwon, my apartment has beautiful views.
013-18 변형	새로 지어진 동네라서 대부분의 사람들이 몇 년 사이에 새로 이사를 왔습니다.	The neighborhood is relatively new, so most of the people who live here moved here in the past few years.
013-29	우리 동네는 나날이 커져가고 있습니다.	Our neighborhood is becoming larger day after day.
013-33	지하철이 개통된 후 우리 동네 집 값이 뛰었습니다.	Houses in my neighborhood have appreciated since the new subway was built.
013-42	전반적으로 이곳은 살기 좋은 곳인 것 같습니다.	Overall, it is a very good place to live, I think.

06 089_Q1

I'd like to give you a situation and ask you to act it out. You are asked to help one of your family members or a relative with the preparation for a party. Call him or her and leave a message by asking three or four questions about the party.

상황을 하나 드릴 테니 과제를 수행해보시기 바랍니다. 당신은 가족이나 친척 한 사람이 파티 준비하는 것을 돕기로 했습니다. 가족에게 전화를 걸어 파티에 대해 3~4가지 질문을 하는 메시지를 남겨보세요.

답변 구성

089-01	안녕, 준영아. 나 진이야.	**Hello, Junyoung. This is Jin calling.**
089-02	네가 준비하는 파티에 대해 질문이 좀 있어.	**I've got some questions about the party you're planning.**
089-04	내가 너를 돕기 위해 해야 할 일이 정확히 뭐야?	**What exactly should I do to help you?**
089-05	장소 정했어?	**Have you decided on a place?**
089-10	어디가 가장 좋은 장소인지 정했니?	**Have you decided on where the best place is?**
089-13	내가 좋아하는 퓨전 레스토랑을 추천하고 싶은데.	**I want to recommend my favorite fusion restaurant to you.**
089-14	내가 시내 근처의 좋은 레스토랑을 알고 있어.	**I know a good restaurant downtown.**
089-15	메뉴에 훌륭한 이탈리아 음식과 중국 음식이 있어.	**They have great Italian food and Chinese food on the menu.**
089-17	너 이탈리아 음식과 중국 음식 좋아하니?	**Do you like Italian and Chinese food?**
089-18	몇 명이나 올 거야?	**How many people are coming?**
089-19	그 레스토랑을 예약해줄까?	**Do you want me to make a reservation at the restaurant for you?**
089-20	그럼 내가 어떻게 할지 알려줘. 이따가 전화해. 안녕.	**Well, please let me know what you want me to do. Call me later. Bye.**

07 015_Q1

Can you recall a memorable event that happened in the area where you live? Tell me as many details about that event from start to finish, in particular the elements that made the event so memorable.

당신이 사는 곳에서 생긴 잊지 못할 일을 기억합니까? 처음부터 끝까지 그 일에 대해, 특히 그 일이 그토록 잊을 수 없게 된 요소에 대해 자세히 이야기해주세요.

답변 구성

015-28	모든 것이 다 바뀌었습니다.	All of that changed.
015-29	그 이유는 저희 동네에 새로운 아파트 단지가 세워지고 있기 때문입니다.	That's because a new block of apartments is being built in our neighborhood.
015-30	그들은 이웃의 낡은 아파트 건물을 철거했습니다.	They tore down an old apartment building in my neighborhood.
015-31	그들은 이제 건물을 짓기 시작했습니다.	They just started construction on the buildings.
015-32	이건 큰 소음을 뜻하는 거죠!	This means a lot of noise!
015-33	아침 8시에 갑자기 기계들이 대단한 소음을 냈기 때문에 저는 잠을 잘 수 없었습니다.	I couldn't sleep because at 8 p.m. suddenly there were a bunch of machines making a lot of racket.
015-34	지금 제 창 밖에는 그들이 기중기를 세우고 있습니다.	Right now they are building a crane outside my window.
015-35	8개월 후에 공사가 끝날 거라고 하네요.	They say the construction will be finished in eight months.

08 026_Q1

Please tell me about your favorite park. What is it like? Where is it located? What makes that park different from other parks?

가장 좋아하는 공원에 대해 이야기해주세요. 어떤가요? 어디에 있나요? 어떤 점이 그 공원을 다른 공원과 다르게 만드나요?

답변 구성

026-01	저는 집 근처에 있는 공원에 갑니다.	I go to the park located near my house.
026-05	공원은 서초 지하철역에서 서쪽으로 50미터 떨어져 있습니다.	The park is 50 meters to the west of Seocho subway station.
026-06	출구는 공원의 북쪽과 서쪽 끝에 위치해 있습니다.	The exits are located in the north and west sides of the park.
026-07	그 공원에는 조각상들과 나무들이 많아서 풍경이 아름답습니다.	The park has beautiful views with many statues and trees.
026-08	공원에는 운동 기구, 트랙, 농구 코트 등과 같은 시설이 많아서 운동하고 휴식하거나 재미있게 즐길 수 있습니다.	Because it has many facilities like training machines, tracks and a basketball court, you can exercise, relax, or have fun.
026-09	공원 중심에는 농구 코트가 있습니다.	At the center of the park is a basketball court.
026-10	코트 옆에는 편의점도 있고요.	There is also a convenience store next to the court.
026-11	편의점 반대쪽에는 작은 공공 도서관이 있습니다.	Opposite the convenience store, there is also a small public library.
026-24	공원 안에는 소나무가 많습니다.	The park has many pine trees in it.
026-25	그곳에서는 다양하고 희귀한 식물들도 볼 수 있습니다.	You can also have a special chance to see many different and rare plants.
026-39 변형	저는 점심 식사 후 자주 공원을 산책합니다. (*주어 교체)	I often walk in the park after lunch.

09 027_Q2

You indicated in the survey that you like going to a park. What do you usually do before going to the park? What kind of activities do you do in the park? Please tell me about your typical day when you go to the park.

설문조사에서 공원에 가는 것을 좋아한다고 했습니다. 공원에 가기 전에 주로 무엇을 하나요? 공원에서는 어떤 활동을 하나요? 공원에 가는 전형적인 하루에 대해 말해주세요.

답변 구성

027-01	이 공원에 자주 가는데 앉아서 책을 읽거나 앉아 명상을 하기에도 아주 환상적인 장소이기 때문이죠.	I often go there, because it has fantastic areas to sit and read books or meditate.
027-06	저는 공원에 가서 여름 날씨를 즐기는 것을 좋아합니다.	I love to go to a park and enjoy the great weather of the summer.
027-36	저는 편안하고 가벼운 옷으로 갈아입고 물과 간식을 꼭 챙겨갑니다.	I change into comfortable and light clothes, and then, take water and some snacks.
027-16	그곳에 가면 잔디에 돗자리를 깔고 앉습니다.	When I go there, I sit on the grassy lawns with a blanket spread.
027-18	공원에서 자전거를 타는 것 역시 좋아요.	Bicycling around the park is also good.
027-21	저는 또한 나무 아래 있는 벤치에 앉아서 간식 먹는 것이 좋습니다.	I also like to eat some snacks sitting on a bench under the trees.
027-34	공원에서 하이킹 또는 놀이를 즐기거나. 그냥 앉아 사색에 잠기기도 하는데 그 자체가 특별한 경험이 됩니다.	I can hike or play or just sit and think in a park which makes it special.
027-40 변형	저는 공원에서 돌아와 꼭 손을 씻습니다.	After I get back from the park, I make sure to wash my hands.
027-41	그리고 옷을 갈아입고 TV를 보거나 합니다.	And I get changed again and watch TV or whatever.

Please tell me about your most memorable event in a park. What happened? Why was it so memorable to you?

공원에서 일어난 가장 기억에 남는 일을 이야기해주세요. 어떤 일이었나요? 왜 기억에 남나요?

답변 구성

028-01	작년 이맘때 즈음인 것 같습니다.	I think it was around this time last year.
028-28 변형	저는 제 여자친구와 데이트한 지 2주 정도 됐는데, 하루는 저녁을 거나하게 먹은 후에 공원에 갔습니다. (*주어 교체)	I've been seeing my girlfriend for almost two weeks, and one day after a large dinner we went to a park.
028-33	그 공원에는 손을 잡고 거니는 젊은 연인들이 가득했습니다.	The park was full of young lovers hand in hand as well.
028-31	노부부가 손을 잡고 다정하게 거닐고 있었습니다.	An old couple walked tenderly, holding hands.
028-32	"저 부부를 봐. 아름답지 않니?"라고 그녀가 말했습니다.	She said, "Look at the old couple. Beautiful, isn't it?"
028-34	1~2분 정도 뒤에 나는 손을 뻗어 그녀의 손을 잡았습니다.	After a minute or two I reached out and took her hand.

11 097_Q1

Upon arriving at the park, you discover that another group of people is already playing on the field. It seems like your name is nowhere to be found on the sign up list. Call the City Parks Department to explain the situation and then suggest some possible solutions to resolve this problem.

당신이 공원에 도착하자, 다른 사람들이 이미 축구장에서 축구를 하고 있는 것을 알게 됐습니다. 당신의 이름은 등록 명부 어디에도 없는 것 같습니다. 도시공원 담당부서에 전화해서 상황을 설명하고 그 다음에 이 문제를 해결하기 위한 가능한 해결책을 몇 가지 제시하세요.

답변 구성

097-01 변형	여보세요. 김영길입니다. (*이름 변경)	Hello. This is Kim Youngkil.
097-02	제가 일주일 전에 경기장의 축구장을 5월 15일에 예약했습니다.	A week ago, I reserved the soccer field at your stadium on May 15th.
097-03	오후 1시에서 2시까지는 축구장을 사용하기로 되어 있었어요.	We were supposed to use the field from 1 p.m. to 2 p.m.
097-04	유감스럽게도 다른 사람들이 그곳에서 축구를 하고 있습니다.	Unfortunately, another group of people is playing soccer there.
097-05	직원 한 분에게 확인을 부탁했더니 그분이 저희 기록이 없다고 하십니다.	We asked one of the clerks to check the records, but he said there's no record of my reservation.
097-06	이런 일이 일어나다니 믿을 수 없네요.	I can't believe this has happened.
097-07	예약할 때 통화한 분과 이야기하고 싶습니다.	I wanted to talk with the one who I made the reservation with.
097-08	그쪽 실수로 예약이 취소되었다고 확신해요. 따라서 우리가 경기를 할 수 있는 다른 장소를 추천해주셔야 한다고 생각해요.	I'm sure my reservation was cancelled by your mistake, so I think you should recommend another place we can play.
097-09	아니면 저희가 경기할 수 있도록 해주실 수 있다면 무엇을 도와주실 수 있는지 말씀해주세요.	Or if you can arrange a time for us to play, please tell me what you can do to help us.

12 048_Q1

You indicated in the survey that you like to play soccer. When and where do you play soccer? Who do you play with?

설문조사에서 축구를 좋아한다고 표시하셨습니다. 당신은 언제, 어디에서 축구를 하나요? 누구와 함께 경기를 하나요?

답변 구성

048-01	축구는 가장 인기 있는 운동 중 하나입니다. 저도 그것을 좋아합니다.	Soccer is one of the most popular sports. I also like playing it.
048-04	저는 대학 팀에서 축구를 합니다. 저는 그것과 함께 살고 숨쉬는 것 같습니다.	I play soccer on the college team. I think I just live and breathe it.
048-05	저는 방과 후에 축구를 합니다.	I play soccer after school.
048-09 변형	동아리 회원들과 함께 한 달에 한 번 실전 경기를 합니다. (*시제 변경)	Our club members get together for actual matches once a month.
048-21 변형	하지만, 막상 실전에서 자신의 진가를 발휘하지 못합니다. (*접속사 추가)	But, I can't do myself justice when it comes down to the real thing.
048-25	저는 몸과 마음을 단련시키기 위해 정기적으로 축구를 하려고 노력합니다.	I try to play soccer regularly to sooth mind and body.

13 050_Q1

When was the first time you played soccer? Tell me why you decided on playing soccer.

축구를 처음 시작했을 때가 언제인가요? 왜 축구를 시작하게 되었나요?

답변 구성

050-01	어렸을 때 저는 축구팀 후보 선수였어요.	I was just a bench warmer on the soccer team when I was young.
050-41	고등학교 다닐 때 축구 팀 주장이었기 때문에 제가 그것을 좋아하는 것은 자연스러운 일입니다.	I was captain of the soccer team as a high school student, so it is natural I like it.
050-14 변형	그 당시에, 하루에 6시간 내지 7시간씩, 일주일에 6일간 훈련을 했어요. 아주 혹독했죠. (*접속사 추가)	**At that time,** I used to train for about six or seven hours a day, and six days a week. And it was really tough.
050-04 변형	22살 때 축구 동호회에 가입했습니다. (*나이 정보 변경)	I joined a soccer club when I was twenty two.
050-05	제 친구들과 저는 축구를 매우 좋아했고 자주 했습니다.	Several of my buddies and I were huge soccer fans and we played it quite often.

14 036_Q1

You indicated in the survey that you like to go to a café. When do you usually go to a café? Do you have some place that you like to visit? And who do you go with?

설문조사에서 커피숍에 가는 것을 좋아한다고 표시하셨습니다. 당신은 언제 커피숍에 가나요? 가기를 좋아하는 곳이 있나요? 그리고 누구와 함께 가나요?

답변 구성

036-01	저는 늘 아침에 커피를 마십니다.	I always have coffee in the morning.
036-03	왜 점점 더 자주 카페에 가는지를 설명할 수는 없습니다.	I can't explain why I find myself sitting more and more often in the café.
036-10	저는 차는 별로 좋아하지 않고, 커피를 더 좋아합니다.	I don't really care for tea, I like coffee better.
036-11 변형	저희 학교 근처에 좋은 카페를 한 곳 아는데, 그곳은 커피를 진하게 타기로 유명합니다. (*회사를 학교로 교체)	I know a great café near my school and it is renowned for brewing strong coffee.
036-04	식물과 꽃이 심어진 화분들이 그곳 주변에 놓여져 있습니다.	Potted plants and flowers are positioned around the room.
036-05	벽에는 다양한 예술 작품이 걸려 있습니다.	Various works of art hang on the wall.
036-06	테이블 서비스는 없습니다. 방문하면 먼저 바에 죽욱 섭니다	There's no table service; the visit begins standing in the queue at the bar.
036-07	저는 보통 카푸치노를 주문합니다.	I usually order a cappuccino.
036-08	저는 주로 창가에 앉아 햇볕을 쬐며 밖을 바라보는 것을 즐깁니다.	I usually sit by the window and enjoy bathing in sunlight and looking out.

15 080_Q1

I also like to go to a cafe. Ask me three to four questions about it.
저도 커피숍에 가는 것을 좋아합니다. 그것에 대해 3~4가지 질문을 해보세요.

답변 구성

080-01	카페에 가는 것을 좋아하신다고 들었습니다.	I heard you enjoy going to a café.
080-02	커피를 많이 좋아하시는 것 같네요.	I guess you like coffee very much.
080-03	저도 커피를 좋아합니다. 그렇지만 제 경우에는 주로 커피를 집에서 마십니다. 제가 직접 만들죠.	I like coffee, too. But in my case, I usually enjoy my coffee at home. I make it myself.
080-04	어떤 종류의 커피를 좋아하세요?	What kind of coffee do you like?
080-05	주로 어디로 가시나요? 그렇다면, 그곳에 왜 가시나요?	Where do you usually go? Then, why do you go there?
080-06	그 카페의 어떤 점을 좋아하시나요?	What is your favorite thing about the café?
080-07	언제 그리고 얼마나 자주 그곳에 가시나요?	When and how often do you go there?
080-08	카페에 가면 무엇을 하시나요?	What do you do while you are there?
080-09	카페에서 공부하는 것을 좋아하세요? 아님, 잡지나 책을 읽으시나요?	Do you like to study in the café? Or do you read magazines or books?
080-12	제게 추천해주실 멋지고 조용한 곳을 알고 계세요?	Do you know some nice and quiet place to recommend to me?
080-13	조용한가요? 저는 시끄러운 곳은 정말 싫어요.	Is there a quiet place? I really don't like noisy places.
080-15	대답을 듣고 싶네요.	I'd love to hear your answers.

Actual Test 2

실전 모의고사 2회 미리보기
- 인물 설정: 대학생
- 배경 설문조사 체크

거주지: 독신자로서 개인 주택이나 아파트에 거주
여가 활동: 영화 보기, 클럽/나이트클럽 가기, 공연 보기, 공원 가기, 자원봉사
취미/관심사: 신문 읽기, 애완동물 기르기, 요리하기
스포츠: 걷기, 조깅, 하이킹/트레킹, 헬스, 자전거
휴가/출장: 국내 여행, 해외 여행, 집에서 보내는 휴가

Listen 질문 미리듣기

질문을 듣고 질문의 핵심 내용을 적어보세요.

01

02

03

04

05

06

07

08

09

10

11

12

13

14

15

답변할 내용의 핵심 키워드를 적고, 표현편의 문장 번호를 적어 나만의 답변을 만들어보세요.

01 001_Q1

01 자기소개

Can you tell me about yourself?

자신에 대해 소개해주시겠어요?

답변 구성

02 006 _Q1

02-04 학교 생활

Students are asked to complete a project or assignment. What is a project or assignment that you have recently done? What was it about? How did you do it? Tell me everything about it.

학생들은 프로젝트나 과제를 완성해야 합니다. 최근에 한 과제나 프로젝트는 무엇인가요? 무엇에 관한 것이었나요? 어떻게 하였습니까? 자세히 얘기해보세요.

답변 구성

03 005_Q1

Tell me about your daily routine at school. What do you do? Describe it in detail.

학교에서의 일과에 대해 얘기해주세요. 당신은 무엇을 합니까? 자세히 얘기해보세요.

답변 구성

04 005_Q2

Please tell me about a favorite class you are taking at university. What kind of class is it? And why do you like it the best?

대학교에서 당신이 좋아하는 수업에 대해 이야기해보세요. 무슨 수업이고, 왜 가장 좋아하나요?

답변 구성

05 017_Q1

You indicated that you like to watch movies. What kind of movies do you like to watch? Tell me about your favorite movie genre in detail.

영화 보는 것을 좋아한다고 했습니다. 어떤 종류의 영화를 좋아합니까? 좋아하는 영화 장르에 대해 자세히 얘기해주세요.

답변 구성

06 021_Q1

What do you usually do before you go to a movie theater? What do you do after watching a movie? Please tell me about your typical day when you go to the movies.

영화관에 가기 전에 주로 무엇을 하나요? 영화 관람 후에는 무엇을 합니까? 영화를 보러 갈 때 전형적인 하루에 대해 이야기해주세요.

답변 구성

07 086_Q1

Pretend that you want to order some movie tickets on the phone. Ask some questions about the movie in order to reserve some tickets.

전화로 콘서트 티켓을 주문한다고 가정해보세요. 티켓을 예매하기 위해 콘서트에 대해 질문을 3~4가지 하세요.

답변 구성

08 046_Q1

08-10 취미/관심사 – 애완동물 기르기

Tell me about your pet. What kind of pet is it? What does it look like? Give me as many details as possible.

당신의 애완동물에 대해 설명해보세요. 어떤 동물입니까? 어떻게 생겼습니까? 가능한 한 자세히 말씀해보세요.

답변 구성

09 047_Q2

You indicated in the survey that you have a pet. Can you describe your memorable experience with your pet?

애완동물을 키운다고 하셨습니다. 당신의 애완동물과의 기억에 남는 경험에 대해 설명해주시겠습니까?

답변 구성

10 047_Q3

How did you get to keep your pet? Tell me about when you first got your pet. What kind of pet was it?

어떻게 해서 애완동물을 키우게 되셨습니까? 처음 애완동물을 키웠을 때에 대해서 말씀해주세요. 어떤 동물이었나요?

답변 구성

11 035_Q1

11-13 여가 활동 – 자원봉사하기

You indicated in the survey that you volunteer. When and where do you volunteer? What kind of activities do you do when you volunteer? Why do you do that?

자원봉사를 하신다고 하셨습니다. 당신은 언제, 어디에서 자원봉사를 하나요? 자원봉사할 때 어떤 일을 하나요? 자원봉사를 왜 하나요?

답변 구성

12 035_Q2

Please tell me about your most memorable experience when you volunteered. What happened? Why was it so memorable to you?

자원봉사를 했을 때 일어난 가장 기억에 남는 일을 이야기해주세요. 어떤 일이었나요? 왜 기억에 남나요?

답변 구성

13

I volunteer at the community center. Ask me three or four questions about it.

저는 지역센터에서 자원봉사를 합니다. 그것에 대해 3~4가지 질문을 해보세요.

14 102_Q1

Describe the furniture in your house. What are they? What do they look like? Tell me in as much detail as possible.

집에 있는 가구에 대해 묘사해주세요. 무엇이 있습니까? 어떻게 생겼습니까? 가구들에 대해 자세히 얘기해주세요.

15 102_Q2

Identify your favorite piece of furniture in your house. What is it and why do you like that particular piece?

집에서 가장 좋아하는 가구를 말해보세요. 가장 좋아하는 가구는 무엇이고 왜 그 가구를 좋아합니까?

Actual Test 3

실전 모의고사 3회 미리보기

● 인물 설정: 회사원

● 배경 설문조사 체크

거주지: 가족과 함께 주택이나 아파트에 거주

여가 활동: 영화 보기, 공연 보기, 콘서트 보기, 스포츠 관람

취미/관심사: 음악 감상하기, 사진 촬영하기, 요리하기, 애완동물 기르기

스포츠: 걷기, 조깅, 하이킹/트레킹, 자전거, 헬스

휴가/출장: 국내 출장, 해외 출장, 국내 여행, 해외 여행

답변할 내용의 핵심 키워드를 적고, 표현편의 문장 번호를 적어 나만의 답변을 만들어보세요.

01 001_Q1

01 자기소개

Can you tell me about yourself?

자신에 대해 소개해주시겠어요?

답변 구성

02 092_Q1

02-04 직장 생활

It seems that you will be late for the meeting you had arranged with your business partner. Make a telephone call so that you can explain what has happened. Suggest a few alternative ways of fixing the problem.

당신의 업무 파트너와의 약속에 늦을 것 같습니다. 전화를 해서 상황을 설명하세요. 그리고 이 문제를 해결하기 위해 몇 가지 대안을 제시하세요.

답변 구성

03 012_Q1

What was the most memorable project at work that you were involved in? Tell me what the project was and why that particular project was memorable.

회사에서 당신이 참여한 일 중 가장 기억에 남는 프로젝트는 무엇입니까? 그 프로젝트가 무엇이었는지, 왜 인상 깊었는지 얘기해주세요.

답변 구성

04 011_Q1

Discuss the software, computer equipment, and technologies that you work with.

당신이 사용하는 프로그램과 컴퓨터 장비, 그리고 기술에 대해 이야기해보세요.

답변 구성

05 086_Q2

Pretend that you want to order some concert tickets on the phone. Ask some questions about the concert in order to reserve some tickets.

전화로 콘서트 티켓을 주문한다고 가정해보세요. 티켓을 예매하기 위해 콘서트에 대해 질문을 3~4가지 하세요.

답변 구성

06 093_Q2

Unfortunately, you realize that you can't make it on the day of watching a performance with your friends. Make a telephone call to your friend, and tell him or her what has happened. Offer two solutions for this situation.

불행히도 친구들과 공연을 보기로 한 날에 갈 수 없다는 것을 알게 됩니다. 친구에게 전화를 걸어서 무슨 일이 생겼는지 말하세요. 이 상황을 해결할 다른 두 가지 해결책을 제시하세요.

답변 구성

07 020_Q1

You indicated in the survey that you go to concerts. What kind of concerts do you usually go to? How often do you go to concerts and with whom do you usually go? How do you pick which concert you will go to?

콘서트에 간다고 하셨습니다. 주로 어떤 콘서트에 가시나요? 콘서트는 얼마나 자주 가고 보통 누구와 함께 갑니까? 어떤 콘서트를 갈지는 어떻게 고르나요?

답변 구성

08 016_Q1

08-10 가정과 이웃

Please tell me about your favorite neighbor. Why is she or he your favorite?

가장 좋아하는 이웃에 대해 이야기해주세요. 그 사람이 왜 좋습니까?

답변 구성

09 016_Q7

Do you have any memorable experiences with your neighbors? Tell me about any unexpected and interesting things that happened. What made this so memorable to you?

이웃과 기억에 남는 경험이 있나요? 예상하지 못한 일, 흥미로운 일이 일어난 것이 있다면 말해주세요. 왜 그렇게 기억에 남나요?

답변 구성

10 091_Q1

A door at your house is broken, so you call the repair shop. Unfortunately, the repairman won't be able to fix it until later this week. Explain to the repairman why it needs to be fixed right away.

당신 집의 문이 고장 나서 수리점에 전화를 했습니다. 그런데 불행히도 수리공은 이번 주말까지 고칠 수 없다고 합니다. 수리공에게 왜 문을 바로 고쳐야 하는지 그 이유를 설명하세요.

답변 구성

11 055_Q1

11-13 스포츠 – 헬스

What does your health club or gym look like? Where is it located? What do the facilities there look like? What are the people there like?

당신의 헬스클럽이나 체육관은 어떤 모습입니까? 어디에 있습니까? 그곳의 시설은 어떤 모습입니까? 그곳의 사람들은 어떻습니까?

답변 구성

12 056_Q1

Please describe an experience when you went to a health club or to a gym that you remember clearly. This might be a very recent or exciting experience, or perhaps it was when something surprising or interesting occurred. Explain the whole experience to me from start to finish.

당신이 분명하게 기억하는 헬스클럽이나 체육관 갔을 때의 경험 하나를 묘사해보세요. 매우 최근의 것이거나 재미있는 경험일 수 있고, 아니면 무엇인가 놀랍거나, 흥미로운 사건이 일어났을 때일 수도 있습니다. 처음부터 끝까지 경험 전체를 설명하세요.

답변 구성

13 087_Q1

You have decided to join a gym. Call the gym and ask three to four questions to get information about the gym.

당신은 헬스장에 가입하기로 결심했습니다. 헬스장에 전화를 걸어 3~4가지 질문을 해서 헬스장에 관한 정보를 얻어 보세요.

답변 구성

14 103_Q2

14-15 돌발 주제 – 신분증

Please tell me about the identification cards you have. When and where do you use each of them?

당신이 갖고 있는 신분증에 대해 말해주세요. 각각의 신분증을 언제, 어디서 사용하나요?

답변 구성

15 103_Q3

What steps are required in order to acquire an identification card? What particular procedures do you need to follow? Do you need other items such as a birth certificate, etc. in order to get the card?

신분증을 받기 위해 어떤 절차가 요구되나요? 어떤 특정 절차를 따라야 하나요? 신분증을 받기 위해 출생 증명서와 같은 다른 것들이 필요한가요?

답변 구성

Actual Test 4

실전 모의고사 4회 미리보기

● 인물 설정: 회사원

● 배경 설문조사 체크

거주지: 가족과 함께 주택이나 아파트에 거주

여가 활동: 공원 가기, 캠핑하기, 해변 가기, 스포츠 관람

취미/관심사: 음악 감상하기, 악기 연주하기, 요리하기, 애완동물 기르기

스포츠: 걷기, 조깅, 하이킹/트레킹, 헬스

휴가/출장: 국내 출장, 해외 출장, 국내 여행, 해외 여행

🗨 Listen 질문 미리듣기 🎧 질문을 듣고 질문의 핵심 내용을 적어보세요.

01

02

03

04

05

06

07

08

09

10

11

12

13

14

15

답변할 내용의 핵심 키워드를 적고, 표현편의 문장 번호를 적어 나만의 답변을 만들어보세요.

01 001_Q1

01 자기소개

Can you tell me about yourself?

자신에 대해 소개해주시겠어요?

답변 구성

02 100_Q1

02-04 돌발 주제 – 쇼핑

Please tell me about your most memorable experience when you went shopping. What happened? Why was it so memorable to you?

쇼핑할 때 일어난 가장 기억에 남는 일을 이야기해주세요. 어떤 일이었나요? 왜 기억에 남나요?

답변 구성

03 090_Q2

You got invited to a sale from your favorite shop. Call the shop and leave a message asking some questions to get information about the sale.

당신이 좋아하는 가게의 세일에 초대받았습니다. 그 가게에 전화를 걸어 세일에 관한 정보를 얻기 위한 몇 가지 질문을 하는 메시지를 남기세요.

답변 구성

04 098_Q2

You bought a shirt and when you got home you found out that there was a stain on the shirt. Call the clothing store and describe the problem and suggest other alternatives to the problem.

당신이 셔츠를 사서 집에 왔는데 셔츠에 얼룩이 있는 것을 발견했습니다. 옷 가게에 전화해서 문제를 설명하고 문제에 대한 다른 대안을 제시하세요.

> 답변 구성

05 042_Q1

You indicated that you cook. Describe the kinds of dishes you like to cook and why you like cooking them.

요리를 한다고 하셨습니다. 만들기 좋아하는 요리의 종류와 함께 왜 그것을 만드는 것을 좋아하는지 그 이유도 말씀해 주세요.

> 답변 구성

06 043_Q2

Describe the steps that you use to cook.

당신이 요리할 때의 단계를 설명해주세요.

> 답변 구성

07 044_Q1

Describe a recent cooking experience. What did you cook? Who did you cook it for? Was it good? Tell me about the experience in detail.

최근에 요리한 경험에 대해 얘기해주세요. 무엇을 요리했나요? 누구를 위해 요리했나요? 맛있었나요? 그 경험에 대해 자세히 얘기해주세요.

08 057_Q1

08-10 스포츠 – 조깅

You indicated in the survey that you like jogging. What kind of activities do you usually do when you go to jog? How often do you go jogging? When and where do you jog? Tell me about it in as much detail as possible.

설문조사에서 조깅을 좋아한다고 했습니다. 조깅하러 가면 주로 어떤 종류의 활동을 하나요? 얼마나 자주 조깅을 하러 가나요? 언제, 어디서 조깅을 하나요? 자세하게 이야기해주세요.

09 058_Q01

When was the first time you started jogging? Tell me why you decided on it.

조깅을 처음 시작했을 때는 언제인가요? 왜 그것을 시작하게 되었는지 말씀해주세요.

10 057_Q5

How do you think jogging is different from working out at a gym? Please compare jogging to going to a gym.

조깅하는 것과 체육관에서 운동하는 것이 어떻게 다른가요? 조깅과 체육관에서 운동하는 것을 비교하세요.

답변 구성

11 029_Q1

11-13 여가 활동 – 스포츠 관람

What sport do you like to watch the most on television? Talk about why you like this sport the most.

TV로 어떤 스포츠를 가장 많이 즐겨 보십니까? 그 스포츠를 왜 가장 좋아하는지 이야기해보세요.

답변 구성

12 093_Q1

Unfortunately, you realize that you can't make it on the day of watching a sport game with your friends. Make a telephone call to your friend, and tell him or her what has happened. Offer two solutions for this situation.

불행히도 친구들과 스포츠 경기를 보기로 한 날에 갈 수 없다는 것을 알게 됩니다. 친구에게 전화를 걸어서 무슨 일이 생겼는지 말하세요. 이 상황을 해결할 다른 두 가지 해결책을 제시하세요.

답변 구성

13 031_Q1

What was the most memorable sporting event you have watched? Describe the
game in as much detail as possible.

가장 기억에 남는 스포츠는 무엇이었습니까? 가능한 자세하게 설명해보세요.

답변 구성

14 068_Q1

You indicated that you travel overseas. Tell me about the countries you have visited
and explain about the local people you met while traveling. Who were you with?
What did you do there? Why do you particularly like that country or that city?

당신이 방문했던 나라들에 대해 말해주세요. 그리고 여행 중에 만난 사람들에 대해 설명해보세요. 누구와 함께 갔었나
요? 그곳에서 무엇을 했나요? 왜 그 나라나 도시가 특별히 기억에 남나요?

답변 구성

15 099_Q1

When you go to the airport for a flight, you see that your flight's departure will be two
hours late. You go to the airport's service center. Please ask several questions about
the problem.

비행기를 타러 공항에 가서 탑승이 두 시간 늦어질 것을 알았습니다. 공항 서비스 센터에 가서 이 문제에 대한 질문을
몇 가지 해보세요.

답변 구성

Actual Test 5

실전 모의고사 5회 미리보기
- 인물 설정: 회사원
- 배경 설문조사 체크

거주지: 독신자로서 개인 주택이나 아파트에 거주
여가 활동: 영화 보기, 클럽/나이트클럽 가기, 공연 보기, 콘서트 보기, 박물관 가기
취미/관심사: 음악 감상하기, 악기 연주하기, 혼자 노래 부르거나 합창하기
스포츠: 수영, 골프, 헬스, 하이킹/트레킹
휴가/출장: 국내 출장, 해외 출장, 국내 여행, 해외 여행

🗨 Listen 질문 미리듣기 🎧 질문을 듣고 질문의 핵심 내용을 적어보세요.

01

02

03

04

05

06

07

08

09

10

11

12

13

14

15

답변할 내용의 핵심 키워드를 적고, 표현편의 문장 번호를 적어 나만의 답변을 만들어보세요.

01 001_Q1

01 자기소개

Can you tell me about yourself?

자신에 대해 소개해주시겠어요?

답변 구성

02 069_Q1

02-04 휴가/출장 – 해외 출장

You indicated in the survey that you travel for business internationally. Describe all the things you pack in your suitcase for the trip and how you prepare for it.

당신은 설문조사에서 해외로 출장을 간다고 했습니다. 출장을 갈 때 꾸리는 물건들과 출장을 어떻게 준비하는지 자세히 설명해주세요.

답변 구성

03 009_Q2

Please describe the things that you have to do from departure to arrival when you travel abroad for business.

해외로 출장을 갈 때 출발에서 도착까지 무엇을 해야 하는지 묘사하세요.

답변 구성

04 099_Q2

You've just arrived at the airport and found out that your flight was delayed. Call your travel agency and explain the situation and give three or more alternatives to the situation.

당신이 공항에 막 도착했는데 당신의 항공편이 연착되었다는 것을 알았습니다. 여행사에 전화해서 상황을 설명하고 3~4개의 다른 방안을 제시하세요.

05 037_Q1

You indicated in the survey that you like to listen to music. What kind of music do you like and when do you usually listen to it? Where do you get your music? Give as many details as you can.

음악 감상하는 것을 좋아한다고 하셨습니다. 어떤 음악을 좋아하고 언제 음악을 듣나요? 그 음악들을 어디서 얻나요? 가능한 자세히 얘기해주세요.

06 039_Q1

What kind of musical devices do you use when you listen to music? When and where do you listen to music using them?

음악을 들을 때 어떤 종류의 기기를 사용하나요? 그것을 사용해 언제, 어디에서 음악을 듣나요?

07 038_Q1

Please tell me about your favorite singer. What kind of music does he or she sing? Why do you like him or her?

당신이 가장 좋아하는 가수에 대해 이야기해주세요. 어떤 종류의 음악을 부르나요? 왜 그/그녀를 좋아하나요?

답변 구성

08 024_Q3

08-10 여가 활동 – 나이트클럽 가기

Please tell me about your favorite nightclub. What is it like? Where is it located? What makes that place different from other nightclubs? Describe that place in as much detail as possible.

가장 좋아하는 나이트클럽에 대해 이야기해주세요. 어떤가요? 어디에 있나요? 어떤 점이 그곳을 다른 곳과 다르게 만드나요? 그 장소에 대해 최대한 자세히 설명해주세요.

답변 구성

09 023_Q3

Please tell me about your memorable event at a nightclub. What happened? Why was it so memorable to you?

나이트클럽에서 일어난 가장 기억에 남는 일에 대해 이야기해주세요. 어떤 일이었나요? 왜 기억에 남나요?

답변 구성

10 023_Q2

Tell me about an experience when you went to a nightclub recently. Where do you usually go and who did you go with? Give me all the details.

최근에 나이트클럽에 갔던 경험에 대해서 설명해주세요. 어디에 갔으며 누구와 함께 갔었나요? 자세하게 말씀해주세요.

답변 구성

11 008_Q1

11-13 직장 생활

You indicated you're currently working. Describe the company you work for. Tell me as many details about the company as possible. What's the company's name? Where is it located? What kind of business is it?

일을 한다고 했습니다. 당신이 일하는 회사에 대해 얘기해보세요. 회사에 관해 최대한 자세히 얘기해보세요. 회사의 이름은 무엇인가요? 어디에 있나요? 어떤 사업을 하나요?

답변 구성

12 008_Q2

Tell me about the number of employees in your company. Are there branch offices? How many workers are there?

당신이 다니는 회사의 직원 수는 얼마나 됩니까? 지사가 있습니까? 직원들이 몇 명입니까?

답변 구성

13 010_Q1

Tell me about your daily routine at work. What do you do at the office? What are some of your responsibilities?

회사에서의 일과에 대해 얘기해주세요. 사무실에서 당신은 무엇을 합니까? 당신의 책임은 무엇입니까?

답변 구성

14 104_Q1

14-15 돌발 주제 – 은행

Tell me what you normally do at a bank.

은행에 가면 주로 하는 일을 설명하세요.

답변 구성

15 104_Q2

Tell me about the last experience you had at a bank. Tell me when it was and who you went with and everything that happened at the bank that day.

은행에서 있었던 가장 최근의 경험에 대해 말해주세요. 언제 누구와 은행에 갔었는지 말해주시고, 그날 은행에서 있었던 일을 모두 말씀해주세요.

답변 구성

김대균은 안다! 토익에 나올 문제
김대균은 준다! 답 고르기 감각

가장 최신 문제까지 정확히 분석한
기특한 실전 빼박 유제

김대균 지음 | 320쪽 | 14,000원
MP3 파일 다운로드

김대균 지음 | 524쪽 | 16,000원

[토익 점수 향상 tip]

토익 LC는 말하기 속도가 점점 더 빨라졌고 RC는 트렌드 자체가 변했다. 이런 변화에 대비하기 위해 LC 녹음 속도를 실제 시험과 똑같이 구현하고 RC의 트렌드 변화를 고스란히 담아낸 기특한 실전 문제집 <김대균 KING'S TOEIC 실전 유제 모의고사 6회분> 시리즈를 봐야 한다.

문제 풀고 정답만 확인하는 건 No. 문제의 핵심을 짚고 오답의 함정 원리까지 분석해 낸 해설을 6회만 제대로 파고 들어라. 문제 출제의 감을 잡고 목표 점수에 빨리 닿을 수 있다.